刑法総論の基礎と応用
―条文・学説・判例をつなぐ―

佐久間 修［著］

成 文 堂

はしがき

　本書は、刑法総論の重要テーマを取り扱うものであって、いわゆる体系書ではありません。むしろ、最近の判例を素材とした授業のサブテキストとして、学部ゼミナールなどで使うことを想定しています。つぎに、本書の内容は、平成22（2010）年〜平成27（2015）年にわたって、警察大学校編集の『警察学論集』に連載した「実践講座・刑法総論」をまとめたものです。したがって、実務家に向けた重要問題の解説という観点から、学説の中には割愛したものも少なくありません。

　また、単なる判例教材と異なり、過去の判例を網羅的に参照することを避けて、主要なものだけを取り上げました。実際の教育現場では、すべての判例を受講者が読んでくるわけでなく、授業中に言及する判例の数も決して多くはありません。むしろ、刑法総論の全体像を効率よく理解するための素材として、適宜判例を取り上げています。

　さらに、本書では、無駄な叙述を極力省いて、実例となるべき具体的判例を織り込んで、刑法総論の重要テーマについて展開したこともあり、引用文献の点では、不備があるかもしれません。他方、一部のテーマに限ってですが、練習問題とその解説を掲げてあります。読者の便宜を考えて、模範解答を付けた場合もあります。いずれも考え方の道筋や答案の作成にあたって、何らかの参考にして頂ければ幸いです。

　なお、本書は、平成19（2007）年に公刊された拙著『実践講座・刑法各論』と対をなすものですが（立花書房刊）、今回は、成文堂から刊行させて頂きました。刊行にあたってご協力頂いた関係者の皆様に深謝申し上げます。また、出版事情の厳しい中、成文堂の阿部成一社長や編集部および営業部の皆さんには、大変お世話になりました。特に篠崎雄彦氏には多大のご配慮を頂いたことを記して、感謝の気持ちをあらわす次第です。

平成27（2015）年2月

著　者

目　次

はしがき　(i)
本書の構成と使い方　(viii)
主要文献　(ix)

第 1 講　実行行為の概念（その 1）
　　　　──不真正不作為犯 …………………………………… 1
　　Ⅰ　不真正不作為犯とは何か　(2)
　　Ⅱ　不真正不作為犯の成立要件（その 1）　(3)
　　Ⅲ　不真正不作為犯の成立要件（その 2）　(6)
　　Ⅳ　不真正不作為犯の成立要件（その 3）　(9)
　　Ⅴ　不作為による結果発生と因果関係　(12)
　　Ⅵ　不作為犯における「行為」　(14)
　　Ⅶ　犯罪論の基礎と応用　(16)

第 2 講　実行行為の概念（その 2）
　　　　──間接正犯と共同正犯 ………………………………… 21
　　Ⅰ　正犯と共犯の違い　(22)
　　Ⅱ　共同正犯概念の「広がり」　(23)
　　Ⅲ　間接正犯における実行行為　(25)
　　Ⅳ　利用行為の態様と道具理論　(27)
　　Ⅴ　実行共同正犯と共謀共同正犯　(30)
　　Ⅵ　共同正犯の正犯性と共犯性　(33)
　　Ⅶ　犯罪論の基礎と応用　(36)

第 3 講　実行行為の概念（その 3）
　　　　──「早すぎた結果発生」と「遅すぎた結果発生」
　　　　………………………………………………………………… 43

Ⅰ　実行行為の開始と終了について　(44)
　　　Ⅱ　実行の着手をめぐる諸問題——粗暴犯の場合　(47)
　　　Ⅲ　実行の着手をめぐる諸問題——財産犯の場合　(51)
　　　Ⅳ　具体的な犯行計画と構成要件的故意　(55)
　　　Ⅴ　犯罪論の基礎と応用　(58)

第 4 講　過失犯の所在と競合
　　　　——実行行為と因果関係 …………………………63
　　　Ⅰ　過失犯の現状と根拠規定　(64)
　　　Ⅱ　最近の重要判例と過失理論の変遷　(67)
　　　Ⅲ　過失犯の注意義務と因果関係　(74)
　　　Ⅳ　犯罪論の基礎と応用　(79)

第 5 講　故意犯における事実の認識
　　　　——未必の故意と概括的故意 …………………………89
　　　Ⅰ　故意犯の原則と責任主義　(90)
　　　Ⅱ　故意の体系的地位と事実の認識　(94)
　　　Ⅲ　構成要件的故意の種類と態様　(100)
　　　Ⅳ　犯罪論の基礎と応用——事実の認識と故意の射程　(105)

第 6 講　許された危険と被害者の同意
　　　　——構成要件該当性と違法性阻却 ………………111
　　　Ⅰ　犯罪阻却原因としての「許された危険」　(112)
　　　Ⅱ　構成要件不該当事由と違法性阻却事由　(114)
　　　Ⅲ　信頼の原則と違法性阻却事由　(117)
　　　Ⅳ　危険運転致死傷罪と「許されない危険」　(120)
　　　Ⅴ　危険の引受けと引受け過失　(124)
　　　Ⅵ　被害者の同意による犯罪不成立　(127)
　　　Ⅶ　犯罪論の基礎と応用　(131)

第 7 講　事実の錯誤と主観的帰属
　　──実行故意と既遂犯の成否……………135
　　Ⅰ　故意論と錯誤論　(136)
　　Ⅱ　故意論からみた事実の錯誤論　(139)
　　Ⅲ　事実の錯誤と故意の個数　(143)
　　Ⅳ　異なる構成要件間の錯誤　(147)
　　Ⅴ　犯罪論の基礎と応用　(150)

第 8 講　因果関係論の現在
　　──条件関係と相当因果関係……………157
　　Ⅰ　因果関係の意義とその役割　(158)
　　Ⅱ　条件関係をめぐる諸問題　(161)
　　Ⅲ　条件関係と相当因果関係　(166)
　　Ⅳ　犯罪論の基礎と応用　(170)

第 9 講　法令行為と正当業務行為
　　──生命の保護と法秩序の維持　……………179
　　Ⅰ　構成要件該当性と(実質的)違法性　(180)
　　Ⅱ　刑法 35 条の法令行為　(182)
　　Ⅲ　刑法 35 条の権利行為　(187)
　　Ⅳ　刑法 35 条の正当業務行為　(190)
　　Ⅴ　犯罪論の基礎と応用　(195)

第 10 講　正当防衛と緊急避難
　　──違法論と責任論の交錯……………201
　　Ⅰ　緊急行為による正当化　(202)
　　Ⅱ　正当防衛と緊急避難の異同　(206)
　　Ⅲ　防衛・避難のため「やむを得ずにした行為」　(211)
　　Ⅳ　犯罪論の基礎と応用　(215)

第11講　責任と刑罰（その1）
——責任主義の実像と虚像……225
Ⅰ　構成要件・違法と責任の関係　(226)
Ⅱ　責任の本質をめぐる対立　(229)
Ⅲ　責任無能力制度と刑事未成年　(234)

第12講　責任と刑罰（その2）
——原因において自由な行為と責任故意……245
Ⅰ　原因において自由な行為の理論　(246)
Ⅱ　責任主義と行為＝責任同時存在の原則　(249)
Ⅲ　主観的責任要素としての故意・過失　(255)

第13講　責任と刑罰（その3）
——累犯・常習犯と併合罪加重……265
Ⅰ　量刑における責任主義　(266)
Ⅱ　刑罰の理論と責任刑法　(270)
Ⅲ　量刑の理論と法定刑の引上げ　(272)
Ⅳ　刑法上の累犯(再犯)加重　(274)
Ⅴ　常習犯における違法と責任　(279)
Ⅵ　併合罪加重——新潟女性監禁致傷事件　(281)
Ⅶ　刑罰論の基礎と応用——責任刑と再犯予防　(284)

第14講　共犯と未遂・離脱（その1）
——承継的共犯と共犯関係の解消……289
Ⅰ　任意的共犯と可罰性の限界　(290)
Ⅱ　共同正犯における処罰の限界　(295)
Ⅲ　共犯関係からの離脱・解消　(303)

第15講　共犯と未遂・離脱（その2）
——不作為の幇助と中立的行為……315

Ⅳ　従属的共犯としての教唆・幇助　(315)
　　　Ⅴ　過失犯に対する教唆・幇助　(317)
　　　Ⅵ　不作為犯における正犯と共犯　(321)
　　　Ⅶ　犯罪論の基礎と応用――共犯の因果性と中立的行為　(325)

第16講　共犯の錯誤と身分犯の意義（その1）
　　　　――主観的要件をめぐる諸問題……………………………333
　　　Ⅰ　共謀の射程と共犯の錯誤　(334)
　　　Ⅱ　法定的符合説からみた共犯の錯誤　(338)
　　　Ⅲ　やわらかい犯罪共同説とやわらかい行為共同説　(345)

第17講　共犯の錯誤と身分犯の意義（その2）
　　　　――共犯における連帯性と個別性　………………………353
　　　Ⅳ　共犯と身分をめぐる諸問題　(353)
　　　Ⅴ　刑法上の身分とは何か　(358)
　　　Ⅵ　犯罪論の基礎と応用――違法の連帯性と責任の個別性　(364)

　あとがき………………………………………………………………375
　事項索引………………………………………………………………377
　判例索引………………………………………………………………386

本書の構成と使い方

　刑法総論では、犯罪概念をめぐる見解の対立が激しく、いわゆる「百家騒鳴」の状態になりがちです。しかも、すべての犯罪に共通する問題を論じるため、どうしても抽象的なものになってしまいます。そこで、少しでも分かりやすくするために、「事例で読み解く刑法」のスタイルをとってみました。また、過去の重要判例（おおむね、三省堂の『模範六法』から抜粋しました）を列挙して、基本的な判例の流れを示す一方、境界線上の例外的なケースにも言及しています。法律学において、過去の蓄積にもとづく基本的知識を無視して、その応用や発展は期待できないからです。そもそも、規範（ルール）は、原則と例外で構成されるため、具体的な事件にあてはめる中で、より実践的な思考を身に付けることが肝要でしょう。

　執筆の形式としては、刑法の条文から始めて、具体的な事例を参照しながら、順次、各論点を掘り下げてゆきます。また、前半と後半に分けて、前半では、①最近の事例→問題点の発掘→過去の議論→事案の処理を示すとともに、後半では、②抽象的な基礎理論に触れたり、法政策的な検討も取り入れたいと思います。

　周知のとおり、一部の刑事事件では、すでに裁判員裁判が実施されており、一般国民からみて分かりやすく、公正中立な法理論が求められます。これまで、難解かつ技巧的な学説や（分かりにくい）、犯罪者の利益を偏重する「人権主義」に辟易している方も多いでしょう（歪んでいる）。しかし、刑法学が目指した解決は、裁判官や検察官、弁護士の独占物ではなく、一般国民の良識に合致していなければなりません。

　そもそも、人間社会では、犯罪の発生を避けられず、その根絶は不可能です。そうであれば、被害を未然に防ぐことが肝要であって、速やかに犯人を検挙して、凶悪事件の再発を防がねばなりません。まさしく「迅速な検挙に勝る予防なし」です。刑法は、裁判規範であると同時に、国民一般に向けられた禁止規範（または命令規範）でもあるからです。厳正な摘発と刑罰の執行こそ、国民の信頼を回復するいちばんの近道だと思います。

　☆収録した問題及び解説は、主として著者の勤務校である大阪大学法学部および同法科大学院において出題したものですが、当初の内容よりかなり補正してあります。

主要文献（50音順）

浅田和茂・刑法総論（補正版・平19）
井田良・講義刑法学・総論（平20）
板倉宏・刑法総論（補訂版・平19）
伊東研祐・刑法講義総論（平22）
伊東研祐・刑法講義各論（平23）
植松正・刑法概論Ⅰ総論（再訂版・昭49）
植松正・刑法概論Ⅱ各論（再訂版・昭50）
内田文昭・改訂刑法Ⅰ総論（補正版・平14）
大塚仁・刑法概説総論（第4版・平20）
大塚仁・刑法概説各論（第3版増補版・平17）
大塚仁ほか編・大コンメンタール刑法（1）～（5）（第2版・平11～16）〔執筆者〕
大谷實・刑法講義総論（新版第4版・平24）
大谷實・刑法講義各論（新版第4版補訂版・平27）
小野清一郎・刑法概論（昭35）、同・新訂刑法講義総論（昭31）
香川達夫・刑法講義〔総論〕（第3版・平7）
香川達夫・刑法講義〔各論〕（第3版・平8）
川端博・刑法総論講義（第3版・平25）
川端博・刑法各論講義（第2版・平22）
木村亀二・刑法総論（増補版・昭53）
斎藤信治・刑法総論（第6版・平20）
斎藤信治・刑法各論（第3版・平21）
佐伯千仭・刑法講義総論（4訂版・昭56）
佐伯仁志・刑法総論の考え方・楽しみ方（平25）
佐久間修・刑法総論（平21）
佐久間修・刑法各論（第2版・平24）
曽根威彦・刑法総論（第4版・平20）
曽根威彦・刑法各論（第5版・平24）
高橋則夫・刑法総論（第2版・平25）
高橋則夫・刑法各論（第2版・平26）
瀧川幸辰・刑法各論（昭8）（瀧川幸辰刑法著作集第一巻〔昭56〕）
団藤重光・刑法綱要総論（第3版4刷・平7）（第3版追補・平7）
団藤重光・刑法綱要各論（第3版・平2）
団藤重光編・注釈刑法総則（1）～（3）（昭39～44）〔執筆者〕
内藤謙・刑法講義総論（中）（昭61）
中森喜彦・刑法各論（第3版・平23）
西田典之・刑法総論（第2版・平22）
西田典之・刑法各論（第6版・平24）
野村稔・刑法総論（補訂版・平10）
平野龍一・刑法総論Ⅰ（昭47）
平野龍一・刑法総論Ⅱ（昭50）
平野龍一・刑法概説（昭52）
福田平・全訂刑法総論（第5版・平23）

藤木英雄・刑法講義総論（昭50）
前田雅英・刑法総論講義（第6版・平27）
前田雅英・刑法各論講義（第5版・平23）
前田雅英・最新重要判例250〔刑法〕（第8版・平23）
牧野英一・日本刑法上巻（重訂版・昭12）
松宮孝明・刑法総論講義（第4版・平21）
松宮孝明・刑法各論講義（第3版・平24）
山口厚・刑法総論（第2版・平19）
山口厚・刑法各論（第2版・平22）
山中敬一・刑法総論（第3版・平27）
山中敬一・刑法各論（第2版・平21）

第1講

実行行為の概念（その1）
―― 不真正不作為犯

Actus Reus (1) – commission by omission

【刑　法】
第199条（殺人）　人を殺した者は、死刑又は無期若しくは5年以上の懲役に処する。
第218条（保護責任者遺棄等）　老年者、幼年者、身体障害者又は病者を保護する責任のある者がこれらの者を遺棄し、又はその生存に必要な保護をしなかったときは、3月以上5年以下の懲役に処する。
第219条（遺棄等致死傷）　前2条の罪を犯し、よって人を死傷させた者は、傷害の罪と比較して、重い刑により処断する。

【改正刑法草案】
第12条（不作為による作為犯）　罪となるべき事実の発生を防止する責任を負う者が、その発生を防止することができたにもかかわらず、ことさらにこれを防止しないことによってその事実を発生させたときは、作為によって罪となるべき事実を生ぜしめた者と同じである。

【ドイツ刑法典】
第13条（不作為による遂行）　①刑法典の構成要件に属する結果の回避を怠った者は、当該結果の不発生を法的に保証すべき場合であり、かつ、その不作為が作為による法定構成要件の実現に相応する場合に限って、この法律により罰せられる。
②その刑は、第49条第1項により減軽することができる。

I 不真正不作為犯とは何か

1 不作為による殺人

不真正不作為犯とは、「不作為(の方法)により(本来は)作為犯である犯罪構成要件を実現する場合」をいう。不作為とは、「何かをしない」ことであるが、「被害者を見殺しにした」場合、ただちに不作為の殺人となるわけではない。例えば、被害者を「救助しなかった」ことが、不作為の殺人罪と認定された場合を考えてみよう。具体的には、行倒れの人を介抱しないとか、乳飲み子にミルクを与えない行為である。すなわち、不作為にあって「何かをしない」とは、犯人が作為義務を履行しなかったときである。

> **基本事例 ── もらい子殺し事件（大判大正4・2・10刑録21輯90頁）**
> 犯人は、支度金(添金)目当てに、生後2週間の嬰児をもらい受けたが、その後、同嬰児を殺す意思で、生存に必要な食事を与えずに死亡させた。裁判所は、法律上の義務または契約上の義務のいずれかを問わず、被害児の養育義務を負う人間が、殺害の意思でことさらに食物を与えずに餓死させたならば、刑法199条の罪にあたるとした。これに対して、単に養育義務に違反して生存に必要な給与をしなかったとき、たとえ被害者が死んでも、保護責任者遺棄致死罪になるとした（218条、219条）。
>
> それでは、不作為の殺人既遂罪と保護責任者遺棄致死罪は、どのように区別されるのであろうか[1]。

2 子殺し・姥捨ての時代

近年、近親者による児童虐待がマスメディアを賑わせており、いわゆるネグレクトにより、必要な食事や医療を与えずに被害児を死亡させる場合が増えている。また、介護施設内の高齢者虐待のように、暴行・傷害にあたる場合は論外として、保護責任者による「不保護」の事例も少なくない。日本では、かつて「子殺し」や「姥捨て」の風習がみられたが（例えば、深沢七郎『楢山節考』参照）、上記の大審院判例は、当初から殺す意思で食事を与えなかった点で、**不作為の殺人罪**を認めている。しかし、不真正不作為犯は、作為犯の規定を修正した類型であり、もっぱら解釈で拡張す

ることが許されるであろうか[2]。また、何をもって保護責任者遺棄致死罪と区別されるかは、不明のままである。

Ⅱ　不真正不作為犯の成立要件（その1）

1　作為犯と不作為犯

　通常の犯罪は、作為犯の形式で規定される。冒頭に掲げた殺人罪の条文が、その典型である。窃盗罪や強盗罪も、もっぱら作為犯を想定している。しかし、不作為により殺人や放火を実行する場合があり、これを**不真正不作為犯**（不作為による作為犯）と呼ぶ。例えば、被害者を「見殺し」にした場合、刑法199条を拡張解釈することで、不作為犯の事案も処罰されてきた。罪刑法定主義や刑罰法規の明確性からみれば、不作為犯の場合を明記することが望ましいが、わが国では条文化されていない。ただし、昭和49年の改正刑法草案12条は、立法化を試みている[3]。他方、多衆不解散罪（107条）や不退去罪（130条後段）のような**真正不作為犯**では、「解散しな（い）」または「退去しな（い）」という文言から、犯行の主体や行為状況が限られるため、比較的容易に犯罪の成立範囲が決まる。

2　過去の立法例

　実際、不真正不作為犯の構成要件を盛り込んだ立法例がある。冒頭の改正刑法草案12条では、犯行の主体を「罪となるべき事実の発生を防止する責任を負う者」に限定しつつ、「その発生を防止することができたにもかかわらず、ことさらにこれを防止しないこと」により、犯罪を実現した場合を不真正不作為犯と定義した。また、ドイツ刑法典13条は、構成要件的「結果の不発生を法的に保証すべき」者が、その回避を怠ったこと、しかも、「不作為が作為による法定構成要件の実現に相応する場合」に限って、作為犯と同様に処罰できるという。前者は、犯行の主体を、結果発生を阻止すべき者に限定し、後者は、結果の不発生について法的義務を負う者としたが、いずれも犯行の主体を絞り込む点では、同じである。

重要判例 ── 不作為の放火　従来、裁判所は、広く不作為の放火罪を認めてきた。まず、①喧嘩の相手方が投げつけた燃え木から出火した点で、自己の故意行為によらない理由で火災になった場合にも、犯人には、これを消火する法律上の義務があるとされた。したがって、容易に消火できたにもかかわらず、相手方を殺害した事実を隠ぺいするため、むしろ、既発の火力を利用する意思で消火しなかったならば、不作為の放火罪が成立する（養父殺害事件。大判大正7・12・18刑録24輯1558頁）。

また、②犯人が神棚の燭台に点火した際、たまたまロウソクが傾斜しており、燭台から落ちて家屋に燃え移る危険を認識した以上、不作為犯の主体となる。したがって、犯人がその危険性を認識したにもかかわらず、保険金詐取の目的でそのまま外出したとき、不作為の放火罪が成立する（神棚燈明事件。大判昭和13・3・11刑集17巻237頁）。

さらに、③仮眠前に放置した火鉢の炭火が引火して机に燃え移ったとき、たまたま仮眠から目覚めて発火を発見した犯人は、このままでは建物が焼損することを認識・認容したにもかかわらず、自己の重過失による火災が発覚するのを恐れて、必要な消火措置をとらずにその場から逃げ去った。この場合にも、不作為による放火罪が認められた（残業股火鉢事件。最判昭和33・9・9刑集12巻13号2882頁）。

3　作為義務の発生根拠

通常、火元の管理者や出火原因をつくった者は、刑法上の「保障者」として、火災発見時に初期消火の法的責任（作為義務）を負う。作為義務の発生根拠としては、(a) 子に対する親権者の監護義務（民820条）や夫婦間の相互扶助義務（民752条）など、**法令にもとづく場合**のほか、(b) **契約にもとづく場合**として、幼児や病人の世話を引き受けた者が、その養育義務や看護義務を怠るような場合がある（もらい子殺し事件）。また、(c) 行き倒れ人を自宅に引き取った者が、その後の世話を嫌がって放置するという事例も挙げられるが（**事務管理の場合**。大判大正15・9・28刑集5巻387頁）、不作為の放火事例は、そのいずれにもあたらない。したがって、(d) 慣習・条理にもとづく作為義務を考えるほかはない。

4　保障者的地位と管理者・監護者

不作為の放火犯となった者は、自分の先行行為に起因する火災発生の危険を認識・認容していた。また、初期消火をする作為義務があるにもかかわらず、これを怠って現場を立ち去ったため、当該建物が炎上・焼損して

いる。その際、犯人が事実上の建物管理者であったとしても、それだけで保障者的地位にもとづく作為義務が発生するわけではない[4]。例えば、自分の敷地内で死体を発見しても、単に放置しただけであれば、不作為の死体遺棄にあたらず、別途、作為義務の発生根拠が必要となる。過去の判例でも、炭焼きかまどの中で見つけた焼死者の死体を放置して、そのまま焼けるにまかせた場合、埋葬義務者でないかまどの所有者は、**死体遺棄罪**にならないとされた（大判大正 13・3・14 刑集 3 巻 285 頁）。

5　先行行為と暗黙の契約

　実務上は、各構成要件で作為義務の発生根拠となる行為事情に注目するべきである。上記の放火事件では、（一時的な）建物管理者という地位に加えて、落ち度のある先行行為が火災の危険惹起につながった。同様にして、監護者の場合にも、何らかの先行事実と合わせて刑法上の作為義務が発生することになる。例えば、同居の従業員が重病に罹ったとき、雇用主というだけで保護責任（による作為義務）が生じるわけではない。むしろ、信義誠実の原則や公序良俗の観念のほか、暗黙の契約などにより保護責任を負うことになる。実際、同居の被用者が扶助を要する重篤な流行性感冒（および急性肺炎）に罹ったとき、「黙契」にもとづく保護責任があったにもかかわらず、突如解雇して即時に追い出したとして、**保護責任者遺棄罪**が成立するとされた（大判大正 8・8・30 刑録 25 輯 963 頁）。

6　自動車事故と特別法違反

　つぎに、自動車運転手が誤って通行人を轢いただけで、ただちに不真正不作為犯の作為義務が生じるわけではない。なるほど、犯人には、道交法上の救護義務があるとはいえ（道交法 72 条 1 項参照）、**不作為の殺人罪**が成立するためには、被害者の受傷の程度も含めて、刑法上の作為義務を生じさせるだけの客観的状況が必要となる。すなわち、被害者の死亡結果を回避する作為義務は、単なる行政法規違反では足りないのである[5]。また、過去の判例では、同居する従業員に激しい暴行を加えて重傷を負わせたにもかかわらず、医師の治療を受けさせずに死に追いやった場合、先行行為にもとづく作為義務が認定された（東京地八王子支判昭和 57・12・22 判タ 494

号142頁)。すなわち、犯人の暴行が生命の危険を惹起したうえ、被害者の生死に関して、犯人らが排他的支配を有していた場合(支配領域性)、不作為による殺人となったのである。

> **重要判例 —— 不作為の詐欺**　犯人に契約上の告知義務があるにもかかわらず、これに違反して重要な事実を黙秘し、これによる不当な利益を得たならば、**不作為による詐欺罪**（246条）が成立する。たとえ契約上明示されなくても、売り主には、売買の目的物について重要事項を告知する義務が存在するからである。もっとも、すでに買い主が誤解した状態を利用しただけでは足りない。単純な事実の黙秘によって相手方を錯誤に陥れても、法律上、事実を告知する義務がなければ、「（不作為により）欺いた」とはいえないからである（大判大正6・11・29刑録23輯1449頁）。反対に、売り主の側から、積極的に売買をもちかけた上、契約の時点で抵当権付きの物件であることを秘匿したとき、刑法上の告知義務に違反した不作為の詐欺となるであろう（大判昭和4・3・7刑集8巻107頁)[6]。

III　不真正不作為犯の成立要件（その2）

1　構成要件判断と規範的要素

　不真正不作為犯では、各構成要件が予定する作為義務に違反した行為が問題となる。かつては義務違反という要素に着目して、不真正不作為犯をもっぱら違法性で論じた時代もあった。しかし、構成要件の段階で定型的なものに絞り込むべく、犯行の主体を保障者に限定する見解が登場した。いわゆる**保障者説**である。なるほど、保障者的地位や保障者的義務には、一定の規範的評価が含まれるため（規範的構成要件要素）、これを幾つかの類型に分類・整理することで、初めて不真正不作為犯の構成要件要素となる。すなわち、構成要件該当結果が発生しうる状況で、これを防止するべき法的責任のある者が、自らの作為義務を果たさないという態度を選択したとき、不作為犯としての実行行為があったとみられるのである。

2　保障者による作為義務違反

　通説・判例によれば、不真正不作為犯は、まず、①保障者的地位にある者が（主体の限定）、②一定の作為義務を負っており（作為義務の発生）、③

その義務が履行可能であったにもかかわらず、これを怠った場合（履行可能性と義務違反）でなければならない。もし作為義務が履行不可能な状態にあれば、刑法上の違反も認めがたいからである。言い換えれば、処罰対象を「保障者」の不作為に限定する一方、作為義務違反となる場合を類型化することで、違法性や責任の判断に先立って、不作為犯の構成要件該当性を論じるのである。その意味で、保障者説は、不真正不作為犯を身分犯の一種とみている[7]。

3 不真正不作為犯の処罰根拠

形式上は、保障者の不作為が犯罪構成要件に該当するとしても、なぜ不作為を作為と同様に処罰できるのであろうか。近年、その実質的な処罰根拠が議論されるようになった。作為義務違反の可罰性については、①あらかじめ因果の流れを設定した点に着目する先行行為説のほか[8]、②犯人の先行行為が法益侵害の危険源となったり、特別な人的関係があることから、犯人の保護責任（作為）が期待されるという社会的期待説[9]、③事実上の引受けにもとづく依存関係を重視する事実上の引受け説[10]、④法益侵害の因果経過を支配した点に着目する支配領域説[11]、⑤法益保護義務や危険源監視義務を総合的に考慮する総合判断説などがみられる[12]。

4 現実的危険性と（結果）回避可能性

これらの見解はいずれも、法益侵害にいたる危険な因果経過に介入した以上、その後の結果発生を阻止する法的義務が生じるという。いわば、当該危険の創出者には、これを解消する責任がある以上、作為義務を尽くせば回避できたにもかかわらず、あえてこれを怠ったならば、不作為犯として処罰されるのである。これに対して、作為義務を履行した場合にも、およそ結果の発生に影響しないとき、定型的な回避可能性が欠けるため、不真正不作為犯は認められない。すなわち、作為犯において、落雷による感電死を期待しつつゴルフ場に送り出す事例のように、実行行為として必要な現実的危険性さえ欠けるとき、未遂犯も成立しないであろう。ただし、こうした保障者の義務違反と侵害結果の関係は、因果関係論における当該結果の回避可能性とは異なる。

> **不作為の殺人を否定した判例**　自動車事故を起こした犯人が、被害者を遺棄する目的で自車に乗せて走行中、重傷を負った被害者を死亡させた。その際、犯人が最寄りの病院に搬送して救護措置を受けさせたとしても、死の結果を回避できたかが不明であり（不作為の因果関係を立証できない）、かつ、犯人は、病院に搬送すれば救命できると考えていたわけでなく、殺人の故意についても証明がないとした（盛岡地判昭和 44・4・16 判時 582 号 110 頁）。ここでは、不作為の実行行為と区別して、その因果関係や殺意の存否が問題になっている。

5　不作為犯の等置問題

不真正不作為犯の実行行為というためには、作為犯の態様と法的に同価値でなければならない。いわゆる**作為**と**不作為**の**等置問題**である。上述したように、不作為犯でも、作為犯の場合と同程度の現実的危険性が要求されるところ、危険性の有無は、具体的な行為事情によって左右される。例えば、単なるひき逃げ犯人は、保護責任者遺棄罪の主体となるにすぎないが、第三者の救助が困難な場所に被害者を移動したならば、保障者としての作為義務違反に加えて、事実上の引受けや支配領域性が認められるため、不作為の殺人罪が成立しうる（東京地判昭和 40・9・30 下刑集 7 巻 9 号 1828 頁、東京高判昭和 46・3・4 高刑集 24 巻 1 号 168 頁など）。もっとも、瀕死の重傷を負った被害者を放置したとき、すでに救命不可能な状態であったならば、不作為による殺人罪にならないことは上述した。このようなひき逃げ犯人には、保護責任者遺棄致死罪が成立するか、特別法上の過失運転致死罪（自動車運転死傷行為等処罰法 5 条）や危険運転致死罪（同法 2 条）が成立するだけである。

6　先行行為説に対する批判

近年、こうした事実上の引受けや支配領域性は、違法な先行行為と並んで、不真正不作為犯における作為義務の発生根拠とされている。その場合、自らの行動が生命の危険を引き起こしたとき、ただちにこれを解消するべき刑法上の責任が生じるであろうか。かりに先行行為だけを処罰根拠とするならば、不作為犯の実質を先行行為に置き換えることになりかねない。また、過失による先行行為の後で不作為犯の故意が生じた場合、それだけで不真正不作為犯が成立することになってしまう。さらに、事実上の

引受けや排他的支配がないとき、およそ保障人的地位が認められないとすれば、作為義務の範囲が不当に制約されるのではないか[13]。むしろ、これらの行為事情は、犯人の作為義務を認定する際の一要素にとどまるのである[14]。

Ⅳ 不真正不作為犯の成立要件（その3）

1 作為との等置性（等価値性）および故意

たとえ保障者が自らの作為義務に違反しても、侵害結果にいたる因果的連関は、作為犯の場合と比べて、なお不明確である[15]。不作為犯として処罰するとき、国民に作為を強制する点にも配慮するならば、当該犯人の作為義務違反を前提としつつ、Ⅲの2で掲げた①〜③の要件に加えて、さらに**④作為との等価値性**が必要となる（記述されない構成要件要素）。いわば、犯人の不作為が作為犯と同程度に悪質でなければならない。これは、最終的に不真正不作為犯の可罰性を根拠づける「作為犯との同価値性」という結論部分とは異なる。もちろん、故意犯の不真正不作為犯では、⑤作為義務に違反して当該結果を発生させる旨の認識・認容（故意）がなければならない。

2 作為義務の発生根拠と作為との等価値性

保障者的地位にもとづく作為義務の違反は、犯人の態度を構成要件的評価の対象とみる第1条件であって、最終的に実行行為と評価されるためには、作為との等価値性がなければならない。上述した保障者的地位と保障者的義務は、定型的な構成要件要素であり、主として事実的側面が中心になるところ、作為との等価値性では、支配領域性などを判断基準とした行為事情の規範的評価が中心となる[16]。また、前者では、事実上の社会関係が問題になるのに対して、後者では、不作為の違法評価と重なる面がある。

3　利用意思と未必の故意

　古い判例の中には、作為犯と不作為犯を同様に取り扱うため、犯人の利用意思を重視したものがあった。具体的には、「既発の火力を利用する意思（前出大判大7・12・18）」や「その危険を利用する意思（前出大判昭和13・3・11）」が問題になる。また、学説上も、犯人の積極的な人格態度を要求したり[17]、意図的な放置を要求して、単なる侵害結果の認識・認容では足りないとされた[18]。こうした行為事情は、作為との等価値性を構成する要素であり、冒頭に掲げた改正刑法草案12条でも、「ことさらに」という表現が用られた。しかし、利用意思必要説は、不真正不作為犯にとって必要な「犯人の悪質性」を、もっぱら主観的要素に求めた点で不十分であった。実際、その後の最高裁判例は、未必の故意を含む通常の認識・認容で足りるとしている（前出最判昭和33・9・9）。

4　具体的な等価値性判断

　作為との等価値性が不真正不作為犯の限定法理となったのは、被害者を放置した不作為の中でも、特に悪質な事例を抽出するためである。実際、犯人が結果発生にいたる因果経過を支配した点に求める学説も有力である（支配領域説）。しかし、客観的な支配領域性だけでは、不真正不作為犯を作為犯と同視する理由にならない。たまたま自己の領域内に被害者が紛れ込んだとして、それだけで作為との等価値性を認めるならば、保障者の作為義務違反を絞り込むことにならないからである。その意味で、自己の意思により被害者を支配領域内に置いた場合に限るべきであろう。

　最近の重要判例　シャクティ治療と称する独自の方法で信奉者を集めていた犯人は、脳内出血で重篤な状態にある被害者の家族から、その治療を依頼された際、主治医の警告などを無視して、入院先の病院から自己の滞在するホテルに被害者を運び込ませた。その後、シャクティ治療の効果がないことに気付いたにもかかわらず、自己の指示の誤りが露呈するのを避けるべく、未必的な殺意をもって、痰の除去や点滴などの生命維持に必要な医療措置を受けさせず、被害者の病状が悪化するのを放置して、痰による気道閉塞で窒息死させた。裁判所は、不作為の殺人罪にあたるとした（最決平成17・7・4刑集59巻6号403頁）。まさしく犯人には、自らの責めに帰すべき事由により生命侵害の現実的危険を生じさせたうえ、自己の治療法を信じる家族の行動を支配して、重

篤な状態の患者を手元に置いたまま、医師の救命措置を受けさせずに死亡させた点で、保障者の作為義務違反および作為との等価値性が認められた。

5 法益保護義務と作為可能性

上述したように、先行行為や特殊な人的関係から発生した作為義務に違反する一方（作為義務違反）、その違反が構成要件的結果にいたる現実的危険を内包しており（作為との等価値性）、犯人があえて危険な状態を放置したならば（不作為の故意）、作為犯と同様に処罰されるのである。なお、ここでいう作為義務は、単なる法益保護義務ではない。不作為という行為自体とその因果的帰結である法益侵害は、理論上も明確に区別されねばならず、構成要件要素としての保障者的地位や保障者的義務は、法益侵害という違法評価に先行して、当事者の社会関係から導かれる定型的な要素である。また、こうした不作為の前提となる作為の可能性も、当該犯人が作為義務を履行できたか否かの問題であり、最終的に結果発生を回避できたことは、もっぱら因果関係で検討されるべき問題である[19]。

応用問題

　長年連れ添った甲男（75歳）と乙女（63歳）の夫婦は、都市近郊の自宅（一戸建て）で生活していたが、甲が数年前に脳梗塞で倒れて以来、1人では食事や排泄もできない状態となり、乙が自宅で介護していた。近所にある医院からは、毎日決まった時間に担当医のAが甲宅を訪れて、その健康状態をチェックしていた。
　乙は、数年間にわたり、甲の食事や排泄の世話をしてきたが、他に頼るべき身寄りもなく、たった1人で甲を介護する生活にも疲れたため、将来も甲の面倒をみることに絶望していた。また、時折甲が「君のために多額の生命保険を掛けておいたよ。」などと言っていたことから、甲が早くに死んでくれた方が、自分にとって都合がよいとも考えていた。
　ある日、前日に訪れた友人の丙が持参したまんじゅうを口に入れた甲は、喉にまんじゅうを詰まらせて、ヒューヒューという音を立てて息苦しそうにし始めた。そして、数分後には、顔にチアノーゼが現れ、さらに呼吸も切れ切れになった。過去に看護師として働いた経験のある乙には、このままでは甲が窒息死すること、また、甲が苦しみ始めた直後にAに連絡して、救命処置を施せば助かると分かっていたが、もがき苦しむ甲を放置することにして、自宅の入り口に外側から厳重に鍵を掛けた上で、そのまま外出した。
　1時間後に帰宅した乙は、甲の様子を見て、完全に呼吸が停止しているのを確認してから、電話でAに連絡したため、駆けつけたAらが救命処置を施したが、しばらくして甲の死亡が確認された。乙の罪責はどうなるか。

【事案の処理（1）——通説・判例】
　同居の妻である乙には、甲の介護者として刑法上の作為義務があった（保障者的地位と保障的義務が認められる）。ところが、乙は、甲がまんじゅうを喉に詰まらせて苦しみ始めたとき、ただちに担当医を呼んで救命処置を施せば助かると認識したにもかかわらず、これを意図的に怠った（作為の可能性と作為義務違反、さらに故意も認められる）。かりに衰弱した甲が必ず助かるかどうかは不明であるとしても（確実な結果回避は不要である）、往診に訪れるAが救命できないようにした点で（支配領域性による等価値性がある）、不真正不作為犯としての実行行為があった。したがって、乙の留守中に往診に来たAが不審に思い、ドアを蹴破って甲を救命したときにも、実行の着手は認められる。設問では、現に甲が死亡しており、乙の不作為と当該結果の間の因果関係もあった（Aの救命措置により「十中八九助かる」可能性があればよい。後述参照）。また、乙には未必の殺意が認められる以上（積極的な利用意思は不要である）、不作為による殺人（既遂）罪が成立する。

【事案の処理（2）——有力説】
　因果論的な見地からは、上述した各要素の論理的関係を明確にしないまま、①被害者の救命可能性、②因果経過の排他的支配、③犯人の作為義務違反の要素を列挙することで、ただちに構成要件的結果の現実の危険（客観的危険）を肯定することになりがちである。また、具体的事件から抽出されるべき重要な事実を見落としたり、雑多な事実を未整理のまま並べるものが多い。いわゆる条件説（等価説）がそうであるように、すべての因果的要因は「同価値」であって、各要素の重みや各要素の相互関係は無視されるからである。しかし、不真正不作為犯では、「因果の流れを排他的に支配した」だけで、当該「結果を因果的に惹起する作為犯との同質性が担保される」のであろうか。

V　不作為による結果発生と因果関係

1　不作為犯の実行行為と因果関係

　因果論上「不作為は無である」にもかかわらず、犯人が因果の流れを支配したことから、法益侵害の結果責任を問う見解が増えている。その際、不作為犯の実行行為性と因果関係における客観的帰属は、どのように区別されるのであろうか。私見によれば、保障者による作為義務違反は、当該行為の属性であって、不作為の殺人にあっては、犯人が被害者の生死を左右する状況を十分に認識しつつ、あえて被害者を放置して死なせたところに、作為犯の場合と同等の実行行為性が認められる。その意味で、不作為犯の因果関係とは区別される。なるほど「期待された作為があっても結果

を阻止できなかったならば、そもそも作為義務がなかった」という主張もあるが、作為義務とその違反を基礎づける「作為の可能性」は、当該状況下で作為義務を履行できたことをいうにすぎない[20]。

2　因果関係における仮定的判断

また、「無から有は生じない」とされるが、自然的な因果関係はともかく、不真正不作為犯では、保障者による作為義務違反を問題にする以上、規範的な見地から、その者の不作為と結果惹起の因果的結びつきを問うことが可能である。ただし、不作為犯の因果関係では、作為犯の場合と同じ条件公式を採用することはできず、後述するように、期待された作為と侵害結果の関連という「幅のある判断」にならざるをえない[21]。また、作為義務者の積極的介入があったと仮定する一方、それ以外の要素が介入する可能性を排除していない。その意味では、保障者が当該結果の発生を100パーセント阻止しえたという証明は不可能に近いのである[22]。したがって、裁判所も、「十中八、九被害者の救命が可能であった」ことをもって、不作為の因果関係を認めてきた。

最近の重要判例 —— 覚せい剤少女事件　犯人は、ホテルの客室で同伴者の少女に覚せい剤を注射したが、その少女が急性中毒症状により錯乱状態に陥ったため、ただちに救急医療を要請するべきところ、これを怠った結果、数時間後には少女が心不全で死亡した。最高裁は、犯人の救護措置を懈怠した不作為と被害者の死亡の間には因果関係があると認定した。すなわち、「直ちに被告人が救急医療を要請していれば、同女が年若く（当時13年）、生命力が旺盛で、特段の疾病がなかったことなどから、十中八九同女の救命が可能であった」点で、被害者の「救命は合理的な疑いを超える程度に確実であったと認められるから、被告人がこのような措置をとることなく漫然同女をホテル客室に放置した行為と午前2時15分ころから午前4時ころまでの間に同女が同室で覚せい剤による急性心不全のため死亡した結果との間には、刑法上の因果関係があると認めるのが相当であ」り、原審判決が、保護責任者遺棄致死罪の成立を認めたのは正当であったとする（最決平成元・12・15刑集43巻13号879頁）[23]。

3　条件公式と客観的帰属論

不作為の因果関係では、いわゆる条件公式の「当該行為がなかったならば、その結果は生じなかったであろう」でなく、「当該作為があったなら

ば、その結果は生じなかったであろう」を前提とするため、新たな条件（作為のあったこと）を付加している。しかし、客観的帰属論の中でも、「行為のもつ危険が当該結果に実現した」という漠然とした基準を採用するならば、同じ見解を採用する論者でさえも、因果関係の存否が分かれることになろう[24]。また、最終結果の発生につながる直前の因果経過しかみない立場では、（義務づけられた）作為の可能性と（実際に発生した）結果の回避可能性を区別できない。その意味で、因果関係が否定されたとき、およそ未遂犯も成立しないという理解は、不作為の実行行為性と因果関係論の違いを弁えないものである[25]。

Ⅵ　不作為犯における「行為」

1　作為と不作為

　かつて不作為は、物理的な意味で外界を変更しないため、刑法上の行為にあたらないとされた[26]。しかし、今日の行為論では、不作為も「行為」に含まれる以上、作為と不作為の異同を考えておかねばならない[27]。その際、作為とは、「身体的動作によって外界の変動を生じさせ、法益の侵害（危険）をもたらす場合」であるのに対して、不作為は、「すでに生じている外部的事態に変更を生じさせないことによって、自然のなりゆきに任せた場合」にあたる[28]。しかし、川で溺れている子供の手を払いのける父親の行為は、「救助しない」点では不作為にあたるが、「手を払いのけた」点では作為にあたる[29]。すなわち、人間の行為には、作為と不作為の両面があるため、そのいずれに着目するかによって、保障者に対する作為義務の存否が決定されることになる[30]。

2　行為としての不作為

　作為または不作為のいずれかを決定するとき、一定の法的評価が介在せざるをえない。これに対して、もっぱら身体的動作に着目する自然的行為論では、社会的地位に応じた具体的意味を考慮しないため、刑法的評価の対象となる範囲を適切に限定できない。他方、社会的行為論や人格的行為

論では、社会侵害的結果に対する**人為的なかかわり**（社会的意味または主体的人格）が重視される。その意味で、作為と不作為の間には決定的差異がないといえよう。また、不作為犯を因果的な見地から捉えれば、当該結果の発生に結びつく複数の可能性があるところ、これらの客観的所与の中で、いずれの不作為をもって刑法上の行為として選択するかの問題が生じる。

3　保障者による不作為

そもそも、純粋な意味で「行為の因果性」を論じることには、理論上も実益がない[31]。むしろ、ある者が因果の流れを切断して結果発生を阻止できるならば、規範的な見地からは、**不作為の因果性**を認めうるであろう[32]。また、人間の行動は、社会生活上で無数の人間が相互に関連し合うため、これを他者から完全に切り離して論じるのは、その性格を正しく把握することにならない。すなわち、社会的地位や行為の状況に応じて、特定人（保障者）の不作為が刑法上も重要な意味をもつことがありうる。そこで、不作為犯の主体を限定する方法で、刑法上問題となる不作為の対象領域を絞ろうとしたのが、上述した**保障者説**であったといえよう。

4　作為可能性と行為能力

行為者の作為可能性については、法益侵害の現実的危険が発生したとき、犯行の現場から遠く離れた場所にいたり、作為義務を履行する能力が著しく低下していた場合、そもそも構成要件該当性がないとされる[33]。しかし、行為論は構成要件判断に先行するため、そうした場合も含めて、犯人が一定の社会的関係を有したことで足りる。さもなければ、子供の餓死する危険を予見しつつ、長期の海外旅行に出かけた両親も、死亡する直前では結果発生を阻止できないため、不作為の行為性が否定されてしまう。むしろ、犯人が当該状況下で作為義務を履行できたかどうかは、別途、不作為犯の構成要件該当性として論じることになるのである[34]。

Ⅶ 犯罪論の基礎と応用

1 形式的犯罪論と実質的犯罪論

　保障者的地位にもとづく作為義務に違反した以上、作為犯の場合と等価値と判断されたならば、不真正不作為犯の形式的構成要件は充足される。また、実質的には、犯人の対人関係や因果的支配による現実的危険性が具備されることで、当該結果に対する刑事責任が生じる。それにもかかわらず、不真正不作為犯については、いわゆる罪刑法定主義の見地から、その可罰性を否定する見解もあった[35]。さらに、法令解釈による処罰権の拡張にあたるため、刑罰法規の明確性などが要求される一方、禁じられた類推解釈とみる少数説も存在する[36]。しかし、「人を殺した」という殺人罪の文言は、作為犯の場合に限定しておらず、不作為犯の場合を含めることは可能である[37]。

2 刑罰法規の明確性と処罰範囲

　かりに先行行為を含む犯人の積極的動作があった場合にのみ、不真正不作為犯を肯定するならば、刑罰法規の明確性は確保されるであろうが、犯人と被害者の庇護的関係が中心となるとき、違法な先行行為に着目するだけでは処罰範囲の限界を示すことができない。これに対して、ドイツ刑法典13条のように、不真正不作為犯の一般構成要件を設けた立法例もあるとはいえ、抽象的な明文化により、かえって不作為犯の成立範囲が広がったといわれる[38]。むしろ、わが国では、作為義務の発生根拠論や作為犯との等置原則を用いて、より限定的に解釈されてきた。

3 禁止規範と命令規範

　刑法は、裁判規範であるとともに、強制規範でもある。例えば、裁判規範の前提として、「人を殺してはならない」という行為規範が予定されており、そうした行為規範の中に、刑罰法規から抽出された禁止規範と命令規範が含まれている[39]。不真正不作為犯は、刑法の禁止規範に含まれた命

令規範に違反する行為であるが、作為と不作為の構造的差異から、作為犯の構成要件中に不作為の場合を包摂するとき、命令規範と禁止規範を同一視するうえで、作為と不作為の等置性が必要になったのである。

4 不作為の開始と終了

かようにして、不作為犯が作為犯と同様に処罰されるとしても、不作為が作為義務の懈怠であるため、積極的な作為があった場合と異なり、どの時点から不作為（の行為）が始まったと考えるべきであろうか。まず、当初の危険設定にあたる先行行為から始まり、その後も作為義務を履行すれば当該結果を回避しうる最終の時点まで（すなわち、自分だけでは回避不能となる時点の直前まで）、犯人の不作為は継続することになる。また、実行の着手があった以上、たとえ侵害結果が生じなくても、それ以降は未遂犯として処罰できる。

不作為の殺人未遂を認めた判例　犯人は、歩行困難な身体障害者を欺いてその住居から連れ出し、自己の運転する自動車に同乗させて、深夜、人気のない厳寒期の山中という生命に切迫した危険がある場所に運んだうえ、その場所に被害者を放置した。犯人には、自らの先行行為によって被害者の生命に危険を生じさせた以上、当該場所でその危険を除去するか、被害者を安全な場所まで連れ帰るべき法的義務（作為義務）があった。

そこで、裁判所は、「その場所に放置しないこと（作為義務を果たすこと）が可能であった以上は、作為によって人を殺す（又はその未遂）行為と構成要件的に同価値と評価し得るから、同被告人の前記の不作為は、殺人（未遂）の実行行為としての定型性を具備している」とした。

その後、被害者は一晩中這いずり回った結果、奇跡的に山小屋に辿り着いたが、犯人と被害者はともに、この山小屋の存在を認識しておらず、近くに人家がないものと考えており、犯人は、これらの条件を十分認識しながら、あえて被害者を放置したと認められる点で、その死亡を予見かつ認容していた以上、未必的な殺意があったとした。

なお、「自動車を運転してその場から立ち去る（…省略…）行為自体は作為の行為であるが、被害者の生命侵害はその行為自体によってもたらされるのではなく、被害者を危険な場所に放置することによってもたらされる」以上、不作為による殺人未遂にあたるとしたのである（前橋地高崎支判昭和46・9・17判時646号105頁）。

1) 同じく幼児の監護者が食物を給付しなかった場合、不作為の殺人罪を認めた例として、名古屋地岡崎支判昭和43・5・30下刑集10巻5号580頁がある。
2) 不作為犯の成立要件については、日髙義博・不真正不作為犯の理論（昭54）107頁以

下、吉田敏雄・不真正不作為犯の体系と構造（平22）27頁以下参照。また、作為義務論については、堀内捷三・不作為犯論（昭53）197頁以下、大塚仁ほか編・大コンメンタール刑法第2巻［第2版］（平11）56頁以下〔土屋眞一＝名取俊也〕などを参照されたい。

3) もっとも、立法化に際しては、およそ不作為が「無（何もしない）」ことであるため、これを一律に処罰すべきでないという議論もあった。
4) 大塚仁・刑法概説（総論）（第四版・平20）153頁は、慣習または条理に基づく作為義務として、監督者や管理者という側面を重視されるが、雇用主と従業員の人的関係や家屋の占有者・所有者という社会的地位だけでなく、自らの関与した行為から法益侵害の危険が生じた点も合わせて、刑法上の作為義務とされることが多い。
5) 不作為の放火罪にあっても、公務員の協力要請に応じなかったとき、軽犯罪法1条8号後段違反にあたる点は別として、ただちに不作為の放火罪にならないのと同様である（大塚・前掲書152〜153頁）。
6) また、準禁治産者〔被保佐人〕であることを黙秘して、あたかも能力者であるかのように振る舞って、相手方に能力者と誤信させて財物を交付させた場合（大判大正7・7・17刑録24輯939頁）、担保物である木綿の品質が見本より劣ることを知りながら、これを告知しなかったことが、信義誠実上の義務に違反する不作為の詐欺にあたるとされた（大判大正13・3・18刑集3巻230頁）。
7) なお、ここでいう作為義務は構成要件要素であって、形式的に保障的地位と保障者的義務に区分して、前者を構成要件要素、後者を違法要素とみるべきでない。
8) 日髙・前掲書148頁以下、特に155頁。
9) 大谷實・刑法講義総論〔新版第3版〕（平21）142頁以下、髙橋則夫・刑法総論（平22）151〜152頁、伊東研祐・刑法講義総論（平22）100頁。
10) 堀内・前掲書249頁以下、特に254〜255頁。
11) 西田典之「不作為犯論」刑法理論の現代的展開総論Ⅰ（昭63）90頁以下、同・刑法総論〔第2版〕（平22）125〜126頁、佐伯仁志「保障人的地位の発生根拠について」刑事法学の課題と展望（香川古稀・平8）108頁以下。
12) 内藤謙・刑法講義総論（上）（昭58）231〜235頁、曽根威彦・刑法総論〔第4版〕（平20）204頁。
13) 山口厚「不作為犯論」問題探究刑法総論（平10）39頁以下、佐伯・前掲香川古稀99頁など。そのほか、作為義務を厳格に捉える見地から、事実上の引受けなどを要求するものとして、福田平・全訂刑法総論〔第四版〕（平16）92頁など参照。
14) また、過失の先行行為を独立して処罰する一方、先行行為にもとづく作為義務違反から不真正不作為犯を認めるとき、先行行為が繰り返し処罰されるという指摘もある（西田・前掲刑法理論の現代的展開総論Ⅰ91頁）。
15) 井田良「不真正不作為犯」現代刑事法1巻3号（平11）89頁。なお、同・講義刑法学・総論（平20）142〜143頁参照。
16) また、鈴木茂嗣・刑法総論〔第2版〕（平23）161頁も、作為義務の発生根拠と作為犯との等価値性を区別するべきであるという。
17) 団藤重光・刑法綱要総論（第三版四刷・平7）151頁。
18) 藤木英雄・刑法講義総論（昭50）135頁。
19) これに対して、法益保護に対する排他的支配を重視する見解は、法益侵害の結果に向けた因果経過の支配者だけが作為義務を負うと説明するが、上述したように、客観的な意味で支配領域内にあるだけでは、作為義務の成立範囲が広がりすぎるであろう。
20) ただし、不作為犯の作為義務と法益保護義務と同視する立場では、しばしば、この2つが混同されることになる。

21) 元来、「疑わしきは被告人の利益に」という原則も、神ならぬ人間が「一点の曇りもない（＝100パーセント）」ほどに真実を究明しろという趣旨であれば、あまりに非現実的なものといわざるをえない。そうである以上、「合理的な疑いを容れない程度の証明」も、現時点の科学知識・根拠からみて、当該行為と既遂結果の因果的関連を否定できない程度で足りるであろう。
22) 井田・前掲現代刑事法1巻3号91頁。
23) なお、上記最高裁決定の意義については、原田國男・最高裁判所判例解説〔平成3年度〕385頁、大塚ほか編・大コンメンタール刑法第2巻56頁〔土屋＝名取〕など参照。
24) 具体的な事実として、①行為に含まれた危険の現実化といえるか、②行為後の介在事情の異常性や、③当該結果の発生に与えた寄与度などを考慮するとしても、その結論は多岐に分かれる。
25) かりに因果関係が否定されても、当該結果を阻止する具体的作為は想定できるため、不作為の因果的原因力とは区別されるべきである。したがって、一定の作為による結果防止の可能性は、不作為犯成立の前提条件となるにすぎない。
26) なお、「裸の行為論」では、不作為を行為に包摂しうるかが問題になったが、近年では、作為と不作為の区別は、実行行為性にかかわる問題とされる（中森喜彦「作為と不作為の区別」現代の刑事法学（上）（平場還暦・昭52）129頁、佐久間修・刑法総論（平21）40頁など参照）。
27) 作為と不作為の概念については、金澤文雄「不作為の構造（Ⅰ）」広島大学政経論叢15巻1号（昭40）43頁以下、同「不作為の構造（Ⅱ）」同誌15巻2号（昭40）1頁以下、西原春夫「作為と不作為の概念」前掲平場還暦（上）83頁以下参照。
28) 内田文昭・刑法Ⅰ（総論）〔改訂補正版〕（平14）133頁参照。
29) そもそも、人間が、純粋な「不作為」、すなわち、完全に静止した「無」の状態にあることはない。したがって、何らかの動作をしている限り、作為と不作為の両面があったことになる（佐久間・前掲書39～40頁）。
30) かりに外形上は、積極的な動作があったとしても、それだけで当然に作為になるわけではない。しかし、本文上の記述は、いわゆる法益状態説から作為と不作為を分ける趣旨でなく、例えば、終末期医療の中で劇薬を用いた実験的治療の場合、「生命短縮を惹起」または「生命延長の不惹起」のいずれにあたるかは、法益侵害結果との関係だけでは決まらないであろう。
31) 山中敬一「不作為犯論の体系的再構成」刑雑36巻1号（平8）93頁によれば、「不作為の因果関係の問題は無意味である」とされる。もっとも、単なる「結果回避可能性」の有無・程度として説明できるかは、客観的帰属論によっても疑問が残るであろう。
32) なお、Puppe, ZStW., Bd., 92, 1980, S.895ff.; dies., NK., Vor § 13 Rn. 105ff. は、不作為犯の因果関係について、経験則に依存するという意味では、結果発生を妨げるという消極的な作用であっても、結果の不発生に対する必要条件とみられる限り、当該結果に対する十分な合法則的条件にあたるという（なお、川口浩一「不作為犯の『因果関係』と客観的帰属」刑雑36巻1号118頁参照）。
33) また、山中・前掲刑雑36巻1号100頁は、不作為犯の構成要件該当性の問題として、現実的な危険状況の存在が必要とされる。
34) これに対して、泳げない父親が溺れた子供を救助できるかという作為義務の履行可能性は、一般的な犯罪行為の遂行能力とは異なり、構成要件的結果の不発生に結びつく具体的な作為可能性を構成する要素である。
35) 例えば、金澤文雄「不真正不作為犯の問題性」犯罪と刑罰（上）（佐伯還暦・昭43）235頁以下など参照。

36) 松宮孝明・刑法総論講義〔第4版〕(平21) 85、89頁。
37) 山口厚・刑法総論〔第2版〕(平19) 75頁。
38) 例えば、夫や婚約者の自殺を放置した妻やフィアンセが不作為の殺人罪とされたり、同居する娘の性行為を黙認した母親が、わいせつ行為周旋罪として処罰されることになった（ドイツ刑法典180条参照）。
39) 大塚・前掲書3〜4頁。

第2講

実行行為の概念（その2）
―― 間接正犯と共同正犯

Actus Reus (2) – principal or accomplice

【刑　法】
第60条（共同正犯）　二人以上共同して犯罪を実行した者は、すべて正犯とする。
第199条（殺人）　人を殺した者は、死刑又は無期若しくは5年以上の懲役に処する。
第235条（窃盗）　他人の財物を窃取した者は、窃盗の罪とし、10年以下の懲役又は50万円以下の罰金に処する。

【改正刑法草案】
第26条（正犯）　①みずから犯罪を実行した者は、正犯である。
　②正犯でない他人を利用して犯罪を実行した者も、正犯とする。
第27条（共同正犯）　①二人以上共同して犯罪を実行した者は、みな正犯とする。
　②二人以上で犯罪の実行を謀議し、共謀者の或る者が共同の意思に基づいてこれを実行したときは、他の共謀者もまた正犯とする。

【ドイツ刑法典】
第25条（正犯）　①自ら又は第三者を通じて犯罪行為をおこなった者は、正犯として罰する。
　②複数の者が共同して犯罪行為をおこなったときは、その各人を正犯として罰する（共同正犯）。

I　正犯と共犯の違い

1　直接正犯と間接正犯

　刑法典は、共同正犯（60条）の構成要件を設けるほか、狭義の共犯（従属的共犯）として、教唆犯（61条）および従犯（62条）を規定している。「実行」行為の一部を分担すれば、（実行）共同正犯にあたるが、他人を利用しただけであって、背後者自身が「犯罪を実行した」といえる場合、間接正犯となる。しかし、現行法上は、間接正犯の成立要件を定めた条文がない。また、確立した判例によれば、実行行為を分担しない共謀共同正犯が認められてきた。

2　単独正犯と共同正犯

　改正刑法草案26条は、「正犯」である直接正犯（1項）と間接正犯（2項）を併記する。また、同草案27条では、実行共同正犯と共謀共同正犯が規定されている。共同正犯も、直接正犯や間接正犯と並ぶ「正犯」の一種であるが（**広義の正犯**）、同草案は、直接正犯および間接正犯から共同正犯を分離することで、**共同正犯の共犯性**を重視したと考えられる（**広義の共犯**）[1]。そこで、以下、これらの正犯と共犯が交錯する領域を検討したい。すなわち、実行行為の「人間的な広がり」ないし「横の広がり」として、「共同して犯罪を実行した」ことの意味を考えるものである。

犯罪の協働現象における正犯性の程度（強い→弱い）

```
正犯（狭義）─────→ 正犯（広義）　　／共犯（広義）→ 共犯（狭義）
直接正犯 → 間接正犯 → 実行共同正犯 → 共謀共同正犯　／教唆犯・従犯
（同時正犯を含む）
```

3 実行共同正犯と共謀共同正犯

共同正犯を除いた**狭義の正犯**には、直接正犯と間接正犯がある。しかし、広い意味では、実行共同正犯や共謀共同正犯も「正犯（広義）」の中に含まれる。例えば、ドイツ刑法典25条は、共同正犯も「正犯」の範疇に含めている[2]。また、実行共同正犯の場合、強盗の共謀者の一人が、ブリキ製のピストルを用いて被害者を脅迫したとき、その傍らに立っていた仲間も、強盗罪（236条）の実行に加担したものとされた（最判昭和23・6・22刑集2巻7号711頁）。これに対して、共謀共同正犯の場合には、共謀だけに参加して実行行為を分担しないため、実行共同正犯よりも正犯性の度合いが弱い。そのため、一部実行に代わる要素が必要となる。

II 共同正犯概念の「広がり」

1 共同実行と「行為支配」

共謀共同正犯では、犯行全体からみて中心的な人物（首謀者など）に限って、間接正犯の理論により説明することもあった。判例によれば、共同謀議の結果として**相互に利用し合う関係があり**（最大判昭和33・5・28刑集12巻8号1718頁）、実行行為者に匹敵する重要な役割を果たしたほか（長崎地佐世保支判昭和60・11・6判タ623号212頁）、いわば**犯行仲間を利用して自らの犯罪意思を実現した**といえる場合（大阪地判昭和58・11・30判時1123号141頁）、共謀共同正犯が成立することになる。近年では、いわゆる「行為支配」を根拠とした判例もみられる（最決昭和57・7・16刑集36巻6号695頁）[3]。

2 共謀共同正犯と不作為の共同正犯

近年、事前の共謀には参加したが、その後の犯行を放置したとき、共犯者の暴走を阻止しなかった点で、不作為犯の共同正犯を認めた判例がある（東京高判平成20・10・6判タ1309号292頁）。そこでは、犯人らの言動が殺人事件の引き金となったうえ、共犯者の凶行に追従した事実が重視され

た。しかし、同一事件の原審は、共謀時における重要な役割（行為支配）に着目して共謀共同正犯を認めている。本件では、犯人らの言動が殺人事件の発端になったものの、その後は不作為という消極的関与にとどまったため、共謀共同正犯と（不作為の）実行共同正犯の区別が問題となったのである。

> **重要判例 —— 不作為の共同正犯**　XとYは、Xが被害者のVに強姦されたという虚偽の事実をAらに伝えたところ、これに憤激したAらが、Vに暴行を加えようとした。Xは、Aらの暴行が始まることを十分に認識しながら、Vを犯行現場まで呼び出した。また、Yも、これに協力して、身体に危険が及ぶおそれのある場所にVを誘い入れた。しかも、Xは、Aらが場所を移動しつつVに暴行を加えている間、これに同行しながら、Aらの行為を制止することなく、犯行の発端となった強姦の事実が嘘であると告げなかった。その後、XとYは、Aらが証拠隠滅のためにVを殺害するのを提案した際にも、これを制止するなどの措置をとらず、Aらがため池にVを突き落として殺害するときも、近くの自動車内で待機していた（前出東京高判平成20・10・6参照）。
> 　XとYは、暴行・殺人という実行行為の一部を分担したわけではない。しかし、最初に被害者を危険な場所に呼び込んだ上で、仲間の暴行・殺人を容認している。控訴審は、XとYには積極的な関与がなく、「自己の犯罪」として加担しなかった以上、共謀共同正犯にあたらないとした。そこでは、共謀共同正犯の「正犯性」が重視されたため、仲間の行動に追従しただけでは、これを利用して「自己の犯罪」を実現したといえないことになる。もっとも、犯行の契機となったXとYの言動からして（先行行為）、不作為の共同正犯にあたるとした（作為義務違反）。これに対して、第一審は、共同正犯の「共犯性」に依拠しつつ、いわゆる支配型や対等関与型に限定することなく[4]、広い範囲で共謀共同正犯を認めている（千葉地判平成20・3・31）。第一審の立場では、「自らの犯罪」において「重要な役割」を果たしたことは、比較的容易に肯定しうるからである[5]。

3　作為犯と不作為犯の共同正犯

　従来、不作為の共同正犯は、母親が乳児にミルクを与えないで餓死させたとき、父親も母親と意思を通じて（共同実行の意思）、その不作為を放置したならば（共同実行の事実）、不作為の殺人罪（199条）にあたるかをめぐって議論されてきた[6]。すなわち、複数の保障者的地位にある人間（作為義務者）が、共通の作為義務に違反したことが前提となっている。しかし、上述した東京高裁平成20年10月6日判決は、作為の殺人罪と不作為の殺人罪が競合した事例である。すでに第1講で紹介したシャクティパッ

ト事件でも、患者を見殺しにした犯人と病室から連れ出した家族が、不作為の殺人既遂罪と保護責任者遺棄致死罪（218、219条）の共同正犯と認定された。したがって、複数人が犯行に加担する場合、誰が犯行全体を支配したかにより、直接正犯と間接正犯、実行共同正犯と共謀共同正犯、さらに、作為犯および不作為の共同正犯という選択肢が生じる。以下、正犯性の強弱と行為支配の有無を基準として、一部（共同）実行の意義を考えてみよう。

Ⅲ　間接正犯における実行行為

1　間接正犯と従属的共犯

まず、単独犯である直接正犯については、その正犯性を詳論するまでもない。しかし、間接正犯では、他人を道具にして犯罪を実現する手段・方法が問題となる。複数人が同一犯行にかかわる点では、間接正犯の類型も、**犯罪の共働現象**（最広義の共犯）にほかならないからである。しかし、道具である被利用者は、背後の利用者にとって単なる手足にすぎない。すなわち、間接正犯者が犯行全体を支配しているため、いわば操り人形にあたる道具の行動は、犯行後の因果経過にとどまるのである。まさしく背後者による単独の犯行であることが、共同正犯や教唆犯・従犯（狭義の共犯）から区別する分水嶺となる[7]。

2　間接正犯の正犯性

当初、間接正犯の理論は、犯人自身が直接に攻撃することなく、しかも、共犯にあたらない場合として、もっぱら法解釈で正犯の範囲を広げたものであった。例えば、「適法な道具」を利用したとき（後述(e)参照）、直接実行者はおよそ犯罪とならないし、これを利用する背後者も、正犯を惹起した共犯とはいえない。教唆犯や従犯が成立するためには、正犯者の行為が構成要件に該当する違法行為に限られるからである（いわゆる**制限従属性**による）。しかし、間接正犯というためには、客観面で犯行全体を支配する一方（行為優越性）、主観面でも、道具の行為を利用する意思が必要

となる（意思支配性）[8]。これらが、**直接正犯に匹敵する正犯性**（実行行為性）を根拠づけることになる[9]。

3 死んだ道具と故意のない道具

従来、間接正犯の利用行為をめぐって、以下の諸形態が列挙されてきた。まず、(a) 刑法上の行為でない他人の身体活動を利用する場合である。例えば、被利用者に拳銃を突きつけて絶対的強制下におく場合が考えられる。相手方にはまったく自由意思がなく、完全な操り人形であるため、「死んだ道具」と呼ばれる。具体的には、他人を脅迫して自殺させたり、断崖まで追い詰めて飛び降りさせた場合、殺人罪の間接正犯となる。つぎに、(b)「故意のない道具」として、担当医師が、看護師に治療薬であると偽って、患者に毒薬を注射させる場合がある。看護師には、注射器の内容物を確認しなかった落ち度があるとしても、これを命じた医師には故意の殺人罪が成立するため、同一の死亡結果について故意犯（医師）と過失犯（看護師）が併存することになる（同時正犯）。

4 故意のある道具と違法性のない道具

他方、(c) 身分のない（故意のある）道具として、公務員が非公務員に頼んで賄賂を収受させる場合がある。また、(d) 目的のない（故意のある）道具として、目的犯である通貨偽造罪（148条以下）を実行するにあたり、行使の目的が欠ける印刷業者を使ってニセ札を製造させる場合がある。最後に、(e) 違法性のない（故意のある）道具も考えられる。実際の判例では、自らの堕胎手術で妊婦に生命の危険を生じさせたニセ医者が、正規の医師に依頼して緊急治療として胎児を排出させた場合がある。ここでは、被利用者（医師）による緊急避難（適法行為）を利用した同意堕胎罪（213条・214条）の間接正犯が認められた（大判大正10・5・7刑録27輯257頁）[10]。

> **間接正犯を認めたもの ── 窃盗罪と殺人罪**　過去、窃盗罪（235条）の間接正犯として、①是非弁別能力のない幼児（当時10歳未満）を利用して、幼児の母親宅にある借用証書を持ち出させた場合（大判明治37・12・20録10輯2415頁）、②被害者に対する債権を回収するため、自分に処分権があるかのように装って機械類を売却し、第三者である解体運搬業者をして解体・搬出させた場合がある（最決昭和31・7・3刑集10巻7号955頁）。また、③12歳の養女

を連れて巡礼中の父親が、平素の言動により養女の自由意思を抑圧した上、巡礼先の寺から金品を盗ませた事例では、たとえ道具である少女に是非善悪の判断能力があったとしても、窃盗罪の間接正犯になるとされた（**巡礼父娘事件**。最決昭和 58・9・21 刑集 37 巻 7 号 1070 頁）[11]。

殺人罪の間接正犯としては、④愚鈍な被害者を欺いて、ある薬品を服用すれば一時的な仮死状態になるものと誤信させ、騙された被害者に首をくくらせたとき、自殺する意思のない者を「殺した」と認定された（大判昭和 8・4・19 刑集 12 巻 471 頁）。また、⑤通常の意思能力がなく、何が自殺であるかも理解できないまま、犯人の命令に服従する被害者を利用して、縊首の方法を教えて死亡させたときも、殺人罪にあたるとした（最決昭和 27・2・21 刑集 6 巻 2 号 275 頁）。さらに、⑥被害者が恋人（犯人）も追死すると誤信している状態を利用して、あたかも追死するかのように装いつつ、被害者に毒物を飲ませて死亡させた場合、普通殺人罪にあたるとされた（**偽装心中事件**。最判昭和 33・11・21 刑集 12 巻 15 号 3519 頁）。

Ⅳ　利用行為の態様と道具理論

1　欺罔・錯誤と道具理論

上述した事例は、第三者の行為や被害者自身の行為を利用した間接正犯であった。しかし、⑥の**偽装心中事件**では、被害者の自殺意思に重大な瑕疵があったとはいえ、毒物を飲んで死ぬことは正しく認識していた。その意味では、法益侵害性をめぐる錯誤はなかったともいえる。もっとも、被害者が自殺を決意するとき、その動機にかかる重大な錯誤があった以上、単に死の結果を認識しただけで、ただちに自殺関与罪または同意殺人罪（202 条）になるわけでない。むしろ、故意のある道具では、誰が実質的に被害者の行動を支配したかにより、間接正犯が認められてきた。その意味では、法益侵害性の認識（錯誤）だけで道具性が決まるわけでない。もちろん、被害者が生死にかかわる事実を誤認した結果、生命剝奪（法益侵害）に関する重大な錯誤があったならば（いわゆる法益関係的錯誤である）、被害者の同意（嘱託・承諾）は無効となる。したがって、間接正犯の道具にあたるのはいうまでもない[12]。

2 強制・服従と道具理論

③の巡礼父娘事件では、嫌がる養女に窃盗を強要しており、心理的強制下にある道具を利用した間接正犯にあたる。また、⑦厳寒の深夜に、犯人の暴行で衰弱した酩酊状態の被害者を、河川の堤防まで連行して、未必の殺意をもって上衣やズボンを脱がせた後、脅迫的言動を用いて川岸まで追い詰め、逃げ場を失った被害者が川に転落死した場合、殺人罪を肯定した判例がある（最決昭和59・3・27刑集38巻5号2064頁）。さらに、⑧被害者を欺いて多額の金銭を借り入れた犯人が、警察の追及があるなどと申し述べて脅迫し、1人暮らしで高齢の被害者を連れ回した挙げ句、繰り返し自殺するように告げた場合、物理的強制または心理的強制のいずれであるかを問わず、自殺者の意思決定に重大な瑕疵を生じさせた以上、殺人罪にあたるとした（福岡地宮崎支判平成元・3・24高刑集42巻2号103頁）。最近では、⑨事故死を装って多額の保険金を騙し取る目的で、被害者に暴行・脅迫を加えて自動車ごと海中に転落するように仕向けたが、被害者が転落後に自力で脱出した場合、被害者自身の行為を利用した殺人（未遂）罪とした判例もある（最決平成16・1・20刑集58巻1号1頁）。

3 故意のある幇助的道具

上述した欺罔や強制の場合に限らず、行為支配の有無に応じて、**故意のある幇助的道具**も認められてきた。判例によれば、会社の代表取締役が、(旧)食糧管理法に違反して不法に米を移動した場合、その手足となった使用人が同法違反の事実を知っていたとしても、これを命じた者が食糧管理法違反の実行正犯（間接正犯）にあたる（最判昭和25・7・6刑集4巻7号1178頁）。また、事情を知らない通関・配送業者を介して大麻の密輸入を企てた事件で、捜査当局のコントロールド・デリバリーにより、道具となった配送業者らが事情を知ったとしても、その後の配送が運送契約の履行という性格を失わない以上、当該犯人は、第三者の行為を利用した間接正犯にあたるとされた（最決平成9・10・30刑集51巻9号816頁）[13]。

4 刑法犯と特別法違反の間接正犯

かようにして、各構成要件の実行行為が異なる以上 (**実行行為の多様性**)、間接正犯の道具に対する実質的支配は同一でない。例えば、特別法違反では、禁制品や規制物品の移動という構成要件的行為の性質上、現場の従業員による行為でなく、背後の経営者による間接正犯と評価されやすい。また、窃盗罪や殺人罪にあっても、上述した強制と欺罔の程度は、必ずしも一様でないとおもう。さらに、暴行・脅迫を手段とする強盗罪にあっては、複数の行為を予定した構成要件 (広義の結合犯) であるため、窃盗罪で必要な行為支配を超える道具性が要求されるのである。

12歳の少年を利用した強盗罪の共同正犯 生活費に窮した母親Aは、勤務先のスナックに対する強盗を企て、自宅にいた12歳10か月の長男Bに対し、顔を覆面により隠した上、エアーガンで被害者を脅して金品を奪うように指示した。Bは嫌がったものの、Aに説得されて覆面用のビニール袋とエアーガンを受け取り、被害者宅に侵入した後、母親に指示されたとおりに脅迫した。もっとも、Bは、自らの判断で被害者をトイレに閉じ込めるなどして金品を奪っている。Aは、Bが強取してきた金品を受け取って生活費に費消した。
最高裁によれば、「本件当時Bには是非弁別の能力があり、被告人 (A) の指示命令はBの意思を抑圧するに足る程度のものではなく、Bは自らの意思により本件強盗の実行を決意した上、臨機応変に対処して本件強盗を完遂したことなどが明らかであ」り、強盗の間接正犯ではなく、強盗の (共謀) 共同正犯にあたるとした (最決平成13・10・25刑集55巻6号519頁)。同じく刑事未成年であっても、上述した**巡礼父娘事件**とは異なり、単なる道具とならなかったのである。

5 背後者の実行行為と被利用者の道具性

なるほど、間接正犯による行為支配の強弱は、道具である被利用者の規範的障害の有無によっても左右される (**規範的障害説**)[14]。しかし、最終的には、背後者の利用行為が、法益侵害の現実的危険性を有していたかで決まるであろう。その際、最初の慫慂行為が「正犯による実行」にあたるとしても、犯行時に生じる危険性には大小があるため、道具の行動が単なる因果経過といえない場合もある[15]。そこでは、背後者の行為支配と被利用者の道具性に応じて、各構成要件が予定した現実的危険にあたるかを吟味しなければならない (いわゆる**個別化説**である)。過去、間接正犯の理論に

あっては、どの時点で実行の着手を認めるかが争われてきたが、そもそも、実行行為の所在が不明のままでは、未遂犯の成立範囲も決まらないのである。

6 実行の着手時期と不作為犯構成

例えば、第三者たる宅配業者をして毒物を届けさせる場合、運送人の自由意思が介在するだけでなく、その後に被害者自身が毒物を摂取するという行為が必要となる。その意味では、複数の行為が予定されており、死亡結果に至るまで相当な時間的・場所的間隔がある。したがって、原因設定（誘致）行為だけでは、生命侵害の現実的危険性が低いといえよう（大判大正7・11・16刑録24輯1352頁参照）。これに対して、脅迫状を手渡す場合には、ほぼ確実に因果経過が進行して、相手方が脅迫状の内容を知ることになる。かりに、電話や電子メールで脅迫する事例と同じく、確実に連絡が到達する状況であれば、郵便物を投函（送信）した時点で実行の着手が認められるであろう[16]。ただし、すでに利用行為が終了した後であっても、犯人が容易に因果の進行を阻止できる特殊事情があれば、直接的な侵害が切迫した時点で初めて、実行の着手を認めるべき場合も考えられる（**不作為犯構成**）[17]。

V 実行共同正犯と共謀共同正犯

1 共同「実行」と全部責任の原則

共同正犯では、共同実行の事実（行為の共同）と共同実行の意思（意思の連絡）が必要となる。例えば、火災保険金目当てに放火を計画した犯人の一方（夫）が、簡易な出火装置を仕掛けた後、仲間（妻）に点火させた場合、現住建造物等放火罪（108条）の実行共同正犯と認められた（大判昭和8・6・8刑集12巻864頁）。その際には、共犯者間で事前の打ち合わせがなくても、仲間の行為を利用・補充し合う関係が存在し、相互に共同行為を認識したことで十分である（最判昭和23・12・14刑集2巻13号1751頁）。また、共同正犯における実行も、各人の行為を分割して考えるのでなく、全

体として、当該犯罪を実現するだけの現実的危険性を具備すればよいとされる。

2　共謀共同正犯の理論

　刑法60条の「共同して…実行した」とは、実質的な意味で理解されている（通説・判例）。すなわち、常に実行行為の一部を分担する必要はないのであって、さもなければ、正犯者の背後で主導的な役割を果たした者が、不当にその罪責を免れてしまう。いわゆる共謀共同正犯の理論は、二人以上の者が共謀して、その仲間が実行行為に及んだとき、実行を分担しなかった共謀者も、すべて共同正犯とみる考え方である（大連判昭和11・5・28刑集15巻715頁）。その際、暗黙の共謀であってもよいし（最判昭和23・11・30裁判集刑5号525頁）、順次連絡して、共謀関係を形成した場合でもよい（**練馬事件**。最大判昭和33・5・28刑集12巻8号1718頁）。

3　共謀共同正犯の拡大傾向

　当初、裁判所は、詐欺罪や恐喝罪における共謀者の主観的寄与を重視しつつ、「その構成要件たる行為に対して身体的加功を必要とするのみならず、精神的加功を要求する」以上、共謀共同正犯を認める必要があるとした（大判大正3・3・27新聞936号27頁、大判大正11・4・18刑集1巻233頁）。しかし、その後、次第に適用範囲が拡張された結果、放火罪（大判昭和6・11・9刑集10巻568頁）、業務上横領罪（大判昭和10・7・10刑集14巻799頁）のほか、暴行罪（大判昭和4・11・29刑集8巻575頁、大判昭和8・4・15刑集12巻427頁）や殺人罪（大判昭和8・11・13刑集12巻1997頁）のような、粗暴犯や実力犯にも適用されている[18]。

4　共謀共同正犯の処罰根拠

　共謀共同正犯では、形式的な実行の分担を要求していない。むしろ、共謀時の「重要な役割」に着目することで、次第にその領域を拡大してきた。しかし、こうした判断基準から、ただちに（共謀）共同正犯の成立範囲が明らかとなるわけでない。理論上は、共同正犯の本質論に立ち還る必要があろう。当初、大審院の判例は、複数人が「一心同体の如く、互いに

相寄り相助けて、各自の犯意を共同的に実現」するものを共同正犯とみており、「謀議を凝したる上、その一部の者において、これが遂行の衝に当たる」場合にも、「協心協力の作用たるにおいて、その価値が異なるところ(は)な」いとして、**共同意思主体説**を採用していた(前出大連判昭和11・5・28参照)。

5　共同意思主体説と間接正犯類似説

共同意思主体説では、複数人が特定の犯罪を実現する目的で結成した団体(共同意思主体)の活動として、一部の構成員が実行を分担したならば、共謀者全員に共同正犯が成立するという。しかし、集団それ自体は刑事責任の主体にならないため(**個人責任の原則**)、その後は、間接正犯の道具理論を援用する見解が主張された[19]。すなわち、「直接実行行為に関与しない者でも、他人の行為を**いわば自己の手段として犯罪を行った**という意味において、その間刑責の成立に差異を生ずると解すべき理由はない」と判示したのである(**練馬事件**。前出最大判昭33・5・28)。そこでは、「特定の犯罪を志向する共同者の意思が指示、命令、提案等によって他の共同者に具体的に明らかにされ、他の共同者が右指示、命令、提案等を了承・賛同するなど」して、「一個の共同意思と認められるまでに一体化する」ことが必要となる(東京高判昭52・6・30判時886号104頁)。

重要判例 ―― 大麻密輸入事件　Xは、大麻の密輸入を計画したYからその実行役を頼まれた際、自ら大麻を入手したい欲求にかられたが、当時のXは執行猶予中であったため、密輸入した大麻の一部をもらい受ける約束をしたうえで、その資金の一部を提供するとともに、実行担当者を紹介することになった。その後、XとYは、知人のZとWに事情を明かして協力を求め、これら4名がお互いに意思を通じて共謀し、ZとWが、外国で購入した乾燥大麻を密かに日本国内に持ち込んだ。裁判所は、Xについても、上記の行為を通じて大麻密輸入の謀議をとげたものとした(最決昭57・7・16刑集36巻6号695頁)。その際、自分の計画どおりに仲間を利用することで、X自身が犯行の主体になっており、「基本的構成要件該当事実について支配をもった者」ないし「構成要件該当事実の実現についてみずから主となった者」が正犯にあたるとして、誰が犯行を支配したかが重視されている(団藤裁判官の補足意見を参照)[20]。

重要判例 ―― スワット事件　暴力団組長のAが遊興の目的で上京した際、「スワット」と呼ばれるボディーガードのBらが、けん銃等を携行してAを警護した。Aは、Bらに対して直接けん銃の所持を指示しなかったが、Bら

による銃砲刀剣類所持等取締法違反の共同正犯に問われた。裁判所によれば、Aは「スワットらが自発的に被告人を警護するために本件けん銃等を所持していることを確定的に認識しながら、それを当然のこととして受け入れて認容していたものであり、そのことをスワットらも承知して」おり、Aと「スワットらとの間にけん銃等の所持につき黙示的に意思の連絡があった」のみならず、「スワットらは被告人の警護のために本件けん銃等を所持しながら終始被告人の近辺にいて被告人と行動を共にしていた」以上、Bらを指揮命令する権限のあるAの地位と、Bらの警護によって利益を受ける立場を併せ考えれば、実質的には、まさしくAがBらにけん銃等を所持させていた点で、共謀共同正犯にあたるとした（最決平成15・5・1刑集57巻5号507頁）。

Ⅵ 共同正犯の正犯性と共犯性

1 共謀存否型と幇助犯区別型

　実際の裁判例は、共謀の存否が争いとなる**共謀存否型**と、従犯との違いが問われる**幇助犯区別型**に区分されるという[21]。しかし、具体的な判断要素をみるならば、上述した大麻密輸入事件の場合、(1)みずから大麻を得ようとする犯行動機に加えて、(2)自分の身代わりとして実行担当者を引き入れたこと、(3)不法に取得した大麻をもらい受ける約束があり、(4)犯行資金の一部を提供したなどの事情があった。これらの事情が犯行全体を支配したというに足る積極的な役割と認定されている。他方、スワット事件では、①Bらがけん銃等を所持する旨の黙示的な意思連絡があり、②AがBらに指揮・命令を出す権限があったこと、③AにはBらのけん銃所持による警護の利益を受けること、さらに、④AとBらが終始行動を共にしていたことから、中心的役割を果たしたものと認定された[22]。

2 支配型と対等関与型

　従来、間接正犯類似説や行為支配説は、共同正犯の正犯性を前提としつつ、いわゆる**支配型**の処罰根拠を論じてきたが、スワット事件では、AとBらが直接的な親分・子分の関係になく（ただし、②の事情はあった）、従来の理論構成では不十分なところがあった。そもそも、間接正犯類似説では、**対等関与型**（分担型）の共謀共同正犯を捕捉できないし、共謀時の主

導的地位を要求する（優越的）行為支配説では、大麻密輸入事件などのように、積極的な作為の形態を想定しており、消極的な不作為の形態は、共同正犯としての理由づけが困難となる。そこで、これらの判例を契機として、共謀共同正犯の本質を見直す傾向が強くなり、「実行行為が『共同のもの』と評価できればよい」として[23]、実行担当者に対する心理的因果性や、犯行全体を「自己の犯罪」とみていたかで、共謀共同正犯を認めるものがある。

3　準共同正犯説と共同の「実行」

近年では、形式的な「共同実行」を超えた実質的共同を強調しつつ、共謀共同正犯を**準共同正犯**とみる見解が有力になった[24]。そもそも、正犯と共犯を区別する共犯論体系からは、共謀共同正犯にあっても、仲間による結果惹起を共謀者に負わせるため、共犯者相互の「共同性（共犯性）」が前提となる[25]。上述した改正刑法草案27条は、実行共同正犯と共謀共同正犯を「正犯」として規定するが（「他の共謀者もまた正犯とする」）、直接正犯および間接正犯の26条とは別個に規定したこと自体、通常の（狭義の）正犯とは異なり、共同正犯の「共犯性」を示唆するものといえよう。したがって、厳格な意味で「一部実行・全部責任の原則」を維持することは、共同正犯の「正犯性」に根ざした個人責任の法理にほかならない。

4　行為支配説と共同（共犯）性

また、間接正犯類似説では、背後者の正犯性を説明できても、**共謀参加者と直接実行者の共同（共犯）性**を明らかにしていない[26]。そこで、共同「実行」を規範的見地から捉えることで、共謀共同正犯の実質論が有力になったわけである[27]。その際、準共同正犯説では、共犯の側面を重視するとはいえ、共謀共同正犯を認定する諸要素を羅列したにとどまり、前提となる共同正犯の正犯性と共犯性を十分に解明したとはいいがたい。しかも、客観的な因果経過を重視する（因果的）共犯論では、共同正犯の共犯性を「心理的因果性」から説明するとしても[28]、そこでいう「共同実行」の意味はさらに規範化するであろう[29]。他方、現在の判例実務では、犯行仲間の一員として「重要な役割」を果たしたかどうかが重視されている。

5 共犯の理論的基礎とその判断基準

しかし、共同正犯を共犯の一種とみるとしても、準共同正犯というだけでは、何が「重要な役割」にあたるかが不明である。共謀共同正犯の本質と具体的な判断基準を結びつける説明が必要であり、少なくとも、上述した因果論的な立場からは、共謀における主観的要件は導かれないであろう[30]。すなわち、準共同正犯説によれば、主観面における意思疎通が「重要な役割」に結びつくことを説明できておらず、共同正犯の共犯性を強調することで、共同正犯が教唆や幇助と同列視される結果、およそ犯行に関与した者を広く共同正犯に含める可能性もある。その意味では、共同正犯の成立範囲を不当に拡張するという批判を免れないのである[31]。

6 共犯関係の変容と共謀共同正犯

かつて「首謀者」や「背後の黒幕」など、犯行全体を支配した中心的人物が共謀共同正犯とみなされた。しかし、その後の共謀共同正犯は、垂直的支配（支配型）のみならず、水平的共同の場合（対等関与型）にも認められている。しかも、上述したスワット事件のように、直接的な上命下達の関係がなくても、共犯者がけん銃による警護の恩恵を漠然と認識すれば足りるとした点で、当初の共謀共同正犯よりも一層広がったといえよう。こうした傾向は、現代社会における共犯者間の結びつきが多様化（希薄化）した事実とも相俟って、例えば、携帯電話の闇サイトで共犯者を募るような状況では、新たな共犯理論を必要とするかもしれない。他方、スワット事件では、けん銃所持の犯罪構成要件からみて、実行共同正犯となる余地もあった。また、故意のある幇助的道具のように、上司の命令でやむなく部下が実行する場合など、下位者の消極的かつ従属的な態度に着目しつつ、共謀共同正犯や実行共同正犯を否定して、間接正犯に問うことも考えられる。

VII 犯罪論の基礎と応用

1 共謀共同正犯と不作為の共同正犯

実行共同正犯の場合、客観面において、実行行為の一部分担があるため、主観面では、相互的な意思連絡にあたる共同実行の意思で足りる。しかし、共謀共同正犯の場合、共同「実行」を補うだけの行為事情が必要であり、共謀時の「重要な役割」だけでなく、その後の因果経過が共謀の内容どおりに進行したという行為支配も要求されるであろう[32]。そのため、冒頭で紹介した不作為の共同正犯の事例では、作為の共同正犯者に因果経過の進行を委ねたこと、積極的な加担がみられないまま、その後の犯行がエスカレートした事情を考慮しつつ、先行行為が犯行の主たる原因になった点で、保障者的地位による作為義務違反を重視したわけである（前出東京高判平成20・10・6）。

2 正犯と共犯の限界（主観説と客観説）

学説上、正犯と共犯の区別をめぐっては、①「正犯者の意思」と「加担者の意思」に着目する**主観説**から、②共犯の因果論的理解にもとづいて、犯行の原因力を与えたか、または、単なる条件にすぎないかで分ける**古い客観説**が主張された。しかし、①の主観説では、何が「正犯者の意思」であるかが不明であり、単独犯として犯罪を完成した場合にも、その者に正犯者意思がないとき、共犯になってしまうなどの欠陥がある。また、②の古い客観説では、およそ原因と条件を厳格に区別できないため、その後は、構成要件論を出発点として、③基本的な構成要件該当行為をした者が正犯であり、共犯はそれ以外の行為で加担する者という**形式的客観説**が有力になった[33]。近年は、こうした判断基準をより実質化する傾向が強くなっている。

3 正犯と共犯の限界（行為支配説と危険性説）

もっとも、④犯行全体の支配者を正犯とみる**行為支配説**は、犯人の主観

面やそれ以外の要素を取り込むかをめぐって多岐に分かれており、統一した判断基準となっていない。そこで、⑤新しい客観説（**実質的客観説**）と呼ばれる見解は、構成要件の実現に向けた具体的危険性に着目するようになった。すなわち、主観的な意思と客観的な行為の両面において、当該行為者が基本的構成要件を充足するかどうかを吟味することになる[34]。また、最近では、構成要件的結果惹起の支配により、正犯と共犯を区別しようとする見解も登場した[35]。しかし、不作為犯では、単独正犯と共同正犯の間だけでなく、広義の正犯から狭義の共犯にまたがる諸形態の間で、どこに着目して消極的な不作為を「切り分ける」かが問題となる。

4 不作為犯の正犯と共犯

冒頭で紹介した作為の共同正犯と不作為の共同正犯が生じたとき、不作為犯では、いずれも因果の流れを放置したにすぎず、その中で共同正犯を含む広義の正犯と教唆・幇助という従属的共犯の違いは見出しにくい。例えば、共謀により原因力を与えた背後者が、積極的に犯罪の実現を目指して、その後の実行担当者による因果経過を放置したならば、先行する共謀にもとづく不作為の責任を問うこともできよう。しかし、そうした消極的な関与では、もっぱら個別的な事実認定で共謀共同正犯が無制限に拡大するおそれも否定できない[36]。さらに、刑事未成年の息子に強盗罪を実行させた母親の場合、道具を利用した間接正犯でなく、共謀共同正犯と認定された例もあり（前述参照）、背後の主謀者が、間接正犯または共同正犯のいずれかは、実行担当者に対する行為支配の度合いに左右されるのである。

5 間接正犯と正犯のない共犯

最後に、責任能力のない道具を利用して被害者を殺傷した場合、普通殺人罪の従犯とされた事例をみておこう（下記の応用問題を参照されたい）。そこでは、原因において自由な行為が媒介項となっているが、背後者が犯行全体を支配しておらず、間接正犯は認められなかった。また、実行担当者である過失犯（責任無能力者）を利用したとはいえ、お互いの意思疎通（共同意思）がない以上、片面的な（共謀）共同正犯も成立しない。むしろ、普通殺人罪の構成要件に該当する違法な（正犯）行為を助長したとみて、

殺人罪の（片面的）従犯に問われたのである（京都地舞鶴支判昭和54・1・24判時958号135頁）。

応用問題　正犯のない共犯

　覚せい剤中毒者である甲は、自宅内で数回にわたり、フェニルメチルアミノプロパンを含有する覚せい剤粉末約0.03グラムを水に溶かして注射したが、その都度、一時的な錯乱状態に陥り、手近にある刃物をもって周囲の者に斬りつける事件を起こした。①甲と同じ暴力団に属する舎弟分乙は、甲の自宅を訪問した際、これらの事件に遭遇していた。
　その後、乙は、甲の内妻Ａと不倫関係になってしまい、Ａから、2人の関係を甲に暴露すると脅されていた。そこで、甲から対立組織の襲撃目的で日本刀の入手を頼まれたとき、②覚せい剤中毒になった甲が、幻覚妄想状態で手近かのＡを殺害するのを期待して、Ａの口を封じる目的で日本刀を手渡した。
　数日後、甲は、多量の覚せい剤粉末を水に溶かして身体に注射したことから、③覚せい剤中毒性の精神障害となり、「Ａが某独裁国家の大物スパイであり、Ａを殺害しなければ日本国が滅亡する」という被害妄想に支配された結果（心神喪失状態にあたる）、すでに自宅2階で就寝していた④Ａを殺害しようと決意し、乙から渡された日本刀を取り出して上記寝室に押し入り、⑤就寝中のＡの腹部や背部、後頭部などを突き刺して、間もなく同所で失血死させた。甲および乙の罪責はどうなるか（覚せい剤使用の点は除外する）。

【重要事実】
　①乙は、甲宅内の事件を通じて、甲の覚せい剤中毒の症状を認識していた。
　②乙は、甲の依頼に応じて襲撃用の日本刀を手渡しており、傷害罪または殺人罪の従犯が成立しうる。他方、乙は、甲の錯乱状態を利用してＡを殺害しようと考えており、片面的ではあるが、甲によるＡの殺害を幇助する意思があった。
　③甲は、Ａを殺害する時点で心神喪失状態に陥ったため、原因において自由な行為の理論を適用する必要がある。
　④しかし、甲の殺意は責任無能力状態で生じたため、故意犯の原因において自由な行為は認められない（後述する二重の故意が必要である）。
　⑤甲は、故意の殺人罪では、刑法39条により不可罰となるが、それに先立って、覚せい剤の注射を控えるべき注意義務に違反した過失により、（重過失による）過失致死罪が成立する。

【事案の処理】
　この事案では、(1)甲の原因において自由な行為と、(2)心神喪失者の行為を利用した乙の罪責が問題となる。
　(1)まず、故意の殺人罪が成立するためには、甲に責任能力があった原因行為の時点で、自らが心神喪失に陥ることの認識・認容（第1故意）と、心神喪失状態で他人を殺傷しようとする認識・認容（第2故意）が必要である。しかし、甲は責任無能力になってから殺意を生じており、第2故意がなかった以上、せいぜい、責任能力がある時点の覚せい剤使用にかかる注意義務を怠ったことから、過失犯として処罰されることになる（なお、最大判昭和26・1・17刑集5巻1号20頁参照）。

(2) つぎに、乙は、道具である甲を利用した殺人罪の間接正犯と評価できるであろうか。甲には重過失致死罪が成立する一方（その意味で「規範的障害」があった）、乙が甲の覚せい剤中毒を招来したという事実がない以上、間接正犯にあたる行為支配は認めがたい。甲は、自らの意思で覚せい剤を注射しているからである。なるほど、乙は、口封じの目的で、甲によるAの殺害を計画しており、この事実だけをみるならば、過失犯である甲（故意のない道具）を利用した間接正犯の成立する余地がある。しかし、問題文の中には、乙が甲を道具として利用したという（殺人罪の）現実的危険性のある行為がみられない。したがって、直接侵害者である甲が殺人に及んだというだけで、その間接正犯とすることはできない。

　(3) 最後に、乙が日本刀を提供した事実は、甲の犯行を幇助したにとどまる。しかし、乙を普通殺人罪の幇助とするとき、正犯（故意の殺人）のない共犯（殺人の幇助）を認めてよいかである。換言すれば、正犯の罪名を超えて共犯（従犯）が成立しうるかであり、本件では、正犯者が（重）過失致死罪にとどまる場合にも、背後の従犯者は殺人既遂の従犯となりうる。共犯の従属性は、（正犯である甲が何らかの犯行に着手するという）実行従属性さえあれば、（甲と乙の罪名が同一になるという）罪名従属性まで要求していないからである。また、乙は、甲によるAの殺害を予定していたが、甲の行為は責任阻却事由で不可罰となったにすぎず、すでに殺人の構成要件に該当する違法行為があった（制限従属性）。したがって、乙は、甲の依頼を受けて襲撃用の日本刀を手渡しており、行為それ自体は、甲の犯行に対する幇助にあたるため、殺人既遂罪の従犯が成立することになる[37]。

---

1) わが国の刑法学は、複数人が犯行に関与したとき、すべてを正犯とみるのでなく（統一的正犯論）、正犯と共犯を明確に区別する立場を採用してきた（共犯論体系）。
2) すなわち、ドイツ刑法典では、単独正犯と間接正犯が併記される一方（同25条1項）、「正犯（見出し）」を定めた法条の中で、共同正犯を規定しており（同25条2項）、立法形式上も、共同正犯の正犯性が重視されている。
3) なお、共謀共同正犯とは別の類型として、「優越的支配」共同正犯という表現を用いる見解もある。例えば、大塚仁・刑法概説総論（第四版・平20）307頁、同・犯罪論の基本問題（昭57）340〜341頁。
4) なお、佐久間修・刑法総論（平21）366頁注11）では、垂直型と水平型に分類している。
5) 同旨、前田雅英「共謀の認定と不作為の共同正犯」警察学論集64巻4号（平23）133頁以下。そのほか、丸山嘉代「多数名が関与した殺人事件において、実行行為を行わなかった者に対し、不作為による共同正犯の成立を認めた事例」警察学論集64巻2号（平23）173頁など参照。
6) 大塚・前掲書301頁、大谷實・刑法講義総論（新版第3版・平21）427頁、川端博・刑法総論講義（第2版・平18）559頁など。
7) もっとも、複数人が共同して間接正犯に及ぶことも考えられる（間接正犯の共同正犯）。したがって、通常の共同正犯と対比した説明であることに注意されたい。
8) 例えば、責任能力者であると誤信して刑事未成年者を利用したとき、客観的には窃盗の間接正犯にあたるところ、犯人には間接正犯の故意がなかった以上、38条2項により、犯情の軽い窃盗教唆によって処罰される（仙台高判昭和27・2・29判特22号106頁）。

9) なお、大塚仁・間接正犯の研究（昭33）118頁以下、佐久間・前掲書81頁など参照。
10) 一部の学説は、すでに利用者たる中絶医が堕胎を開始していたとするが、堕胎罪は既遂犯だけが処罰されており、実際に胎児を排出したのは、被利用者（医師）である点に注意しなければならない。
11) そのほか、金品を窃取しない満10歳の息子に対し、父親が拳固や平手で殴打したり足蹴りにするなどして金品を盗ませた事案について、父親による窃盗罪の間接正犯を認めた例がある（名古屋高判昭和49・11・20刑月6巻11号1125頁）。また、赤の他人が10歳の少年を利用した場合も含めて（大阪高判平成7・11・9高刑集48巻3号177頁）、大塚仁ほか編・大コンメンタール刑法5巻（第2版・平11）42頁以下（高窪貞人）など参照。
12) 判例上は、情を知らない被害者に栄養剤と偽って毒物を服用させるなど、被利用者（被害者）の行動を完全に支配した場合がみられる（東京高判平成10・4・28判時1647号53頁＝判タ982号84頁）。
13) そのほか、特別法違反としては、ニセ患者が激しい腹痛を装って、麻薬施用者である医師に麻酔薬の注射を求める方法で、事情を知らないまま麻薬を注射させた場合、（旧）麻薬取締法27条1項の麻薬施用罪の間接正犯を肯定した例もある（最決昭和44・11・11刑集23巻11号1471頁）。
14) 大谷・前掲書158頁、曽根威彦・刑法総論（第4版・平20）236頁など。例えば、各構成要件の種類に応じて被利用者の規範的障害の程度も異なってくるであろう。
15) なお、被利用者が誘致される可能性の乏しい場合には、そもそも法益侵害の危険がなく、背後者の行為を実行と評価できない場合もある。
16) これに対して、判例は、恐喝文書を郵送した場合、郵便物の到達をもって実行の着手としたほか（大判大正5・8・28刑録22輯1332頁）、相手方を欺く目的で電信為替を発信する以前に犯行が発覚したとき、まだ発信前は着手といえず、詐欺罪の予備段階とみたものがある（大判大正3・6・20刑録20輯1289頁）。
17) 大塚・前掲書175頁注(17)、同・犯罪論の基本問題108～109頁、佐久間・前掲書84頁。
18) また、法定犯（旧・銃砲等所持禁止令違反）でも、共謀共同正犯の成立が認められた（最判昭和23・7・22刑集2巻9号995頁）。
19) いわゆる間接正犯類似説として、藤木英雄・刑法講義総論（昭50）284頁、同・可罰的違法性の理論（昭42）336頁、川端・前掲書557頁などがある。
20) なお、団藤重光・刑法綱要総論（第三版第四刷・平7）397頁以下参照。
21) 共謀共同正犯をめぐる裁判例については、石井一正＝片岡博「共謀共同正犯」小林充＝香城敏麿編『刑事事実認定（上）』（平4）314頁以下、大塚ほか編・大コンメンタール刑法5巻259頁以下（村上光鵄）など参照。
22) そのほか、同趣旨の最高裁判例として、最決平成17・11・29裁判集刑288号543頁、最判平成21・10・19裁判集刑297号489頁がみられる（なお、前田雅英「共謀の認定」警論63巻8号（平22）160頁以下参照）。
23) 前田・前掲警論63巻8号153頁。
24) 平野龍一・刑法総論Ⅱ（昭50）402頁、西田典之「共謀共同正犯について」平野龍一先生古稀祝賀論文集上巻（平2）375頁〔西田・共犯理論の展開（平22）40頁以下所収〕など。また、山口厚・刑法総論（第2版・平19）323頁は、因果的な共同惹起に着目した「実質的正犯概念」を根拠とされる。
25) その際、一部の学説は、共謀者が現場に立ち会った事実を、実行行為の一部分担に代わる支配とみているが（例えば、大塚ほか編・前掲大コンメンタール刑法5巻376頁〔村上〕）、犯行現場にいない背後者であっても、主導的地位を占める場合が考えられる。

26) 佐久間修「共同正犯における集団犯罪の法理―共謀共同正犯と「正犯の背後の正犯」を中心として―」刑事法学の現実と展開（齊藤誠二先生古稀祝賀）300頁以下参照。
27) なお、共同実行に準じる「重要な役割」をめぐって、共謀時の主導的役割と重要な寄与に着目するもの（佐伯仁志「共犯論(2)」法教306号（平18）49～51頁）、一部「実行」に匹敵する共謀時の重要な役割と「自己の犯罪」という認識を要求するもの（前田雅英・刑法総論講義（第5版・平23）491～493頁）、実行担当者に犯罪を代行させるという支配関係を前提として、単なる共同実行の認識だけでなく、正犯者としての意思を必要とするもの（大谷・前掲書436頁）などがある。そのほか、犯罪実現に向けた客観的寄与と自己の犯罪であるという主観的意思を要求する見解が有力になりつつある（井田良・講義刑法学・総論（平20）464頁など）。
28) 例えば、西田・前掲平野古稀366頁参照。
29) かりに「自己の犯罪」として実現する意思があったという主観的な要素だけに依存するならば、かつての「正犯意思」と「共犯意思」を基準とする主観説に戻ってしまう。そこでは、背後の共謀者が直接実行者の行動を認識・認容さえすれば、共謀共同正犯が成立するという安易な考え方があると批判される（西原春夫「憂慮すべき最近の共謀共同正犯実務」刑事法ジャーナル3号（平18）54頁以下、63頁）。
30) 西田・前掲平野古稀382頁、西田典之・刑法総論（第2版・平22）353～354頁は、犯罪実現の客観的寄与を中心として、主観面を極力排除しようとする。
31) 米田泰邦「共謀共同正犯」中義勝編・論争刑法（昭51）250～251頁など参照。
32) 川端・前掲書558頁、佐久間・前掲総論366頁。
33) 団藤・前掲書373頁、川端・前掲書579～580頁、前出大判明治44・12・21。
34) 大塚・前掲書281頁、大谷・前掲書402～403頁。
35) 山口・前掲書361～362頁。
36) 最近、未必の故意による共謀共同正犯を認めた判例がある（最決平成19・11・14刑集61巻8号757頁）。具体的には、甲らが代表取締役等を務める会社で保管する廃棄物につき、乙がその処理を申し入れてきた際、甲らにおいて、乙と実際の処理業者が不法投棄することを確定的に認識しなかったものの、不法投棄に及ぶ可能性を強く認識しながら、それでもやむをえないと考えて乙にその処理を委託したとされる（廃棄物の処理及び清掃に関する法律違反）。
37) 原因において自由な行為で「連続型」と「非連続型」の区別を主張する見解にあっても、同様な結論になるであろう（第12講参照）。

第3講

実行行為の概念（その3）
―― 「早すぎた結果発生」と
　　「遅すぎた結果発生」

Actus Reus (3) – motivational concurrence

【刑　法】
第43条（未遂減免）　犯罪の実行に着手してこれを遂げなかった者は、その刑を減軽することができる。ただし、自己の意思により犯罪を中止したときは、その刑を減軽し、又は免除する。
第44条（未遂罪）　未遂を罰する場合は、各本条で定める。

【改正刑法草案】
第23条（未遂犯）　①犯罪の実行に着手して、これを遂げなかった者は、未遂犯とする。
　②未遂を罰する場合は、各本条で定める。
　③未遂犯は、その刑を減軽することができる。
第25条（不能犯）　行為が、その性質上、結果を発生させることのおよそ不可能なものであったときは、未遂犯としてはこれを罰しない。

【ドイツ刑法典】
第22条（概念規定）　行為に関する自らの認識により、直接に構成要件の実現に着手したものは、犯罪行為の未遂をした者である。
第23条（未遂犯の処罰）　①重罪の未遂は、常に罰せられるが、軽罪の未遂は、法律に明文の規定がある場合にのみ罰せられる。
　②未遂犯は、既遂犯の行為よりも軽く罰することができる（49条1項）。
　③行為者が、著しい無分別により、犯行の客体又は手段・方法の性質からしておよそ既遂に達しえないと誤認していた場合、裁判所は、刑を免除又は軽減することができる（49条2項）。

44　第3講　実行行為の概念（その3）

I　実行行為の開始と終了について

1　実行行為の所在と時間的な広がり

　共犯という現象は、犯罪の人的な広がりであり、未遂と既遂は、犯罪の時間的な広がりである。犯人が実行に着手する以前は、せいぜい、予備または陰謀にすぎないが[1]、たとえ実行行為が終了しても、ただちに既遂犯が成立するわけでない。すなわち、殺人罪のような**結果犯**では、行為と結果の因果関係が必要となるため、第三者の故意行為など、介在事情の異常性によって、故意既遂犯の成立が否定されてきた[2]。また、共犯の場合、着手後の離脱や共犯関係の解消により、当該行為者の罪責が否定ないし軽減されることもある。かようにして、**実行の着手時期**は、未遂犯の成否を左右するが、実行の終了時期は、中止犯の成否や共犯関係の外延にかかわるものである[3]。本講では、未遂犯の基礎理論を踏まえつつ、いわゆる「早すぎた結果発生」ないし「遅すぎた結果発生」を横断的に眺めてみたい。

犯罪現象の時間的な広がり

```
　　　　　準備的行為→実行の着手（未遂）→実行の終了（≒既遂）→結果発生（＝既遂）
時間軸 ─────────────────────────────────────→
　　　　　予備（早すぎた構成要件実現）　　／早すぎた結果発生　　／遅すぎた結果発生
```

2　早すぎた結果発生（クロロホルム殺人事件）

　「早すぎた結果発生」は、クロロホルム殺人事件を契機として、盛んに議論されるようになった。同事件は、保険金殺人の目的で被害者を殺害するべく、まずクロロホルムを嗅がせて失神させたうえ、別の場所に運んで自動車ごと海に沈めることで事故死を偽装しようとした。しかし、実際には、多量のクロロホルムを吸引させた時点で、被害者が肺機能の停止により死亡していた可能性が明らかとなった。すなわち、犯行計画によれば準

備的行為にあたるクロロホルム吸引によって、すでに死体となったにもかかわらず、これに気づかない犯人らが、その後も犯罪を完成するために海中に投棄することで、保険金殺人の目的を達成したため、「(犯行計画からみて) 早すぎた」結果発生と呼ばれるのである[4]。

クロロホルム殺人事件における客観的危険性と密接関連性　裁判所は、第1行為であるクロロホルム吸引の後、失神した被害者を海中に沈めた第2行為について、およそ第1行為は、第2行為を確実かつ容易に遂行するために必要不可欠な要素であって、第1行為が計画どおりに実行された以上、殺害計画にとって特段の障害が存在しなかったという。また、第1行為と第2行為が時間的・場所的に近接しており、密接関連性があるだけでなく、すでに第1行為を開始した時点で殺人罪を実現する客観的危険性が認められる以上、実行の着手があったとした（殺人既遂罪。最決平成16・3・22刑集58巻3号187頁）。

3　早すぎた構成要件実現

これに対して、犯人が殺人に使う銃の手入れをしていた際、たまたま暴発した銃弾が標的に命中して死亡させた場合、まだ実行の着手がない以上、せいぜい、殺人予備罪（201条）にすぎない。同様にして、不仲の夫を殺害する目的で、毒入りの酒を食器棚の奥に隠しておいたところ、妻の不在中に、偶然にその酒を見つけた夫が勝手に飲んで死亡した場合も、およそ実行行為を開始する以前に侵害結果が発生しており、「早すぎた構成要件実現」と呼ばれる。上述した「早すぎた結果発生」とは異なり、客観的には実行行為が始まっていない以上、未遂犯の成立する余地はない。したがって、いずれの場合も、殺人予備罪と（重）過失致死罪（210条・211条）の観念的競合となる[5]。

ガソリン引火事件における客観的危険性　Xは、妻Aが離婚を決意して家出したため、これを悲観して自己の居住する家屋を燃やすことで焼身自殺をしようと決意した。そこで、自動車からガソリンを抜き取って、本件家屋の室内や廊下などに大量のガソリンを撒布し、ガソリンの蒸気を発生させた。しかし、その後、廊下でタバコを吸うためにライターの火をつけたところ、上記蒸気に引火して爆発し、まだA子が住居に使用している本件家屋を全焼させた。弁護人は、放火の目的でライターに点火したわけでなく、ガソリンを撒いた行為は、放火の準備的行為にとどまると主張したが、裁判所は（現住建造物等）放火罪（108条）の成立を認めた（横浜地判昭和58・7・20判時1108号138頁・確定）。

判例によれば、本件家屋は木造平家建であって、特に不燃性の材料が使われていたわけでない。また、雨戸や窓を閉めた密閉状態で、大量のガソリンを満遍なく散布しており、ガソリンの臭気が室内に充満した結果、Xの鼻が痛くなったり、目も十分に開けていられないほどであった。したがって、ガソリンの強い引火性を考慮するならば、何らかの火気がガソリンに引火して、火災になるのは必然であった。すなわち、Xは、ガソリンを撒布することで企図した放火の大半を終えたといってよく、この段階で「法益の侵害即ち本件家屋の焼燬（焼損）を惹起する切迫した危険が生じるに至った」と述べて、実行の着手を肯定したのである[6]。

4 遅すぎた結果発生（ヴェーバーの概括的故意）

つぎに、講学上は「遅すぎた結果発生」と呼ばれる事例がある。すなわち、第1行為が殺人未遂にとどまった後、犯人が「死体」遺棄の目的で第2行為をしたところ、初めて被害者が死亡した場合である。後述する**砂末吸引事件**がそれにあたる。こうした事例は、かつて「ヴェーバーの概括的故意」と称されたが、現在では、同一構成要件内における因果関係の錯誤として処理される[7]。すなわち、当該行為と死亡結果の相当因果関係を前提としつつ、第1行為と第2行為が場所的・時間的に近接していたならば、犯人の認識内容と実際の因果経過が同一構成要件内で「符合する」とみて、故意既遂罪の成立を肯定するのである（なお、大判大正12・3・23刑集2巻254頁参照）。

砂末吸引事件における因果経過の逸脱　犯人Yは、殺意をもって麻縄で被害者Bの首を絞めたところ、Bが身動きをしなくなった。そこで、すでにBが死んだものと誤解したYは、自己の犯跡をくらます意図で、Bの身体を砂浜に運んで放置したため、気絶した状態のBが砂末を吸い込んで窒息死したものである。裁判所は、YがBの首を絞めた行為と死亡結果の間に因果関係がある以上、Yには、殺人既遂罪（199条）が成立すると判示した（大判大正12・4・30刑集2巻378頁）。

II　実行の着手をめぐる諸問題——粗暴犯の場合

1　客観説における現実的危険

クロロホルム殺人事件では、犯人からみて準備的行為が既遂結果を惹起しており、殺人既遂罪にあたるかが争われた。上述した判例によれば、すでに人の生命を奪うに足りる第1行為があった以上、予想外に早く被害者が死亡したとしても、せいぜい、軽微な因果関係の逸脱があったにすぎない。すなわち、「早すぎた構成要件実現」と異なり、実行の着手後に予想と異なる因果経過から結果が発生しても、故意を阻却するほどの重大な錯誤でないとされる[8]。ただし、裁判所は、第1行為の客観的危険性を重視する一方、第1行為と第2行為の時間的・場所的な関連性に言及しており、具体的な犯行計画を含めた総合的な判断から故意既遂罪が肯定された[9]。

2　主観説における犯行計画

通説・判例である**具体的危険説**はもちろん、いわゆる**客観的危険説**にあっても、生命を奪うに足りる多量のクロロホルムを投与した以上、「早すぎた結果発生」は、実行に着手した後の因果経過の逸脱として故意を阻却しないはずである。これに対して、一部の学説は、殺人未遂罪にとどめたり[10]、殺人予備罪と過失致死罪の観念的競合とする[11]。また、犯人の主観面（具体的犯行計画など）を重視する**主観的危険説**では、犯人が準備段階と考えた行為は実行の着手でなく、「早すぎた構成要件実現」と同じく、殺人予備罪と過失致死罪になるであろう。しかし、客観面では法益侵害の現実的危険性があるにもかかわらず、もっぱら犯人の犯行計画に依拠して実行行為を否定するのは、主観面の過当な強調である。他方、犯行全体の客観的な危険性を認めながら、殺人予備罪と過失致死罪にとどめたり、殺人未遂罪とする見解は、1個の犯罪を恣意的に分断するものである。

> **最近の判例 ―― 妄想ストーカー事件**　犯人Zは、被害者C女に自動車を衝突させてその動きを止めた後、所携の包丁で刺し殺す計画を立てた。そして、公道上を歩行中のCを発見したZは、確定的殺意をもってCに自動車を衝突させて傷害を負わせたが、刃物で突き刺すことは翻意したものである。第一審は、自動車による衝突と刃物による刺殺を分断したうえで、第2行為が殺人の実行にあたる以上、自動車を衝突させた第1行為は殺人の予備にすぎないとした。しかも、その時点では殺意がないので、せいぜい傷害罪にとどまるという。これに対して、控訴審は、すでに自動車を衝突させた時点で生命侵害の客観的かつ現実的な危険性があり、殺人罪における実行の着手を認めた。また、その後に犯人が殺人を思い止まった事実は、殺人罪の中止未遂にすぎないとした（名古屋高判平成19・2・16 判タ1247号342頁・上告）。
> 　控訴審によれば、被告人の犯行計画は一連のものであって、「自動車を同女に衝突させる行為は、同女に逃げられることなく刃物で刺すために必要であり、そして、被告人の思惑どおりに自動車を衝突させて同女を転倒させた場合、それ以降の計画を遂行する上で障害となるような特段の事情はなく、自動車を衝突させる行為と刃物による刺突行為は引き続き行われることになっていた」。また、「同時、同所といってもいいほどの時間的場所的近接性が認められることなどにも照らすと、自動車を同女に衝突させる行為と刺突行為とは密接な関連を有する一連の行為というべきであ」り、四輪自動車を時速約20キロメートルで被害者の背後から衝突させる行為は、被害者を死亡させる可能性がある点で、客観的な現実的危険性も認められるため、殺人罪の実行に着手したことになる[12]。

3　具体的危険説による実行の着手

　およそ実行の着手時期は、各構成要件が予定する現実的危険性の有無によって左右される。学説上は、当該行為の客観面を重視する**客観説**と、犯人の意思内容に着目する**主観説**に分かれた。特に主観説は、犯罪の本質を行為者の危険性に求める主観主義（近代学派）の見地から、犯意の成立が「遂行的行為によって確定的に認められ」たり、「犯意の飛躍的表動」があれば、上記の危険性を徴表する犯罪行為があったとする（いわゆる徴表説）。他方、古典学派（客観主義）を出発点とする客観説では、法益侵害の客観的危険性を重視することになる（通説・判例）。しかし、客観説の中にも、もっぱら形式的な構成要件該当性や密接関連行為を要求する**形式的客観説**と、法益侵害の現実的危険性などに着目する**実質的客観説**がある。現在では、後者の見解の中で、具体的危険説と客観的危険説が対立しているのは、上述したとおりである。

先行判例 ── 強姦罪　①夜間、女性を人家の少ない寺の境内に連れ込み、強姦の目的で被害者の首を絞めながら、「大きな声をするな、殺して逃げてしまえばそれまでだ」と脅迫したときは、強姦罪（177条）の実行に着手したものである（最判昭和28・3・13刑集7巻3号529頁）。
　②被告人らが、夜間、一人で道路を通行中の女性をとらえて車内で強姦しようと共謀し、必死に抵抗する被害者を被告人の運転するダンプカーの運転席に引きずり込み、その後、5キロメートルほど離れた場所で姦淫したが、車に引きずり込む際の暴行で受傷した事実が強姦致傷罪（181条2項）にあたるかをめぐって、「すでに強姦に至る客観的な危険性が明らかに認められるから、その時点おいて強姦行為の着手があった」とされた（強姦致傷罪成立。最決昭和45・7・28刑集24巻7号585頁）。

4　結合犯における実行の着手

　刑法43条の「実行」は、当初、形式的な構成要件該当行為を意味した。しかし、現在では、実質的な見地から「実行行為（とその着手）」が議論されるに至った。例えば、強盗罪（236条）の場合、犯行の手段である暴行・脅迫が開始されたとき、財物の占有ないし財産的利益に対する現実的危険が発生する。また、強姦罪では、姦淫目的で被害者をダンプカーに引き込もうとした時点で、保護法益である性的自由に対して現実的危険が生じたとされる。すなわち、強盗罪や強姦罪のような結合犯では、構成要件要素である暴行・脅迫（手段・方法）の開始が必要条件であり、かりに強盗目的であっても、暴行・脅迫を始めないかぎり、単なる財物奪取だけでは窃盗罪にとどまる。これに対して、当初から強盗の意思で暴行・脅迫を開始したならば、たとえ盗取行為がなくても実行の着手が認められる。この意味では、主観・客観の両面が考慮されるのである。

5　離隔犯における実行の着手

　通常は、犯人自身が直接に積極的な犯行に及ぶ場合が想定されている。もちろん、「何もしない」という消極的方法（不作為犯）や、他人を道具とする場合（間接正犯）のほか、自らの責任無能力状態を利用する場合（原因において自由な行為）もあり、これらの場合にも、「法益侵害の現実的危険」が実行の着手を決定する判断基準となる（具体的危険説）。判例によれば、特定人を殺す目的で、毒物入りのまんじゅうを交付した場合、被害者がこ

れを食べなくても、すでに殺人罪の着手があったとされ（大判昭和7・12・12刑集11巻1881頁）、同じく殺人の目的で、毒物を郵送したならば、遅くとも相手方が毒物を受け取った時点で、殺人罪の着手があったことになる（大判大正7・11・16刑録24輯1352頁）。

6 複合行為犯における実行の着手

　上述した結合犯や間接正犯は、複数の行為（被害者の行為を含む）から構成される犯行形態である。「早すぎた結果発生」の場合も、第1行為と第2行為という複数の犯行が問題になった。また、クロロホルム殺人事件では、相互の密接関連性が問われたように、妄想ストーカー事件でも、「被害者を殺害するために連続して行われるべき第1の行為と第2の行為との間に時間的場所的に近接性が認められ、第1の行為の時点で殺害の結果発生に至る客観的、現実的危険性が認められる場合、第1の行為自体において、殺害の結果が発生せず、被告人においても第1の行為自体での殺害の結果発生を意図していなくとも、第1の行為時に殺人の実行行為に着手したものと認めるのが相当であ」るとされた。具体的には、「被告人が、まず被害者に自動車を衝突させることにしたのは、同女を刃物で刺し殺す前提として、身のこなしの速い同女に逃げられないよう、その動きを止めるというにあり、被告人の計画では、2つの行為が連続して行われ、密接な関連を持つことが明らかで、統合的に評価すべきである」という（前出名古屋高判平成19・2・16）。

応用事例 —— ベランダ転落死事件　犯人のXは、妻のAを殺害する目的で包丁を用いて「めった突き」にしたが、その後、Aを監視しつつ出血死を待つ状態になった。しかし、途中でガス中毒死させるべくAから目を離した隙に、Aがベランダの手すり伝いに隣室に逃げ込もうとしたので、Aを室内に連れ戻す意思で摑みかかり、その結果として、Aがベランダから転落死するに至った。
　Xの後半の行為は、それ自体として死亡結果を惹起する危険性が乏しく、ガス中毒死させるための準備的行為という意味で、「早すぎた結果発生」にあたる。しかし、この事件にあっても、すでにXが殺人罪の実行に着手した後、これを逃れようとしたAを転落死させたならば、全体を一連の行為とみて殺人既遂罪が成立するとした（東京高判平成13・2・20東高刑時報52巻1〜12号7頁＝判時1756号162頁・上告）。
　控訴審によれば、「被告人の犯意の内容は、刺突行為時には刺し殺そうとい

うものであり、刺突行為後においては、自己の支配下に置いて出血死を待つ、更にはガス中毒死させるというものであり、その殺害方法は事態の進展に伴い変容しているものの、殺意としては同一といえ、刺突行為時から被害者を摑まえようとする行為の時まで殺意は継続していた」。しかも、「刺突行為から被害者を摑まえようとする行為は、一連の行為であり、被告人には具体的内容は異なるものの殺意が継続していたのである上、被害者を摑まえる行為は、ガス中毒死させるためには必要不可欠な行為であり、殺害行為の一部と解するのが相当であり、本件包丁を戻した時点で殺害行為が終了したものと解するのは相当でない。更に、被告人の被害者を摑まえようとする行為と被害者の転落行為との間に因果関係が存する」以上、殺人既遂になるのは当然であるとした。

III　実行の着手をめぐる諸問題——財産犯の場合

1　窃盗罪の着手時期と既遂時期

　窃盗罪では、保護法益である他人の財産権を危険にした時点で（物色行為を含む）、実行の着手が認められる。また、窃盗未遂から同既遂に転じる時点については、通常、実行行為の終了と占有移転が重なるとはいえ、犯人の窃取から占有侵害までに時間的間隔が生じる場合もみられる。もちろん、通説・判例である**取得説**によれば、他人の支配する財物を自己の支配内に移転すれば足りる。したがって、自由に処分できる安全な場所まで移動する必要はない（最判昭和24・12・22刑集3巻12号2070頁、最決昭和31・6・19裁判集刑113号779頁）。例えば、浴場管理者の支配領域内にある浴室の隙間に目的物を隠匿した事例がみられる（大判大正12・7・3刑集2巻624頁）。近年では、スーパー・マーケット内の万引きや監視カメラが作動する状況での窃盗罪の着手や既遂時期が問題となった。

　基本事例　——　物色行為と万引き行為　①窃盗犯人が窃盗の目的で他人の家屋に侵入した後、金品物色の意思でたんすに近寄ったとき、財物の事実上の支配を侵害するだけの密接な行為があったため、実行行為に着手したといえる（大判昭和9・10・19刑集13巻1473頁）。
　②犯人が、被害者の店舗内に侵入したが、所携の懐中電燈で店内を照らしたところ、電気器具類が積んであったため、なるべく現金を盗みたいと考え、店内の煙草売場の方へ向かったという事実があれば、窃盗罪の着手が認められる（最決昭和40・3・9刑集19巻2号69頁）。
　③犯人が、土蔵内の物品を窃取する目的で侵入しようとした時点で、すでに

窃盗罪に着手したといえる（名古屋高判昭和25・11・14高刑集3巻4号748頁）。

④スリが、被害者のズボンから現金を盗もうとして、そのポケットに手をさしのべて外側に触れた以上、窃盗の実行に着手したことになる（最決昭和29・5・6刑集8巻5号634頁）。

⑤Xは、スーパーマーケットの店内で、店員の隙を見て商品代金を支払わないままレジ係の横を通過した後、カウンター上で買い物かごの商品を店舗備付けのビニール袋に入れようとした際、店員に取り押さえられた。裁判所は、レジの外側に商品を持ち出した時点で、商品代金を支払った一般の買物客と区別できなくなり、犯人が商品を取得する蓋然性が飛躍的に増大するため、その時点で占有が犯人に帰属したとみて、窃盗既遂にあたるとした（東京高判平成4・10・28判タ823号252頁）。

⑥Yは、フェンスで囲まれた工事現場内に侵入した上、同じくフェンスで囲まれた物置小屋風の区画内にある自動販売機のコインホルダーから硬貨を盗んだものの、警備員Aが窃盗の開始時からYの行動を監視しており、ただちに警察に通報したため、その場で逮捕された。裁判所は、たとえAの監視が続いていたとはいえ、客体であるコインホルダーの形状や、容易に犯行現場から脱出可能という事情を考慮して、窃盗既遂にあたるとした（東京高判平成5・2・25判タ823号254頁）[13]。

2　窃盗罪の未遂と既遂

つぎに、犯人が当初から複数の行為を予定していた場合、どの時点から窃盗未遂が成立し、どの時点で窃盗既遂になるのであろうか。最高裁では、「あたり行為」と現にスリ取る行為の関係が問題になったが（前出最決昭和29・5・6）、下級審判例では、宛名を改ざんすることで、自動的に犯人の手元に届くように細工した事例がみられる（**郵便仕分人事件**）。また、釣銭返却口に接着剤を塗りつける方法で、そこに貼り付いた硬貨を窃取しようとした行為が、窃盗の着手にあたるかが争われた（**接着剤塗布事件**）。さらに、犯人が代金支払い前の商品を隠匿する第1行為と、その後に隠し場所から引き揚げる第2行為の関係をめぐって（**液晶テレビ事件**）、見かけ上は準備段階の隠匿行為とその後に被害物品を運び出す行為が、一連の行為として評価できるかという問題が生じた。

> **未遂事例——郵便仕分人事件**　郵便局員のXは、郵便物から現金などを盗もうと考え、集配した郵便物を仕分けする際、当該郵便物の宛名や住所を自己の住所宛てに書き換えて区分棚に置くことで、事情を知らない配達担当者をして当該郵便物を領得しようとした。裁判所は、上司が怪しんだため、実際には配達されなかった分について、窃盗未遂罪が成立するとしたのである（東京高判昭和42・3・24高刑集20巻3号229頁・確定）。弁護人は、当該郵便物がX

の自宅に配達されるか、これに近接した状態になってから実行の着手にあたると主張したが、裁判所は、すでに郵便物の管理者である郵便局長の処分意思によることなく、その占有を離脱させようとして、これを遂げなかったにすぎないとした。

未遂事例 ── 接着剤塗布事件　Yは、自動券売機の釣銭を窃取する目的で、釣銭返却口に接着剤を塗りつけて、後続の券売機利用客に対して払い出された釣銭用の硬貨を接着させた後、その硬貨を回収しようとした。しかし、これを防犯カメラで見ていた駅員に発見されて現行犯逮捕された。第一審判決は、接着剤の塗布行為とその後の釣銭を盗む行為は、犯人がコントロールできない利用客の行為によって遮断されること、接着剤を塗布しただけでは、直接に占有を侵害する行為とはいえず、単なる準備的行為にあたるとした。

しかし、控訴審は、実行行為が構成要件該当行為に密接に関連する行為であって、既遂に至る客観的危険性があれば足りるとした上で、「本件接着剤塗布行為は、券売機の釣銭等を取得するためには、最も重要かつ必要不可欠な行為であり、釣銭の占有取得に密接に結びついた行為であ」り、接着剤を塗布しておけば、釣銭が付着する頻度ないし確率からみて、券売機の管理者が管理する釣銭用硬貨を十分に窃取することができる状態になった以上、窃盗罪の着手にあたるとした（東京高判平成22・4・20東高刑時報61巻1～12号70頁・上告）。

3　複合行為犯にあたる窃盗罪

郵便物の宛名を改ざんする行為や券売機に接着剤を塗布する行為は、郵便物または釣銭の窃取を確実かつ容易におこなうために必要不可欠な行為であった。なるほど、目的物を取得するまでの間に、配達人の行為や券売機利用者の行為が介在するとしても、郵便局内の業務分担や駅員などの点検状況によっては、犯人が最終的に郵便物や釣銭を窃取するための障害とならず、当該財物を不法に領得する危険性は十分に認められる[14]。さらに、後述する**液晶テレビ事件**では、いったん店舗内の収納棚に隠し入れた行為と、その後に大型袋に入れて店舗外に持ち出す行為が予定されており、犯人が客体を隠し入れた段階で実行行為にあたるかが争点となった。裁判所は、上述した⑤および⑥の判例を前提としつつ、開放型の大規模小売店舗や店内の監視カメラという行為状況を勘案した上で、窃盗未遂（既遂）の成否を判断している[15]。

既遂事例──液晶テレビ事件　Ｚは、大型店舗の3階家電売り場に陳列してあった液晶テレビ（幅469mm、高さ409mm、奥行き167mm）を盗む目的で、買い物カートに乗せたままレジで精算せず、同店舗3階の男性用トイレ内にある洗面台下部の収納棚に隠し入れた。その後、店内で購入した袋に入れて外に持ち出そうとしたが、袋を購入する際の言動に不審を感じた店員から連絡を受けた警備員が、袋を持ったＺをつけて上記トイレに入ったところ、Ｚが不審な行動を採ったこともあり、洗面台下部の収納棚の中を開けて本件テレビを発見した。そこで、防犯カメラに撮影された映像から、Ｚが本件テレビをトイレに持ち込んだことを確認した上で、同店舗1階の東口付近にいたＺを捕捉した。

弁護人は、本件店舗は7階建ての大型店舗であり、警備員が複数名配置されており、監視カメラも作動していたことや、本件テレビの大きさに照らすならば、Ｚが店の従業員らに怪しまれずに本件テレビを店外に持ち出すことは、困難または不可能であるとして、店舗内の収納棚に隠しただけでは、まだ店舗側の占有を排除して自己の支配下に置いたとはいえないと主張した。しかし、裁判所は、「本件テレビをトイレの収納棚に隠し入れた時点で、被害者である本件店舗関係者が把握困難な場所に本件テレビを移動させたのであり、しかも上記のように被告人が袋を買う際に不審を抱かれなければ、これを店外に運び出すことが十分可能な状態に置いたのであるから、本件テレビを被害者の支配内から自己の支配内に移したということができ、本件窃盗を既遂と認めた原判決は正当であっ」たとした（東京高判平成21・12・22東高刑時報60巻1～12号247頁・上告）。

4　実行行為と犯行計画

　これらの判例では、具体的な犯行計画も考慮しつつ、実行行為の存否や時期を判断している。特に複合行為犯の場合には、各行為を結びつける契機として、客観的および主観的な行為事情が斟酌されることになる。すなわち、外見上は数個の動作を一個の実行とみるためには、犯行全体が行為者の計画に沿ったものでなければならない。しかし、これらの因果経過は、あくまで二次的な基礎事情にとどまり、第1行為の客観的危険性が出発点となる。なお、構成要件的故意は、実行行為の起動力として、客観的な行為態様から区別された主観的構成要件要素である。学説上はしばしば、具体的な犯行計画と構成要件的故意の関係が問題となりうるが（後述参照）、犯行の起点となる実行故意は、故意犯と過失犯を分別する要素であって、犯罪の遂行全般にわたって同時並行的に存在している必要はない[16]。

5　実行行為と故意

　実行行為と故意の関係は、故意が実行の着手から既遂に至る因果経過を支配したことで足りる。すなわち、ここでいう故意は、個々の身体活動を直接にコントロールする機械的意思ではなく、実行行為の契機となる「実行故意」にあたる。だからこそ、いわゆる事実の錯誤においても、定型的な犯罪事実を認識・認容することで足りるのである[17]。また、すでに客観的危険をともなった「生の事実」を認識した以上、その危険を低下させる措置をとったのでないかぎり、実際には犯行計画と異なる経緯をたどったとしても、その後の結果を含む全体について故意を認めて差し支えない。反対説は、犯人の犯行計画に依拠して第2行為の意義を過剰に見積もり、全体を恣意的に分割することで、個別行為ごとに「実行と故意の同時存在」を要求するが、主観的な事情を偏重するものといえよう。

Ⅳ　具体的な犯行計画と構成要件的故意

1　現実的危険と構成要件的故意

　そもそも、複合行為犯を機械的に分割することは、かえって実際の犯行計画を無視することになる。例えば、妄想ストーカー事件の第一審では、犯人が自動車を衝突させたとき、殺人の結果を予見しておらず、殺人罪にあたらないとしたが、すでに生命侵害の現実的危険がある衝突行為を始めた以上、これに見合う犯罪事実の認識・認容があったならば、殺人罪の（実行）故意は認められるのである。これに対して、「早すぎた構成要件実現」では、通常、戸棚の奥に隠した酒を妻以外の者が発見して飲むことはないし、手入れする銃が暴発して標的に命中（射殺）することは、稀である。したがって、客観的にも実行行為にあたらず、この程度の事実認識しかない場合、たとえ予想外に早く構成要件が充足されたとしても、なお実行行為がもつ客観的危険とその実現があったと評価できないのである[18]。

2 故意と実行の同時存在

なるほど、上述した客観的事情は、実行行為の属性を左右するだけでなく、間接的には、故意の内容にも反映される。しかし、行為者の主観によれば、まだ直接的な侵害にあたらないとしても、およそ当該行為の客観的危険性を自覚しつつ犯行に及んだならば、定型的な故意を認めて差し支えない。反対説は、「故意・実行の同時存在」を主張するが、刑法上の故意が事象全体を「支配した」ことは、全過程において事実的故意が随伴したことを意味しない。また、犯行計画の中で、たまたま犯人が第2行為を侵害開始と位置づけたとしても、これだけで第1行為の客観的危険性が否定されるわけでない。

3 実行行為と「遅すぎた結果発生」

冒頭に述べたように、実行行為の終了と既遂犯の成立は、時間的に合致しないこともある。ただ、実行の終了時期についても、主観・客観の両面が検討されねばならない。かつて「遅すぎた結果発生」では、もっぱら主観面だけを捉えて、第1行為と第2行為を通じた包括的故意を認める見解が有力であった[19]。しかし、「早すぎた結果発生」と時間的順序が逆転するとはいえ、遅すぎた結果発生にあっても、故意（既遂）犯の成否をめぐる因果経過の逸脱が生じている。したがって、第1行為と第2行為が一連一体のものであるかぎり、その間の因果経過が相当性の枠内にあるかを論じることになる[20]。そして、因果関係の錯誤として法定的に符合するならば、故意既遂犯の成立が肯定されるのである[21]。

4 実行行為と不能犯（不能未遂）

上述した法益侵害の現実的危険は、同時に、未遂犯と不能犯を区別する基準となる。その意味で、実行の着手と不能未遂の問題は、表裏一体の関係にある。判例によれば、不能犯とは、犯罪行為の性質上、侵害結果の発生が絶対的不能とみられる場合であって（最判昭和25・8・31刑集4巻9号1593頁）[22]、犯人が殺意をもって硫黄の粉末を被害者に飲ませたとき、殺人罪の不能犯が認められた（大判大正6・9・10刑録23輯999頁）。しかし、

殺人の目的で炊飯釜中に青酸カリを入れた結果、炊いた米飯が黄色を呈して臭気を放ち、到底食べられる状態でなかったとしても、殺人の不能犯とはいえないし（最判昭和24・1・20刑集3巻1号47頁）、殺人の目的で静脈内に空気を注射したとき、それが致死量以下の空気量であっても、相手方の身体状態やその他の事情によって死の結果が発生するおそれがある以上、不能犯にあたらないとされた（最判昭和37・3・23刑集16巻3号305頁）。

未遂事例 ―― 方法の不能と客体の不能　上述した「方法の不能」または「手段の不能」と異なり、「客体の不能」にあたるものとして、①死体を生きていると思い込んで短刀で突き刺した場合がある。すなわち、犯行後の鑑定結果によれば、被害者が犯行時には死んでいた場合にも、犯人が生きていると誤信して殺傷行為に及んだ以上、およそ一般人もその生存を信じる状況下で、日本刀を用いて突き刺すという行為の客観的危険性に着目すれば、死体損壊罪ではなく、殺人未遂罪が成立するとした（広島高判昭和36・7・10高刑集14巻5号310頁）。また、財産犯にあっては、②住居侵入窃盗の犯人がたまたま目的物を発見できなかったとしても、窃盗未遂であり（大判昭和21・11・27刑集25巻55頁）、通行人は財布などを携帯するのが通常である以上、犯行時に被害者が何も所持しなかったとしても、実害の発生する危険がある以上、（強盗罪の）未遂にあたるとされた（大判大正3・7・24刑録20輯1546頁）。

5　具体的危険説と客観的危険説

不能犯でも、具体的危険説と客観的危険説の対立がある。前者は、「行為それ自体の危険性」に着目しつつ、犯罪実現の一般的可能性を論じるのに対して、後者は、もっぱら「客観的結果に対する切迫した危険」を重視することになる。その際、未遂犯の処罰根拠が当該行為による法益侵害のおそれにもとづく以上、一般人が行為時に認識しえた諸事情と特に行為者が認識した点を基礎として、刑法規範の見地から危険性の程度が吟味されねばならない（具体的危険説）。かようにして、（不能）未遂の成否は、犯行当時の行為事情にもとづく事前判断であって、かりに事後的かつ純客観的な評価であれば、最終的に未完成となった未遂犯の多くが、不可罰になりかねない。そのため、ドイツでは、犯人の犯罪意思に依拠した主観説が有力となったのである。これに対して、主観説を徹底するならば、呪殺や丑の刻参りなどの迷信犯も犯罪になってしまう。また、犯人の主観的認識ではおよそ既遂に至らない場合にも、現に犯罪が完成したならば、犯人の主

観を偏重して未遂犯にとどめるべきではなかろう[23]。

V 犯罪論の基礎と応用

1 行為の分割と予備・過失犯説

以上、早すぎた結果発生では、①そもそも複数の行為に分割するべきか（行為の個数）、②第1行為に結果発生の現実的危険性があるとき、犯人の計画内容に応じて実行の着手を第2行為まで遅延させるべきか（未遂犯の成否）、さらに、③実行行為と侵害結果の相当因果関係を前提としつつ、いずれも故意によるものと評価できるのか（事実の錯誤）という諸問題が交錯している。その際、学説の一部は、第1行為と第2行為に分割した上で、別に第2行為が予定されていた以上、第1行為の時点では、少なくとも「故意がなかった」という。また、犯人が予見したとおりの因果経過をたどることを要求するため[24]、第1行為の時点では、もっぱら行為者の主観を基準として、実行の着手とこれに見合う故意がなかったとする。

2 既遂故意と未遂犯説

さらに、犯人が既遂結果について明確な認識のある第2行為を留保した以上、「第1行為には故意は認められない」とする向きもある[25]。そして、第1行為と結果発生の間に第2行為が介在する以上、「第1行為の段階における行為者の認識・予見内容は、構成要件外の行為を行う」ものであり、第1行為による結果の発生は、本来、予備と過失の問題にとどまるべきだが、未遂犯では、処罰時期の前倒しが可能となるため、自己の故意行為を留保した場合にも、未遂犯が成立するというのである[26]。しかし、客観的には現実的危険性のある第1行為をあえておこなったにもかかわらず、たまたま第2行為を予定（留保）したことが、なぜ客観的に危険な第1行為に見合う故意を排斥するのかは不明である[27]。

3 故意と実行の同時存在原則

なるほど、故意と実行の同時存在を要求する見解も有力である[28]。その

際、「実行行為に故意性を付与する」ことの意味は明らかでないが、こうした一般原則から、論理必然的に、個別行為に向けた故意と実行の同時存在が導かれるわけではない。むしろ、犯人の故意は、実行行為に先行した直接的契機となることで、犯行全体を支配したのであれば十分であろう。しかも、故意既遂犯として処罰するためには、侵害結果に至る危険性の認識が前提になるとしても、それが具体的な犯行計画の認識だけに依拠するわけでない。その意味で、故意と結果の関係は、少なくとも、故意が実行行為の起動力となったこと、また、その実行から侵害結果が生じうる点を認識したことで足りる。かようにして、実行の着手から結果の発生まで、常に現実的な意識として故意が存在する必要はないのである[29]。

1) 現行刑法典が予備・陰謀を処罰するのは、内乱予備・陰謀罪（78条）、外患誘致予備・陰謀罪（88条）、私戦予備・陰謀罪（93条）、放火予備罪（113条）、殺人予備罪（201条）、身の代金目的拐取予備罪（228条の3）、強盗予備罪（237条）に限られる。
2) なお、因果関係をめぐる諸問題は、次々回の連載で取り上げる予定である。
3) 例えば、着手未遂にあたる中止犯（着手中止）では、その後の犯罪を「続行しない（不作為）」だけで足りるのに対して、実行未遂にあたる中止犯（実行中止）では、犯罪の完成を阻止するための「積極的な作為（結果発生の阻止）」が要求される。
4) その詳細については、佐久間修「実行行為と故意の概念―早すぎた結果発生を素材として」曹時57巻12号（平17）1頁以下、小野晃正「早すぎた結果発生と実行行為―『一連の行為』をめぐる考察」阪大法学60巻1号（平22）155頁以下など参照。
5) 佐久間・前掲曹時57巻12号3～4頁。
6) そのほか、放火罪については、静岡地判昭和39・9・1下刑集6巻9＝10号1005頁、広島地判昭和49・4・3判タ316号289頁がある。
7) ヴェーバーの概括的故意では、すでに実行行為（第1行為）が終了しており、もっぱら行為後の因果経過が予想と異なったにすぎない。例えば、大塚仁・刑法概説総論（第四版・平20）193～194頁、福田平・刑法総論（全訂第五版・平23）119～120頁、佐久間修・刑法総論（平21）114、125頁など参照。なお、因果関係の錯誤をめぐる私見については、大塚仁＝河上和雄＝佐藤文哉＝古田佑紀編・大コンメンタール刑法 (3)（第二版・平11）191頁以下〔佐久間修〕を参照されたい。
8) 大塚・前掲書193～195頁、210頁、福田・前掲書120頁、川端博・刑法総論講義（第2版・平18）245～246頁、前田雅英・刑法総論講義（第5版・平23）113～115頁、277頁、斎藤信治・刑法総論〔第6版・平20〕97、217～218頁、佐久間・前掲書67～68、138頁など。他方、山中敬一・刑法総論（第2版・平20）358～359頁は、客観的帰属の問題とする。
9) また、平木正洋「最高裁判所判例解説」曹時59巻6号（平19）187頁によれば、本決定は、実行の着手の判断材料として、客観的な事情や犯人の故意だけでなく、犯行計画も考慮すべきことを明らかにしたものとされる。
10) 未遂説として、石井徹哉「いわゆる早すぎた構成要件の実現について」奈良法学会雑誌15巻1＝2号（平14）10～12頁など。

11) 例えば、曽根威彦「遡及禁止論と客観的帰属」現代社会型犯罪の諸問題（板倉古稀・平16）149頁、152頁は、犯人自身の独立した第2行為が介在する以上、もはや因果関係の錯誤にあたらず、およそ第1行為には故意犯が成立しないという。そこでは、予想外に早く被害者が死亡した点で、せいぜい傷害致死罪が成立するにとどまり、第2行為の時点では、被害者がすでに死体となっているため、不能未遂にあたるとされる。同旨、門田成人「早すぎた結果実現の故意への帰属」法セ594号（平16）116頁。
12) まさしく本判決は、クロロホルム殺人事件と同様の判断を示したものである（山浦親一「実務刑事判例評釈［168］」警察公論64巻1号（平22）109頁）。
13) なお、佐久間修「店舗内または閉鎖された場所における窃盗罪の既遂時期」最新判例ハンドブック'94（平6）38～39頁、石渡聖名雄「窃盗未遂の主張が排斥され、同既遂罪の成立が認められた事例」研修763号（平24）15頁以下など参照。
14) なお、栗木傑「実務刑事判例評釈［188］」警察公論65巻10号（平22）94頁参照。
15) そのほか、着手時期をめぐる判例については、大塚仁ほか・大コンメンタール刑法(4)〔第2版・平13〕84頁以下〔野村稔〕など参照。
16) 佐久間・前掲曹時57巻2号20頁以下参照。
17) なお、佐久間・前掲書125頁以下、同「錯誤論における結果帰属の理論」刑事法学の総合的検討上巻（福田＝大塚古稀・平5）162頁以下など参照。
18) ただし、誰でも容易に発見できる場所に毒入りの酒を置いたならば、実行の着手が認められる場合もある。同様にして、すでに犯人が銃の狙いを定め、引き金に指をかけている状態では、たとえ銃が暴発して予想外に早く殺した場合にも、殺人既遂罪が成立することになる。
19) こうした思考は、「ヴェーバーの概括的故意」という名称に示されていた。
20) 大塚・前掲書194頁、東京高判昭和60・5・28判時1174号160頁など参照。
21) なお、「事前の故意」と「事後の故意」という概念もある。前者は、「遅すぎた結果発生」にあたる場合である。他方、後者は、医師が危険な手術を始めた後、患者を殺す意図を生じて中断したため、被害者が死亡した場合のように、行為開始時には故意がなく、その後故意により放置した点で「事後の故意」と呼ばれる。しかし、先行行為にもとづく作為義務を負担する者が、必要な結果防止措置をとらず、事態の成り行きに委ねた点では、不真正不作為犯にあたる（大塚・前掲書186頁）。
22) 現行法には、不能犯を定めた条文はないが、改正刑法草案25条には、「その性質上、結果を発生させることのおよそ不可能なものであった」と規定されており、絶対的不能・相対的不能説を採用するようにみえる。
23) なお、ドイツ刑法典22条は、「行為に関する自らの認識により、直接に構成要件の実現に着手した」場合を未遂とし、「著しい無分別により、犯行の客体又は手段・方法の性質からしておよそ既遂に達しえないと誤認していた場合」にも、任意的な刑の減免を認めるため、いずれも犯人の主観面を重視している（主観説）。
24) 町野朔「因果関係論と錯誤理論」北海学園大学法学研究29巻1号（平5）230頁、曽根・前掲板倉古稀152頁など。
25) 山口厚・刑法総論（第2版・平19）216頁、同・問題探究刑法総論（平10）142頁、同「実行行為論の一断面」研修627号（平12）6頁以下、同「実行の着手と既遂」法教293号（平17）104頁以下参照。
26) なお、犯人にはクロロホルム吸引から被害者の死亡に至る現実的危険性の認識がない以上、当該結果に対する既遂故意が否定されるため、殺人未遂にとどまるという指摘もある（石井・前掲奈良法学会雑誌15巻1＝2号10～12頁）。また、石井徹哉「殺人罪における実行行為と因果関係の逸脱」現代刑事法4巻10号（平12）92頁以下参照。

27) なお、山中敬一「いわゆる早すぎた構成要件実現と結果の帰属」現代社会型犯罪の諸問題（板倉古稀）121頁、同・刑法総論（第2版）362頁など参照。
28) 例えば、高橋則夫「犯罪論における同時存在原則とその例外」刑事法の理論と実践（佐々木喜寿・平14）49頁以下。なお、同「実行行為と故意の存在時期」現代刑事法4巻1号（平14）102頁以下など参照。
29) また、実際に生じた既遂結果を故意に帰属させるためには、いわゆる「手放しの故意」が必要であって、早すぎた結果発生では「手放しの故意」が欠けるという主張も、具体的な犯行計画の中で結果発生の時期が「ズレ」ていた点を過大視するものである。

第4講

過失犯の所在と競合
―― 実行行為と因果関係

Mens Rea (1) – negligence and recklessness

【刑　法】
第38条（故意）　罪を犯す意思がない行為は、罰しない。ただし、法律に特別の規定がある場合は、この限りでない。……(以下、省略)
第211条（業務上過失致死傷等）　業務上必要な注意を怠り、よって人を死傷させた者は、5年以下の懲役若しくは禁錮又は100万円以下の罰金に処する。重大な過失により人を死傷させた者も、同様とする。

【改正刑法草案】
第19条（故意）　罪を犯す意思のない行為は、これを罰しない。但し、法律に特別の規定がある場合は、この限りでない。
第22条（結果的加重犯）　結果の発生によって刑を加重する罪について、その結果を予見することが不能であったときは、加重犯として処断することはできない。
第272条（業務上過失致死傷、重過失致死傷）　①業務上必要な注意を怠り、人を死傷させた者は、5年以下の禁錮又は30万円以下の罰金に処する。重大な過失によって、人を死傷させた者も、同じである。
②前項の罪を犯した者に対しては、情状により、禁錮に代えて懲役を科することができる。

【ドイツ刑法典】
第15条（故意行為及び過失行為）　法律が明文で過失行為を処罰していないときは、故意行為のみが罰せられる。
第222条（過失致死）　過失により人を死亡させた者は、5年以下の自由刑又は罰金刑に処する。
第229条（過失傷害）　過失により他人の傷害を生じさせた者は、3年以下の自由刑又は罰金刑に処する[1]。

I 過失犯の現状と根拠規定

1 過失犯の全体像

　過失犯は、刑法上故意犯が原則であるにもかかわらず、「法律に特別の規定」がある場合に限って処罰される。いわゆる責任主義によれば、「罪を犯す意思」が必要とされるが（38条1項）、危険で不注意な行為から重大な侵害結果が生じたとき、常に放置する趣旨ではない。むしろ、現代社会では、過失犯の占める割合が大きくなっている（後述の統計を参照）。刑法典には、8か条の過失犯処罰規定がある。具体的には、①失火罪（116条）、②過失激発物破裂罪（117条2項）、③業務上失火等罪（重過失を含む。117条の2）、④過失建造物等浸害罪（122条）、⑤過失往来危険罪（129条）、⑥過失傷害罪（209条）、⑦過失致死罪（210条）、⑧業務上過失致死傷等罪（重過失致死傷を含む。211条）である。なお、平成25年には、危険運転致死傷罪の規定（旧208条の2）が、「自動車の運転により人を死傷させる行為等の処罰に関する法律（＝自動車運転死傷行為等処罰法）」の中に取り込まれた。この類型は、広義の結果的加重犯に分類されてきたが、悪質なドライバーの人身事故に特化した過失致死傷罪の特別加重類型でもある[2]。

刑法犯中に占める過失犯の割合

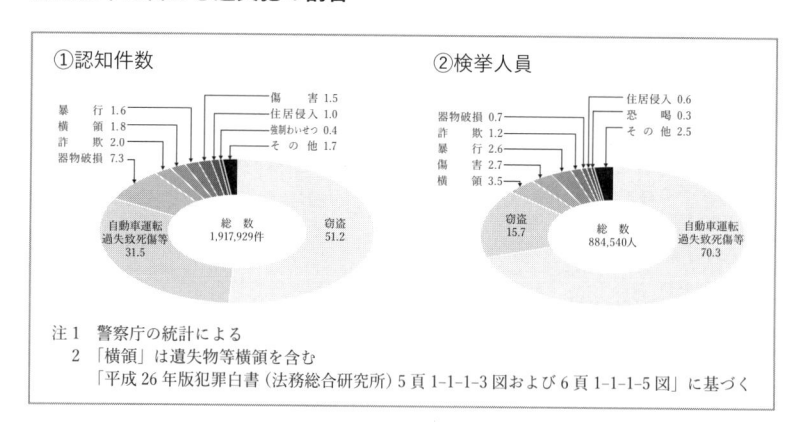

①認知件数
暴　行　1.6
横　領　1.8
詐　欺　2.0
器物破損　7.3
傷　害　1.5
住居侵入　1.0
強制わいせつ　0.4
その他　1.7
自動車運転過失致死傷　31.5
総数　1,917,929件
窃盗　51.2

②検挙人員
器物破損　0.7
詐　欺　1.2
暴　行　2.6
傷　害　2.7
横　領　3.5
住居侵入　0.6
恐　喝　0.3
その他　2.5
窃盗　15.7
総数　884,540人
自動車運転過失致死傷等　70.3

注1　警察庁の統計による
　2　「横領」は遺失物等横領を含む
「平成26年版犯罪白書（法務総合研究所）5頁1-1-1-3図および6頁1-1-1-5図」に基づく

2「法律に特別の規定がある場合」

今日、自動車運転による死傷事故のほか、事業活動に伴う人身被害や医療過誤をめぐって、しばしば刑事責任が追及されてきた。過失犯の比重が増大するにしたがい、理論上の位置づけも徐々に進展している[3]。しかし、過失犯の多様化と処罰範囲の拡張は、社会全体に大きな影響を及ぼす。その意味で、過失犯の成否をめぐっては、個別的事例を対象としたミクロの視点だけでなく、立法政策やリスク管理というマクロの視点も必要となる。また、刑法38条1項但し書きは、過失犯の処罰を「特別の規定がある場合」に限っているが、確立した判例は、必ずしも明文の規定を要求しない（最判昭和37・5・4刑集16巻5号510頁、最決昭和57・4・2刑集36巻4号503頁など参照）。

運転免許証不携帯事件　Xは、自宅に運転免許証を置き忘れて乗用車を運転したが、犯行当時の旧道路交通取締法9条3項では、「自動車の運転者は、運転中、運転免許証を携帯しなければならない」とされる。したがって、過失による運転免許証不携帯は明記されていないが、法律の趣旨や目的に照らし、この法条は「特別の規定がある場合」にあたるとした（東京高判昭和34・6・16高刑集12巻6号635頁）。なお、現行法令では、「免許を受けた者は、自動車等を運転するときは、当該自動車等に係る免許証を携帯していなければならない」とするが（道路交通法95条1項、121条1項10号）、過失犯についても、明文の規定を設けている（同法121条2項）。

3　過失による不携帯

およそ運転免許証の携帯義務は、警察官の提示要求に応諾する義務を通じて（道路交通法95条2項）、無免許者の危険運転を防止することで、道路交通の安全を図っている。したがって、立法目的を完遂しようとすれば、故意による不携帯だけでなく、過失による不携帯も取り締まらねばならない。上述した判例の態度は、旧飲食物用具取締規則違反（大判大正2・11・5刑録19輯1121頁）や、旧新聞紙法違反（大判大正11・6・24刑集1巻354頁）などでもみられた。また、外国人登録証を自宅に忘れて検察庁に出向いた場合、旧外国人登録令10条1項・13条が、「外国人は、常に登録証明書を携帯し、内務大臣の定める官公吏の請求があるときは、これを呈示しな

ければならない」と規定した以上（現・出入国管理及び難民認定法23条2項・75条の3参照）、過失による不携帯も犯罪となるのである（最決昭和28・3・5刑集7巻3号506頁）。

4　取締目的の達成と明文の規定

通説的見解は、こうした判例を批判してきた。条文に明記されない過失犯を処罰することは、罪刑法定主義に反するおそれも生じるからである[4]。しかし、「法律に特別の規定がある場合」とは、必ずしも明文の構成要件を意味しない。すなわち、道路交通法規を設けた趣旨からして、過失犯の場合も当然に含みうるならば、その処罰も可能であろう[5]。行政取締法規のほかにも、特別刑法上の業務主処罰規定や両罰規定のように、独立した意思をもたない法人の過失を想定した条文がみられる（なお、大判大正5・6・8刑録22輯919頁参照）。

したがって、当初から過失犯を想定した罰則であれば、それ自体が「特別の規定」に相当することになる。また、当該法律の立法目的を達成するうえで必要不可欠な場合には、故意犯と過失犯が併せて規定されることもある（前出東京高判昭和34・6・16）。もちろん、過失犯の処罰を無制限に広げるならば、故意犯を原則とした責任主義が形骸化してしまう。他方、上述した刑法典の犯罪は、いずれも明文化されているが、過失犯が「開かれた構成要件」であるため、それだけで処罰するべき範囲が一義的に定まるわけではない。

5　現代社会と伝統的過失

現代社会は、危険な自動車運転や人体にとって有害な物質など、生命・身体を脅かす日常生活上の危険が氾濫する「リスク社会（Risikogesellschaft）」である。しかも、危険な業務を遂行する担当者のモラルハザードが進行したとき、軽率かつ杜撰な行動がもたらす重大な脅威は、刑法上も放置できないであろう。その意味で、旧時代の伝統的な過失理論だけでは、管理・監督過失などの競合事例に対処できない。当該行為の客観的危険性を軽視して犯人の主観的不注意に依拠した古い捉え方が、国民にとって修復不能な損害をもたらすとき、刑事司法に対する国民の信頼も低下するであろう。

本講では、過失犯の実情を概観したうえで、現在直面する課題を理論と実務の両面から眺めてみたい。その際、過失犯の種類として、様々な類型化や分類方法が提唱される一方[6]、その構成要素となる結果予見義務と結果回避義務に加えて、結果予見義務を基礎付ける「情報収集義務」や、結果回避義務を基礎付ける「進言義務」などの概念が錯綜して用いられる。そこで、最後には、それらの意義にも言及しつつ、複合的な過失犯と呼ぶべき管理・監督過失や過失の競合論にも触れておこう。

II 最近の重要判例と過失理論の変遷

1 リスク社会と過失犯

現代人は、科学技術の発達や生活の利便性と引き替えに、様々なリスクを抱え込んだ。また、生活環境を改変した結果として、自然災害を契機とする重大事故が発生することもある。特に人の死傷結果をめぐっては、事前の回避措置を怠った管理者の刑事責任が問われることも少なくない。しかし、刑事罰の肥大化は、「刑法でヒューマンエラーを裁くことはできるか」という疑問をもたらす[7]。また、国民の保護と犯罪の予防・鎮圧を担う現場の捜査官にとっても、過大な負担になることがある（警察法2条、警察官職務執行法1条）。例えば、安全管理上の過失が追及された例として、①人工砂浜陥没事件（最決平成21・12・7刑集63巻11号2641頁）、②花火大会歩道橋事件（最決平成22・5・31刑集64巻4号447頁）がある。

自然災害と過失 —— 人工砂浜陥没事件と花火大会歩道橋事件
①人工の砂浜から砂が海中に吸い出されるのを防ぐゴム製防砂板が破損したため、砂層内に生じていた空洞が崩壊したことにより、そこを通りかかった子どもが陥没孔に転落・埋没して死亡した。裁判所は、本件事故が発生する以前にも、同砂浜の管理者がその近くで同様の陥没があった事実を認識していた以上、本件死亡事故について予見可能性があったとした（前出最決平成21・12・7）。
②花火大会の会場近くの歩道橋で多数の参集者が転倒して死傷した事件について、雑踏警備のために現場で警察官を指揮していた警察署の地域官と、警備員を統括していた警備会社支社長は、上記事故の発生を容易に予見できたとして、機動隊に出動を要請するなど、事前に回避可能であったにもかかわらず、漫然と雑踏を放置して未然に事故を防止すべき業務上の注意義務を怠った点

で、それぞれが業務上過失致死傷罪にあたるとした（前出最決平成22・5・31）。
　①では、陥没事故の発生に係る予見可能性（結果予見義務違反）の有無が争われたが、②では、転倒事故に至る危険が増大した時点で結果回避義務を怠ったかどうかが争いになった。通常、刑法上の過失は注意義務違反に置き換えられるが、その構成要素である結果予見義務と結果回避義務は、どのような関係になるであろうか。

2　過失犯における注意義務

　旧来の学説によれば、過失とは犯人が精神の緊張を欠いた状態をいう（**旧過失論**）。しかし、自動車事故の多発や大規模災害を契機として、しだいに客観的な回避手段の不備が重視されるようになった（**新過失論**）。当初は、主観的責任要素であった過失の内容が、不注意で危険な行為に定型化されることで、外形上の結果回避義務違反と結びついたのである。現在の過失概念は、客観的な注意義務違反を中核とするが、過失それ自体は、「開かれた構成要件」ないし「（裁判官の解釈による）補充を必要とする構成要件」である以上、裁判官の事実認定に負う部分が大きい。

　刑法上の過失は、法律が定めた注意義務に違反することであり、たとえ構成要件に該当する侵害結果を引き起こしても、上記の注意義務さえ守っていれば、過失犯は成立しない。しかし、刑法典は、「失火により」客体を焼損した（116条）、「過失により」人を死傷（209条以下）させたと定めるにとどまり、過失の内容を明らかにしていない。そこで、上述した注意義務は、個々の法令解釈や業界の慣習などから判断されることになる。通常、行政取締法規の命令・禁止に違反すれば、刑法上の過失が認められる[8]。しかし、こうした命令・禁止が、ただちに刑法上の注意義務と重なるわけでない。緊急状況にあっては、行政取締法規の規定に違反することが、かえって、刑法上の注意義務に合致することもある。

3　行政法規違反と刑法上の過失

　実務上の注意義務違反は、各種の法令から推認されることも多いが、それらは、刑法上の過失を基礎づけるものにすぎず、最終的には、当該行為の危険性や周囲の状況に応じて決定されねばならない[9]。例えば、道路交通法などの特別刑法に規定された注意義務は、一種の例示でしかなく、行

政取締法規に命令・禁止がないからといって、注意義務違反がないと即断することはできない（大判昭和 14・11・27 刑集 18 巻 544 頁）。

機関車衝突事件　A 鉄道の機関手である X は、操車係の指示に従って機関車を運転する義務があったところ、ある日、貨物列車を別の路線に引き込むための切り替えポイントが作動していないのに気付かず、漫然と操車係 B の指示に従って進行したため、逆方向から進行してきた他の列車と衝突して列車を転覆させた。裁判所は、たとえ服務規程に定められた操車係の指示に従ったとしても、X 自身が前方注視義務を尽さなかった以上、業務上過失往来危険罪（129 条 2 項）が成立するとした（大判大正 12・3・31 刑集 2 巻 287 頁）。

社会生活上危険な業務に従事する者は、それに伴う侵害結果の発生を防止する注意義務を負う。しかし、行政取締法規にあるルールを守った場合にも、それだけで業務上の注意義務を尽くしたことにならない（大判大正 3・4・24 刑録 20 輯 619 頁、大判昭和 11・5・12 刑集 15 巻 617 頁）。そもそも、刑法上の注意義務は、法令上明文の規定がなくても認められるため（前出大判大正 12・3・31）、実際の裁判では、それぞれの場面に応じて、慣習ないし条理なども考慮しつつ、個別的な注意義務を決定してきた（大判大正 7・4・10 刑録 24 輯 317 頁参照）。

4　過失犯の構造と実際の処理

過失犯では、まず、①客観的な侵害結果が発生したことから、②危険で不注意な実行行為があったのか、さらに、③当該行為と侵害結果の相当因果関係を検討することになる。その意味では、過失は侵害犯であり、結果犯でもある。しかし、過失犯の本質は、注意義務違反に求められるため、犯人が注意義務を履行できた場合にのみ、刑法上の過失が存在する（**過失犯の実行行為**）。すなわち、過失犯では、侵害結果の予見可能性と結果予見義務違反に加えて、結果を回避する可能性と結果回避義務違反がなければならない（最決昭和 42・5・25 刑集 21 巻 4 号 584 頁）。

上述した予見可能性は、侵害の内容を特定しない一般的かつ抽象的な危惧感や不安感では足りない。構成要件に該当する侵害結果とそれに至る具体的な因果経過について、その基本的部分を予見できたことが前提となる（札幌高判昭和 51・3・18 高刑集 29 巻 1 号 78 頁）。しかも、予見可能性の有無は、犯行時の具体的状況を前提としつつ、同じような地位・状況にある通

常人を基準として判断される。その後でようやく、過失犯の実行行為と客観的に生じた侵害結果の因果的結びつきが問題となるのである(**過失犯の因果関係**)。

5 侵害結果の予見可能性と回避可能性

従来、刑法上の過失は、結果予見義務違反(その予見可能性を含む)と結果回避義務違反(その回避可能性を含む)に分割されてきた。これらは定型的な**構成要件的過失**であって、違法論においては、緊急行為や危険の引受けなどによる違法性阻却の可能性がある一方、責任論にあっては、行為者を標準とした注意義務違反(**責任過失**)の存否が問われる。その際、具体的な結果回避義務を前提とした回避可能性が重視されるため、結果予見義務が前提とする予見可能性も、犯人が負う結果回避義務や刑法上要求される回避行動と関連することになる。

過失犯の体系的構造

```
構成要件的過失(平均人標準)  →→  違法過失 →→ 責任過失(行為者標準)
⇓
注意義務の存在→(履行可能)→  義務違反=過失の実行行為
  ①結果予見義務→(予見可能性あり)→結果予見義務違反
  ②結果回避義務→(回避可能性あり)→結果回避義務違反
  ③侵害結果の発生と両者の因果関係
         ⇒過失犯を制限する法理(緊急行為、危険の引受け)
         ⇒過失犯を拡張する法理(管理・監督過失)
```

6 人工砂浜陥没事件における予見可能性

まず、結果予見義務においては、具体的な結果発生とそれに至る因果経過の基本的部分が予見可能でなければならない(前出札幌高判昭和51・3・18)。もちろん、実際に発生した事実そのものでなく、ある程度まで抽象化された因果経過の予見可能性で足りる(最決平成12・12・20刑集54巻9号

1095頁)。人工砂浜陥没事件にあっても、南側突堤付近で繰り返し陥没が起きていた事実から、東側突堤の防砂板も破損したと想定されるため、南側突堤と同様の陥没が疑われる状態では、「**本件事故現場を含む東側突堤沿いの砂浜において、防災板の破損による砂の吸い出しにより陥没が発生する可能性があることを予見することはできた**」のである（上記最高裁決定）。

すなわち、実際に死亡原因となった東側砂浜の空洞による陥没でなくても、近隣で生じた陥没から人の転落・埋没という因果経過を予見できたならば、被告人らには立て札やバリケードなどの措置が義務づけられる。こうした結果回避義務の内容から、犯人が負うべき結果予見義務の範囲も定まるのであり、具体的な因果経過の詳細（の認識）まで要求されないのと同様に、およそ人身事故一般に対する予見可能性が問われるわけではない。上記の事件では、通行人を危険な砂浜から遠ざける回避措置が容易であった以上、それに応じた抽象的な予見可能性で足りるのである[10]。

7　花火大会歩道橋事件における回避可能性

通説である新過失論は、犯人が採るべき結果回避措置を前提としつつ、当該結果の予見可能性を検討してきた[11]。したがって、過失犯の実行行為で問題となる危険性も、実際の結果発生と結びついた特定の危険（実現）でなく、定型的な危険があったことで足りる[12]。なるほど、犯人に当該結果を帰属させるうえで、結果回避義務違反に関連する予見可能性だけでは不十分という指摘もあるが[13]、もし犯行後の介在事情が異常であったならば、単に因果関係がないとして過失犯の成立を否定すればよい[14]。すなわち、具体的な因果性ないし結果帰属は、過失犯の実行行為から区別して判断するべきである[15]。

花火大会歩道橋事件では、結果回避義務違反として、警備担当者の安全管理面における落ち度が問題となった（前出最決平成22・5・31）。かつて、同じく群衆が将棋倒しとなり数十人が圧死した**弥彦神社事件**では、この行事を主催した同神社の職員が過失致死傷罪に問われている（前出最決昭和42・5・25）。ところが、花火大会歩道橋事件では、その主催者だけでなく、警備責任者である明石警察署の職員と警備会社の責任者が起訴されたため、企画段階の準備不足に加えて、機動隊の出動要請を怠った点が問題

視されたのである。

8 日航機ニアミス事件と第三者の行為の介在

近年、第三者の過誤が介在した事例として、日航機ニアミス事件がある（最決平成22・10・26刑集64巻7号1019頁）。ここでは、航空管制官による誤誘導が先行したものの、第三者である機長の不適切な行為が介在しており、そもそも、航空管制官のミスが乗客の傷害結果からみて過失行為にあたるか否かが争いとなった。裁判所は、たとえ航空機衝突防止装置（TCAS）が働く可能性があるとしても、航空管制官が降下指示の相方を間違えたことは、極めて危険な行為であって、その後も誤誘導が是正されなかった点で、航空機の衝突という危険を含む過失行為にあたるとされた。

> **日航機ニアミス事件** 実地訓練中の航空管制官Xが便名を言い間違えて降下指示を出した結果、異常接近の状態になった航空機の機長Aが急降下の操作をしたため、搭乗中の乗客らが跳ね上げられて傷害を負った。実際には、機長AがTCASの上昇指示に従わなかった経緯があるとしても、Xの誤った降下指示に影響された以上、Xは、適切な降下指示を与えて接触や衝突等を未然に防止するという業務上の注意義務に違反しており、その指導監督者である航空管制官Yについても、Xの不適切な管制指示に気づかないまま是正しなかった点で、指導監督者としての業務上の注意義務に違反するとされた。裁判所は、これらの過失が競合して本件事故に至った以上、両名に業務上過失傷害罪が成立するとした（前出最決平成22・10・26）。

第一審判決は、TCASによる上昇指示（RA）の発出とA機長が降下を続けた事実について、Xらにその予見可能性や因果関係が欠けるとしたのに対し、控訴審判決と上告審決定は、航空管制官の指示に対する位置づけから、誤誘導の危険性を認めたうえで、刑事責任を肯定している。なるほど、最高裁決定では、Xらの具体的予見可能性を否定した反対意見もみられるが、異常事態において機長が航空機衝突防止装置の指示に従わなかっただけで、航空管制官の誤誘導にもとづく衝突の危険性が消失するわけでない。

むしろ、ニアミスに基づく急降下などで乗客が負傷するような事態は、航空機の離着陸という状況において、一般的に予見することが可能であった。なるほど、反対意見は、機長が航空管制官の指示に従って下降を始め

た事実を無視して、単に機長独自の誤った判断によるものと認定している。しかし、第三者の行動にかかる詳細な因果経過を予見できたことは、刑事過失の必要条件でなく、すでに述べたように、基本的部分さえ予見可能であれば、単なる危惧感を超える具体的な予見可能性があったといえよう[16]。反対意見は、航空管制官と安全装置の指示が相反する場合の安全システム上の不備に原因があるというが、かりに不完全なシステムであったとしても、それだけでは刑事免責の根拠にならない[17]。

9　システム上の過失と事故調査委員会

　一般に高速度交通や航空機の運航のように、人間と精密機械の共同作業からなる複雑なシステムでは、人間の些細なミスが重大事故につながる。その意味では、2重3重の安全装置を備えることが望ましいが、そうした安全装置に依存して最低限の注意さえ怠ったとき、むしろ事故の発生する危険性は高まるであろう。もちろん、いかなるミスも許さないという姿勢は、かえって現場の失敗例が隠ぺいされる結果となり、システム全体の安全性向上を妨げる。その意味で、民事責任および刑事責任の追及から切り離した事故調査委員会による原因究明を求める意見もみられる[18]。

　しかし、法的責任の所在を明確にすることは、同種の事故を予防するために役立つことがある。また、具体的事案の処理と将来の再発防止策は、それぞれミクロとマクロの視点によるものであり、両者は区別して考えなければならない。近年、医療過誤について事故調査委員会を設置する動きもみられるが[19]、危険な業務を担当する専門家の行為であれば、一切刑事責任の外に置くべきであるという議論は、あまりにも乱暴である。むしろ、重大な危険を内包する業務では、たとえヒューマンエラーにもとづく死傷結果が生じた場合にも、それがシステムや制度の欠陥に起因するものか、担当者の初歩的ミスによる事故であるかが吟味されるべきであって、そうした検討を経ることなく、一律に刑事責任から解放することは、かえってモラルハザードを引き起こすことになりかねない。

III 過失犯の注意義務と因果関係

1 過失犯の構造

いわゆる新過失論では、一定の**行為水準**から逸脱した異常行動が過失判断の基礎となる。すなわち、客観的注意義務となる結果回避措置の当否が重視されるため、構成要件的過失における結果回避義務の違反は、そもそも、危険な行為を避けるべき（不作為）義務の違反に転化することもある。この場合には、そうした危険な行為をあえて選択した以上、慎重な行動とともに、事前に十分な予防措置を講じるべき（作為）義務が課せられる。これらはいずれも、過失犯の実行行為性を基礎づける要素にほかならない[20]。例えば、多数の客を宿泊させる旅館経営者は、十分な防火設備のないまま営業を継続するべきでなく、かりに例外的事情があって危険な業務を続けざるをえない場合には、特別な予防措置を講じるなどの注意義務が発生することになる。

> **北大電気メス事件**　心臓手術の執刀医となったXは、看護師のYが電気メス器のケーブルを誤接続したことに気付かず、そのまま電気メスを用いて手術を続けたため、電極を装着した患者Aの下肢に重度の火傷を負わせた。Xは、経験を積んだ看護師Yの準備作業を信頼して、効きの悪いメスで手術を続行したとはいえ、執刀医の行動は、当時の具体的状況に照らせばやむをえないものであった。また、過失犯における注意義務違反の前提として、当該結果の発生が予見可能でなければならず、電気ケーブルの誤接続による傷害事故を予見できる可能性は、それほど高度ではなかった。したがって、手術の開始前にケーブル接続の適否を点検しなかったとしても、通常、執刀医が払うべき注意義務に違反しないとされた（札幌高判昭和51・3・18高刑集29巻1号78頁）。

刑法上の過失は、通常人であれば、犯行当時の具体的状況から予見できた事実に加えて、特に行為者が認識した事実を踏まえつつ、一般人として十分な注意を尽くしたかどうかで決まる（大判昭和4・9・3大審院裁判例(3)刑27頁）。したがって、上記の北大電気メス事件のように、通常の思慮分別を備えた医師ならば予見できる事情からみて、当該状況下で適切な結果回避措置を採りえたことが前提となる。今日では、一般人を標準とした客観説が支持されている（最判昭和27・6・24裁判集刑65号321頁）。

2 旧過失論と危惧感説

つぎに、予見可能性の水準をめぐっては、**旧過失論**（具体的認識説）と**新・新過失論**（危惧感説）の間で厳しい論争があった。いわゆる**危惧感説**では、予見可能性の程度を緩和して、犯人が漠然とした「危惧感（不安感）」をもっていればよいとする。こうした考え方は、1960 年代以降、公害事件や企業災害が社会問題になったとき、具体的な予見可能性がないにもかかわらず、客観的な結果回避義務違反の比重を高める一方、結果予見義務の内容を薄めることで、国民の処罰感情に配慮した加害者の刑事責任を導こうとしたのである。

過失犯の構成要件該当性では、一定の行為水準から逸脱した犯人の危険な行動が評価の対象となるため、客観的注意義務を基礎づける結果防止手段の是非が問われやすい（構成要件的過失）。しかし、最終的な責任過失も含めて、漠然とした不安感で足りるとした危惧感説には、具体的な予見可能性や結果予見義務を軽視しているという批判が加えられた。なるほど、旧過失論のいう責任過失では、もっぱら犯人の主観的不注意が問題とされるため、具体的な予見可能性と結果予見義務違反が中心となる。他方、今日の「危険社会」では、すべてのプレーヤーに最低限の注意能力が要求されるのであって、個人責任の原理だけを偏重した予見可能性論だけでは、新しい過失事例に対処できない。

3 平均人標準説と行為者標準説

なるほど、犯人が内心の意識を緊張させることで、侵害結果を予見して適切な回避行動を選択するという意味では、結果予見義務が結果回避義務よりも論理的に先行する。しかし、実際の裁判では、一般人（平均人）を標準としつつ[21]、侵害結果から遡って客観的注意義務を尽くしたかどうかが重視される（新過失論。前出最判昭和 27・6・24）。これに対して、責任過失を前提とする旧過失論でも、犯人自身の注意能力が基準になるとはいえ、平均的な人間よりも著しく低かった場合、当初から危険な行為を控えよという注意義務が課せられるのである[22]。

かようにして、刑法上の過失が、構成要件的過失・違法過失・責任過失

という段階的な構造になるため、それぞれの過失で標準となるのは、平均的な能力を有する一般人であるか（平均人標準説）、犯人自身の注意能力を前提とするべきか（行為者標準説）で区別されることになる。通常は、一般人を前提とした予見可能性が論じられるが、たまたま加害者の注意能力が格段に高い場合にも、それをもって刑事責任の範囲が拡張されるわけではない。むしろ、通常人のレベルまで注意義務の上限を引き下げるとすれば、最終的には、当該領域の平均人を標準として過失の有無が決定されることになる[23]。

4 過失犯の因果関係

過失犯は、過失行為が内包する定型的な危険が、侵害結果の発生として現実化した場合である（結果犯）。したがって、行為者の注意義務違反があるだけでなく、当該行為と侵害結果の間に相当因果関係がなければならない。犯行時の行為事情は、犯人の義務違反性を左右するのに対して、その後の因果経過は、もっぱら相当因果関係の存否にかかわる。同様にして、結果予見義務の前提となる予見可能性も、過失行為それ自体の主観的要素であるのに対して、相当因果関係の存否は、過失犯の実行行為とその後に生じた侵害結果を結びつける客観的要素である。

> **米兵ひき逃げ事件と無謀オートバイ事件** ①Ｘは、自動車の無免許運転をしていた際、過失により被害者のＡを跳ね上げたことに気付かず、Ａを自車の屋根に載せたまま運転を続けていた。ところが、Ａの腕が屋根から垂れているのをみた同乗者のＢが、Ａの腕を引っ張ってずり落としたため、逆さまの状態で道路に激突したＡが、頭部外傷などにより死亡した。
> ②ドライバーのＹは、反対車線の路側帯に駐車するため、自車を減速しながら方向転換を試みたが、幅の狭い道路であったため、いったん自車を左側に寄せた上で、改めて右折を始めた。その際、後方から高速度で接近してきたオートバイのＣが、交通法規に違反して右側からＹ車を追い越そうとした際、急制動により転倒した状態でＹ車に衝突し、Ｃと同乗者のＤが死傷することになった。

①では、直接の死因となった頭部外傷が、最初の衝突時に生じたものか、その後のＢの行為により転落した際に生じたかを特定できなかったため、Ｘの過失行為からＡが死亡することが、当然には予想できないとして、Ｘの行為とＡ死亡の間の因果関係を否定した（最決昭和42・10・24

刑集21巻8号1116頁)。また、②では、Yが右折転回を再開した際、後方の安全確認義務を怠ったとはいえ、かりにYが注意義務を遵守した場合にも、高速度で接近するC車を認識するのは困難であり、YがCの適切な回避行動を信頼していた以上、Yの過失行為とCらの死傷結果の間には、相当因果関係がないとされた（福岡高那覇支判昭和61・2・6判時1184号158頁)。

5　因果関係の予見可能性

近年、学説の中には、個別的な被害者ごとに因果経過の認識可能性を論じて、およそ犯人の予見可能性を否定しようとする見解がある。その際、故意犯で論じられる法定的符合説と具体的符合説の違いを援用する論者もみられる。過失犯でも、具体的な予見可能性を徹底しようとするならば、事実の錯誤で具体的客体ごとの符合を論じる見解と似てくるからである。しかし、事実の錯誤論は、客観的な侵害結果を犯人の故意行為に帰属させるための法的評価であって、過失犯でいう予見可能性が、当該行為の注意義務違反を認定する要素であるのと異なる。かりに個別的客体ごとに予見可能性を論じるならば、後述するように、たまたま犯人が被害者の所在を事前に知らなかったとき、他の交通関与者も含めて、およそ過失犯が成立しなくなってしまう。

荷台同乗者事件　貨物自動車を運転するXは、法定速度の2倍を超える高速度で走行した際、ハンドル操作を誤って自車を信号柱に激突させた。その際、X車の後部荷台に隠れていたAとBが、衝突の衝撃で放り出されて死亡した。Xには、そのような無謀運転をすれば、人の死傷結果を伴う交通事故を引き起こすことが予見できた以上、たまたま後部荷台にいる同乗者の存在を知らなかったとしても、AおよびBに対する業務上過失致死罪が成立するとされた（最決平成1・3・14刑集43巻3号262頁)。

6　過失の認定時期

上述した花火大会歩道橋事件では、群衆が殺到する危険が高まった直近の時点で（事故当日の午後8時ごろ)、機動隊の出動要請を怠った点が問題となった。いわゆる段階的過失論（後述参照）から、事故直近の過失を基準

とする見解が採用されたが、すでに警備計画の策定段階で不備がみられる以上、その過失を引き継ぐ意味も含め（引受け過失）、事故発生直前の適切な回避措置を怠ったとみることもできよう。また、企画当初から存在した危険が顕在化する状況下で結果回避義務に違反した事実に着目する見解もみられる[24]。

しかし、計画段階の過失が問われるとしたら、弥彦神社事件と同様、むしろ、花火大会を立案・企画した人間の過失だけが問われたはずである。また、かりに事故発生の直前には、もはや雑踏事故の発生を回避できなかったとき、順次、それ以前の時点に遡って過失の有無を検討する余地もあろう（札幌高判昭和40・3・20高刑集18巻2号117頁、東京高判昭和46・10・25東高刑時報22巻10号277頁など）。その際、企画段階の過失と警備段階の過失が競合して、ある構成要件的結果を引き起こした場合、過失の認定について、時間的ないし場所的な判断基準は存在するのであろうか。

7 直近過失説と過失併存説

過失の競合問題は、過失行為の基準時でも生じうるが、例えば、深夜トラック便の運転手Xが、過失により歩行者Aを轢いた後、数分後に走行してきたY運転のタクシーが、路上に倒れていたAを再度轢いたため、Aが即死した場合が考えられる。XおよびYの過失行為とA死亡の間に因果関係がある以上、XとYの刑事責任は、それぞれの過失の程度に応じて決まることになる。これに対して、同一犯人が複数の注意義務に違反した場合には、段階的過失論（直近過失説）にしたがい、当該結果の発生に直結する注意義務違反を過失とみることになる（花火大会歩道橋事件）。

ただし、直近の時点で侵害結果を回避できなかったときは、順次それ以前の時点に遡るのであれば、むしろ、伝統的な過失併存論に従って、飲酒・酩酊運転から死亡事故を引き起こした場合など、運転開始時の飲酒抑制義務違反も含めて、広く危険な運転を回避する刑法上の注意義務に違反したとみる判例も少なくない（東京高判昭和44・8・4東高刑時報20巻8号145頁、東京高判昭和47・7・25東高刑時報23巻7号148頁など）。

Ⅳ　犯罪論の基礎と応用

1　危険の分配と信頼の原則

　過失犯では、しばしば、「社会生活上必要な注意」という言葉が用いられる。また、加害者と被害者の間で、どのように生活上の危険を分配するかも議論されてきた。交通事犯では、いわゆる「危険分配の法理」から、道路交通法規に従った相手方の行動を信頼して運転すればよいという「信頼の原則」が生み出された。すなわち、当該行為者が社会生活上必要な注意を尽くしたならば、たまたま第三者のルール違反から交通事故になったとしても、加害者の刑事責任は否定される。また、客観的には法益侵害の危険を含む行為であっても、現代社会にとって必要不可欠なものであれば、法が要求するルールに従って行動するかぎり、「許された危険」とみなされるのである。

無謀追越し事件　Xは、原動機付自転車を運転中、センターラインの左側より右折の合図をしながら、方向転換を始めようとした。その直後、X車の後方から高速度で進行してきたAのオートバイが、交通法規に違反してセンターラインの右側にはみ出す形で追い越そうとしたため、X車と衝突してAだけが死亡した。裁判所は、後方から来る他の車両の運転者が交通法規を守り、速度を落として自車の右折を待って進行するなど、安全な速度と方法で進行するであろうことを信頼して運転すれば足りるとした（最判昭和42・10・13刑集21巻8号1097頁）。したがって、交通法規に違反して高速度で右側から追い越そうとする事態まで予想して、後方の安全確認をしたり、衝突事故を未然に防止する業務上の注意義務はないとされる（最判昭和46・6・25刑集25巻4号655頁）。

　昭和40年代以降、信頼の原則が適用されてから（最判昭和41・12・20刑集20巻10号1212頁、最判昭和45・11・17刑集24巻12号1622頁など）、こうした過失限定の法理は、実務上も定着することとなった。現在では、交通事故だけでなく、医療過誤や企業災害においても、信頼の原則を適用することがある。ただし、民法上の過失相殺と異なり、被害者側の落ち度を理由として、加害者の責任を軽減するものではない。その意味で、かりに被害者側に重大な落ち度があっても、なお加害者の過失は認められる（大判大正3・5・23刑録20輯1018頁）。最近の事例では、自動車を運転して時差

式信号機の設置された交差点を右折進行するにあたり、時差式信号機であることの標示がなかったとしても、自己の対面する信号機の表示を根拠として、対向車両の運転者がこれに従って運転するものとは信頼できないとされた（最決平成16・7・13刑集58巻5号360頁）。

2 信頼の原則の適用範囲

　上述した北大電気メス事件では、看護師のYが誤接続した電気メス器の異常に気づかないまま、電圧を上げて手術した執刀医のXが、患者Aに重度の火傷を負わせて下肢切断に至っている。しかし、電気メス器のケーブル接続という補助作業に関して、ベテランの看護師Yを信頼して手術を続けたことは、当時の具体的状況からみてやむをえないとされた。したがって、チーム医療の一員であるXは、ケーブルの誤接続による傷害事故の発生を予見できなければ、適切な結果回避措置を採らなかったとしても、それだけで業務上の過失にあたらないのである（前出札幌高判昭和51・3・18参照）。

　もっとも、信頼の原則を適用できない場合もある。例えば、地震・火事などの緊急事態では、通常のルールに沿った適切な行動を期待できない。したがって、対向車の異常運転を認識した際には、速やかに自車を脇に寄せて正面衝突を避ける義務がある。また、老人や子供のように、交通関与者として適切な行動を期待できない人々もいる（東京高判昭和42・9・21高刑集20巻4号553頁）。他方、行為者に免許証不携帯などの軽微な違反行為があっても、それだけで、信頼の原則の適用は妨げられない（前出最判昭和42・10・13など参照）。

3 チーム医療と過失の競合

　北大電気メス事件では、医療チームを指揮・監督する立場にあった医師が、チーム構成員のおこなう全作業について監督責任を負わないとされた。これに対して、患者の取違え事件では、病院全体として患者の同一性を確認するシステムが構築されていない以上、各人の役割分担に基づく信頼の原則を適用することができず、むしろ、過失の競合という形で複数の過失犯が成立することになった。組織的な予防システムが存在しない以

上、手術に関与する医師や看護師は、他の関係者が同一性を確認するであろうと信頼するのは許されないからである。

> **患者取違え事件**　大学病院の麻酔科医師Xが、①麻酔導入前には、患者に姓だけで呼び掛けるなど、患者の同一性確認として不十分な手立てしかとらず、患者の容貌などの外見的特徴を併せて確認しなかったこと、②麻酔導入後も、外見的特徴や検査の所見などから同一性に疑いが生じたにもかかわらず、確実な確認措置を採らなかった結果として、周囲の者に患者の取違えを連絡する機会を失わせた。その場合、Xには、他の病院関係者の過失が競合するとはいえ、患者を取り違えて手術した点について、業務上過失傷害罪が成立するとされた（最決平成19・3・26刑集61巻2号131頁）。

およそ医療行為では、その対象となる患者の同一性を確認することが、医的侵襲を正当化するための大前提である。したがって、すべての医療関係者は、基本的かつ初歩的な注意義務として、それぞれが独立して各人の職責や持ち場に応じた同一性確認義務を重畳的に負うことになる[25]。こうした過失の競合を認めることで、複数人が分担作業をする現場にあっても、各人が注意義務を励行することにより、侵害結果の発生する確率が減少するという指摘もある[26]。特に危険の予兆があった場合には、確実な結果回避措置を尽くすべきであり、分業に任せて第三者に確認させるだけでは足りないのである[27]。

4　危険な事業活動と管理・監督過失

上述した医療過誤の場合だけでなく、日常生活上も危険な業務は少なくない。例えば、化学工場の従業員がバルブ操作を誤って、大気中に有毒ガスや汚染物質を流出させたため、多数の近隣住民に健康被害が生じたとき、この操作ミスを犯した従業員には、業務上過失致死傷罪が成立することになる（最判昭和63・10・27刑集42巻8号1109頁）。しかし、従業員を指導・監督する立場にある工場長には、バルブ操作のミスという些細なことで、重大な健康被害が生じないように配慮する注意義務が課せられる。すなわち、当該結果に直結する現場担当者の過失だけでなく、上司である工場長の指導・監督上の刑事責任が問われるのである。

> **日本アエロジル塩素ガス流出事件**　A化学工場の従業員として、液体塩素の受入れ作業に従事した見習いのXは、タンクローリーで運び込まれた液体

> 塩素を貯蔵タンクに注入する際、同タンクの受入れバルブを閉めようとして、誤って別のバルブを開けたため、大量の塩素ガスが大気中に放出された結果、これを吸い込んだ多数の住民が塩素中毒になった。裁判所は、未熟練の見習い従業員を配置した直属の上司と製造課長について、Xが単独でバルブ操作をしないように留意すべき安全教育を怠っており、管理・監督過失にもとづく業務上過失傷害罪が成立するとした（前出最判昭和63・10・27）。

　管理・監督過失とは、危険な事業活動を統括する人間に対して、より高度の注意義務を課するものである。およそ人間の行動が何らかの過誤を伴うものである以上、組織上の欠陥が重大な結果を招いたとき、十分な予防措置をとらなかった管理責任を追及することで、同種の事故発生を予防することになる[28]。伝統的な過失理論が、もっぱら自然人の主観的不注意を重視するのに対して、管理・監督過失の理論は、企業組織体の過失責任を認める根拠にも用いられてきた。しかし、学説の中には、被害者救済思想にもとづく処罰権の不当な拡大であって、過失犯の成立範囲が不明確になるという批判がみられる。また、現場から離れた経営者には、具体的な予見可能性が欠けるという指摘もある。

5　大規模火災と管理・監督過失

　管理・監督過失の理論は、日本アエロジル塩素ガス流出事件のような、危険な化学物質を取り扱う事業だけでなく、ホテルやデパートなどの集客施設における火災事故にも適用された。これらの事業活動では、かりに火災が発生したとき、利用客の生命・身体に現実的危険を及ぼすという意味で、不特定多数人に対する脅威となるからである。すなわち、その場所が不特定多数人の出入りを予定すること、また、火災の原因が無数に存在する以上、施設管理者には、出火時における安全措置を講じておく注意義務が課せられる（いわゆる安全配慮義務）。したがって、直接の出火原因が自然現象であるか、第三者の放火によるものかを問わず（最決平成2・11・16刑集44巻8号744頁）、大規模火災を回避するための努力が義務づけられるのである。

> **川治プリンスホテル火災事件**　Xは、Aホテルの経営を統括する代表取締役として絶大な権限を有していたが、経営効率を優先するあまり、防災設備の整備を怠っていた。しかし、ある晩、Aホテル内で火災が発生したとき、延焼

を防ぐ防火扉などがなく、従業員による避難誘導もなかったため、火煙の流入により宿泊客や従業員らが一酸化中毒などで死傷するに至った。Xには、防火扉や防火区画を設置するほか、消防計画にもとづく避難誘導訓練をする注意義務があったにもかかわらず、これらの実施を怠っていた以上、業務上過失致死傷罪が成立するとされた（前出最決平成2・11・16）。

千日デパートビル火災事件　デパートビルの管理課長であったXは、夜間工事の際、防火シャッターの閉鎖や保安係員の工事立会いなどの措置を採らず、同ビルの3階から出火した時点でも、ただちに上階の店舗に連絡しなかったため、同店舗内にいた多数の客が一酸化炭素中毒で死傷した。Xには、複合ビルの防火管理者として安全体制整備義務を怠った過失が認められるが、同じく防火管理者であった上記店舗の支配人Yは、火災発生時に客を避難誘導するように訓練する注意義務を怠っており、上記店舗の経営者であるZも、適切に防火管理業務が実施されたかを監督すべき注意義務を怠ったものとして、それぞれ業務上過失致死傷罪にあたるとされた（最決平成2・11・29刑集44巻8号871頁）。

集客施設では、不十分な防災体制の下で出火した場合、利用者を巻き込んだ大惨事に発展する可能性がある。これに対して、およそ管理・監督過失を否定する論者は、実際の出火原因から火災の発生時期のほか、被害者まで特定された具体的予見可能性を要求しようとする[29]。しかし、多数の人間に被害が及ぶ可能性を認識しながら、あえて危険な状態で営業を続けた杜撰な経営者には、およそ刑事責任が生じないのであろうか。反対説によれば、出火原因も含めた詳細な因果経過の予見可能性は、現場から遠い経営者には認めがたいからである。実際には、火災の原因となる事象が無数に存在する以上、ひとたび出火したとき、防火設備の欠陥により逃げ遅れた多数の人間が焼死するという程度の予見可能性があれば十分であろう。あえて危険な場所に顧客を招じ入れた者は、それに相応しい注意義務を負担するからである。

6　予見可能性と進言義務

過去、大規模火災事故で管理・監督過失を肯定した諸判例は、客観的な防災設備の不備を重視する一方、結果予見義務違反については、「抽象的危険の認識」で足りるとした。上述したように、こうした概括的な危険の認識は、具体的な結果回避措置の前提になるものであって、実際の死傷結果に対する個別的な予見可能性や結果回避義務とは異なる。その意味で

は、予見可能性を不当に希薄化するという批判もあった[30]。しかし、直接的な出火原因をめぐる予見可能性は、むしろ、失火罪を構成する要素であろう。出火原因の特定まで要求する反対説は、失火罪における過失と業務上過失致死傷罪における過失を混同している。

> **ホテルニュージャパン火災事件**　Nホテルを経営する代表取締役社長のXは、Nホテルの経営全般や管理事務を統括していたが、ある晩、客室内の寝たばこから出火した際、スプリンクラー設備や防火区画などがなく、従業員による初期消火活動や宿泊客らに対する避難誘導さえなかったため、多数の宿泊客らが死傷した。Xには、消防署の指導に従って各種の消火設備を整えたり、現場の防火管理者を指揮・監督して消防計画を作成するほか、従業員らに避難訓練をさせるなど、あらかじめ防火管理体制を確立しておくべき注意義務があったにもかかわらず、およそ上記の注意義務を怠っており、業務上過失致死傷罪が成立するとされた（最決平成5・11・25刑集47巻9号242頁）。

また**大洋デパート火災事件**でも、消防法令により義務づけられた消防計画の策定や、防火管理上の通報・避難訓練などが実施されておらず、非常階段も増築工事で撤去された状態であった。そのため、営業中に出火した際、逃げ場を失った多数の買い物客が一酸化炭素中毒や脱出時の転落などにより死傷するに至った。しかし、同デパートの取締役人事部長であるXについては、オーナー社長のYから防火管理者に選任された事実がなく、たとえ取締役会の一員であったとしても、実質的な防火管理業務に従事しておらず、消防計画の策定を決議する法的責任はもちろん、Xに対して防火管理上の注意義務を履行するよう意見を具申すべき刑法上の義務はないとされた（最判平成3・11・14刑集45巻8号221頁）。

7　複合的過失と過失の競合

冒頭に述べたとおり、現代社会は、各種の災害や事故のリスクを内包する「危険社会」である。しかも、過失犯の処罰は、こうした危険な社会活動に刑法がどこまで介入すべきかという価値判断を含んでおり、被害者などの処罰感情によっても影響を受けやすい[31]。かような状況下で複数人が重大事故に関与するなど、多数の要因が絡み合った複合的過失は、どのように処理されるべきであろうか。上述した人工砂浜陥没事件では、公の施設の維持管理に携わる国や市の職員について不作為の責任が問われた。ま

た、当該被告人らの間では、過失の競合が問題となる。これに対して、花火大会歩道橋事件では、主催者らが企画段階の過失責任を負う一方、警備担当者らは、雑踏事故が起きる直前の結果回避義務違反が問題とされた。

　他方、管理・監督過失では、経営者と従業員あるいは上司と部下という人間関係が前提になる。これらを含む広義の過失競合も含めて、実際の事件では、どのような基準で刑事責任の担い手が抽出されるのであろうか[32]。因果的には同等の過失行為があったにもかかわらず、一部の人間だけに刑事責任を問うならば、恣意的な「犯人探し」に終わってしまう。こうした事態を回避するため、人工砂浜陥没事件では、法令上の規定や職務遂行の実態が考慮されたが、**薬害エイズ厚生省ルート事件**では、責任主体を選定する要素として、当時の製剤課長の権限と職務実態を重視している（最決平成20・3・3刑集62巻4号567頁）。さらに、花火大会歩道橋事件では、警備担当者の責任を検討するうえで、事前の役割分担や取り決めも影響したのではなかろうか[33]。

1) ドイツでは、自動車事故をめぐって、「業務」としての運転と娯楽としての運転を区別する実益が乏しくなったため、業務上過失致死傷罪の類型を廃止して、過失致死傷罪の法定刑を引き上げたとされる（西原春夫ほか編・刑法マテリアルズ（平7）188頁〔松宮孝明〕、松宮孝明・過失犯論の現代的課題（平16）82頁以下参照）。わが国では、近年の法改正により、過失運転致死傷罪が独立した類型になった。
2) その意義については、佐久間修「危険運転致死傷罪と故意・過失」刑事法ジャーナル26号（平22）2頁以下参照。
3) 通説・判例が、旧過失論から新過失論へ移行したことにより（後述参照）、過失概念の中核となる注意義務の位置づけも変化した。詳細については、松宮孝明・刑事過失論の研究（補正版・平16）1頁以下など。
4) 団藤重光・刑法綱要総論（第三版・平7）336頁、大谷實・刑法講義総論（新版第3版・平21）130頁、山口厚・刑法総論（第2版・平19）225頁、佐久間修・刑法総論（平21）141頁など。
5) かつての有力説も判例と同旨であった。例えば、小野清一郎・新訂刑法講義総論（増補版・昭25）146〜147頁、美濃部達吉・行政刑法概論（昭24）111頁など。
6) 甲斐克則「事故型過失と構造型過失」刑法雑誌31巻2号（平2）59頁など参照。しかし、いずれの類型に属するかをめぐって、必ずしも明確な判断基準があるわけでない。例えば、後述する日本アエロジル塩素ガス流出事件では、原材料の搬入中に生じた事故であるにもかかわらず、当該行為が事業活動の一環にあたらないとされた。そのほかにも、直接防止型と間接防止型という区別がみられる（佐藤文哉「監督過失」芝原邦爾編・刑法の基本判例（昭63）48頁）。
7) シドニー・デッカー（芳賀繁訳）・ヒューマンエラーは裁けるか（平21）145頁以下、157頁以下参照。
8) なお、佐久間修「過失犯における刑罰法規の明確性」刑事法学の潮流と展望（大野古稀

祝賀・平12）194頁以下参照。
9) 大塚仁・刑法概説総論（第四版・平20）204頁など。
10) 前田雅英「過失犯における結果の予見可能性の認定」警察学論集63巻7号（平22）156〜158頁。また、塩谷毅「人工砂浜管理等業務従事者について埋没事故発生の予見可能性が認められた事例」平成22年度重要判例解説（平23）199頁は、具体的な因果経過の認識可能性を要求する見解にあっても、予見可能性はあったとする。これに対して、たまたま陥没のない地域があったという理由で、反対意見に賛成するのは、北川佳世子「砂浜での埋没事故発生の予見可能性が肯定された事例」判例セレクト2010［Ｉ］（平23）28頁である。
11) 例えば、井田良・講義刑法学・総論（平20）208〜209頁、岡部雅人「人工砂浜における陥没事故発生の予見可能性と国及び市の職員に対する過失犯の成否」早稲田法学84巻1号（平20）217〜218頁。
12) これに対して、旧過失論によれば、当該行為者の主観的不注意を前提にするため、個別的な因果経過をめぐる予見可能性を重視する嫌いがある。
13) 山口・前掲書236〜237頁、また、古川伸彦・刑事過失論序説（平19）169頁以下は、結果無価値論による責任過失として、予見可能性の「法益関連性」を要求する。
14) 前田雅英「事故調査と過失責任」警察学論集64巻1号（平23）144頁。
15) そのほか、こうした因果経過の抽象化に批判的な見解として、大塚裕史「『因果経過』の予見可能性」現代社会型犯罪の諸問題（板倉古稀祝賀・平16）173頁以下などがある。
16) 山本紘之「航空管制官による便名の言い間違いと過失犯の成否」判例セレクト2011［Ｉ］（平24）29頁。
17) その意味で、危険な業務を従事する者には、実際のシステムに応じた注意義務違反の程度が問題となるのである。
18) 例えば、土本武司「航空事故と刑事過失責任」現代社会型犯罪の諸問題246〜247頁は、事故調査委員会の報告書が犯罪捜査などに利用される現状に対して、批判的見解を示される。
19) なお、古川伸彦「ドイツにおける事故と過失」刑事法ジャーナル28号（平23）22頁以下は、安全システムと事故調査委員会の関係に言及される。
20) 具体的には、速度制限の遵守や車両整備の義務など、道交法上の義務を怠った場合（交通事故）、防火設備や消火器の設置のほか、避難誘導の訓練など、消防法上の義務に違反していたことが（火災事故）、定型的な結果回避義務違反として、構成要件的過失にあたると認定されやすい。
21) 実際、医療裁判にあっても、医療水準という考え方が一般であり、たまたま当該医師が適切な専門的知識を有しなかったからといって、法的責任を免れるものでない。むしろ、不十分な知識しかないのであれば、専門医がいる医療機関に移送することが求められるため、これを怠った場合、刑法上の注意義務に違反するのである。
22) なお、責任過失では、単なる結果予見義務違反と、それにもとづいて防止行動をとるように意思決定を行うべき義務に違反した点が、法的に非難されることになる。
23) なるほど、一部の学説は、行為者標準を維持して過失犯の成立範囲を限定することで（見かけ上の）責任主義を維持しようとするが、一律に刑事罰を否定すれば、国民の利益になると錯覚している嫌いがある。
24) 北川佳世子「過失犯をめぐる最近の最高裁判例について」刑事法ジャーナル28号（平23）7〜8頁。
25) 過去の判例では、複数人の過失が競合した場合にも、同時犯としたものが少なくない。例えば、広島高判昭和32・7・20高刑特4巻追録696頁は、2人以上の医師が共同に行っ

た診療行為で過失が認められるとき、単に過失行為が競合した場合であって、過失致死罪の共同正犯にならないとした。
26) 井田良「3％ヌペルカイン事件」医事法判例百選（平18）161頁。
27) 平山幹子「チーム医療と過失」平成19年度重要判例解説（平20）168頁。
28) 詳細については、前田雅英「監督過失について」法曹時報42巻2号（平2）1頁以下、佐久間修「管理・監督過失と過失犯の理論」現代刑事法4巻6号（平14）12頁以下などを参照されたい。
29) 松宮孝明・過失犯論の現代的課題236頁以下など。
30) 大塚裕史「予見可能性」中山研一ほか編・火災と刑事責任（平5）117頁以下。
31) これに対して、島田聡一郎「リスク社会と刑法」長谷部恭男編・法律からみたリスク（平19）9頁以下では、「リスク社会論」から過失犯処罰の限界や行為主体の拡散が再検討されている。
32) この問題について、犯人の職責や業務遂行の実態にもとづく保障人的地位を検討するものとして、山本紘之「人工の砂浜の管理等の業務に従事していた者につき砂浜での埋没事故発生の予見可能性が認められた事例」刑事法ジャーナル23号（平22）80〜81頁、岡部・前掲早稲田法学84巻1号207頁以下がある。
33) なお、甲斐克則「花火大会雑踏警備における警察署地域官および警備会社支社長の過失犯の成否」平成22年度重要判例解説195頁参照。

第5講

故意犯における事実の認識
―― 未必の故意と概括的故意

Mens Rea (2) – Intent and known certainties

【刑　法】
第38条（故意）　罪を犯す意思がない行為は、罰しない。ただし、法律に特別の規定がある場合は、この限りでない。
　2　重い罪に当たるべき行為をしたのに、行為の時にその重い罪に当たることとなる事実を知らなかった者は、その重い罪によって処断することはできない。
　3　法律を知らなかったとしても、そのことによって、罪を犯す意思がなかったとすることはできない。ただし、情状により、その刑を減軽することができる。

【改正刑法草案】
第19条（故意）　罪を犯す意思のない行為は、これを罰しない。但し、法律に特別の規定がある場合は、この限りでない。
第20条（事実の錯誤）　①罪となるべき事実を知らないで犯した者は、故意にしたものとはいえない。
　②重い罪となるべき事実があるのに、犯すときにその重い事情を知らなかった者は、その重い罪によって処断することはできない。
第21条（法律の錯誤）　①法律を知らなかったとしても、そのことによって故意がなかったとはいえない。但し、情状によって、その刑を減軽することができる。
　②自己の行為が法律上許されないものであることを知らないで犯した者は、そのことについて相当の理由があるときは、これを罰しない。

【ドイツ刑法典】
第15条（故意行為及び過失行為）　法律が、明文で過失行為を処罰の対象としていないときは、故意行為だけが罰せられる。
第16条（行為事情に関する錯誤）　①行為遂行時に、法定構成要件に属する事情を認識していなかった者は、故意に行為していない。過失による遂行を理由とする処罰の可能性は別である。
　②行為遂行時に、より軽い法律の構成要件を実現する事情を誤認した者は、より軽い法律によってのみ故意犯を理由として処罰することができる。

第 17 条（禁止の錯誤） 行為遂行時に、不法をおこなう認識が行為者に欠けており、行為者がこの錯誤を回避しえなかったときは、責任なしに行為したものである。行為者が錯誤を回避しえたときは、第 49 条第 1 項により、その刑を減軽することができる。

I 故意犯の原則と責任主義

1 殺人の故意と犯罪構成要件

　刑法典上、殺人罪（199 条）や窃盗罪（235 条）は、故意犯である。例えば、殺人罪では、「行為の客体が生命のある人であることを認識し、かつ、自己の行為によって、その人の死という結果を生じさせることを意図し、あるいは死の結果が生じることを予見・認容すること」が、故意の内容となる[1]。例えば、現場の捜査官が異状死体（変死体）を発見したとき、最初に検討すべきことは、単なる自然死であるか（非犯罪死体）、それとも、「何者かに殺されたか」である（犯罪死体）[2]。また、犯罪死体の場合にも、犯行の態様によって、故意の殺人罪（199 条）と傷害致死罪（205 条）、過失致死罪（210 条）のほか、強盗致死罪（240 条後段）や強姦致死罪（181 条 2 項）、業務上過失致死罪（211 条）などの構成要件に分かれる。

　いずれの死に方も、被害者の遺族にとっては、身内が「死亡した（殺された）」点で同じであるが、故意の殺人では処罰感情が厳しくなるように、過失犯とは大きな隔たりがある[3]。法律上、各処罰規定が故意犯であることは明記されないが、刑法 38 条 1 項は、責任主義の見地から、「罪を犯す意思がない行為は、罰しない」と定めている[4]。そこでは、犯人が犯罪であると知りつつ行為に出たとき、その反規範的態度をもって故意と評価するのである。

故意における認識と認容　外務省の対応に憤激した X は、責任者である A の殺害を企て、けん銃を用意して面会を求めた上、A が死亡することを予見しつつ、A に狙いを定めて発砲したが、重傷を負わせたにとどまった。弁護人は、X が社会の注意を喚起して外務省の反省を促す目的であったこと、A の死亡を予見したとはいえ、単なる事実認識にとどまり、結果の実現を意図したとはいえず、こうした予見は、いわば受動的な意識状態であって、死亡結果を希

求する意識状態である能動的な意思（故意）とは異なると主張した。

これに対して、大審院は、「凡そ犯意は罪と為るべき事実の認識予見あるを以て足るものにして其の事実の発生を希望することを必要としない」以上、殺人罪の場合には、「犯人が自己の意思活動に因りて被害者の死亡を惹起するに至るべきこと又は其の虞あることを予見しながら其の意思活動を敢てするの決意を為し之を実行することで足りる」とした（大判大正 11・5・6 刑集 1 巻 255 頁）。

2　責任主義と故意の内容

故意の内容は、犯罪事実の認識と認容であって、犯人が「違法な行為（および結果）」を認識したにもかかわらず、あえて犯行に及んだ場合でよい。しかも、刑法 38 条 3 項は、「法律を知らなかったとしても、そのことによって、罪を犯す意思がなかったとすることはできない」と定めており、いずれの罰則にあたるかの認識は不要である。そこで、刑法上の故意をめぐって、認識・認容の対象となる「罪に当たることとなる事実（犯罪事実）」の内容が争われてきた（38 条 2 項参照）。

かりに犯人が強い実現意思を有していても、客観的には妄想にあたる場合（例えば、呪殺など）、いわゆる「幻覚犯」として不可罰になる。また、犯罪を実現する高度な危険性がある場合にも、およそ当該結果の発生を認識しなかったならば、刑法上の故意は認められない。すなわち、犯人の認識した内容とこれに基づく実現意思は密接不可分であり、両者を切り離して論じるべきでない。例えば、クロロホルム殺人事件では（第 3 講・本書 44 頁以下参照）、クロロホルムの吸引が被害者の死亡に至る客観的危険を内包しており、犯人らがこうした客観的事実を認識しつつ、あえて当該行為に及んだ以上、殺人の故意が認定されたのである[5]。

3　構成要件的故意と責任故意

故意の内容は犯罪構成要件ごとに異なるため、多種多様な故意が考えられる。また、構成要件の段階にとどまらず、違法性や責任においても、故意犯の成否が問題となる以上、各段階における故意の内容は同一でない。例えば、「事実の錯誤は（故意を）阻却するが、法律の錯誤は（故意を）阻却しない」というテーゼは、後述するように、複数の故意概念を想定して

おり、これを区別しない反対説は、しばしば理論上の混乱を招来してきた。

つぎに、「違法は客観的に、責任は主観的に」という法格言から、故意・過失などの主観的要素は、主として責任の問題とされてきた（**責任要素としての故意・過失**）。しかし、殺人罪（199条）や傷害致死罪（205条）は、いずれも人を殺傷する場合であるが、別個の構成要件になっている。その意味で、故意・過失は、解釈論上、各々の犯罪類型を個別化する要素である。現在の多数説は、故意を主観的構成要件要素とみており（**構成要件的故意**）、そこで問題となる故意の内容は、責任段階のそれ（**責任故意**）とは異なる[6]。すなわち、具体的な行為事情を捨象した類型的事実の認識（認容）にとどまるのである。

故意の体系的地位

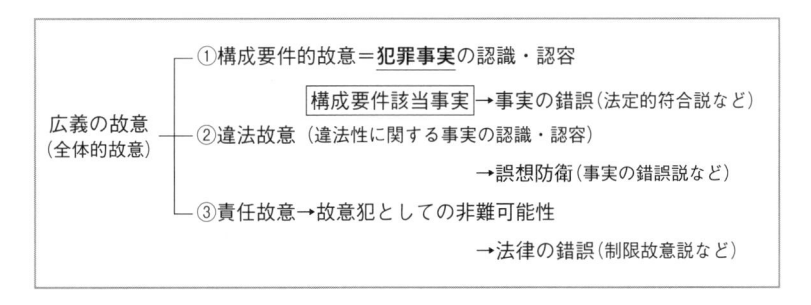

```
                ─①構成要件的故意＝犯罪事実の認識・認容
                        構成要件該当事実→事実の錯誤（法定的符合説など）
広義の故意
（全体的故意）  ─②違法故意（違法性に関する事実の認識・認容）
                        →誤想防衛（事実の錯誤説など）
                ─③責任故意→故意犯としての非難可能性
                        →法律の錯誤（制限故意説など）
```

4　結果的加重犯における故意

故意の殺人罪では、人の生命を剝奪する現実的危険性のある実行行為により、被害者が死亡することを予見しなければならない。しかし、傷害致死罪では、身体の安全を脅かす暴行などにより、他人を傷つけることを認識・認容すれば足りる。後者の類型では、故意の基本犯（暴行・傷害罪）に加えて、重大な結果発生にかかる過失が要求されるため（通説）、故意犯と過失犯の結合形態にあたる。同じく結果的加重犯としては、自動車運転死傷行為等処罰法の危険運転致死傷罪（同法2条）があるのに対して、過失運転致死傷罪（同法5条）や業務上過失致死傷罪（211条）は、純然た

る過失犯である。したがって、外形上は同一の事象であっても、行為者の主観面に応じて区別されることになる。

傷害致死罪の故意・過失　夫婦喧嘩の際、夫が妻を仰向けに引き倒して馬乗りとなり、妻の頸部を圧迫するなどの暴行を加えたため、特異体質である妻がショック死した。弁護人は、責任論（責任主義）によれば、たとえ客観的に死亡結果を引き起こしても、これに対する認識（故意）または認識可能性（過失）が必要であると主張したところ、裁判所は、暴行と死亡との間に因果関係が存在する以上、致死の結果にかかる予見は必要でなく（最判昭和26・9・20刑集5巻10号1937頁参照）[7]、妻の死亡を予見できなかったとしても、傷害致死罪が成立するとした（最判昭和32・2・26刑集11巻2号906頁）。しかも、わが国の判例によれば、条件関係で足りるのである（大判昭和3・4・6刑集7巻291頁）[8]。

結果的加重犯の立法例
　改正刑法草案22条（結果的加重犯）　結果の発生によって刑を加重する罪について、その結果を予見することが不能であったときは、加重犯として処断することはできない。
　ドイツ刑法典18条（特別な行為結果の場合のより重い刑）　法律が、特別な行為結果に対してより重い刑を科しているとき、その結果について正犯者又は共犯者に少なくとも過失の責任がある場合にのみ、この重い刑で処断できる。

　従来、責任主義を強調する多数説は、基本犯と加重結果の因果関係だけでなく、加重結果の発生にかかる過失を要求してきた[9]。上述した立法例のように、過失責任を明文化した条文もみられる。ただし、故意の基本犯が加重結果に至る高度な危険性を含む以上、一般人が予見できた事情を基礎としつつ、社会生活上の見地から相当因果関係が認められるとき、それだけで結果的加重犯を認める少数説も存在する[10]。こうした少数説は、「結果責任（ヴェルサリ原則）」に陥ると批判されるが、かりに改正刑法草案22条が、一般人を標準とする客観的な予見可能性を予定したとみるならば、通常の故意・過失とは異なる要件でも足りるであろう。その意味で、責任主義の原則が、ただちに故意基本犯と過失結果犯の結合犯という構成になるわけではない[11]。

II　故意の体系的地位と事実の認識

1　犯罪事実の認識と違法性の意識

　犯人が反社会的行為であることを認識しつつ、あえて違法行為に及んだことに対する非難可能性が、故意犯の本質とみるならば、故意の本籍は責任論にある。いわゆる新旧両派の論争にあっては、犯人の受刑能力に応じた社会的責任論が唱えられた時期もあったが[12]、現在では、罪刑法定主義と責任主義を基調とする古典学派の見地から、故意犯の本質を理解するのが多数説である。すなわち、犯罪事実を認識した犯人には、当該行為を思いとどまる主観的契機があったにもかかわらず、あえて犯行に及んだことで、故意犯としての非難が可能となるのである。

学派の争いと故意責任

```
           およそ「犯罪」とは何か        「刑罰」とは何か
・古典学派──犯人の自由意思による（非決定論）→応報刑論（道義的責任論）
・近代学派──生来犯罪人の危険性の発現（決定論）→改善刑論（社会的責任論）
```

　したがって、広く「罪を犯す意思」の中には、構成要件該当事実の認識・認容だけでなく、違法性に関する事実の認識・認容も含まれる。殺人罪にあっては、「人を殺す」旨の認識に加えて、「自分の行為は適法である」という認識がなかったとき、初めて故意犯が成立することになる。裏返せば、正当防衛であると誤信した場合（誤想防衛）、故意責任が否定される。しかし、違法評価にかかわる事実は、もはや構成要件該当事実の認識・認容とは無関係である。そこで、①刑法上の故意を二つに分けて、構成要件該当事実にかかる故意（構成要件的故意）と、違法事実の認識も含めた責任段階の故意（責任故意）を考えることになる。これに対して、②故意をもっぱら責任要素とみるならば、構成要件該当事実の認識・認容だけでなく、後述する違法性の意識も含めて、すべての主観的要素が故意の中

に取り込まれることになる（**全体的故意**)[13]。

誤想防衛と故意責任　Xは、Aら十数名の男女と喧嘩となり、実兄Bらに加勢を求めて現場に赴いたが、いきなり木刀などで攻撃されたため、後方でAから襲われているBを救出するべく、Aらの近くに自動車を急接近させて追い払う意思で、暴行の故意をもって、Aらのいる方向へ自車を後退させた。ところが、Xは、Aの右手に自車を衝突させたほか、誤ってBに衝突して死亡させた。裁判所は、Aに対する暴行は、正当防衛にあたるとしたうえで、Bを死亡させた行為については、正当防衛や緊急避難に該当しないが、正当防衛であると認識していた以上、いわゆる誤想防衛の一種として、過失責任を問いうるのは格別、故意責任を肯定できないとした（大阪高判平成14・9・4判タ1114号293頁）。

そもそも、構成要件要素となる故意は、犯人が個別的事件で認識した具体的な事実の認識まで要求していない。むしろ、類型的な犯罪事実の認識で足りるため（**定型的故意**）、第7講で解説する「事実の錯誤」では、たとえ具体的な事実を誤認した場合であっても、構成要件の枠内で符合していれば故意既遂犯の成立を認めるのが、いわゆる**法定的符合説**の考え方である（通説・判例）。これに対して、責任故意でいう事実認識の中には、違法性に関する事実も取り込まれるが、詳細については、正当防衛・誤想防衛の項目で解説することにしたい。

2　責任故意と実質的故意

犯人が違法事実も含めた行為事象を正しく認識していれば、規範違反の意識を呼び起こす契機は十分にあったといえよう。しかし、法律が専門・分化することに伴い、格別の法律知識がない一般人では、各領域の特別刑法で規制される対象さえ、正確に認識できない場合が増えてきた。そこで、学説・判例の中には、覚せい剤密輸入や同所持罪の故意として、犯人には「覚せい剤かもしれないし、その他の身体に有害で違法な薬物かもしれないとの認識はあった」ならば、その客体が「身体に有害で違法な薬物類であるとの認識があった」以上、故意犯が成立すると述べたものがある（最決平成2・2・9判時1341号157頁）。

覚せい剤・麻薬の取違え事件　①Xは、営利目的で麻薬を覚せい剤と誤認して輸入したため、覚せい剤取締法違反（覚せい剤輸入罪）の意思で、客観的には旧麻薬取締法違反（麻薬輸入罪）になったが、両罪は、客体が覚せい剤と

> 麻薬という差異があるだけで、それ以外の犯罪構成要素は同一であり、法定刑も同一であることに加えて、いずれの薬物も、その濫用によって慢性中毒の状態となるため、個人や社会に重大な害悪をもたらすおそれがあり、外観上も類似したものが多いとされた。かような見地から、裁判所は、両罪の構成要件が実質的に重なり合っており、犯人による客体の取違えは、麻薬輸入罪の故意を阻却しないとした（最決昭和54・3・27刑集33巻2号140頁）。
> ②Ｙは、覚せい剤を麻薬と誤認して所持したため、旧麻薬取締法違反（麻薬所持罪）の意思で、覚せい剤取締法違反（覚せい剤所持罪）にあたる事実を実現したが、両罪は、その目的物および法定刑が異なるところ、それ以外の犯罪構成要素は同一であって、しかも、麻薬と覚せい剤の類似性に鑑みるならば、これらの罪は、軽い前者の罪の限度で実質的に重なり合っており、重なり合う限度で軽い麻薬所持罪の故意が成立するとされた（最決昭和61・6・9刑集40巻4号269頁）。

なるほど、犯人らが、人体に有害な薬物であると知りながら、法律による禁制品であると認識しなかった場合も考えられる。しかし、それが法令の不知（法律の錯誤）であるならば、故意犯の成立を妨げないのである（38条3項参照）。その際、一部の学説は、両者を統合した**実質的故意**（全体的故意）の概念を採用して、違法性を意識しうる程度の具体的事実を認識すれば足りるという[14]。しかし、こうした見解によれば、構成要件該当事実の認識・認容と区別して、違法性の意識を論じる必要がなくなる。その結果として、事実の錯誤と法律の錯誤の区別にもとづく処理も否定されるであろう[15]。

3　「法の不知は許されない」

従来、「事実の錯誤は（故意を）阻却するが、法律の錯誤は（故意を）阻却しない」として、犯罪事実の認識と違法性の意識は、明確に区別されてきた。たとえ犯人が違法評価を誤ったとしても、それが故意犯の成否と無関係であることは、「法の不知は許されない」という法格言にも示される。したがって、故意責任を認めるとき、犯人が法律を知っている必要はないし、犯罪事実の認識により反対動機を形成する可能性があれば、たとえ具体的な刑罰法規を知らなくても、法秩序に敵対する反規範的態度があったといえよう。ここでは、故意の認識対象が犯罪事実にかかわるものか、それとも、法令の不知（法律の錯誤）にすぎないかが問題となる。刑法38条3項のいう「法律」が、文字どおり、法文ないし罰条の意味であるなら

ば、刑罰法規それ自体を知ることが、故意犯の成立要件にならないのは当然である。

法令の不知と故意犯の成否　①Xは、Yらと共謀の上、老朽化したつり橋の架け替え資金を捻出するため、積雪による崩落を装って災害補償金の交付を受けようと計画した。実際には、ダイナマイトを用いてつり橋を爆破・落下させたが、これに対する具体的な罰条や法定刑の重さを知らなかった。しかし、最高裁は、自らの行為が違法であることを認識していた以上、刑法38条3項但し書きの適用はなく、違法の意識がなかった点は量刑上も考慮されないとした（つり橋爆破事件。最判昭和32・10・18刑集11巻10号2663頁）。
　②Zは、その液体がメチルアルコールであると知って、飲用に供する目的でこの液体を所持・譲渡したが、法律上は、メチルアルコールが所持・譲渡を禁じられたメタノールと同一物であることを知らなかった。しかし、裁判所は、法律の不知にすぎないとして、故意があったと判示した（メタノール販売事件。最大判昭和23・7・14刑集2巻8号889頁）。

①つり橋爆破事件では、法定刑の重さや可罰的違法性の量に関する犯人の誤解は、せいぜい「情状により、その刑を減軽する」にとどまる（38条3項但し書き）。また、②メタノール販売事件では、法令の禁止規定や罰条を知らないことを理由として、故意犯の罪責を免れない。同様にして、あてはめの錯誤（包摂の錯誤）と呼ばれる場合も、犯人がどの罰条にあたるかを取り違えた場合にすぎず、故意犯が成立することになる。

4　法令の不知と罰条の不知

しかし、いわゆる「法令の不知」には、2種類のものがある。第1の場合は、法定犯における法令の不知である。客観的事実は正しく認識していたが、これを処罰する罰則の存在を知らなかった場合である。かつて関東大震災によって交通機関が途絶したため、当該法律の公布を知りえず（大判大正13・8・5刑集3巻611頁）、あるいは、刑罰法令が公布と同時に施行されたため、およそ罰則があると知らなかったとき、上述した故意責任を認めるべきであろうか（最判昭和26・1・30刑集5巻2号374頁）。

なるほど、確立した判例は、これらの場合にも故意犯の成立を認めている（前出最判昭和26・1・30。なお、大判昭和14・2・28刑集18巻63頁など参照）。しかし、旧法では適法な行為が新たに処罰対象となったとき、およそ罰則の新設を知らなかったにもかかわらず、常に故意犯として取り扱う

のは責任主義に反する。もちろん、法令の名称や罰条の位置が変わっただけで、当初からその反社会性が認知されていたならば、故意は阻却されない。この場合には、犯人が当該行為の違法性を意識できたからである。その意味で、つり橋爆破事件やメタノール販売事件は、いずれも「罰条の不知」にすぎない。

5 法定犯・行政犯における事実認識

　現在の情報化社会では、法定犯・行政犯についても、広く国民が罰条の存在を知りうる状況にある。したがって、正当化事情を誤認した場合（誤想防衛など）を除いて、通常であれば、違法性を意識する可能性があったといえよう。かりに正確な法律知識が欠けるため、実際に適用される条文や刑罰の種類を誤解した場合にも、それだけで故意は阻却されない。犯罪事実の認識・認容がある以上、通常人であれば規範の問題に直面しており、あえて犯行に及んだとき、故意に相当する反規範的態度が存在するからである。

　例えば、木製品の製造販売業者が、自己の製造する物品を遊戯具にあたるものと認識しながら、たまたま副業として幼児用ブランコの製造を思い立った際、同じく課税物品として製造申告が必要であると考えなかった場合にも、物品税法に関する法令の不知である（最判昭和34・2・27刑集13巻2号250頁）。しかし、特殊公衆浴場を経営する会社の代表取締役Xは、県の担当係官の示唆により、県知事宛てに営業許可申請事項変更届を提出した後、県議会議員を通じて変更届が受理された旨の連絡を受けたため、正式の営業許可があるものと誤解して無許可営業を続けた場合には、公衆浴場法8条1号にあたる無許可営業罪の故意が否定された（無許可浴場営業事件。最判平成1・7・18刑集43巻7号752頁）。

6 「生の事実」の認識と規範的事実の認識

　つぎに、故意における事実認識は、もっぱら外部的事象の予見・認識にとどまらない。故意犯の成否をめぐっては、しばしば規範的事実の社会的評価が問題となる（いわゆる「素人領域における平行的評価」である）。特に法定犯や行政犯における事実認識では、各々の構成要件に盛り込まれた規範

的事実の認識が要求されることが少なくない（行政刑罰法規における事実認識）。また、刑法典上の犯罪においても、法律的事実の認識が必要となる場合がある。

例えば、窃盗罪（235条）では、他人の所有物が客体となっており、非現住建造物等放火罪でも（109条）、自己所有物に対する場合を区別している。したがって、誰が所有者であるかが構成要件要素となるため、自己所有物であると誤信して他人所有物を「窃取」したり、自己所有物と誤解して「放火」したならば、事実の錯誤として、犯人の故意が否定される。そこでは、通常は「生の事実」を対象とする故意概念の中に、所有権の所在という規範的評価が入り込んでくる。すなわち、規範的事実の認識・認容にあっては、事実の認識と法的評価が交錯するため、構成要件故意の要素である**意味の認識**が問題となる。

規範的事実の認識と違法性の意識　①Ｘは、警察規則（当時）を誤解し、たとえ他人の所有する飼犬であっても、鑑札をつけていなければ、その犬は無主物とみなされると誤信して、自分の畑を荒らしたＡ所有の無鑑札犬を撲殺した。②Ｙは、強制執行をめぐる民事訴訟法の規定を誤解したため、有効な差押えを受けたにもかかわらず、差押えを無効であると信じて封印等を破棄した。③古本屋の店主であるＺは、知人のＢから買い取った外国語のエロ本を判読できなかったため、およそ「わいせつな文書」にあたらないと誤信して、常連客のＣらに販売した。

①では、およそ「他人の」所有物（犬）を損壊する旨の事実認識がないため、器物損壊罪（261条）の故意がない（飼い犬撲殺事件。最判昭和26・8・17刑集5巻9号1789頁）。また、②にあっても、構成要件該当事実の認識が欠ける以上、封印等破棄罪（96条）は成立しないことになる（封印破棄事件。大決大正15・2・22刑集5巻97頁）。③の場合も、Ｚには、わいせつ物であるという認識が欠けるため、わいせつ物頒布等罪（175条）の故意が否定される。

これに対して、日本語で書かれたエロ本を、刑法上の「わいせつ物」でないと誤信して販売したならば、わいせつ物頒布等罪が成立する（チャタレー事件。最大判昭和32・3・13刑集11巻3号997頁）。判例によれば、「刑法175条のわいせつ文書販売罪の故意があるとするためには、当該記載の存在の認識とこれを頒布・販売することの認識があれば足り、かかる記載の

ある文書が同条所定のわいせつ性を具備するかどうかの認識まで必要とするものではな」く、単なる法律の錯誤として、故意を阻却しないからである。

7　構成要件的故意でいう事実の認識

なるほど、上述した①の場合、犯人が無主物であると誤信したことで、他人の財産権を侵害する犯罪構成要件において、重要な犯罪事実（他人の所有物であること）を認識していなかった。しかし、②にあって民事訴訟法規を誤解したことは、果たして故意を阻却するほどの錯誤であろうか。その意味では、事実の錯誤と法律の錯誤の違いは、一義的に明確となるわけではない。また、「所有権の所在」や「わいせつ」性という規範的構成要件要素にかかる意味の認識は、当該行為の法的評価である違法性の意識と似ており、特に法令による禁止が一定の関連事実と密接に関連する行政刑罰法規では、犯人が罰則の内容を知らなかったとき、事実の錯誤と法律の錯誤のいずれにあたるかが争いとなる[16]。

かようにして、責任故意に先行する構成要件的故意にあっては、少なくとも、違法性を推知させる犯罪事実を認識したことが必要である。冒頭に掲げたドイツ刑法典 16 条は、「行為事情に関する錯誤」について、「行為遂行時に、法定構成要件に属する事情を認識していなかった者は、故意に行為したものではない」と述べており、ここでいう故意の認識対象は「法定構成要件に属する事情」、すなわち、構成要件に該当する客観的事実であることが明らかである。

III　構成要件的故意の種類と態様

1　未必の故意と意思主義の限界

冒頭で紹介した大審院判例によれば、故意犯は、自己の意思活動によって罪となるべき事実の発生を予見しながら、あえてこれをする決意の実行である（前出大判大正 11・5・6）。こうした予見（認識）は、常に確定的なものである必要はなく、不確定な予見・認識であってもよい。また、犯人が当該結果の発生を目標にしたり、その発生を希望していなくても、故意が

認められる。かりに故意の本質を意思的要素だけに求めるならば（**厳格な意思主義**）、侵害結果を意欲・希望しなかった場合が、故意犯の領域から除外されてしまうからである。

そこで、犯人の意欲や希望は不要であるが、構成要件該当事実を「認識」した点に加えて、これを「認容」したならば、故意があったとする認容説が、通説・判例になっている（**緩やかな意思主義**）。しかし、実際の故意犯で問題となる認識内容には、さまざまな濃淡の差がありうる[17]。例えば、侵害結果の発生を確定的であると考えた場合のほか（確定的故意）、犯罪の実現を不確実であると認識する場合がある（不確定的故意）。ただし、確定的故意と不確定的故意は、同一構成要件内の主観的態度の相対的な差異であり、これだけをもって量刑上の差異を導くわけではない[18]。

盗品等関与罪における故意　Xは、近頃各地で衣類の盗難があり、外国人が衣類を売りに来たこと、その者が早く処分したいと述べるなど、当該物品の数量や性質、売渡人の属性や態度などから、盗品であるという疑いを持ちながらこれを買い受けた。最高裁は、「贓物故買罪（現・盗品等有償譲受け罪）は、贓物であることを知りながら、これを買受けることによって成立するものであるが、その故意が成立する為めには、必ずしも買受くべき物が贓物であることを確定的に知って居ることを必要としない。或は贓物であるかも知れないと思いながら、しかも敢てこれを買受ける意思（いわゆる未必の故意）があれば足りるものと解すべきである」とした（最判昭和23・3・16刑集2巻3号227頁）。

2　確定的故意と不確定的故意

刑法上の故意は、「罪となるべき事実」の認識・予見があれば足り、犯罪事実の発生を希望したり、確定的に発生することを認識する必要はない。その意味で、確定的故意だけでなく、**未必の故意**も考えられる。未必の故意（未必的故意）とは、犯罪事実の発生を積極的には希望しなかったが、その結果について無関心または投げやりな態度から、「あえて」危険な行為を選択することで、犯罪事実の発生を「認容」していた場合である。具体的には、歩道上の子供が突然車道に飛び出す危険性を認識しながら、子供をひき殺しても仕方がないと思ったならば、未必の殺意があったことになる。こうした未必の故意は、後述する認識のある過失と境界を接するため、両者を区別する基準が争われてきた。

もっとも、犯罪事実の発生を予見しつつ犯行に及んだならば、ほとんどの場合に「あえて」行為を選択したことになる。したがって、犯罪事実の認識があったならば、通常は未必の故意が肯定されるであろう[19]。その意味で、「認容」という要素は、故意を判断する基準として機能せず、むしろ、犯人の意図や感情面から故意犯の成否を決することに対して、各種の疑問が提起されてきた（**認識主義**）。他方、責任主義の原則からみたとき、故意犯として処罰するためには、単に客観的事実を認識しただけでは足りない。すなわち、刑法規範に違反する積極的態度があってこそ、故意犯としての責任非難が可能となるからである（**意思主義**）[20]。しかも、上述した認識主義では、犯人が当該行為の危険性を認識したにもかかわらず、「認識のある過失」にとどまることを十分に説明できない。

3　積極的認容と消極的認容

なるほど、通説・判例が、当該結果に向けた積極的認容だけでなく、「その結果が発生してもよい」または「構わない」という消極的認容も含むならば、結果発生の高度な蓋然性を認識したとき、当然に、こうした認容もあったことになる。その意味では、特に認容の有無を検討する実際上の必要性は乏しい。しかし、(1) 積極的意欲または認容はなかったが、高度な結果発生の危険性を認識して犯行に及んだ場合、(2) 客観的な危険性は低かったが、結果発生を意欲して行為に出た場合に加えて、(3) 積極的な意欲または認容がなく、客観的な結果発生の可能性も乏しかったとはいえ、消極的認容があったことで故意を認めうる場合がある。

結果不発生の期待と結果回避措置の程度　①違法な引き揚げ作業を巡視船に発見されたXは、自分の船に移乗してきた海上保安官Aを海中に突き落として逃走した。原判決は、殺人の未必の故意を認めたが、控訴審では、Xが巡視船によるAの救助を期待して逃げ去っており、「その結果（Aの死亡）は発生しないものとしてその行為に及んだのであって、その結果が確実であったと仮定したら、その行為をしなかった場合」であり、Aの死亡結果を認容していなかったとした（海中突落し事件。高松高判昭和32・3・11高刑特4巻5号99頁）。

これに対して、②自己の勤務する診療所に放火した犯人Yについては、歩行困難な病人らが多数収容されており、たとえ犯行前に避難するように呼びかけた場合にも、建物内に人が残っているかを確認しないまま、ガソリンを撒いて点火したならば、複数の患者を死傷させたことについて、殺人・傷害の故意を認めている（診療所放火事件。福岡高判昭和45・5・16判時621号106頁）。

まず、①の判決は、結果の発生を予見したにもかかわらず、それが確実であるときは当該行為に出なかったであろうとして、犯人が結果の不発生を期待した点に着目しつつ、故意（認容）を否定している。しかし、犯人は、巡視船が立ち去ってからＡを突き落としており、夜間であったことも含めて、被害者が溺死する可能性を十分に認識しながら、あえて本件犯行に及んでおり、客観的な行為状況をみるかぎり、「無事救助されることを念願しこれを期待しながら逃げ去った」としても、それだけで故意がなくなるわけではない。

つぎに、②の判決では、犯人が避難を呼びかけたとはいえ、多量のガソリンを撒いて点火するという危険な方法で放火しており、かつ、死傷結果の発生を防止すべき格別の措置を講じなかった以上、殺人・傷害の故意があったとした。上述したように、未必的故意は、「その結果が発生してもよい」または「構わない」という主観的態度であるため[21]、積極的には結果の発生を意図しなかったとしても[22]、犯人自身の個人的願望や期待という感情的ないし情緒的要素は、故意犯の成否を左右しないのである[23]。

なお、単独犯の場合、結果発生の高度な危険性を認識しながら、侵害結果を認容しなかったという事態は考えにくいであろう。しかし、特別な結果防止措置を講じたことで消極的認容さえ消失する場合がありうる。また、結果の発生を認容しない共犯者については、正犯者による客観的危険を認識したとはいえ、積極的な認容がなかったとして故意犯の成立を否定することも考えられる。そうであるならば、上述した認容説は、独自の機能を果たしており、「過度に感情的・情緒的要素を重視するものでもなく」、「故意責任を問うことにむしろ謙抑的な姿勢」として肯定的に評価できるであろう[24]。

4　意思主義（認容説）と認識主義（蓋然性説）

なるほど、事実認識という知的要素と異なり、意思や認容という要素は、より犯人の内心に立ち入らざるをえない。その点で主観面に傾きすぎるという批判がある[25]。しかし、認識主義にあっても、動機説のように、責任要素としての故意を前提としつつ、個別的な行為者の心理内容を勘案して故意の有無を決定するならば、やはり主観面の偏重という批判を免れ

ない。そこで、構成要件該当事実を予見・認識した際、高度な危険があるのを知りながら行為に出たことで故意があったとして、上述した認識主義の見地から、いわゆる蓋然性説または「修正された動機説」を唱える論者が少なくない[26]。

しかし、責任主義を徹底するならば、たとえ「蓋然性」の認識があったときにも、なお犯人が結果発生を避けようとしたとき、故意犯に相当する主観的態度が欠けることになる。また、蓋然性説のいう犯罪実現の確率は、どの程度であるかが不明であり、例えば、殺人の目的で毒薬を飲ませたとき、せいぜい10％の致死率でも、故意の殺人罪が成立しうる反面、かりに成功率が5％（致死率95％）の危険な手術であっても、過失犯にとどまることから、故意犯と過失犯の区別は、単なる危険性の数値で決まらないのである。

5　いわゆる認容説と条件付き故意

したがって、犯罪を実現する可能性が乏しくても、あえて危険な行為を選択したならば、刑法上は故意に相当する主観的態度が認められる。すなわち、犯罪事実を認識したことで、通常人ならば犯行を抑制するべきところ、行為者がその警告を無視して犯行に及んだことが、未必の故意と認識のある過失を分かつのである。そこでは、客観的な行為の危険性を認識しつつ当該行動に出たことで、一般的に故意犯が成立する場合、当該行為の危険性を認識した通常人を想定して故意の有無を論じており、その意味で、犯人の個別的な意図や動機には左右されない[27]。

また、条件付き故意にあっても、犯人が一定の条件下で犯罪を実現しようと考えたことは、ただちに故意犯の成否に影響しない。例えば、相手方の応答が意に染まないときに殺そうと決意した場合であっても、すでに死の結果を認識・認容していたならば、殺意があったといえる（大判大正14・12・1刑集4巻688頁）。また、共同謀議の際、殺害計画の遂行を一定の事態発生に委ねた場合にも、犯行全体を支配する確定的意思があれば（最決昭和56・12・21刑集35巻9号911頁）、犯罪の実現それ自体が不確定であるにもかかわらず、殺人罪の故意があったとされる（最判昭和59・3・6刑集38巻5号1961頁）。その意味で、犯行の契機となった相手方の行動が不

明である限度で、不確定的故意の一種にほかならない。

Ⅳ　犯罪論の基礎と応用——事実の認識と故意の射程

1　因果関係の概括的認識

　犯罪事実の認識が前提となる故意犯にあっては、将来の事実を予見する部分も含まれる。しかし、すべての構成要件該当事実を正しく認識する必要はない。例えば、養祖母を殺害しようとして、小刀で後頭部を突き刺した際、被害者の身体に病変があったため、創傷にともなうショック死を惹起した場合にも、犯人の実行行為と死亡結果の因果関係が認められること、しかも、軽微な創傷から病弱な高齢者が死ぬこともありうる以上、その間の詳細な因果関係の認識は不要とされた（大判大正14・7・3刑集4巻470頁）。

　これに対して、「詳細な因果関係の認識」だけでなく、およそ因果関係の認識を故意の要素に含めず、当該行為と侵害結果の認識さえあればよいとする少数説がある[28]。しかし、構成要件的故意における事実認識の対象が、客観的な構成要件要素の全体に及ぶとすれば、当然に将来の因果経過の予見も含まれる（**構成要件の故意規制機能**）。ただし、構成要件該当性という定型的な「あてはめ」にとどまる以上、実際に生じた因果の流れを逐一予見する必要はなく、その概要を認識していれば足りる（通説・判例）。

2　択一的故意と概括的故意

　不確定的故意の中には、択一的故意や概括的故意と呼ばれる事例がある。①択一的故意とは、ＡとＢの一方を殺害する意思で攻撃を加えるなど、いずれかの客体に死傷結果が生じるのを予見した場合である。実際の事件では、興奮して怒鳴り続けるのをたしなめた母と妻に対し、犯人（夫）が囲炉裏に掛けてあった鉄瓶を投げつけようとした際、鉄瓶を母に取り上げられたため、向かい側に座っている母と妻に向けて、囲炉裏中央に吊してある鉤吊しを振り回した結果、母の頭部に当てて死亡させた例がある。裁判所は、近接する母と妻のいずれかに命中するのを認識しながら振り回

したものであり、択一的故意によるとした（東京高判昭和 35・12・24 下刑集 2 巻 11＝12 号 1365 頁）。つぎに、②概括的故意とは、群衆中の誰かを殺すつもりで手榴弾を投げつけるなど、一定の範囲内で確実に人を死傷させるにもかかわらず、被害者が誰になるかを考えなかった場合である。

> **無差別殺傷事件における概括的故意**　Xは、世間一般に対するうっぷんを晴らす目的で、不特定多数の乗客が利用する電車内に時限爆破装置を仕掛けて、これを爆発させようと考えた。しかも、3回にわたって事前の爆破実験をした上で、当初の予定どおり電車内に爆弾を仕掛けた結果、その爆発により電車を破壊するとともに、近くにいた乗客のAを殺害したほか、Bほか13名に対して傷害を負わせた。
> 　裁判所は、時限爆弾が爆発すれば、「その周囲に多大の打撃を与え、これにより乗客が死亡あるいは負傷するに至ることは、被告人（X）において十分知悉していたものというべきであ」り、不特定多数の人間に死傷結果をもたらすかも知れないが、それもやむを得ないと考えて上記爆発物を設置した以上、「少なくとも爆体から比較的近い座席にいたものに対しては、死に至るべき未必的故意があった」とした（いわゆる横須賀線爆破事件。横浜地判昭和44・3・20 高刑集23巻3号531頁）[29]。

例えば、テロリストが繁華街に時限爆弾を設置したため、不特定多数の通行人に被害を及ぼすなど、いわば無差別殺傷事件では、あらかじめ被害者の氏名や人数が特定されることは少ない（大判大正 6・11・9 刑録 23 輯 1261 頁）。しかし、概括的故意であっても、無制限に故意犯の成立範囲が広がるわけでなく、上記の判例のように、当該爆発物の近くにあって客観的な危険が及ぶ範囲内で、人の生命侵害に対する未必的殺意が認められた点に留意すべきである。ここでも、事実（危険性）の認識と侵害結果の認容は不可分の関係にある。かようにして、通説・判例によれば、犯罪事実の認識は確定的な場合だけでなく、未必の故意や条件付き故意も認められる[30]。そこで、最後に、日常生活に潜む重大な危険である自動車事故による死傷事件を素材として、故意犯の成否を考えることにしたい。

3　無謀運転における故意・過失

いわゆる無謀運転は、相当な重量のある「凶器」を操る危険な行為であるため、犯人が暴行・傷害について未必の故意をもつ場合が考えられる。著名な事件として、相当量のビールや清酒を飲んだ犯人が、法令上の運転資格がないにもかかわらず、近くに駐車していたA所有の普通貨物自動

車を無断で運転した後、さらに途中で飲酒を重ねて酩酊の度を深めつつ、もはや前方注視さえ覚束ない状態で、前照燈が故障して無燈火のまま、暗夜で多数の盆踊り帰りの歩行者がいる道路上を走行したため、次々に歩行者らと衝突して跳ね飛ばし、多数の人間を死傷させたケースがある。裁判所は、歩行者に衝突する危険のあることを十分に認識しながら、死傷結果の発生を何ら意に介することなく、敢えて右自動車を運転した以上、暴行の故意があったとして、傷害罪および傷害致死罪の成立を認めた（広島高判昭和36・8・25高刑集14巻5号333頁）。

応用問題　無謀運転と未必の故意

甲は、路上駐車の自動車を盗んで売り捌いていたが、ある日、Aが所有する4WDタイプの大型自動車（時価500万円相当）を見つけて、①そのドアと盗難防止装置を壊した上で、これに乗り込んで運転を開始した。その後、たまたま、近くの交差点でスピード違反の取締りをする警察官のBから停車を命じられたので、Bの指示に従って車道の脇に同自動車を停めた。ところが、甲の落ち着かない様子に気付いたBが、同車の車両ナンバーなどを調べ始めたので、甲は、その場から逃走する目的で、②Bの制止を振り切って自動車を発進させた。しかし、とっさにBが同自動車のボンネット上に腹這いになり、ワイパーをつかんでしがみついたため、甲は、Bの追跡を振り切るべく、徐々にスピードを上げた。③上記の急発進から10分後、甲が高速度で蛇行運転をする中で、何度目かの急ハンドルを切ったとき、自分の体を支えきれなくなったBが車から路上に落下して転倒し、路面で頭部を強打した。その時点の速度は、時速約60キロメートルに達しており、救急車によって病院に搬送されたBは、頭蓋骨骨折及び脳挫傷等により死亡した。なお、甲は、当初、Bをボンネットに載せて運転を始めた際には、Bが手を離して離脱するように願っていたが、④急発進から10分後には、振り落とされたBが死んでも構わないと考えて、さらにアクセルを踏み込んで加速したものである。甲の罪責はどうなるか。

まず、①の自動車窃盗は、235条の構成要件に該当するが、その後は、現場から遠く離れており、もはや窃盗の機会ではなくなった。したがって、Bに対する暴行・傷害は、事後強盗罪（238条）にあたらない。むしろ、②警察官の追跡を振り切るべく自動車を急発進させた事実は、Bの公務遂行に対する暴行にあたり、公務執行妨害罪（95条）が成立する。また、急発進から10分後には、自車にしがみつくBを振り落とすべく、高速度で蛇行運転を始めているため、客観的にもBの生命・身体に対する現実的危険が生じており、しかも、④甲は、Bがどうなってもよいと考えてアクセルを踏み込んだことから、未必の故意にもとづく殺人（既遂）が認められる。

過去の判例によれば、自動車検問中に飲酒運転が発覚したため、逃走を制

止しようとした警察官がボンネット上にしがみついたのを認識しながら、Bを振り落とそうとして、高速度で蛇行運転を繰り返したとき、警察官の転落死を予見したにもかかわらず、自分の逃走を優先して被害者を犠牲にしようとした点で、未必的殺意が認められた（東京高判昭和41・4・18判タ193号181頁）。同判決では、「ボンネット上に腹這いになっていた被害者を振落そうとして蛇行運転をした点において、当時の被害者の体勢、蛇行運転の態様、程度からみて被害者の転落の蓋然性が極めて高く、被害者の追求から逃れ去ろうとしていた当時の被告人らの心情からみても未必的殺意を認定するに十分」とされている[31]。

1) 大塚仁＝河上和雄＝佐藤文哉＝古田佑紀・大コンメンタール刑法 (10)（第二版・平18) 267頁〔金城誠志〕。
2) 医師法21条によれば、「医師は、死体又は妊娠4月以上の死産児を検案して異状があると認めたときは、24時間以内に所轄警察署に届け出なければなら」ず、また、死体解剖保存法11条も、「死体を解剖した者は、その死体について犯罪と関係のある異状があると認めたときは、24時間以内に、解剖をした地の警察署長に届け出なければならない」とする。
3) なお、「罪を犯す意思がない行為」とは、犯人に故意がなかった場合をいい、第4講で解説した過失犯が想定されている（本書64頁以下）。したがって、過失犯を処罰する明文の規定がない場合には、およそ犯罪として処罰されない。
4) ただし、責任主義の淵源や根拠については、必ずしも明らかでない。詳細については、宮澤浩一「責任主義」現代刑法講座2巻（昭54) 169頁以下など参照。
5) なお、故意の殺人は、裁判員裁判の対象となる一方、近年の刑法一部改正で法定刑が加重されており、犯罪被害者の保護という見地から特別の刑事手続が設けられた。具体的には、犯罪被害者等基本法のほか、犯罪被害者等支援法による給付金支給制度、損害賠償命令制度などが挙げられる。
6) 団藤重光・刑法綱要総論（第三版追補・平7) 134頁以下、大塚仁・刑法概説総論（第四版・平20) 177頁以下、佐久間修・刑法総論（平21) 109頁以下など。
7) ここで引用した判例は、共謀のない2人以上の者が、被害者に暴行を加えて死亡させた際、当該傷害の原因となった行為を特定できなかったため、同時傷害に関する207条を適用したものであるが、致死の結果を予見できたことは成立要件でないと明言する。
8) 因果関係をめぐる諸問題は、別の機会に詳しく解説する予定である。
9) 現在の通説である。例えば、大塚・前掲書180頁、川端博・刑法総論講義（第2版・平18) 58頁など。
10) 西原春夫・刑法総論（昭52) 188頁など。
11) なお、過失さえ不要とする厳格責任や絶対責任の処罰規定は、第二次大戦前の行政取締法規で設けられたが（旧印紙税法14条）、もっぱら取締目的から故意・過失責任のない行為を処罰しても、予測可能性にもとづく一般予防効果を期待できないため、どれほど実効性のある規制になるかは疑問である。
12) 詳細については、大塚・前掲書17頁以下、同・刑法における新旧両派の理論（昭32) 23頁以下参照。
13) そのほか、故意の体系的地位をめぐっては、川端博＝曽根威彦「故意の犯罪論体系上の地位」植松正ほか・現代刑法論争Ⅰ（昭58) 53頁以下など参照。
14) 前田雅英・刑法総論講義（第5版・平23) 220、243〜244頁など。

15) 佐久間・前掲書284～285頁。
16) 事実の錯誤と法律の錯誤については、機会を改めて言及する予定である。また、事実の錯誤と故意（帰属）の関係については、後述する第7講で説明する予定である。
17) なお、ここでいう認識には、過去または現在の事実を了知するだけでなく、将来の発生事実に対する予見も含まれる。
18) 中川博之＝真鍋秀永＝末広陽一「殺意（上）」判タ1362号（平24）49～50頁。
19) 平野龍一・刑法総論Ⅰ（昭47）186頁。また、裁判実務上も、人が死ぬ危険性の高い行為であると知った上で、現にその行為に及んだ以上、殺意を認めうる旨の説明がみられる（村瀬均ほか「難解な法律概念と裁判員裁判」司法研究報告書61輯1号〔平19〕12頁以下、中川博之ほか・前掲判タ1362号50～51頁）。
20) 団藤・前掲書295頁。
21) 団藤・前掲書296頁、大塚・前掲書185頁など。
22) これに対して、原審である熊本地判昭和44・10・28刑月1巻10号1031頁は、入院患者らに対する怨恨がなく、日頃から親しくしていたとして、入院患者らの死傷結果に対する予見・認容を否定しているが、いわゆる動機説にもとづく解決であり、失当である。
23) なお、通説・判例である認容説は、一部の論者が主張するように（高橋則夫「裁判員裁判と刑法解釈」刑事法ジャーナル18号〔平21〕4頁）、構成要件的結果の発生にかかる現実的危険を認識しただけで、ただちに故意を認めようとする趣旨ではない。むしろ、犯人の内心では結果が「容認」されたことで、結果の予見も故意の要素に含めているのである。
24) 中川博之ほか「殺意（下）」判タ1364号（平24）45～46頁。
25) 山口厚・刑法総論〔第2版・平19〕198～199頁など。
26) 西田典之・刑法総論〔第2版・平22〕219頁、大谷實・刑法講義総論〔新版第4版・平24〕158頁など。
27) 上述した①の海中突落し事件では、個人的な結果不発生の期待を偏重する嫌いがある。むしろ、クロロホルム殺人事件では、犯人らの犯行計画とは別に、故意殺人罪の着手時期を決定していた。
28) 前田雅英・刑法の基礎総論（平5）121頁以下、大塚仁ほか・前掲大コンメンタール刑法（10）268頁〔金城〕。
29) なお、被告人側は、控訴・上告したものの、いずれも棄却された（東京高判昭和45・8・11高刑集23巻3号524頁、最判昭和46・4・22刑集25巻3号530頁参照）。
30) なお、侵害故意と危険故意という種別がある。法益の侵害・危険を要求する侵害犯の中でも、構成要件的結果の発生を認識・認容することが必要となる場合、これを侵害故意と呼ぶ。他方、危険犯にあっては、法益に対する危険を認識・認容すれば足りるため、危険故意と呼ばれる。
31) なお、被害者が自動車のドアにぶら下がって引きずられているのに気付きながら、高速度で自動車を走行させた行為につき、殺人の未必的故意を認めたものがあり（名古屋高金沢支判昭和48・6・7刑月5巻6号1009頁）、警察官らに接触する危険を予想しながらも、接触による負傷も仕方ないと考えて、警察官らの間隙を縫って通り抜けようとしたとき、暴行の故意にとどまらず、傷害の故意があったとされた（横浜地川崎支判昭和56・5・19判時1010号142頁、福岡高判昭和56・7・13判時1035号152頁）。詳細については、大塚仁ほか・大コンメンタール刑法（3）（第二版・平11）155頁以下〔篠田公穂〕参照。

第6講

許された危険と被害者の同意
── 構成要件該当性と違法性阻却

Justification of Wrongful Conduct and Result

【刑　法】
第35条（正当行為）　法令又は正当な業務による行為は、罰しない。
第201条（自殺関与及び同意殺人）　人を教唆し若しくは幇助して自殺させ、又は人をその嘱託を受け若しくはその承諾を得て殺した者は、6月以上7年以下の懲役又は禁錮に処する。
第213条（同意堕胎及び同致死傷）　女子の嘱託を受け、又はその承諾を得て堕胎させた者は、2年以下の懲役に処する。…(省略)…

【改正刑法草案】
第13条（正当行為）　法令による行為、正当な業務による行為その他法律上許された行為は、これを罰しない。
第256条（嘱託による殺人、自殺の補助）　①人の嘱託を受け、又は承諾を得て、これを殺した者は、1年以上10年以下の懲役又は禁錮に処する。
②人を教唆し、又は補助して、自殺させた者も、前項と同じである。
第274条（同意堕胎）　①妊娠中の女子の嘱託を受け、又はその承諾を得て、堕胎させた者は、2年以下の懲役に処する。…(省略)…

【ドイツ刑法典】
第216条（要求に基づく殺人）　被殺者の明示的かつ真摯な嘱託により殺害を決意した者は、6月以上5年以下の自由刑に処する。…(省略)…
第228条（承諾）　被害者の承諾を得て傷害を行った者は、その承諾があったにもかかわらず、当該行為が善良な風俗に反する場合にのみ、違法に行為したものとする。

I 犯罪阻却原因としての「許された危険」

1 その沿革と機能

「許された危険（erlaubtes Risiko）」は、他人に害悪を及ぼす危険な行為であっても、社会生活上不可欠な行為であれば、その侵害結果も含めて、構成要件該当性または違法性を否定する法理である。当初、**許された危険の法理**は、自動車の急速な普及に伴う死傷事故について、刑事裁判の激増を緩和する目的で主張された。

また、鉄道・バスなどの交通手段のみならず、先端医療や重化学工業も、生命・身体の危険を含んでいるが、人々の重要な生活基盤として、法的にも有益な活動とみなされる。かようにして、許された危険の法理は、刑法上、不慮の事故に至る危険な行為を合法化する役割を果たしてきた。かりに行為の危険性だけで全面的に禁止するならば、多くの社会活動が停滞するため、一定の行為準則を定めた上で容認するのである[1]。

2 「許された危険」の法的効果

客観的には法益侵害の危険があり、しばしば有害な結果を惹起するにもかかわらず[2]、刑法上「許される」ためには、**法が要求するルール**に従わなければならない。具体的には、各種の交通手段や危険な化学物質を反復継続して用いるとき、利用者が行政法規や取締規定を遵守していたならば、たまたま人身被害をもたらした場合にも、刑事責任を免れるのである。

しかし、こうした危険な事業を合法化することが、当然に個々の侵害結果まで容認するわけでない。例えば、集客施設が防災体制を完備しないまま危険な状態で営業を続けたため、火災時に多数の死傷者を出したときには、それが経営合理化に伴うものであったとしても、「許された危険」として免罪符が与えられるわけでない。

3 「許された危険」の位置づけ

　そこでは、危険な行為と有害な結果の関係が問題となる。すなわち、「許された危険」から生じた結果についても、その重大性や侵害の態様によって過失犯が成立する可能性がある。自動車事故の場合、不適切な運転方法で他人を殺傷したとき、過失運転致死傷罪（自動車運転死傷行為等処罰法5条）に問われる。理論上は、「許された危険」として社会的に容認されることで、いったん故意犯の成立可能性が排除された後、なお具体的な行為事情に着目しつつ、過失犯の成立可能性を論じることになる。

　その意味で、「許された危険」は、過失犯に固有の問題とされてきた。また、こうした交通事犯では、しばしば信頼の原則が主張される。以下、第6講では、許された危険の法理を契機として、「危険の引受け」や「被害者の同意」を取り上げることで、犯罪成立要件である**構成要件と違法性の関係**を考えてみたい。

4 判例における「許された危険」

　過去の判例において、「許された危険」の法理に言及したものは、ごく稀である。例えば、対向車両の前照灯に幻惑されたドライバーが、その背後から出てきた歩行者を即死させた場合、常にこの種の事故を想定して低速運転を強いるならば、歩行者と自動車運転者の危険の分配や**許された危険の法理**を否定せざるをえないとしたものがある（東京地判昭和47・7・18判タ282号317頁）[3]。

　また、自動車運転者に高度の注意義務を課する根拠は、「人の身体生命に重大な危害を及ぼすおそれのある高速度交通機関につき、それが社会生活にもたらす多大の便益に鑑み、その運転それ自体を違法として禁止することなく、いわゆる『**許された危険**』として容認する一方、いやしくもこれが運行管理の衝に当る者に対しては、その運行に際し生ずべき危害の発生を避けるため必要にして可能な一切の注意を尽くすことを要求して相異なる法益間の調和を図る点にある」とされている（札幌高判昭和40・3・20高刑集18巻2号117頁）。

II 構成要件不該当事由と違法性阻却事由

1 「許された危険」と「許された結果」？

　犯人が何らかの法益侵害を惹起した場合、許された危険であることから、ただちに個々の結果まで適法になるわけでない。今日でも、許された危険は政策的理由に基づく犯罪阻却原因であるとして、その意義や位置づけが議論されている[4]。かりに許された危険の法理が、実際の（危険）行為と（侵害）結果を全面的に正当化するならば[5]、危険な化学物質を取り扱う工場長が、経営効率を優先して従業員の健康を犠牲にした場合も容認されることになりかねない。

　そこで、一部の学説は、社会的に必要不可欠な行為であっても、当然に侵害結果まで許容されるわけでなく、（危険）行為を許すことで（侵害）結果まで許容する理由が不明であるとして、許された危険の法理を否定しようとする[6]。

2 「許された危険」と「許されない危険」

　しかし、許された危険の法理は、社会生活上「許された危険」を「許されない危険」から区別するものである。また、許された危険に伴う侵害結果であっても、具体的な場面で行為準則に違反したならば、過失犯として処罰される。むしろ、許された危険の意義は、犯人が具体的危険を認識・認容していた場合にも、行為それ自体が「許される」以上、故意犯として処罰しない点にある。

　さもなければ、死亡率が高い危険な手術をするとき（例えば、実験的治療など）、担当医が患者の死亡を予見（かつ認容）したにもかかわらず、業務上過失致死罪（211条）にとどまることを説明できない。これとは反対に、「許されない危険」では、行為者の認識の程度に応じて故意犯も成立しうる[7]。

犯罪論上の地位（1）

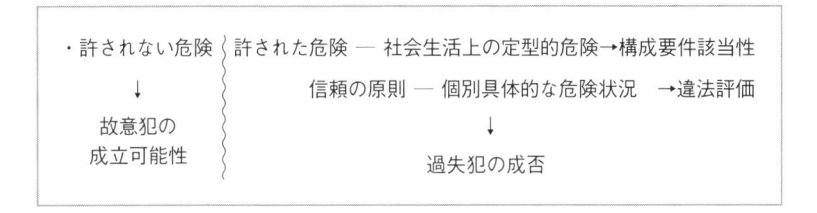

```
・許されない危険  ┌ 許された危険 ── 社会生活上の定型的危険 → 構成要件該当性
      ↓      ┤ 信頼の原則 ── 個別具体的な危険状況  → 違法評価
   故意犯の    │                    ↓
   成立可能性   └           過失犯の成否
```

3 「許された危険」と故意・過失

　許された危険の法理は、法制度上危険な行為を許容するものであって、個別的な行為と侵害結果を正当化する趣旨ではない。まして、被害者自身が危険の発生を許容したかどうかという「危険の引受け」や「被害者の同意」とは異なる[8]。また、犯人が事前に侵害を認識・認容した場合であっても、故意犯として評価されないため、具体的な場面で不注意な行為があったとき（**行為無価値**）、有害な結果の惹起と併せて（**結果無価値**）、過失犯の成否を問うことになる。

　もちろん、具体的な局面でも注意義務を遵守したならば、たまたま人身事故に至った場合にも、不可罰となる場合がある。すなわち、許された危険の法理は、定型的な危険を合法化する一般的条件を示したにとどまり、具体的な過失の有無は、個々の行為状況に応じて決定されるのである

4 許された危険と信頼の原則

　現在、許された危険の法理は、学界の共有財産となっており、上述した反対説は、許された危険の法理を正しく理解していない。しかも、許された危険により過失犯が問題となる場合、しばしば**社会生活上必要な注意**という概念が用いられる。これは、加害者と被害者の間で定型的な危険を分配するという**危険分配の法理**にもとづく。

　さらに、許された危険の考え方は、一般のルールに従った関係者の行動を信頼すればよいという**信頼の原則**につながる。これも、現在の通説・判例によって広く承認されている。すなわち、当該行為者が社会生活上必要な注意を尽くしていれば、相手方のルール違反から有害な結果が生じたと

しても、その罪責が否定されるのである。

> **危険な業務遂行と許された危険**　狩猟免状を有するXは、注意義務を怠って発砲し、Aに弾丸を命中させて傷害を負わせた。最高裁は、「刑法211条にいわゆる業務とは、本来人が社会生活上の地位に基き反覆継続して行う行為であつて」、「その行為は他人の生命身体等に危害を加える虞あるものであることを必要とするけれども、行為者の目的がこれによつて収入を得るにあるとその他の欲望を充たすにあるとは問わ」ず、「銃器を使用してなす狩猟行為の如き他人の生命、身体等に危害を及ぼす虞ある行為を、免許を受けて反覆継続してなすときは、たといその目的が娯楽のためであつても、なおこれを刑法211条にいわゆる業務と認むべきもの」と述べて、業務上過失致死傷罪が成立しうるとした（最判昭和33・4・18刑集12巻6号1090頁）。
> 　ここでは、「免許を受けて」いた事実も考慮されたが、刑法上の業務性は無免許であっても認められるため、Xの狩猟それ自体は、社会生活上、許容されていた点に注意するべきである。

5　「許された危険」と結果無価値論

　犯罪構成要素である行為と結果は、完全に切り離すことができない。なるほど、「行為の許容」と「結果の許容」は異なる概念であるが、侵害結果だけを単独で評価できないように、もっぱら行為態様から犯罪の成否を決定できるわけでない。許された危険の法理は、予想される侵害結果と行為態様を併せて犯罪阻却原因としたものである。

　その意味で、法益侵害（危険）性だけを考慮する結果無価値論では説明できないとされる。そのため、法益侵害説の論者は、しばしば許された危険の法理を否定しようとしてきた[9]。しかし、許された危険は、個別的な侵害事例（結果無価値）を対象とした違法判断でなく、社会生活上不可欠な危険を前提として、定型的に**故意犯の構成要件該当性を阻却する**法理であって、そもそも、他の個別的な正当化事由とは異質の存在である。

6　故意犯としての構成要件該当性

　なるほど、許された危険の法理をどこに位置づけるかについては、**構成要件不該当事由**とする見解もあれば、**一般的な違法性阻却事由**とみる見解もある。しかも、許された危険から派生した結果であっても、当然には許容されない以上、社会制度として危険な事業活動一般を合法化したにすぎない。

したがって、ただちに実際の個別的事例を正当視するものではない[10]。かりに犯人が（未必的）故意を有していたとき、刑法上、危険な行為それ自体が「許される」ことにより、実際に発生した結果の重大性にもかかわらず、もっぱら過失犯の成否が問われる点で、構成要件段階における「許された危険」と「許されない危険」を区別する役割を果たしている。

III　信頼の原則と違法性阻却事由

1　社会生活上の定型的危険

「許された危険」では、危険な行為それ自体が問題となるため、危険の現実化である侵害結果と対応していない。しかし、上述した実験的治療が死の危険を内包しており、担当医がこれを認識・認容しつつ、最終的に患者を「殺してしまった」場合にも、故意犯として処罰されることはない。また、医療水準にもとづく注意義務を尽くしていたならば、およそ過失犯も成立しないであろう。

これに対して、医療水準からみて違法な人体実験は、「許されない危険」であり、故意の殺人罪として処罰される場合がある。言い換えれば、社会生活上「許された危険」であることが、ただちに法益侵害の現実的危険を排除するわけでなく、法制度として定型的な危険を許容することで、故意犯としての構成要件該当性を否定するのである。

2　義務づけられた危険

許された危険の法理は、行為準則に沿った適度な危険だけを対象とするため、定型的な危険を超える異常事態では、もはや許された危険にならない。これに対して、法律上も応召義務が課せられる医師のように、危険な行為が義務づけられる職種では、異常事態も含めて、許された危険の範囲が広がることになる。

すなわち、社会生活上不可避の危険については、そこから発生した結果も含めて、刑法上も許容される領域が広がるのである。他方、違法な事業活動や人体実験のように、法的に無意味かつ反社会的な行為は、当初から

許されない危険として処理される。

3 信頼の原則と違法性判断

つぎに、社会生活上危険な行為が許容されることを前提としつつ、行為者の注意義務を絞り込むことで、国民の自由な活動を保障するための法理が、信頼の原則である[11]。昭和40年代に信頼の原則が導入されてから（最判昭和41・12・20刑集20巻10号1212頁、最判昭和43・6・13裁判集刑167号601頁、最判昭和45・11・17刑集24巻12号1622頁など）、こうした過失犯の限定傾向は、実務でも次第に定着するようになった。

信頼の原則によれば、被害者側の異常な行動が侵害結果を惹起したとき、行為準則を守っていた加害者には、およそ刑事責任が生じない。すでに構成要件段階で許された危険である以上、信頼の原則は、具体的な行為状況を勘案しつつ、違法段階で注意義務違反を限定する機能を有するからである。したがって、ここでは、実際の侵害行為を対象とした個別的な違法判断がなされる。

信頼の原則の適用例 Xは、自動車を運転中に交差点で右折するべく、センターラインの左側より右折の合図をしながら、方向転換を始めようとした。その直後、X車の後方から高速度で進行してきたAのオートバイが、交通法規に違反してセンターラインの右側にはみ出す形でX車を追い越そうとしたため、X車と衝突してAだけが死亡した。

裁判所は、後方から接近するAのオートバイが、交通法規に従って速度を落とし、X車の右折を待って進行するのを信頼しつつ運転すれば足りるとした（最判昭和42・10・13刑集21巻8号1097頁）。また、交通法規に違反して高速度で右側から追い越そうとする事態まで予想して、衝突事故を未然に防止する業務上の注意義務はないとされた（最判昭和46・6・25刑集25巻4号655頁）。これらは、まさしく信頼の原則を適用して、**具体的な行為状況における運転者の過失**を否定したものである。

4 医療事故と許された危険

いわゆる構成要件的過失は、刑法上の注意義務違反を類型化したものであるが、信頼の原則は、具体的な行為状況に応じて犯人の注意義務を絞り込む法理である。その意味で、信頼の原則は、構成要件段階の定型的過失を限定するものとして、正当防衛や緊急避難などと並ぶ違法性阻却事由の

一種である。

　上述した治療行為にあっても、手術時にメスで切開したり患部を切除することは、その前後の注射や投薬による物理的侵襲と併せて、傷害罪（204条）でいう「生理的機能の障害」にあたるが（治療行為傷害説）、かりに患者が死傷した際にも、一定の医療水準が維持されていれば、およそ犯罪にはならない。また、何らかの注意義務違反があっても、許された危険である以上、業務上過失致死傷罪にとどまる。なお、医療の現場でも、信頼の原則が適用されるのはいうまでもない[12]。

チーム医療における信頼の原則　　心臓手術の執刀医となったXは、看護師のYが電気メス器のケーブルを誤接続したことに気付かず、そのまま電気メスを使用して手術を続けたため、患者の下肢に重度の火傷を負わせた結果として、その下肢を切断せざるをえなくなった（北大電気メス誤接続事件）。
　この事件では、看護師Yに準備作業を任せて手術を続行したことは、当時の具体的状況からみてやむをえないとされた。すなわち、チーム医療の一員であるXが、ベテランの看護師Yを信頼してケーブル接続の適否を点検しなかったとしても、それだけでは業務上の注意義務に違反しないのである（札幌高判昭和51・3・18高刑集29巻1号78頁）。

5　信頼の原則の適用除外

　自動車事故では、一般国民である運転者と被害者が入れ替わりうる。しかし、鉄道事故や医療過誤では、駅員または医師と利用客または患者の関係は、社会的地位や専門知識の差があり、容易に入れ替わりうるものでない。まして、企業の製造物責任では、加害者となるメーカーと被害者となる消費者の間には大きな隔たりがある。したがって、信頼の原則を適用すべき場面は限られるであろう。

　また、交通事故にあっても、地震や火事などの緊急事態では、通常のルールに従った適切な行動を期待できない。例えば、対向車の異常運転を認識したならば、速やかに自車を脇に寄せて正面衝突を避ける義務があり、老人や子供のように、交通関与者として適切な行動を期待できない人々もいる（東京高判昭和42・9・21高刑集20巻4号553頁）。

信頼の原則における限界事例　　①狭隘な道路を進行する大型貨物自動車の運転者は、前方を走行中の自転車が自車の警笛に応じて道路端の有蓋側溝上に

避譲して走行していた場合でも、側溝の上が安全走行に適しないこと、また、自転車の運転者が老齢であることなどから、自転車が転倒する危険を予測して追い抜きを避けるべき業務上の注意義務があるとされた（自転車転倒事件。最決昭和60・4・30刑集39巻3号186頁）。

②旅客の誘導や乗降の危険防止などの業務に従事していた駅員が、深夜、飲酒・酩酊したAが誤ってホームから転落していたことに気づかず、電車を発車させてAを轢死させた事案について、裁判所は、業務上過失致死罪の成立を否定した。すなわち、被害者の酩酊の程度や歩行の姿勢などを観察して、容易に線路敷に転落する危険を察知できるような特段の状況がある場合はともかく、通常は、各利用者が安全維持のために必要な行動をとるものと信頼すればよいとしたのである（駅ホーム転落死事件。最判昭和41・6・14刑集20巻5号449頁）。

6 制度上の信頼と個人の信頼

かようにして、信頼の原則は、一応の結果回避措置を尽くしたかどうかの問題であり、実際上の被害者が、行為準則を遵守するだけの「信頼できる人物であるか」、また、犯人が個々の相手方を信頼して危険な行動に及んだか否かという、事実上の心理状態（生の信頼感情）にもとづくものではない[13]。

その意味では、犯罪論体系上の違いがあるとはいえ、上述した「許された危険」の法理と同じく、客観的な行為状況に応じた法的評価であることに留意するべきである。したがって、上記②の駅ホーム転落死事件でも、駅ホームに防護柵が設置されたり、監視カメラなどが整備された状況では、信頼の原則の適用範囲を含めて、駅ホーム係員に求められる注意義務の内容は異なってくるであろう[14]。

Ⅳ 危険運転致死傷罪と「許されない危険」

1 無謀運転に伴う生命の危険

自動車事故による死傷結果の場合、運転者が注意義務を尽くしていたならば、かりに第三者の故意・過失行為から侵害結果が生じた場合でも、過失運転致死傷罪は成立しない。しかし、許された危険の前提となる「正常な運転」とは、単に自動車の機械的操作ができるというだけでなく、身体

面および精神面でも適切に運転できる状態にあることをいう。

かりに正常な運転でなければ、社会生活上許された危険が「許されない危険」に転化するのであって、必要不可欠な交通手段が「走る凶器」に変わることになる。いわゆる危険運転や無謀運転では、社会生活上許容される範囲を超えるため、実際に発生した死傷結果についても、故意犯が成立しうるのである[15]。

2 法改正の沿革と立法趣旨

かつて危険運転致死傷罪（現・自動車運転死傷行為等処罰法2条）は、平成13年の刑法一部改正で刑法典中に追加された後、平成16年および平成19年にも罰則が強化されてきた。それにもかかわらず、悪質ドライバーによる重大事故が多発したため、平成25年には、刑法典から切り離して特別法で処罰するようになったが、なお適用範囲をめぐる議論が絶えない。いわゆる危険運転の中には、自車の幅寄せのように暴行・傷害に匹敵する行為があり、こうした運転方法は、もはや許された危険の範囲を超えている。

その意味では、むしろ「許されない危険」として、基本犯にあたる暴行・傷害の限度で故意犯が成立することになろう。したがって、被害者の死傷という加重結果の発生に着目した結果的加重犯の類型とみるほかはない[16]。すなわち、単なる過失犯（過失運転致死傷罪）にとどまらず、故意犯である傷害（致死）罪と同様に処罰されるのである[17]。

【自動車運転死傷行為等処罰法】

第2条（危険運転致死傷） 次に掲げる行為を行い、よって、人を負傷させた者は15年以下の懲役に処し、人を死亡させた者は1年以上の有期懲役に処する。
1 アルコール又は薬物の影響により正常な運転が困難な状態で自動車を走行させる行為
2 その進行を制御することが困難な高速度で自動車を走行させる行為
3 その進行を制御する技能を有しないで自動車を走行させる行為
4 人又は車の通行を妨害する目的で、走行中の自動車の直前に進入し、その他通行中の人又は車に著しく接近し、かつ、重大な交通の危険を生じさせる速度で自動車を運転する行為
5 赤色信号又はこれに相当する信号を殊更に無視し、かつ、重大な交通の危

険を生じさせる速度で自動車を運転する行為
　6　通行禁止道路（道路標識若しくは道路標示により、又はその他法令の規定により自動車の通行が禁止されている道路又はその部分であって、これを通行することが人又は車に交通の危険を生じさせるものとして政令で定めるものをいう。）を進行し、かつ、重大な交通の危険を生じさせる速度で自動車を運転する行為

3　過失運転致死傷罪との関係

　そもそも、自動車運転は、その他の許された危険と異なり、相当の重量のあるものが一般人の生活道路を走行するため、高齢者や幼児などにも危害を及ぼす可能性が高い行為である。また、同じく交通手段である汽車・電車・飛行機の安全確保が、しばしば、各種の事故防止システムに依存するのに対して、自動車運転では、運転者個人の注意深い行動に左右されるため、それだけ高度の注意義務が課せられてきた[18]。

　平成16年に危険運転致死傷罪が新設された後も、旧自動車運転過失致死傷罪（旧211条2項）の構成要件が追加されたのは、こうした自動車運転の特性にもとづくのである。かようにして、社会生活上も「許されない」暴行・傷害に匹敵する危険運転から派生した侵害結果であれば、故意犯に準じた刑事責任を問われることになろう。

4　危険運転致死傷罪の故意・過失

　かつての危険運転致死傷罪は、「第27章　傷害の罪」の中に追加された。そのため、基本犯が故意の暴行・傷害に類似する場合もあることを想定している。しかし、実際の危険運転が故意の暴行・傷害にあたるならば、通常の傷害致死罪で処罰できるのではなかろうか。すでに幅寄せの事案については、傷害致死罪を認めた判例も存在するからである（東京高判昭和50・4・15刑月7巻4号480頁）。

　したがって、通常の傷害致死罪とは別個の構成要件とみるかぎり、危険運転致死傷罪の基本犯は、暴行（傷害）とは異なる独自の類型であることが出発点となる。むしろ、無謀運転による致死傷を加重処罰する構成要件と捉えるならば、これに見合った定型的な危険があれば足りるし、危険運転致死傷罪の故意についても、独自の認識内容でよいことになる[19]。

信号無視類型　①Xは、信号機のある交差点を右折して進行する際、同信号機の表示が青色に変わるのを待ちきれず、まだ赤色の状態で発進して対向車線に進んだところ、右方道路から左折進行してきた自動車と衝突事故を起こして、同車の運転者らに傷害を負わせた。裁判所は、他の交通法規違反や注意義務違反があっても、赤色信号を無視した以上、危険運転致傷罪にあたるとした（最決平成18・3・14刑集60巻3号363頁）。

②Yは、警察官に信号無視を現認されて逃走し、追跡されている途中で、赤色信号であるという確定的認識がないまま、交差点に突入して横断中の歩行者をはねて死亡させた。裁判所は、旧208条の2第2項後段でいう赤色信号を「殊更に無視し」たとは、およそ信号の規制自体に従う意思がない場合であり、Yの無謀運転はこれにあたるとした（最決平成20・10・16刑集62巻9号2797頁）。

5　最近の判例と危険運転致死傷罪の成否

近年、飲酒酩酊類型の危険運転をめぐって、立法当時の形式的な縮小解釈にとどまらず、実質的な見地から「正常な運転が困難な状態で自動車を走行させ」たか否かを検討した最高裁決定がみられる。そこでは、構成要件段階における定型的な危険を前提としつつ、より踏み込んで当該運転の危険性を総合的に考慮している。

すでに上述した信号無視類型でも、当時の交通状況から、時速20キロメートルが「重大な交通の危険を生じさせる速度」にあたるとされたが、こうした解釈態度は、「その進行を制御する技能を有しないで自動車を走行させ」た場合についても、危険運転致死傷罪の立法趣旨に沿った解釈に転換する可能性を窺わせるものである。

酩酊運転類型　甲は、自宅や複数の飲食店で飲酒をした後、異常な高速度で自動車を運転した結果として、家族5人が乗車した被害車両に追突し、同車両を橋の欄干を突き破って海中に転落・水没させ、その中にいた幼児3人を溺死させたほか、両親にも傷害を負わせた。第一審は、甲が、事故当時、交通状況に応じた運転操作を行っていたなどの事情から、アルコールの影響により正常な運転が困難であったとは認められないとして、危険運転致死傷罪の成立を否定した（福岡地判平成20・1・8判タ1268号330頁）。

しかし、控訴審は、刑法208条の2第1項前段における「正常な運転が困難な状態」とは、実際の交通状況などに応じた運転操作が困難な状態にあったことをいい、Xは、飲酒によって前方注視に必要な視覚探索能力が低下しており、正常な状態であれば当然に認識できるはずの先行車を、間近に迫るまで認識できない状態で運転した以上、アルコールの影響により正常な運転が困難な状態で本件事故を起こしたものとした（福岡高判平成21・5・15判タ1323号65

頁)。また、事故前の言動などから、正常な運転の困難さを基礎付ける事実の認識（故意）にも欠けるところはなかったとされた。

同様にして、最高裁も、犯行時の運転を検討したうえで、**アルコールの影響により前方を注視してそこにある危険を的確に把握して対処することができない状態であったか否か**について、事故の態様のほか、事故前の飲酒量及び酩酊状況、事故前の運転状況、事故後の言動、飲酒検知結果などを総合的に考慮すべきであるとした（最決平成23・10・31刑集65巻7号1138頁）。

6 危険運転と無謀運転

学説の中には、危険運転致死傷罪を過失運転致死傷罪（または業務上過失致死傷罪）の加重類型とみる向きもあった。また、個別的な道路状況や行為態様から具体的危険を比較衡量して、危険運転致死傷罪の適用範囲を不当に狭めようとする見解も少なくない。しかし、こうした解釈は、当初、道交法違反という基本犯を想定した危険運転致死傷罪の法的意義に沿わないのではないか。

なるほど、旧規定の立法段階で「危険」運転致死傷罪の名称を使用したこと自体、客観的危険の発生に固執することで、実際の刑事裁判でも立証面の困難をもたらす結果になった。しかし、すでに無謀運転が「許されない危険」であるならば、通常の故意犯と異なる過大な危険を要求する根拠はないはずである。かようにして、およそ行為準則を無視した悪質運転については、むしろ、「無謀運転」致死傷罪として加重処罰することが望ましいであろう[20]。

V 危険の引受けと引受け過失

1 「許されない危険」の引受け

「危険の引受け」とは、被害者が「許されない危険」を引き受けたことで、当該行為と侵害結果を正当化する法理である。他方、冒頭に掲げた「許された危険」は、実際の被害者が危険を引き受けた事実とは無関係である。むしろ、個別的事案における「危険の引受け」では、実際の被害者が具体的危険を容認したかどうかの違法判断になるため、違法性阻却事由

の一種として位置づけられてきた[21]。

　例えば、飲酒運転であることを知って同乗した場合、たとえ同乗者が交通事故で死傷したときも、あらかじめ事故の危険を認識していた以上、過失運転致死傷罪（または危険運転致死傷罪）の成立が否定されるのであろうか。

2　行為の同意と結果の同意

　「危険の引受け」は、被害者の同意と同じく、個人の自己決定権による正当化が出発点となる。しかし、一定の危険を予見したとはいえ、侵害結果まで容認していない点で、被害者の同意や単なる自傷行為とは異なる。また、「許されない危険」の引受けは、社会生活上無益な行為であることが多いため、犯人の認識如何によっては、故意犯の構成要件に該当する場合もある。

　また、被害者個人が引き受けることで、危険な行為自体が正当化されたとしても、犯人の不注意な行為があった場合、なお過失犯として処罰されうる。他方、概括的な意味であっても、加害者と被害者がともに侵害結果の発生を認識・認容していたならば、むしろ、被害者の同意として処理するべきであろう。

3　危険の引受けと結果の引受け

　「危険の引受け」と「結果の引受け」は異なる概念であるが、当該危険に随伴する必然的結果は、正当化されることがある。なるほど、「危険の引受け」に関する明文の規定はないし、上述した同乗者事例でも、飲酒運転の危険性を容認したとはいえ、衝突事故による死傷までは「引き受けていない」であろう。

　しかし、当該結果に至る高度な蓋然性を認識しながら、実際に侵害結果が生じたとき、先行する「引受け」の事実を無視するのは、行為と結果の結びつきを軽視するものである。たとえ不特定の客体に向けられたとしても、当該結果に至ることが確実な場合には、故意があったといわざるをえない。上述した同乗者が衝突事故の可能性を明確に表象していたならば、被害者の自己決定権により法益を放棄した限度で、「危険の引受け」と「被害者の同意」が交錯することになる。

ダートトライアル事件　Xは、ダートトライアル競技の初心者であったが、同乗したベテランドライバーのYに指示されるとおり、高速度で急カーブに突入したため、転倒事故によりYが死亡した。一般にダートトライアル競技は、未舗装道路を自動車で疾走するスポーツであり、しばしば転倒・衝突する危険があり、ルールを守って走行した場合にも、運転者の生命・身体に重大な危険が生じうるものであった。裁判所は、運転していたドライバーに重大な落ち度がある場合を除いて、被害者が転倒・衝突にともなう死傷の危険を認識していた以上、当初から想定された因果経過の範囲内であれば、行為全体の違法性が阻却されるとした（千葉地判平成7・12・13判時1565号144頁）。本件では、許された危険であるため、業務上過失致死傷罪の問題となったが、かりに無法者が度胸試しの意図で、お互いを標的にしたクロスボウ射撃を行うような場合には、むしろ、傷害（致死）罪または殺人罪が成立するであろう。

4　自己危殆化と他者危殆化

　学説の中には、「危険の引受け」を自己危殆化と他者危殆化に区分するものがある[22]。すなわち、被害者が引き受けた危険が、他者の遂行に委ねられる場合（他者危殆化）と、被害者自身が危険な行為を遂行する場合（自己危殆化）では、その取り扱いが異なるという。しかし、上述したダートトライアル事件では、加害者と被害者が同一車両に搭乗して被害者の指示を仰ぐことで、一種の「危険共同体」を形成しており、「自己危殆化」と「他者危殆化」の区分は意味をなさない。

　そこで、社会的に許容された危険性の程度に応じて、被害者による危険の引受けを評価するほかはない。なるほど、他人の生命・身体の安全を脅かす「他者危殆化」では、同意殺人罪（202条後段）や同意傷害を禁止した通説・判例からして、個人の自己決定権による正当化は困難である。したがって、例外的な緊急状況であればともかく、通常の事態では違法な行為として評価されるであろう。

ふぐ肝中毒死事件　料理人である甲は、馴染み客の乙から注文されたふぐの肝などを提供したため、これを食べた乙が中毒死した（板東三津五郎ふぐ中毒死事件）。裁判所は、毒性の強い部位を提供した行為が、料理人として遵守すべきルールに違反した以上、たとえ被害者が自ら食したとしても、上述した「他者（顧客）危殆化」であることから、業務上過失致死罪の成立を免れないとした（最決昭和55・4・18刑集34巻3号149頁）。

5　個人の自己決定権と社会的相当性

　刑法上は、「危険の引受け」や被害者の同意があっても、犯行の動機や行為の態様などを考慮しつつ、社会的相当性の理論によって当該行為の違法性が決定されることになる（最決昭和55・11・13刑集34巻6号396頁）。すなわち、被害者個人が当該危険を許容した場合も含めて、社会生活上「許された危険」でなければ、法秩序全体として是認されることはなく、故意犯または過失犯の構成要件該当性に加えて、行為の違法性も肯定されるのである。

　ただし、被害者個人が侵害結果を受け入れることで、保護法益を放棄したとして、被害者の同意を援用しつつ、法益欠如の原則から不可罰とする見解も少なくない。

VI　被害者の同意による犯罪不成立

1　構成要件不該当と違法性阻却

　「承諾者には不法は生じない」という法格言から、被害者の同意（Einwilligung des Verletzten）は、一般的な違法性阻却事由とされてきた（35条）。構成要件上「許されない」行為であっても、被害者の同意が犯罪阻却原因となるのである。それどころか、窃盗罪（235条）や住居侵入罪（130条）では、被害者の意思に反した「窃取」や「侵入」だけが処罰されるため、占有者（所有者）や居住者の同意（嘱託・承諾）があれば、およそ犯罪構成要件に該当しない（最判昭和25・11・24刑集4巻11号2393頁）。

　他方、たとえ被害者の同意があっても、強制わいせつ罪（176条）や強姦罪（177条）では、常に犯罪が成立する場合が明記されている。13歳未満の年少者による同意は、およそ性行為については、一律に無効とされるからである。同意殺人罪（202条後段）や同意堕胎罪（213条）にあっても、被害者の同意だけでは違法性が阻却されない。

2 国家的法益と社会的法益

　国家的法益や社会的法益を保護の対象とする構成要件では、被害者個人の同意があっても、量刑上考慮されるにすぎない。例えば、虚偽告訴等の罪（172条）では、主たる保護法益は国家の審判作用であり、被告訴者の同意は、同罪の成否に影響を与えない（大判大正元・12・20刑録18輯1566頁）。また、あらかじめ名義人の承諾を得ていた場合にも、他人名義で交通反則切符中の供述書を作成するならば、私文書偽造罪が成立する（最決昭和56・4・8刑集35巻3号57頁）。

　さらに、居住者の同意を得て現住建造物に放火したとき、非現住建造物等放火罪（109条）を適用するべき場合もあるが、内部に人がいるのを知っていたならば、原則に戻って、現住建造物等放火罪（108条）が成立することになる。その意味では、被害者の同意は、各犯罪の保護法益や罪質に応じて異なる意味を付与されてきた[23]。

3 「合意」と「承諾」の違い

　つぎに、被害者の同意は、構成要件不該当事由である「合意」と、正当化事由としての「承諾」に区分される[24]。しかも、前者の「合意」では、侵害者が同意の存在を認識する必要はないが（これを**意思傾向説**と呼ぶ）、後者の「承諾」では、事前に被害者が同意を表明して、これを侵害者が知っていなければならない（これを**意思表明説**と呼ぶ）。

　また、前者では、法益侵害に向けた形式的な意思の合致で足りるため、相手方の意思能力（**承諾能力**）は問題とならず、年少者や精神障害者の同意も考えられる反面、強制わいせつ罪や強姦罪のように、常に無効となる場合もある。しかし、具体的な違法評価にあたる「承諾」では、相手方の真意にもとづく同意が要求される。ドイツでは、こうした二分説が有力であるが、わが国では、被害者の同意（承諾）を、もっぱら違法性阻却事由とみてきた（したがって、以下では「被害者の承諾」とする）。

犯罪論上の地位 (2)

被害者の同意 ┌─ 合意 ── 意思傾向説＝形式的意思の合致
　　　　　　　│　　　　　　　　　　　　　→構成要件不該当
　　　　　　　└─ 承諾 ── 意思表明説＝実質的な法益放棄（自己決定権）
　　　　　　　　　　　　　　　　　　　　　→違法性阻却事由

4　正当化事由としての承諾の要件

　侵害の客体が個人的法益であって、被害者自身が法益を放棄した場合、当該行為の違法性が阻却されることもある。しかし、有効な承諾があったというためには、(a) その主体が、保護法益の処分権者でなければならず[25]、(b) 被害者には、承諾の内容を理解する能力がなければならない。したがって、小さな子供や精神障害者による承諾は、一般に無効とみなされる（大判昭和 9・8・27 刑集 13 巻 1086 頁）。

　また、(c) 被害者の真意にもとづく承諾でなければならず（大判明治 43・4・28 刑録 16 輯 760 頁）、多数の勢力に威圧された承諾は無効であり（最大判昭和 25・10・11 刑集 4 巻 10 号 2012 頁）、追死を装った無理心中では、被害者を欺いて承諾させた以上、普通殺人罪が成立することになる（最判昭和 33・11・21 刑集 12 巻 15 号 3519 頁）[26]。

> **有効な承諾の要件**　①自殺が何であるかを理解する能力のない5歳に満たない子供は、刑法 202 条における嘱託ないし承諾の能力を有しないとされた（大判昭和 9・8・27 刑集 13 巻 1086 頁）。
> ②強盗犯人が「今晩は」と挨拶したのに対し、家人が「おはいり」と答えたので、これに応じて住居に立ち入った場合でも、住居侵入罪が成立する（最大判昭和 24・7・22 刑集 3 巻 8 号 1363 頁）。

5　同意殺人罪と自殺関与罪

　もちろん、自殺（自死）や自分を傷つける場合は、自損行為（自傷行為）であって、刑法上の犯罪にならない。しかし、自殺関与罪（201 条前段）のように、第三者が自殺行為に協力する場合は、もはや適法行為でない。同様にして、同意殺人罪（201 条後段）も、第三者が他人の生命を奪う行為で

ある以上、普通殺人罪の減軽類型とされるだけである。

他方、ドイツ刑法典は、「要求に基づく殺人」を処罰する反面、自殺関与罪にあたる行為を不可罰としている。こうした立法の違いは、被害者の自己決定権をめぐる見解の相違によるものであり、「他者危殆化」にあたる自殺関与についても隔たりがみられる。さらに、同意傷害をめぐっても、ドイツと日本では立法上の差異がある（本講冒頭の条文を参照されたい）。

6　同意傷害の取扱い

ドイツ刑法典は、同意傷害の類型（同法228条）を設けて、善良な風俗に反する場合にのみ処罰するが、わが国には、同意傷害を規定した条文はない。そこで、通説・判例は、単に承諾を与えたという事実だけでなく、犯人の加害目的や被害者の動機のほか、侵害の手段・方法、損傷の部位など、諸般の事情を総合的に評価してきた。

そのリーディングケースとなったのは、過失による自動車衝突事故を偽装して保険金を詐取する目的で、被害者の承諾を得て故意に自動車を追突させた事案である。裁判所は、保険金の詐取という違法目的から承諾を得た以上、当該行為の違法性を阻却しないとした（最決昭和55・11・13刑集34巻6号396頁）。また、いわゆる「エンコ詰め」事件でも、傷害罪の成立が認められている（下記の判例を参照）。

> **同意傷害の違法性**　Aは、Bが謝罪の意味で指を詰める旨申し出たので、Bの小指の上に出刃包丁を当て、金づちでその峰を数回叩くことで、Bの左小指の末節を切断した。裁判所は、小指を切断する旨の嘱託・承諾があったとはいえ、指詰めが公序良俗に反する行為である以上、傷害罪を構成するとした（仙台地石巻支判昭和62・2・18判時1249号145頁＝判タ632号254頁）[27]。また、被害者の承諾があったとしても、刺身包丁をもって男性の局部を切断するような行為は、その違法性が阻却されないとする（最判昭和25・11・16裁判集刑36号45頁）。

Ⅶ　犯罪論の基礎と応用

1　法益保護とパターナリズム

　違法性阻却事由である被害者の承諾は、自律的決定それ自体を保護法益とみることで、すでに保護するべき客体がなくなったとされる（法益欠如の原則)[28]。すなわち、被害者の意思に反する侵害だけを違法行為とみているが、そもそも、刑法上の法益は、国家的保護の対象であって、個人の主観から独立した客観的存在である。

　たとえ個人的法益であっても、国家が刑罰という制裁を用いて守ろうとする以上（公法上の保護）、当初から「（被害者の）意思に反する」点が構成要件要素となる犯罪類型を除いて、個々の国民が法益を放棄したことで、ただちに侵害客体としての性質が消失するわけではない[29]。例えば、生命の売買や奴隷契約の締結は、人間の自律的処分の前提を掘り崩すだけでなく、およそ「人間の尊厳」にも反するとされてきた（ここでは、国家の後見的保護が問題となる）。

安楽死と正当化要件　①不治の傷病により死期が目前に迫った患者が、激しい苦痛から逃れようとしたき、患者本人の真摯な嘱託または承諾にもとづいて、医師の手によって行われ、しかも、その方法が倫理的にも妥当なものであったならば、安楽死として違法性が阻却されるが、特別の理由もなく、医師の手によることなく、農薬入りの牛乳を飲ませた以上、違法性を阻却しないとされた（名古屋高判昭和 37・12・22 高刑集 15 巻 9 号 674 頁）。
　②末期患者に対する積極的安楽死を許容する要件としては、死期が迫った不治の患者が、耐えがたい肉体的苦痛に苦しんでおり、それ以外に患者の苦痛を除去・緩和する手段がないことに加えて、患者から生命の短縮を承諾する明示の意思表示が必要である（東海大学病院安楽死事件。横浜地判平成 7・3・28 判時 1530 号 28 頁）。

2　保護法益と自律的決定

　法益それ自体は、実際上の生活利益であって、これを法秩序の根底に据える以上、個人の自律的決定は、保護法益に内在するものでなく、外在的な要因でしかない。まさしく、複数の保護法益の間で比較衡量が問題とな

る違法論にあっては、国家的保護と自律的決定、リバタリアニズム（自由主義）とパターナリズム（国家後見主義）などは、考慮されるべき一要素にすぎない。むしろ、刑法解釈論上は、第三者の行動を規律するべき「他人の生命の尊重」という原理が、たとえ本人の同意があっても、他者を侵害する行為に犯罪性を付与するのである[30]。

なるほど、安楽死と尊厳死のように、もはや治療行為とならない場面では、国家ないし第三者からみて対比すべき保護法益が存在しないため、むしろ、患者自身の内在的または主観的な利益の比較衡量になる[31]。その意味では、もっぱら患者の意思（嘱託・承諾）にもとづく正当化も可能となる。ただし、終末医療にあっても、行為の社会的相当性が必要であって、まったく個人の自由意思に委ねる見解では、行き過ぎが懸念されるのである[32]。

1) なお、許された危険の法理については、篠田公穂「許された危険の理論についての一考察」刑法雑誌27巻2号（昭61）39頁以下、大塚仁ほか・大コンメンタール刑法（2）（第2版・平11）306頁以下〔土本武司〕、古川伸彦・刑事過失論序説（平19）228頁以下など参照。
2) その意味で、実行行為の要素である現実的危険が認められる場合もある（本書の「第3講」47頁以下参照）。
3) また、同趣旨の判示として、東京地判昭和40・5・27下刑集7巻5号978頁などがある。これに対して、東京地判昭和40・4・10判時411号35頁は、特別背任罪でいう資金回収をめぐって「銀行の信用取引上許された危険」に言及していた。
4) 小林憲太郎「許された危険」立教法学69号（平17）43頁以下。
5) 例えば、林幹人・刑法の現代的課題（平3）17頁以下は、許された危険を結果回避義務の中で論じるため、許された危険から派生した結果については、およそ注意義務違反が否定されることになる。
6) 山口厚・問題探究刑法総論（平10）184～186頁。また、同・刑法総論〔第2版・平19〕231～232頁参照。
7) 交通事故のように、犯人が具体的な被害者を予定しない場合であっても、歩行者などの死傷結果を認識・認容しつつ、あえて当該行為に及んだならば、概括的故意を認めうるからである（本書の「第5講」100頁以下参照）。
8) 後述するように、「危険の引受け」は、被害者個人の意思に依拠する法理だからである。
9) ただし、脅かされる法益間で危険の比較衡量を行うならば、必ずしも行為無価値論に固有の議論となるわけでない。むしろ、小林・前掲立教法学69号45頁は、こうした特徴を行為無価値論に対する批判として援用しており、井田良・講義刑法学・総論（平20）340～341頁も、行為無価値論と結びついた新過失論では、「『許された危険』のような、特別の違法性阻却事由は不要となる」といわれる。
10) 私見によれば、許された危険は、客観的な制度上の問題であって、例えば、暴走車両に遭遇した場合の退避行動など、具体的かつ動的な評価には適さない。もっとも、西原

春夫・交通事故と信頼の原則（昭44）39頁は、具体的な事例で「結果発生の予見可能性が否定できないのに結果が発生した場合過失を否定する」ものが「許された危険」とされる。

11) なお、詳細については、西原・前掲書29頁以下、松宮孝明・刑事過失論の研究（補正版・平16）47頁以下など参照。
12) ただし、治療行為では、患者の自己決定権が重視されるため、詳細については、後述する「被害者の同意」を参照して頂きたい。
13) なお、注意すべき点は、民法上の過失相殺と異なり、被害者側の落ち度を理由として、加害者の責任を軽減するものではないことである。したがって、被害者側に重大な落ち度があっても、ただちに加害者の過失が消失するわけではない（大判大正3・5・23刑録20輯1018頁）。
14) そのほか、信頼の原則を適用する際には、前提となる交通環境の変化（道路の整備、交通法規の強化、高齢者ドライバーの増加など）も無視できない。高齢者ドライバーに関する法令上の特別扱いが、過失犯の成否に影響を及ぼすか否かについては、重井輝忠「信頼の原則とその機能的再評価」刑法雑誌51巻2号（平24）98頁以下など参照。
15) その詳細については、佐久間修「故意構成要件と過失構成要件—許された危険を契機として—」鈴木茂嗣先生古稀祝賀論文集上巻（平19）375頁以下参照。また、自動車を道具に使った殺傷事犯であれば、傷害致死罪にとどまらず、故意の殺人罪が成立することは前述した（本書106頁以下参照）。
16) なお、佐久間修・刑法各論（第2版・平24）47頁以下参照。
17) また、本罪とドイツ刑法典315条以下の交通危殆化罪を比較しつつ、結果的加重犯という理解を基礎付けるものとして、内田浩「危険運転致死傷罪再考」神奈川法学43巻1号（平22）1頁以下参照。
18) 伊藤栄二ほか「『刑法の一部を改正する法律』について」曹時59巻8号（平19）37〜38頁。
19) なお、佐久間修「危険運転致死傷罪における故意・過失」刑事法ジャーナル26号（平22）2頁以下参照。
20) また、危険運転が「許された危険」でない以上、およそ信頼の原則は適用されない。すでに対向車の暴走や信号無視などを認識した場合、信頼の原則を適用しないとした判例もあった。もっとも、相手方の異常運転を察知した場合、適切な回避行動を採らなかったことで、ただちに100パーセントの刑事責任を問われるのは不合理である。
21) 危険の引受けをめぐる学説状況については、伊藤渉ほか・アクチュアル刑法総論（平17）178頁以下〔成瀬幸典〕、佐藤厚志「過失犯における危険の引受けの意義（一）」阪大法学61巻1号（平23）183頁以下、同「同前（二・完）」阪大法学61巻2号（平23）185頁以下など参照。
22) 塩谷毅・被害者の承諾と自己答責性（平16）240頁以下。
23) 大塚仁・刑法概説（総論・第四版・平20）417頁以下、大谷實・刑法講義総論（新版第4版・平24）252頁以下、佐久間修・刑法総論（平21）192頁以下など参照。
24) 詳細については、須之内克彦・刑法における被害者の同意（平16）27頁以下のほか、最近の文献として、佐藤陽子・被害者の承諾—各論的考察による再構成 —（平23）2頁以下がある。
25) 例えば、妊婦自身が胎児の中絶を望んだとしても、妊婦には胎児の生命を処分する権限がない以上、中絶した医師には、業務上堕胎罪（214条）の規定が適用される。
26) これに対して、法益欠如を正当化根拠とする立場では、およそ形式的同意があれば足りるため、偽装心中における「動機の錯誤」は考慮されないであろう。なお、ドイツ刑

法典216条では、構成要件要素として「被殺者の明示的かつ真摯な嘱託により殺害を決意した」ことが前提条件となる。
27) なお、「暴力団員による不当な行為の防止等に関する法律」には、指詰めの強要等の禁止（20条）、および、指詰めの強要の命令等の禁止（21条）の規定がある。
28) 大谷・前掲書253頁、山口・刑法総論150〜153頁など。
29) 佐久間・前掲書195頁。かりに被害者の自律的決定を保護法益の内容とするならば、たとえ侵害行為の後で追認した場合であっても、いわゆる結果無価値が欠落する以上、常に不可罰となるはずである。私見によれば、被害者の意思による正当化は、国家刑罰権の中に取り残された例外的存在にすぎない。
30) まさしく通説・判例は、目的の正当性を含めた社会的相当性の見地から、当該行為の違法性を検討している（大塚・前掲書418〜421頁、前出最決昭和55・11・13など）。
31) そのほか、尊厳死や臓器移植でいう「説明のある同意」だけでなく、実験的治療に伴う患者の刑法的保護については、医療と刑法の特性に応じた修正が必要となるであろう。
32) なお、積極的な嘱託と消極的な承諾を区別するべきか、しかも、健常時に表明した意思が終末期の意思と同一といえるかなど、客観的な法秩序と利益衡量の見地から、社会的相当性の判断が求められる場合は多いであろう。

第7講

事実の錯誤と主観的帰属
—— 実行故意と既遂犯の成否

Mistake of Fact and Cognition as Mens Rea

【刑　法】
第38条（故意）　罪を犯す意思がない行為は、罰しない。ただし、法律に特別の規定がある場合は、この限りでない。
　2　重い罪に当たるべき行為をしたのに、行為の時にその重い罪に当たることとなる事実を知らなかった者は、その重い罪によって処断することはできない。…(以下、省略)…

【改正刑法草案】
第20条（事実の錯誤）　①罪となるべき事実を知らないで犯した者は、故意にしたものとはいえない。
　②重い罪となるべき事実があるのに、犯すときにその重い事情を知らなかった者は、その重い罪によって処断することはできない。

【ドイツ刑法典】
第16条（行為事情に関する錯誤）　①行為遂行時に、法定構成要件に属する事情を認識していなかった者は、故意に行為していない。過失による遂行を理由とする処罰の可能性は別である。
　②行為遂行時に、より軽い法律の構成要件を実現する事情を誤認した者は、より軽い法律によってのみ故意犯を理由として処罰することができる。

I　故意論と錯誤論

1　故意犯の成否と結果の帰属

　故意論では、犯罪事実の認識・認容を取り扱ったが（第5講「故意犯における事実の認識」参照）、事実の錯誤においては、**故意行為と侵害結果の結びつき**が問題となる。本来、故意は「ある」か「ない」のいずれかであって、その中間は考えられない。しかし、いったん「故意がある」とされたにもかかわらず、「故意を阻却する」とは、如何なる意味であろうか。また、事実の錯誤の法的効果として、およそ故意が阻却される場合のほか、故意未遂犯を認めたうえで、犯人の認識した事実と客観的結果の「重なり合い」により、故意既遂犯を成立させることもある。すなわち、事実の錯誤には、故意を全部否定する場合のみならず、（未遂犯の限度で）故意を認めつつ、故意既遂犯としての**主観的帰属**を否定する場合が含まれている[1]。

　なるほど、いずれも故意（既遂）の存否にかかわるため、事実の錯誤論は、**消極的な故意論**にほかならない（「裏返された故意論」ともいう）。また、「事実の錯誤は故意を阻却するが、法律の錯誤は故意を阻却しない」という法諺がある一方、軽微な事実の錯誤については、構成要件上「符合」するかぎり、故意（既遂）犯が認められる。他方、事実の錯誤が異種類の構成要件間にまたがる場合には、原則として故意（の符合）を否定しながら、例外的な「重なり合い」により故意（既遂）犯が成立するように、法定的（構成要件的）符合を基準として、故意犯の成否が決定されてきた。

(a) 伝統的な錯誤分類と、(b) 犯罪論体系上の分類

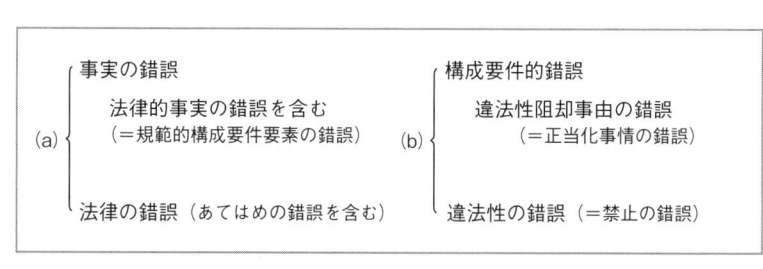

(a) ｛事実の錯誤　法律的事実の錯誤を含む（＝規範的構成要件要素の錯誤）

　　法律の錯誤（あてはめの錯誤を含む）

(b) ｛構成要件的錯誤

　　違法性阻却事由の錯誤（＝正当化事情の錯誤）

　　違法性の錯誤（＝禁止の錯誤）

2 事実の錯誤と法律の錯誤

講学上、事実の錯誤と法律の錯誤は、明確に区分されている。いわゆる事実の錯誤は、①犯人の予見した事実と発生した事実がくい違う場合であり、すでに犯罪事実を認識・認容して当該行為に及んだ以上、故意の実行行為があるため、少なくとも、故意未遂犯が成立する。もっとも、②犯人が（規範的）事実を誤解した結果、故意にとって必要な**意味の認識**を欠いたときは、およそ故意犯（未遂罪も含む）が成立しない[2]。これに対して、③法律の錯誤では、犯罪事実を正しく認識・認容していたが、法的評価を誤って自分だけが許されると信じた場合であり、故意犯の成否とは無関係とされる（わが国の判例は、違法性の意識不要説をとる）。

従来、②については、**法律的事実の錯誤**と呼ばれており、①の場合と同じく、事実の錯誤にあたる。これに対して、③は、純然たる法的評価の誤りとして、故意犯の成立を妨げない（(a) 分類）。他方、犯罪論体系上は、事実の錯誤の中でも、**構成要件的錯誤**と**違法性阻却事由の錯誤**に区分される一方（(b) 分類）、いわゆる法律の錯誤は、**違法性の錯誤**ないし**禁止の錯誤**と呼ばれる[3]。そして、事実の錯誤と法律の錯誤の中間に位置する「法律的事実の錯誤」や「規範的構成要件要素の錯誤」は、構成要件的故意を左右するのに対して、同じく事実の錯誤であっても、違法性阻却事由の錯誤は、責任故意を阻却する。また、①の「客体の錯誤」や「方法の錯誤」では、故意の一部阻却が争いとなるため、こうした違いを正しく理解しなければ、同じく「故意を阻却する」といっても混乱するだけである[4]。

3 法律的事実の錯誤

しかし、事実の錯誤と法律の錯誤は、実際上、容易に区分できるわけでない。まず、法律的事実の錯誤は、両者の中間に位置するが、完全に故意を阻却する事実の錯誤である。例えば、わいせつ物頒布等罪（175条）における客体の「わいせつ」性は、**規範的構成要件要素**であるため、海外から卑猥な本を仕入れた古本屋の店員が外国語を理解できず、性的な記述はないと誤信した場合、その頒布行為には、およそ「わいせつ」性の認識が欠けることになる[5]。もっとも、わいせつな表現物であると認識したが、

この程度であれば許されると誤信した場合は、法律の錯誤であって、わいせつ物頒布等罪の故意を阻却しない。

　法律的事実の錯誤は、窃盗罪（235条）や自己所有物に対する放火罪（109条2項、110条2項）でも考えられる（第5講参照）。例えば、客体の占有（所有）者を見誤ったとき、犯人の占有・所有に関する規範的評価が、故意犯の成否を左右することになる。その意味で、規範的構成要件要素に関する錯誤は、**意味の認識**に対応する事実の錯誤として、常に故意を阻却することになる（通説）。判例上は、民事訴訟法などの解釈を誤った結果、無効な差押えであると誤信して封印等を損壊したとき、犯罪構成事実の錯誤とみて、刑法96条の故意を否定したものがある（大決大正15・2・22刑集5巻97頁）[6]。

4　行政犯における故意と錯誤

　つぎに、行政犯や法定犯の故意は、自然的かつ客観的な事実の表象だけでは足りない（第5講参照）。例えば、追越し禁止区域内で他の自動車を追い越す際、ドライバーは、その場所が禁止区域内であると認識していなければならず（東京高判昭和30・4・18高刑集8巻3号325頁）、追越し禁止区域内でないと誤信したならば、道交法違反の故意が阻却される。ところが、メチルアルコールであると知って飲用目的で譲渡した場合、たとえ法律上所持・譲渡が禁じられたメタノールとは別物であると誤信したときも、**法令の不知**として故意を阻却しない（最大判昭和23・7・14刑集2巻8号889頁）。したがって、犯罪構成事実のどの部分が法的評価にとどまり、いずれが規範的構成要件要素にあたるかは、各犯罪類型の性質や内容に応じて異なるのである。

　これに対して、法律の錯誤は、**違法性の意識**に対応する責任故意の問題となる。その意味で、上述した規範的構成要件要素の錯誤が「素人的な平行的評価（＝意味の認識）」を通じて構成要件的故意を左右するのと異なる。しかし、両錯誤の違いは、それほど明確なものでない。つぎの「むささび・もま事件」と「たぬき・むじな事件」では、いずれの範疇にあたるかが争われたし、同種の議論は、「麻薬」や「覚せい剤」の認識をめぐって、違法薬物を取り違えて輸入・所持した場合にもみられる。すでに紹介

したように（第5講参照）、裁判所は、目的物の形状・毒性などが類似する以上、当該薬物の化学式や正式名称を取り違えたにもかかわらず、現に実現した取締法規違反の故意犯が成立するとした（最決昭和54・3・27刑集33巻2号140頁、最決昭和61・6・9刑集40巻4号269頁）。なお、後述する「異なる構成要件間の錯誤」の項目も参照されたい。

むささび・もま事件とたぬき・むじな事件　①その地方で「もま」と俗称される動物が、旧狩猟法（現・鳥獣の保護及び狩猟の適正化に関する法律）の禁猟獣にあたる「むささび」と同一物であることを知らずに捕獲した場合、単なる**法令の不知**であって、犯意を阻却しないとされた（大判大正13・4・25刑集3巻364頁）。
②捕獲した「むじな」が、旧狩猟法で捕獲を禁じられた「たぬき」とは別物であると信じていた場合には、同法律が禁止する「たぬき」を捕獲する旨の**事実の認識を欠いており**、犯意が阻却されるとした（大判大正14・6・9刑集4巻378頁）。

いずれの事件でも、違法に禁猟獣を捕獲した犯人は、動物そのものを正しく認識していたが、「むささび・もま事件」では、「もま」が「むささび」とは別物であると信じており、「たぬき・むじな事件」では、捕獲した「十文字狢」を「たぬき」とは別種の動物であると誤信していた。裁判所によれば、前者は法律の錯誤にとどまるが、後者は、およそ犯罪事実の認識を欠くとされる[7]。しかし、学説の多くは、いずれの場合も法律の錯誤と解したうえで[8]、古来から「たぬき」と「むじな」が別物と信じられてきた実情にも配慮しつつ、②では、客体の性質を誤認した点に相当な理由があったとして、故意を阻却したと説明する[9]。

II　故意論からみた事実の錯誤論

1　実行故意と既遂結果の帰属

犯罪行為が故意によるものかどうかは、いわゆる**実行故意**の問題である[10]。法律的事実（規範的構成要件要素）も含めて、行為者が犯罪事実を認識・認容して違法行為に及んだならば、実行行為の主観面としての（実行）故意が認められる。したがって、すでに実行行為が開始された以上、少な

くとも故意未遂犯の構成要件に該当することになる。これに対して、後述する客体の錯誤や方法の錯誤のように、いわゆる**事実の錯誤（狭義）**では、故意未遂犯の成立を前提にしたうえで、さらに故意既遂犯にあたるか否かが問題となる。換言すれば、現に生じた侵害結果を「故意によるものといえるか」という主観的帰属が問われるのである。

　故意論（第5講参照）で紹介した概括的故意には、いわゆる**ヴェーバーの概括的故意**を含める見解がある。例えば、相手方の首を絞めた犯人が、すでに被害者は死亡したと誤信し、証拠隠滅の目的で海中に遺棄した結果、意外にも被害者が溺死した場合である。かつての有力説は、第1行為と第2行為の時間的・場所的な接着性に着目しつつ、第2行為も包括して評価することで、最終的には一個の（概括的）故意にもとづく既遂結果を認めようとする。しかし、一般には、因果関係の錯誤とみることで、犯人の主観的認識と客観的事実のくい違いが相当因果関係の範囲内で符合するかぎり、当該結果を故意によるものと評価してきた（砂末吸引事件。大判大正12・4・30刑集2巻378頁）[11]。

2　定型的故意と事実の錯誤

　事実の錯誤（狭義）を論じる上で、まず、以下の点を確認しておきたい。すでに第5講でも説明したように、実際の事件では、行為者が具体的事情を逐一認識しなくても、犯行全体に対する（概括的）故意が認められる。なぜならば、刑法上の処罰規定は、主観的認識と客観的事実の完全な一致を要求しておらず、**構成要件に該当する犯罪事実の定型的な認識**があれば十分と考えるからである。この傾向は、とりわけ因果関係の認識にあって顕著であり、当該犯人は実際の因果経過の大綱を予見・表象したことで足りる[12]。例えば、被害者を溺死させる目的で橋から突き落としたが、落下する途中で橋桁に衝突して死亡した場合にも（因果関係の錯誤）、当該結果に対する（既遂）故意は認められる（東京高判昭和60・5・28東高刑時報36巻4＝5号30頁）。

　つぎに、事実の錯誤論では、実行行為（結果を含む）や因果関係などの客観的構成要件が充足されたことを前提として、当該結果の主観的帰属を問うものである。したがって、そもそも実行行為や相当因果関係が欠ける

場合には、事実の錯誤を論じるまでもない。また、構成要件的故意では、定型的な犯罪事実の認識が問題となる以上、構成要件該当事実の主要部分を認識・認容していれば、当該結果を含む犯罪事実の全体を「故意に実現した」ことになる。したがって、構成要件的錯誤にあっても、定型的な「あてはめ」や「法定的符合」で足りるのであり、犯人の個別的な認識に着目した量刑判断は、もっぱら違法論や責任論で行われることになる。

故意論と錯誤論の交錯

故意の成立要件		錯誤の判断基準
1 あらかじめ被害者の数および氏名が特定していない場合にも、殺人罪は成立する（概括的故意。大判大正6・11・9刑録23輯1261頁）。	→	個別的な客体ごとに故意既遂犯が成立するわけでない（具体的な符合は不要である）。
2 自己の行為と被害者の死亡との間に存する詳細な因果関係を認識することは、負責の必要条件でない（大判大正14・7・3刑集4巻470頁）。	→	犯人にとって予想外の事情が生じても、構成要件の枠内で同一の結果が発生したならば（客体の錯誤・方法の錯誤・因果関係の錯誤）、故意既遂犯が成立する。

3 法定的符合説と具体的符合説

通説・判例は、故意に必要な事実認識を定型化することで、事実の錯誤にあっても「法定的符合」で足りると主張してきた（法定的符合説）。そこでは、客観的事実を認識しつつ犯行に及んだ主観的態度に故意犯の本質を求める一方、軽微なくい違い（認識の欠如）は、故意犯の成否と無関係とされる。そもそも、実行故意が、当該行為を選択した故意責任（非難可能性）を定型化したものであり、犯人の意思的側面に着目するため、事実の錯誤論にあっても、自然的な（生の）認識を判断基準とする具体的符合説は、主観（故意）と客観（結果）の結び付きを問う場面では不適切であるといえよう[13]。

なるほど、具体的符合説の論者は、故意論と錯誤論が表裏一体であることを強調する。また、故意論でも認識主義（表象説または蓋然性説）を採用する者が多く、犯人が具体的な標的を狙っていたかどうかを重視してき

た。しかし、個別的な客体を意識しない概括的故意にあっても、結局は「動機づけ」の要素を持ち出して、故意既遂犯の成立を肯定するのであれば、生の事実認識を強調する意義は乏しい[14]。かりに錯誤論を消極的な故意論と位置づける場合にも、いわゆる認識主義から具体的符合説を唱える見解に対しては、こうした疑問が生じるのである。

4 客体の錯誤・方法の錯誤・因果関係の錯誤

　構成要件該当事実の錯誤では、犯人の意思と客観的結果のくい違いが、同一構成要件の内部にとどまる場合と、異なる構成要件間にまたがる場合がある。さらに、こうした範疇ごとに、客体の錯誤、方法の錯誤、因果関係の錯誤が考えられる。例えば、①眼前にいるAを別人のBと取り違えて殺害した場合（**人違い**）は、同一構成要件内における客体の錯誤である。また、②発射した弾丸が予想外の人間に命中して死亡させた場合が、同一構成要件内における方法の錯誤（**打撃の齟齬**）であり、さらに、③犯人の予見とは異なる因果経過を辿って当初予定した結果に到達した場合が、同一構成要件内における因果関係の錯誤である。その際、錯誤論を故意論の裏返しとみるならば、概括的故意の場合と同じく、錯誤論における表象と事実の符合は、法定構成要件の枠内で抽象化されることになる。

　　客体の錯誤と方法の錯誤　　①人を殺す意思で現に人を傷害した以上、被害者を取り違えていた場合にも、殺人（未遂）罪の故意を阻却しない（客体の錯誤。大判大正11・2・4刑集1巻32頁）。
　　②人に対して故意に暴行を加え、傷害または傷害致死の結果を惹起したならば、その結果が犯人の予期しなかった人に生じた場合にも、傷害罪または傷害致死罪が成立する（方法の錯誤。大判大正11・5・9刑集1巻313頁）。
　　③Xらは、Aを殺害する目的でA方に赴いた際、Aの外出先を聞き出してB方に入ったところ、「親分」という呼びかけに応えたBをAと取り違えて狙撃し、Bに重傷を負わせたが、「其の所為は所謂客体の錯誤に出たるに過ぎざるを以て、現に発生したる事実に付…其の他の共謀者共に認識を欠くことなし」として故意を認めた（ひらがな・濁点・句読点などは、筆者による。大判昭和6・7・8刑集10巻312頁）。
　　④Xは、Aを殺害する目的で毒薬入りの酒を贈ったところ、Aの妻がその酒をBに贈ったため、これを飲んだBが死亡した事案について、予想外の客体に結果が発生した場合、「およそ殺人の罪は故意に人を殺害するによつて成立するものであって、その被害者の何人であるかは毫もその成立に影響を及ぼすものではない」とした（東京高判昭和30・4・19高刑集8巻4号505頁）

法定的符合説によれば、両者のくい違いが同一構成要件内で「符合」するとき、客体の錯誤、方法の錯誤および因果関係の錯誤のいずれにあっても、構成要件的故意を阻却しない。すなわち、すでに客観的構成要件が充足された以上、その故意既遂犯が成立する[15]。他方、**具体的符合説**は、犯人の狙いが外れた点を強調して、方法の錯誤の場合にのみ、狙った客体に対する故意未遂犯と当該結果の過失犯の観念的競合とする。もっとも、客体の錯誤や因果関係の錯誤では、「目的物が刑法上同一の価値を有する」とか「おおむね同じ因果経過を辿った」として、故意既遂犯の成立を肯定している[16]。しかし、犯人の予定した因果経過から逸脱した点では、方法の錯誤も因果関係の錯誤と同じである。また、客体の錯誤と方法の錯誤の区分は、実際上、不明確となる場合が少なくない[17]。わが国の通説・判例は、一貫して法定的符合説を採用してきた[18]。

具体的符合説・法定的符合説・抽象的符合説における「符合」

①具体的事実の錯誤	客体の錯誤	方法の錯誤	因果関係の錯誤
具体的（法定）符合説では	符合する	符合しない	符合する
（抽象的）**法定的符合説では**	**符合する**	**符合する**	**符合する**
②抽象的事実の錯誤	客体の錯誤	方法の錯誤	因果関係の錯誤
具体的（法定）符合説では	符合しない	符合しない	符合しない
（抽象的）**法定的符合説では**	**符合しない**	**符合しない**	**符合しない**
抽象的符合説では	符合する	符合する	符合する

III 事実の錯誤と故意の個数

1 概括的故意と客体の個数

法定的符合説の中でも、一個の行為から予想外の結果が併発した場合、故意の個数をめぐって**数故意犯説**と**一故意犯説**が対立している。数故意犯説は、構成要件該当結果の個数を捨象した「抽象的故意」の概念を提唱す

るため、法的に「同価値」の結果が生じた以上、全ての犯罪事実について故意（既遂）犯を認めることになる[19]。しかも、数故意犯説の一部は、法定的符合の根拠を犯人の直接的な反規範的態度に求めるため、客体の個数をめぐる具体的認識を問うことなく、（抽象的な）法定的符合があったとする[20]。この立場からは、実行故意の一種である概括的故意にあっても、漠然とした個数の認識が認められた点が強調される。

> **概括的故意と客体の個数**　Xは、Aを殺害しようと決意して、Aが居住する愛人のB方に赴いて、家人の留守中に、長火鉢に掛けてあった鉄瓶の湯の中に毒薬（昇汞）を投入した。その後、Aのほか、B、C、Dが、昼食時に鉄瓶の湯を飲もうとしたが、お湯の味が異常であることに気づき、少量しか飲まなかった（傷害にとどまった）。原判決は、4個の殺人未遂罪の成立を認めており、大審院も、家人の数に応じた殺人罪が成立し、1個の行為で数個の罪名に触れるとした（観念的競合。大判大正6・11・9刑録23輯1261頁）。
> 　大審院によれば、鉄瓶中の沸し湯は、Aおよび「其の家人の何人が之を飲用するや未定に属するを以て、原判決に於ては単に家人等の生命に危害ある可きことを予見しながら云云と説示したるものとす。故に右家人の数及其名の不明且不特定なるも妨げず。而して右の場合には被告が致死の結果を予想す可きものと論ずるを得べく、随て右飲用者の数に応ずる殺人罪存す可きもの」とされる（ひらがな・濁点・句読点などは、筆者による）。

犯人が当初から、周囲の者に危害が及ぶことを予見したならば、複数の故意犯が成立するのは当然である。その意味で、客体の個数をめぐる事実認識は、犯人が慎重に攻撃の射程範囲を見定めて、標的以外の者に命中させない行動を選択した場合にのみ、事実の錯誤論でも争点となるであろう。実際、その後の判例では、犯人が深夜に甲方へ忍び込んで、就寝中の甲を殺害する意思で日本刀で突き刺したところ、同じく布団の中にいた幼児乙も殺害した場合、甲に対する殺人既遂罪はもちろん、**乙に対する殺人既遂罪**も認めている（大判昭和8・8・30刑集12巻1445頁）。他方、被害者甲を刺し殺そうとして、これと同寝していた妻の乙を傷害したものの、客体の錯誤にあたる場合や乙に対する未必の故意がある場合はともかく、**乙については過失傷害罪しか成立しない**とした判例もある（大判大正5・8・11刑録22輯1313頁）[21]。その意味で、判例の態度は一貫していない。

2　方法の錯誤と客体の個数

有名な**びょう打ち銃事件**でも、方法の錯誤における併発結果が問題と

なった。すなわち、犯人は、警ら中の警察官AからけんAを強奪するため、明確な殺意をもって建築用のびょう打銃を発射したところ、その「びょう」がAの身体を貫通した後、予想外にも通行人のBに命中して、Bの身体を貫通したものである。この犯行によりA・Bともに重傷を負ったが、死亡するには至らなかった。裁判所は、甲・乙の両名に対する強盗殺人未遂罪を認めたのである（最判昭和53・7・28刑集32巻5号1068頁）。

なるほど、びょう打ち銃事件では、強盗殺人未遂（240、243条）に問われており、同罪において結果的加重犯の未遂を認めるならば、必ずしも数故意犯説に依拠したとはいい難い。しかし、多数説によれば、最高裁が初めて数故意犯説を採用したリーディングケースとされる。しかも、「人を殺す意思のもとに殺害行為に出た以上、犯人の認識しなかった人に対してその結果が発生した場合にも、右の結果について殺人の故意がある」と明言しており、予想外の客体に対する故意未遂も認めている[22]。そのほか、甲を狙った銃弾が甲の身体を貫通して乙にも命中した事案について、それが「被告人にとって予期しない出来事であった」とはいえ、乙についても殺人未遂罪を認めた高裁判例がある（東京高判平成6・6・6高刑集47巻2号252頁）。

3 客体の個数をめぐる法的評価

かりに一個の客体だけを標的にしたとき、常に併発結果の故意（既遂罪）を認めるならば、犯人の主観面（個数の認識）を無視することになる。なるほど、法定的符合説の根拠を、もっぱら「規範に直面して反対動機の形成が可能であったにもかかわらず、あえて行為に出たことより強い道義的非難が加えられる」点に求める場合、客体の個数をめぐる犯人の具体的認識は、せいぜい、責任評価の中で考慮すれば足りるかもしれない。しかし、事実の錯誤論（狭義）においては、責任故意を定型化した構成要件的故意が問題となるため、例えば殺人罪では、被害法益ごとに構成要件該当性を検討する以上、およそ**法益侵害の回数も捨象した抽象的故意**は許されないのである。

そもそも、法定的符合説が、法定構成要件における主観と客観の符合を要求するとき、責任故意を論じているわけではない。すなわち、構成要件

的故意として定型化（ある種の抽象化）がなされるからこそ、構成要件的符合が判断基準となるのであって、当該構成要件が客体（被害法益）の個数を重視する場合には、この点に関する犯人の認識内容を無視するべきでない。また、責任論にあっても、犯人が付随結果の発生を避けようとしたにもかかわらず、もっぱら因果論的見地から想定外の結果にも故意責任を認めるのは、責任主義の原則に反することになる。過去、概括的故意として複数の故意犯を成立させた事案は、いずれも客体の個数を明確に認識しなかった場合であろう（前掲大判大正6・11・9など）。

方法の錯誤と客体の個数　暴力団構成員であるXとYは、敵対する組織の組長Aの殺害を共謀し、不特定多数人のいる斎場で、各々がAに向けてけん銃を発射してAを殺害したほか、周囲にいたBとCにも弾丸を命中させて、Bを殺害するとともにCにも重傷を負わせた。原審は、AとBに対する殺人既遂、Cに対する殺人未遂を認めたところ、検察官・弁護人の双方が量刑不当を理由に控訴した。
　裁判所によれば、被告人両名は、Aを確実に殺害するべく至近距離まで接近して、その頭部や背中を狙ってけん銃を発射するなど、周囲の参列者に生命の危険が生じることを意に介せず、本件殺害行為に及んでいるが、Xらの標的はAだけであり、想定外のBとCに弾丸が命中したとしても、講学上、いわゆる打撃の錯誤（方法の錯誤）にあたる。したがって、「いわゆる数故意犯説により、2個の殺人罪と1個の殺人未遂罪の成立が認められるが、B及びCに対する各殺意を主張して殺人罪及び殺人未遂罪の成立を主張せず、打撃の錯誤（方法の錯誤）の構成による殺人罪及び殺人未遂罪の成立を主張した以上、これらの罪についてその罪名どおりの各故意責任を追及することは許されない」とした（東京高判平成14・12・25判タ1168号306頁）。

なるほど、上記の判例も、方法の錯誤について数故意犯説を採用しているが、当初から複数客体に対する（未必的）故意があった場合と異なり、方法の錯誤では、1人に対する殺意により複数人を殺害した以上、それに見合った（軽い）量刑が相応しいとされたのである。しかも、検察官は、原審でBとCに対する殺意を主張せず、方法の錯誤を理由として殺人既遂罪および殺人未遂罪の成立を求めた以上、「BをBとして、CをCとして認識し、それぞれの殺害を図った事案と同一に評価」することで、両名に対する殺意を前提とした量刑判断は許されないという。そこでは、数故意犯説が複数の故意既遂（未遂）を認めて観念的競合にする場合にも、当初から未必の故意があった場合と明確に区分したのである（また、前出東京高判平成6・6・6参照）。

4　故意の個数と構成要件的符合

かりに犯人が限定した侵害客体の個数を超えて、客観的に生じた（生じうる）侵害結果に対する故意を無制限に認めるならば[23]、実行故意から出発した事実の錯誤論を超えることになりかねない。上述した事実の錯誤論は、単なる故意の抽象化でなく、実行故意により認識された行為事情を前提として、当該結果の主観的帰属を問うものだからである。しかも、併発結果の事例は、（一個の）故意構成要件内に収まらない錯誤類型であって、**同一構成要件内の錯誤と異なる構成要件間の錯誤の中間に位置するもの**である。その意味で、同種類の構成要件が対象になるとはいえ、異なった構成要件間の錯誤（後述）に近い側面もある。したがって、後述するように（Ⅳの3参照）、当該構成要件の保護法益や行為態様などを無視するべきでない。

かりに数故意犯説による故意の抽象化を徹底するならば、一発の銃弾を発射した場合にも、「跳弾」現象などにより複数人を殺傷しうる可能性がある以上、周囲にいた人間に対して無数の殺人未遂を認めることになってしまう。この点でも、数故意犯説は、実際に「予想外の客体に生じた（既遂）結果を、どこに帰属させるか」という、事実の錯誤論の前提を超えて故意の符合を認めるものである。そもそも、同種類の併発結果であるにもかかわらず、一個の構成要件該当性を超えた「重い犯罪事実」にあたる以上、刑法38条2項によれば（複数の）故意犯は成立しえないのではなかろうか[24]。

Ⅳ　異なる構成要件間の錯誤

1　抽象的事実の錯誤と刑法38条2項

事実の錯誤が「故意を阻却する」のは、異なる構成要件間の錯誤である。ⅠとⅡで述べた同一構成要件内の錯誤（**具体的事実の錯誤**）に対して、**抽象的事実の錯誤**と呼ばれることもある。例えば、他人が所有する飼い犬を撃ち殺すつもりで発砲したが、狙いが逸れて飼い主を殺害してしまったとき、主観と客観の不一致が、殺人罪（199条）と器物損壊等罪（261条）という異なる構成要件間にまたがっている。その意味で、法定構成要件の

枠を超えた（抽象的）符合が問題となるため、このように命名されたのである。従来、異なる構成要件間の錯誤をめぐっては、法定的符合説、具体的符合説、抽象的符合説が対立してきた。

ここで注意すべき点は、現行法上、抽象的事実の錯誤に関する条文が存在することである。すなわち、わが国の刑法典は、「重い罪に当たるべき行為をしたのに、行為の時にその重い罪に当たることとなる事実を知らなかった者は、その重い罪によって処断することはできない（38条2項）」と明言しており、改正刑法草案も、「重い罪となるべき事実があるのに、犯すときにその重い事情を知らなかった者は、その重い罪によって処断することはできない（20条2項）」とする。また、ドイツ刑法典は、「行為遂行時に、より軽い法律の構成要件を実現する事情を誤認した者は、より軽い法律によってのみ故意犯を理由として処罰することができる（16条2項）」として、いずれの立法例も、**当該犯人の認識内容を超える故意既遂犯の成立を認めていない**。

人違いと客体の取違え

行為者の認識 →	発生した事実 →	事実の錯誤の処理
①Aを射殺しようとしたが、	通行人のBに命中して死亡した。	故意の殺人既遂
②飼い犬を毒殺しようとしたが、	子供のCが食べて死亡した。	器物損壊等罪と殺人罪？
③飼い主を射殺しようとして、	飼い犬を撃ち殺してしまった。	殺人罪と器物損壊等罪？

2　器物損壊罪の故意と被害者の死亡結果

設例の①では、同じく「人」を殺しているが（具体的事実の錯誤）、②では、犬を殺すつもりで人間を殺している（抽象的事実の錯誤）。刑法38条2項によれば、②の場合、軽い器物損壊等罪を超えて重い故意殺人罪を成立させることはできない。すなわち、犯人は隣家の犬を殺すつもりで、その

庭に毒入りの菓子を置いたところ、これを隣家の子供が食べて死んだため、軽い構成要件（犬を殺す）を犯す意思で、殺人罪という「重い罪に当たるべき行為をした」ことになる。しかし、「行為の時に」は、「その重い罪に当たることとなる事実（子供が死ぬこと）を知らなかった」以上、「その重い罪（故意殺人罪）によって処断することはできない」のである[25]。

①では、方法の錯誤の取扱いをめぐって、法定的符合説と具体的符合説が対立していたが、②では、法定的符合説と具体的符合説は、ともに主観と客観の「符合」を否定して、器物損壊等罪の未遂（不可罰）と（重）過失致死罪にとどめる。これに対して、抽象的符合説は、およそ犯罪として抽象的に符合する以上、少なくとも、軽い罪（器物損壊等）の限度で故意既遂犯が成立するという[26]。なお、③の殺人の故意で犬を殺した場合には、重い犯罪（故意殺人罪）の意思で軽い犯罪（器物損壊等罪）を実現しているが、刑法38条の中に格段の定めがない以上、もっぱら解釈によって処理することになる。通常は、殺人未遂罪と過失の器物損壊等罪（不可罰）にあたるとして、最終的には、殺人未遂罪だけが成立するであろう。

3　法定的符合説と構成要件の「重なり合い」

ただし、法定的符合説では、両者の構成要件が同質的で重なり合う場合にかぎって、例外的に軽い罪の故意既遂を認めてきた。例えば、他人の占有する物品を忘れ物と誤信して持ち去ったとき、遺失物等横領罪（254条）の意思で窃盗罪（235条）の事実を実現したが、占有侵害の点を除外すれば、**保護法益や侵害態様などで共通する部分**があるため、より軽い遺失物等横領罪の限度で故意既遂犯を成立させるのである（東京高判昭和35・7・15下刑集2巻7＝8号989頁）[27]。他方、麻薬を覚せい剤と取り違えて密輸入した事案では、いわゆる不法・責任符合説が主張されたり[28]、「日本に持ち込むことを禁止されている違法な薬物である」という認識さえあれば、両構成要件の重なり合いを認める見解がある（第5講のⅡ参照）[29]。また、行政犯における故意の成立範囲をめぐって、規範的な故意概念（ヘルマンの概括的故意）が援用されるなど、如何なる範囲で「重なり合い」を認めるかをめぐっては、様々な見解がみられる。

> **被殺者の嘱託・承諾を誤信した事例** Xは、愛人のAから心中をほのめかされたため、真意による嘱託・承諾があったものと誤信して、Aをナイフで刺殺した。裁判所は、犯人の意思が嘱託殺人であった以上、刑法38条2項を適用して、同意殺人罪の成立にとどめた（名古屋地判平成7・6・6判時1541号144頁）。しかし、同種の事案について、「当時の状況に照しそのように信ずるについて通常人としても首肯できる」場合に限って、同じく38条2項により嘱託殺人罪の成立を認めたものがあり（東京高判昭和53・11・15東高刑時報29巻11号188頁）、行為者の**不注意による嘱託・承諾の錯誤**を考慮しないなど、故意の阻却に消極的な見解もみられる。

一般には、冗談による嘱託を信じて被害者を殺害したとき、「重い罪（殺人罪）に当たる」事実の認識がない以上、普通殺人罪（199条）の故意を認めず、普通殺人罪と同意殺人罪（202条後段）の重なり合いにより、後者の故意既遂罪を認めることになる[30]。もっとも、被害者の承諾は、違法性阻却事由でもあるため、上述した高裁判例に従って故意の阻却を限定する見解もみられる[31]。しかし、刑法202条における嘱託・承諾は、同意殺人罪の客観的構成要件要素である以上、違法性阻却事由としての承諾論にもとづく主張が、そのまま上記の事案に妥当するわけではない[32]。そのほか、異なる構成要件間における因果関係の錯誤として、犯人が相手方を欺こうとしたところ（詐欺の意思）、犯人の粗暴な言動を恐れて被害者が金品を差し出した場合（恐喝の事実）、詐欺（246条）未遂罪となるのか（なお、大判昭和2・12・24刑集6巻555頁参照）、それとも、財産犯相互の重なり合いを認めて、恐喝（249条）既遂罪となるかについても争いがある[33]。

V　犯罪論の基礎と応用

1　共犯における事実の錯誤

上述した単独犯の場合だけでなく、共犯の場合にも、事実の錯誤が問題となる。例えば、窃盗の意思で見張りをしたが、共犯者が強盗を実行したとき、その見張りは窃盗既遂となるにすぎず（最判昭和23・5・1刑集2巻5号435頁）、恐喝を共謀したにもかかわらず、共犯者が共謀の範囲を超えて強盗に及んだとき、刑法38条2項によって恐喝罪の限度で責任を問われ

るだけである（最判昭和 25・4・11 裁判集刑 17 号 87 頁）。さらに、暴行・傷害を共謀した共犯者中の一人が故意の殺人を犯したならば、殺意のない共謀者には、殺人罪と傷害致死罪の構成要件が重なり合う限度で、傷害致死罪の共同正犯が成立する（最決昭和 54・4・13 刑集 33 巻 3 号 179 頁）。

同様にして、教唆犯にあっても、犯人が A 方に対する**住居侵入窃盗**を教唆したところ、正犯者（被教唆者）が B 方に対する**住居侵入強盗**を実行したとき、教唆者については、刑法 38 条 2 項により、住居侵入窃盗の限度でのみ共犯に問われる一方（「ゴットン師」事件。最判昭和 25・7・11 刑集 4 巻 7 号 1261 頁）、従犯にあっては、正犯者による傷害を予見して刃物を貸与した結果、正犯者が被害者を刺殺したならば、幇助者には、傷害致死の従犯が成立するだけである（最判昭和 25・10・10 刑集 4 巻 10 号 1965 頁）[34]。

2　適法性の錯誤と真実性の錯誤

さらに、刑法典各則で事実の錯誤が問題となるのは、公務執行妨害罪（95 条）における適法性の錯誤であり、名誉毀損罪（230 条）における真実性に関する錯誤である。前者は、客観的には適法な公務執行を違法なものと誤信した場合であり、後者は、他人を誹謗中傷する際、「公共の利害に関する場合の特例（230 条の 2）」にあたると信じたが、客観的にはその要件を欠いた場合が考えられる。しかし、後者の場合は、一般的に刑法 230 条の 2 が違法性阻却事由とみられるため、その錯誤も構成要件的錯誤にあたらない以上、別途、責任故意の問題として論じるべきである。

これに対して、職務執行の適法性は、公務執行妨害罪における「記述されない構成要件要素」であって[35]、その錯誤は、事実の錯誤として故意を阻却することになる（不可罰説）[36]。しかし、確立した判例は、法律の錯誤とみて故意犯の成立を妨げないとしてきた（大判昭和 6・10・28 評論 21 巻諸法 69 頁、大判昭和 7・3・24 刑集 11 巻 296 頁）。他方、学説の多数は、適法性の錯誤についても、事実の錯誤と法律の錯誤で区別する。例えば、裁判所の執行官を税務署の職員と取り違えた場合は事実の錯誤であるが、執行官の差押えと知ったうえで、真実の債務がないので妨害しても許されると誤解した場合には、法律の錯誤にあたるという（二分説）[37]。

3 事実の錯誤と法律の錯誤（再論）

なるほど、職務執行の適法性それ自体は、裁判官の客観的判断に従うものであり（いわゆる客観説）、しかも、それが**規範的構成要件要素**にあたる以上、犯人には**意味の認識**があれば足りる。すなわち、適法性の錯誤が故意を阻却するのは、規範的構成要件要素の前提事実を誤信した場合に限られる（事実の錯誤）。したがって、特に違法な職務執行であると疑われる状況でないかぎり、通常は故意が阻却されない点に着目すれば、消極的な事実の錯誤にあたるといえよう。もっとも、法律の錯誤に分類された場合にも、ただちに故意犯が成立するわけではない（後掲図のⅰ）〜ⅲ)を参照されたい）。

適法性の錯誤をめぐる事実の錯誤と法律の錯誤

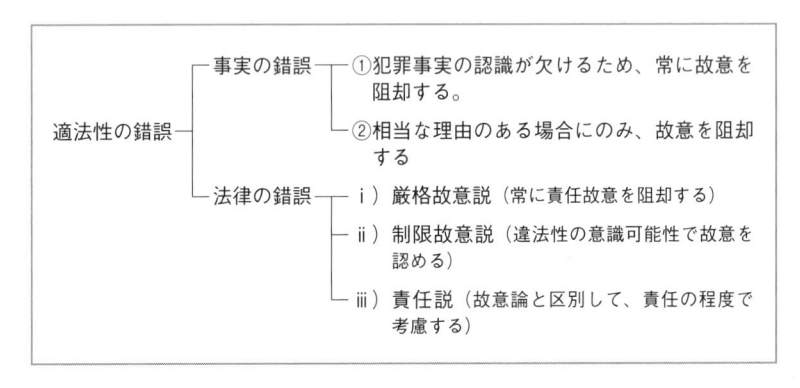

```
                ┌ 事実の錯誤 ┬ ①犯罪事実の認識が欠けるため、常に故意を
                │           │   阻却する。
                │           └ ②相当な理由のある場合にのみ、故意を阻却
適法性の錯誤 ─┤               する
                │           ┌ ⅰ）厳格故意説（常に責任故意を阻却する）
                └ 法律の錯誤 ┼ ⅱ）制限故意説（違法性の意識可能性で故意を
                            │        認める）
                            └ ⅲ）責任説（故意論と区別して、責任の程度で
                                     考慮する）
```

かようにして、いずれが規範的構成要件要素にあたり、その誤認が事実の錯誤に含まれるか、あるいは、それ以外の法的評価（法律の錯誤）として処理されるかは、各構成要件の内容次第である。また、刑法典各則における事実の錯誤では、刑法総論で採用した見解が、実際の事件処理でも一貫した解決を導きうるかが試される。反対説の中には、犯人の主観的認識それ自体を規範化・実質化することで、構成要件的符合の枠組みを不明確にする傾向がみられるが、当初、自然的事実の認識から具体的符合説を主張した論者が、刑法各論では、法定構成要件を超越した抽象的な重なり合

いを認めるとき、これを犯罪論の実質化に伴う「実質的符合」と呼ぶとしても、各構成要件ごとに保護法益や行為態様を検討する各論の思考方法とはそぐわないであろう。

1) その詳細については、佐久間修・刑法における事実の錯誤（昭62）2頁以下、433頁以下参照。
2) この点について、ドイツ刑法典16条は「行為遂行時に、法定構成要件に属する事情を認識していなかった者は、故意に行為していない」と明記するが、わが国でも、「罪を犯す意思がない行為は、罰しない（刑法38条）」とか、「罪となるべき事実を知らないで犯した者は、故意にしたものとはいえない（改正刑法草案20条）」と規定する。
3) 構成要件的錯誤と違法性の錯誤は、構成要件・違法・責任という犯罪論体系に沿った分類であり、犯人の認識対象となった事実の性質に応じて、構成要件的錯誤が「構成要件的故意を阻却」し、違法性の錯誤が「責任故意を阻却」しうるという。
4) もっとも、通説・判例に対する批判の中には、こうした差異を弁えなかったり、実行故意や違法・責任の判断と混同した議論が少なくない（後述参照）。
5) 第5講の故意論で紹介したように、警察規則を誤解したため、無鑑札犬は無主犬であると思って他人所有の犬を撲殺した場合、器物損壊罪（261条）の故意が欠けるのと同様である（最判昭和26・8・17刑集5巻9号1789頁）。もっとも、チャタレー事件に関する最高裁判例では、当該文書が「わいせつな文書」に該当しないと誤信したことは、単なる法律の錯誤であって、故意を阻却しないとされた（最大判昭和32・3・13刑集11巻3号997頁）。
6) ただし、最判昭和32・10・3刑集11巻10号2413頁は、滞納処分による差押えの標示を法律上無効であると信じて損壊した場合にも、法律の錯誤であって故意を阻却しないとした。
7) なお、いずれも構成要件的事実の錯誤とみるのは、浅田和茂・刑法総論（補正版・平19）329頁、川端博・正当化事情の錯誤（昭63）49頁などである。
8) 伝統的な判例は、違法性の意識不要説を採用するため、法律の錯誤にあたる以上、「たぬき」と「十文字狢」を取り違えても故意の成否に影響しないことになる。なお、判例の詳細については、大塚ほか編・大コンメンタール刑法（3）（第2版・平11）211頁以下〔佐久間修〕、川端博＝西田典之＝原田國男＝三浦守編・裁判例コンメンタール刑法第1巻（平18）355頁以下〔川端博〕など参照。
9) その意味で、裁判所は、「事実の錯誤は故意を阻却するが、法律の錯誤は故意を阻却しない」という命題を維持しつつも、どの分類にするかを便宜的に判断したとされる（福田平・刑法総論（全訂第五版・平23）215～216頁）。
10) 佐久間修「錯誤論における結果帰属の理論」福田平＝大塚仁古稀祝賀（上）（平5）160頁以下。
11) 大塚仁・刑法概説総論（第四版・平20）194頁、福田・前掲書119～120頁、佐久間修・刑法総論（平21）127頁など。
12) ただし、大谷實・刑法講義総論（新版第3版・平21）168、181頁、前田雅英・刑法総論講義（第5版・平23）248、274～276頁、西田典之・刑法総論（第2版・平22）227頁は、因果関係の認識を不要とされるため、因果関係の錯誤が問題にならない。
13) これに対して、甲斐克則「故意」法学教室261号（平14）18頁は、具体的符合説こそが「事実および行為者の認識に忠実な見方」と述べていた。
14) また、条件付き故意のように、犯行に至る経緯はともかく、当該結果の発生を確定的

に認識することもありうる。その意味で、故意論と錯誤論の統一性を要求する見地からは、首尾一貫しないという批判が可能である。
15) 団藤重光・刑法綱要総論（第三版・平2）298頁、大塚・前掲書190頁以下、福田・前掲書116～117頁、大谷・前掲書182頁、川端博・刑法総論講義（第2版・平18）234～236頁など。
16) 平野龍一・刑法総論Ⅰ（昭47）175頁、西田・前掲書221、224～225頁、山口厚・刑法総論（第2版・平19）206頁など。
17) 客体の錯誤と方法の錯誤の境界が曖昧になる場合として、電話を用いた脅迫で誤接続により別人が電話口に出たとき、あるいは、第三者を利用した犯行で、実行担当者が相手方を取り違えて殺した場合などが考えられる。なお、佐久間・前掲書128頁、井田良・講義刑法学・総論（平20）178～179頁など参照。
18) かつて具体的符合説と法定的符合説の対立は、同一構成要件内の軽微ない違いを重視するかどうかの違いであったが、その後、具体的（法定）符合説と（抽象的）法定符合説の対立に置き換えられた。
19) 団藤・前掲書304頁注（36）、大谷・前掲書184～186頁、前田・前掲書270～271頁など。
20) 団藤・前掲書298頁、大谷・前掲書184頁。
21) これが客体の錯誤であるならば、客体の個数をめぐる問題は、具体的（法定）符合説にあっても生じるであろう。
22) また、殺意をもって甲に発砲したが、第1弾が居合わせた乙に命中する一方、第2弾と第3弾が甲に命中して、甲を即死させるとともに、乙に傷害を負わせたときには、甲に対する殺人既遂と乙に対する殺人未遂の観念的競合とした高裁判例がみられる（東京高判昭和25・10・30高特14号3頁）。
23) なるほど、新矢悦二「強盗殺人未遂罪といわゆる打撃の錯誤」最高裁判例解説刑事篇（昭和53年度）（昭57）330頁によれば、標的以外の第三者が無傷であった場合には、複数の殺意を認めないとされる。しかし、こうした修正が必要となること自体、数故意犯説の主張と矛盾する（長井長信「法定的符合説(1)―故意の個数」刑法判例百選Ⅰ総論（第五版・平15）81頁、松宮孝明・刑法総論講義（第4版・平21）195頁）。しかも、その処理を検察官の訴追裁量に委ねるのであれば、本文中の高裁判例とも抵触するであろう。
24) もっとも、いわゆる一故意犯説に対しては、実際の裁判で客体が特定されないという不都合が指摘されている（町野朔「法定的符合説(1)―故意の個数」刑法判例百選Ⅰ総論（第二版・昭59）110頁など）。しかし、事実の錯誤論では、すでに特定の客体に向けた（実行）故意と客観的な結果を判断対象として、その主観的帰属が問われることになるため、反対説は、法解釈と手続上の問題を混同している。
25) もっとも、刑法38条2項は、処断上の限界を示したにとどまり、いかなる理由で何罪が成立するかは明示されていない。そこで、当初は、重い罪が成立した上で軽い刑を適用する見解もあったが（大判明治43・4・28刑録16輯760頁）、今日では、最初から軽い犯罪が成立するという立場が支配的となった（大塚・前掲書197頁注(20)、最決昭和54・3・27刑集33巻2号140頁、最決昭和54・4・13刑集33巻3号179頁など）。
26) 抽象的符合説からは、法定的符合説の場合、器物損壊の意思で現に損壊すれば、3年以下の懲役または30万円以下の罰金・科料で処断されるが（261条）、器物損壊の意思で誤って人を殺傷したとき、重大な結果を惹起したにもかかわらず、過失致死傷罪（209、210条）として罰金刑にとどまるのは、罪刑の均衡を失すると批判されてきた。これに対して、現行刑法典が過失犯の法定刑を軽くした以上、やむをえないという反論がある（大塚・前掲書199～200頁）。

27) そのほか、家屋内で生存していた被害者がすでに死亡したものと誤信して、客観的には他人が現在する建物に放火したときは、非現住建造物等放火罪にあたるとした判例もみられる（神戸地判昭和36・6・21下刑集3巻5＝6号569頁）。
28) 町野朔「法定的符合について（上）」警察研究54巻4号（昭58）3頁以下、同「法定的符合について（下）」同前54巻5号（昭58）3頁以下など参照。
29) 前田・前掲書262、285～286頁、最決昭54・3・27刑集33巻2号140頁、最決昭和61・6・9刑集40巻4号269頁など。
30) 大判明治43・4・28刑録16輯760頁、大塚仁・刑法概説各論（第3版増補版・平17）22頁。
31) 例えば、長井長信「嘱託殺人罪の錯誤」平成7年度重判解（平8）138頁。
32) これに対して、実際上は被害者の同意があったにもかかわらず、そのことを知らずに殺害した場合には、重なり合いを認めて同意殺人罪（既遂）とするか、普通殺人罪の未遂とするかで見解が分かれる。なお、佐久間修・新演習講義刑法（平21）185頁以下、同「故意論の実像と錯誤論の関係について」現代刑事法6巻6号（平16）106頁以下、同「事実の錯誤論の再構成」現代刑事法6巻7号（平16）100頁以下参照。
33) なお、強盗犯人が、相手方の反抗を抑圧しうる脅迫を用いたところ（強盗の意思）、被害者が軽度の恐怖心から財産的処分をした場合（恐喝の事実）、判例によれば、たまたま相手方が反抗を抑圧されなかった以上、強盗未遂罪にあたるとされた（最判昭和23・6・26刑集2巻7号748頁）。
34) なお、単独犯における事実の錯誤と対比して、共犯の錯誤の特殊性については、別途、共犯の諸問題で解説する予定である。例えば、甲と乙は、公務員を買収して虚偽公文書を作成させるように共謀したが、買収が困難であると知った乙が、甲に相談することなく、第三者である丙に公文書偽造を教唆することで偽造の公文書を用意した場合、裁判所は、単独犯では考えにくい虚偽公文書作成罪（の教唆）と公文書偽造罪（の教唆）の重なり合いを認めて、甲乙ともに、公文書偽造罪の教唆犯としている（最判昭和23・10・23刑集2巻11号1386頁参照）。
35) 大塚・前掲各論563頁以下、大谷實・刑法講義各論（新版第3版・平21）547頁以下、大判大正7・5・14刑録24輯605頁など。
36) 植松正・刑法概論II各論（再訂版・昭50）25頁、村井敏邦・公務執行妨害罪の研究（昭59）287～289頁。なお、大阪地判昭和47・9・6判タ306号298頁参照。
37) 大塚・前掲各論571～572頁、大谷・前掲各論553頁。

第 **8** 講

因果関係論の現在
── 条件関係と相当因果関係

Causation as Factual Cause and Legal Cause

【刑　法】
第43条（未遂減免）　犯罪の実行に着手してこれを遂げなかった者は、その刑を減軽することができる。…(以下、省略)…
第44条（未遂罪）　未遂を罰する場合は、各本条で定める。

【改正刑法草案】
第22条（結果的加重犯）　結果の発生によって刑を加重する罪について、その結果を予見することが不能であったときは、加重犯として処罰することはできない。
第23条（未遂犯）　①犯罪の実行に着手して、これを遂げなかった者は、未遂犯とする。
②未遂犯を罰する場合は、各本条で定める。
③未遂犯は、その刑を軽減することができる

【ドイツ刑法典】
第22条（未遂の概念規定）　犯行に関する自らの表象によれば、直接に構成要件の実現に着手した者は、犯罪の未遂を行ったものである。
第23条（未遂の可罰性）　①重罪の未遂は常に罰せられ、軽罪の未遂は法律に明文の定めがあるときに限り罰せられる。
②未遂は、既遂の犯行よりも軽く罰することができる（49条1項）。…(以下、省略)…

I 因果関係の意義とその役割

1 行為・結果・因果関係

　客観的な構成要件要素として、実行行為と侵害結果の間には、一定の因果関係が必要である。例えば、Aが殺意をもってBに切り付け、かすり傷を負ったBが、その翌日に病院へ行く途中で交通事故により死亡した場合を考えてみよう。この事例では、現にAの行為からBが死亡しており、殺人（既遂）罪の構成要件にあたるようにみえる（199条）。しかし、Aの実行行為（切り付ける）とBの死亡結果（交通事故死）の間には、刑法上の因果関係がないため、Aは殺人未遂となる（203条）。同様にして、甲が乙を欺いて現金をだまし取ろうとしたが、その嘘に気付いた乙が甲に同情して金品を与えたとき、詐欺（既遂）罪にならない（ただし、未遂犯は成立しうる。246、250条）。殺人罪はもちろん、窃盗罪や詐欺罪などの財産犯も、いわゆる**侵害犯**の中で**結果犯**に分類されるため、犯罪結果を含む行為（広義）が成立要件となるからである[1]。

　上述した結果犯では、犯人の実行行為と構成要件該当結果（人の死亡・金品の移動など）の間に一定の結びつきがなければならない。その意味で、因果関係論は、刑法上の原因＝結果の関連性を問うものである。冒頭の設例では、偶然に生じた交通事故死であるため、犯人の行為と死亡結果の因果関係は否定される。したがって、Bの死亡を理由にAを殺人既遂罪に問うことはできない。すなわち、構成要件上、行為と結果の因果関係が存在して初めて、結果犯は完成するのである（既遂犯成立）。しかも、未遂犯の処罰規定がない犯罪類型では、因果関係が欠けるとき、およそ不可罰になってしまう（44条参照）[2]。

因果の流れと介在事情　①犯人がナイフで切りつける（＝実行の着手。43条）──②被害者の身体に切創・出血が生じる──③被害者が病院に向かう──④途中で交通事故に遭う（または、病院内で細菌に感染する）──⑤被害者が死亡する（侵害結果の発生）＝犯罪が完成して既遂犯となるか？
　理論上は、①の行為がなければ、②の結果が生じることはなく、③の事実もなかったし、④の事故に遭うこともなく、⑤の結果は生じないといえる。この

場合、①と⑤の間には、「あれなければこれなし」という条件関係が認められる。

2　挙動犯・結果犯・結果的加重犯

ただし、住居侵入罪や偽証罪のように、行為それ自体を処罰する構成要件では、因果関係が要求されない。これらの**挙動犯**では、身体的動静としての行為（狭義）さえあれば、犯罪が完成するからである[3]。しかし、多くの犯罪類型は結果犯であり、特に過失行為の場合には既遂犯だけが処罰される。したがって、たまたま重大な結果が発生しても、因果関係如何により過失犯の成否が決まる。また、結果的加重犯にあっても、加重結果の過失を不要とする場合（判例）、まさしく因果関係の有無がその成否を決定する。

現行法上、因果関係に言及した明文の規定は見当たらない。改正刑法草案（同草案22条）やドイツ刑法典（同法11条2項）でも、因果関係があることを当然の前提としつつ、犯人が当該結果を予見できなかったとき、刑を加重しないというにとどまる[4]。また、因果関係の判断方法についても、法律に手がかりがないため、学説上、様々な見解が対立してきた（後述参照）。他方、**行為主義**を採用する刑法典は、実行に着手した以上、侵害結果が生じなくても、既遂犯と同様に取り扱っている[5]。したがって、未遂犯が処罰される場合には、たとえ因果関係がなくても、既遂犯と同様に処罰できる。そのため、因果関係論は、主として**過失犯**や**結果的加重犯**で争われたのである。

過失犯の因果関係　　下記の判例は、いずれも業務上過失致死傷罪（211条）の事案である。
　①自動車を運転していた甲は、過失により通行人の乙と衝突して、乙を自動車の屋根にはねあげたまま、それに気づかずに運転していた。ところが、自動車の屋根から垂れている乙の腕に気付いた同乗者の丙が、乙の腕を引っ張って路上に落下させたため、乙は、頭部打撲によるくも膜下出血などで死亡した。ただ、死因となった頭部外傷が、最初の衝突によるものか、屋根から落ちた際に生じたかが特定できなかった。裁判所は、甲の過失行為から乙の死亡結果が生じることは、経験上当然に予想しうるものでないとして、その間の因果関係を否定した（**米兵ひき逃げ事件**。最決昭和42・10・24刑集21巻8号1116頁）。
　②医師の資格がない柔道整復師のXは、風邪の症状を訴えた患者のYに対

して、誤った治療法を繰り返し指示した。その後、Xの指示を忠実に守ったYが、病状の悪化により死亡した。患者であるYには、医師の診察・治療を受けなかった落度があるとしても、Xの行為とY死亡の間には因果関係があるとされた（**柔道整復師事件**。最決昭和63・5・11刑集42巻5号807頁）。
　③潜水指導者であったAは、夜間潜水の講習指導中、不用意に受講生の傍らから離れてBらを見失った。Aの行為は、受講生が海中で空気を使い果たして溺死する危険性を有しており、たとえ指導補助者や受講生らの不適切な行動によりBらが溺死したとしても、Aの過誤がこれを誘発したものである以上、Aの行為と被害者の死亡には因果関係があるとした（**夜間潜水事件**。最決平成4・12・17刑集46巻9号683頁）。

3　因果関係論の前提状況

　刑法上の因果関係論では、当該実行行為と具体的結果の客観的帰属が問題となる[6]。その意味で、抽象的な行為と結果の結びつきを問うものではない。例えば、**熊撃ち事件**（後述参照）では、第1行為から生じるであろう過失致死でなく、第2行為から現に生じたAの即死という結果が問題となる。しかも、すでに実行に着手したことが当然の前提であって、例えば、墜落事故が頻発する航空会社の飛行機に乗せたところ、搭乗機が墜落して被害者が死亡しても、通常、チケットを贈与する行為には、生命侵害の現実的（具体的）危険がない以上、被害者の墜落死について因果関係を論じるまでもない。すなわち、刑法上の実行行為から当該結果が生じた際、その途中に何らかの異常事態があったとき、因果関係の存否が問題となるのである。

熊撃ち事件　猟銃をもって熊撃ちに出かけたXは、同行者であるAを熊と間違えて発砲し、Aに瀕死の重傷を負わせた。Xは、どうせ助からないAを早く楽にしてやろうと考え、さらに銃弾を発射してAを即死させたが、ここでは「Aの死」一般を論じるべきでなく、第1の誤射によりAが死亡するとしても、新たな殺意にもとづく第2の発砲からAが即死した事実が問題となる。裁判所は、第2行為との因果関係を認めて、Xを業務上**過失致傷罪**と**殺人既遂罪**の併合罪で処罰した（最決昭和53・3・22刑集32巻2号381頁）[7]。

　因果関係の存否をめぐっては、多数の重要判例がみられるが、いずれも因果関係を肯定してきた。大審院から最高裁を通じて最上級審で因果関係が否定されたのは、上記の「米兵ひき逃げ事件」だけである。そこでは、同乗者が被害者を屋根から転落させた点が、一般の経験則上も予想できな

いとしているが（後述する相当因果関係説に近い）[8]、そのほかの判例では、介在事情の軽重を問うことなく、犯人の行為から派生（単なる誘発も含む）すればよいとされた。その意味で、わが国の判例は、後述する条件説に従っており、近年では、第三者の介入で被害者の死期が早まった場合にも、最初の行為による現実的危険が現実化すればよいとした判例もある（後述する**大阪南港事件**である。最決平成 2・11・20 刑集 44 巻 8 号 837 頁）。

II　条件関係をめぐる諸問題

1　刑法上の因果関係と異常事態の介入

こうした前提状況を踏まえつつ、因果関係の有無が争いとなった判例を概観しておこう。幾つかの類型に分けるならば、Ⅰ被害者の隠れた心臓疾患など、犯行前から特殊事情が存在した場合（最判昭和 25・3・31 刑集 4 巻 3 号 469 頁など）、Ⅱ実行途中やその終了後に、Ⅱ-1 被害者の異常な行動があったとき（大判大正 12・7・14 刑集 2 巻 658 頁、前出最決昭和 63・5・11 など）、Ⅱ-2 犯人自身の事後的な関与があったほか（大判大正 12・4・30 刑集 2 巻 378 頁、前出最決昭和 53・3・22 など）、Ⅱ-3 第三者の故意行為が介入するなど（前出最決昭和 42・10・24、前出最決平成 2・11・20 など）、異常な経路を辿って当該結果に到達した場合がある。

特にⅡ-3 のように、複数人が犯行に関与したとき、因果関係も複雑な様相を呈することがある[9]。しかし、いずれの事案にあっても、その間の条件関係は認められるため（「あれなければこれなし」）、実際の裁判では、相当因果関係の有無が問題となった。これに対して、理論上、条件関係が争いとなる例も考えられる。具体的には、**因果関係の断絶**や**合義務的な択一的挙動、重畳的因果関係**や**二重の因果関係**（択一的競合）である[10]。これらの類型は、ほとんどが架空の設例であり、実務上は議論する実益が乏しいが、一応の説明をしておこう。

2　因果関係の断絶と仮定的因果経過

まず、因果関係の断絶とは、上述した熊撃ち事件のように、第 1 の犯行

時には予見できなかった第2行為が当該結果を実現した場合である。また、AがBに致死量の毒薬を飲ませた後、Aとは無関係のCが、Bの心臓を突き刺して殺害したり、XがYをビルの屋上から突き落としたところ、Zが落下途中のYを射殺した例などが挙げられる。いずれも、先行する第1行為によってではなく、第2行為によって被害者が死亡しており、第1行為と死亡結果の条件関係は「断絶」するため、もっぱら第2行為による結果と評価される（前出最決昭和53・3・22参照）。なるほど、実際には、第1行為も含めた複数の事実が相俟って、その時間・場所で死亡するに至ったが、因果関係論では、どの行為が原因であるかを決定しなければならず、他の条件を排除しつつ、第2行為と当該結果の因果関係を論じることになる。

上述した熊撃ち事件では、犯人が重傷の被害者を放置した場合にも、いずれは死亡するであろうから、第2行為と死亡結果の間には、条件関係がないとする主張もありうる[11]。しかし、この見解は「もし第2行為がなかったならば」という仮定的条件を付け加えている（**仮定的因果経過**と呼ばれる）。例えば、死刑の執行直前に受刑者を殺害した場合や、脇見運転のドライバーが路上の酔っ払いを轢いた場合にも、その直後に死刑が執行されたり、他の車両に轢かれることで、やはり被害者の死は避けられないであろう。その意味で、条件公式の「あれ（行為）なければこれ（結果）なし」の関係が存在しないようにみえる。しかし、それは、上述した仮定的条件を付加したからであって、因果関係論では、実際に存在しなかった条件を追加してはならず、あくまで実際の行為と結果の関連を論じるべきである（通説）。

3 合義務的な択一的挙動と不作為犯の因果関係

同様にして、条件公式を充たすかどうかが議論されたのは、合義務的な択一的挙動である。例えば、大型トレーラーの運転手であるDが、前方を自転車で走行中のEを追い抜く際、十分な車間距離を取らずにこれを転倒させてEを轢き殺した。しかし、行為当時のEが酔っ払っており、かりに十分な車間距離を取ったとしても、やはり転倒して死亡したと考えられる場合である（**トレーラー事例**と呼ばれる）。ここでは、Dが法的義務を

遵守しても死の結果が生じるため、「あれなければ（つまり義務違反の運転がなくても）これあり（同じく轢死した）」として、およそ条件関係が否定されてしまう（大判昭和 4・4・11 新聞 3006 号 15 頁、名古屋高金沢支判昭和 41・1・25 下刑集 8 巻 1 号 2 頁など）。

　もっとも、道路交通法規を遵守した D の運転を付加することは、やはり仮定的条件の一種であって、上述したトレーラー事例にあっても、現にドライバーの不注意で被害者が死亡したならば、条件関係を認めるべきである[12]。反対説は、結果回避可能性がない以上、犯人を処罰しても抑止効果がないというが、そこでは、因果関係の判断に過失の有無や刑事政策的要素を持ち込んでいる[13]。他方、不作為犯の因果関係では、「（要求された）作為があれば、その結果は発生しなかった」という（仮定的）判断が必要となる[14]。すなわち、作為犯では「引き算」となるが、不作為犯では、仮定的な作為を付け加えている（いわば「足し算」である）。しかも、仮定的条件により当該結果を回避できたかは不確実であるため、判例上「十中八、九発生しなかった」状態で足りるとされる（最決平成元・12・15 刑集 43 巻 13 号 879 頁）。

京踏切事件とバックミラー事件　①電車運転手の甲は、電車の走行中、通称「京踏切」にいた乙（1 歳 9 か月）を轢いて死亡させた。かりに甲が前方注視義務を尽くしていれば、実際よりも早く乙を発見して、警笛を鳴らすほか、電車を停車させるなどの措置をとりえたが、かりに発見時に非常制動をかけても、踏切の手前で停車するのは不可能であり、しかも、乙が素早く踏切から逃げたり、現場に駆けつけた家族が救助できるかは疑問であった。したがって、甲が前方注視義務を怠って急制動が遅れたとしても、「乙の危害を未前（原文のまま。等者注）に防止し得たりと為すに足らざるが故に、其の措置に出でざりしことも亦、乙轢死の原因と為すに由なし」と述べて、過失行為はあったが、乙の死亡について因果関係が欠けるとした（**京踏切事件**。前出大判昭和 4・4・11）。
　②自動車運転手の X は、後方の安全確認義務を怠って右折転回をしたため、これを追い越そうとする A らのオートバイと衝突し、A らを死傷させた。しかし、かりに注意義務を遵守しても、高速度で接近する A 車を認識するのは困難であり、相手方車両が交通法規に従って適切な回避行動をすると信頼すれば足りると述べて、X の過失行為と A らの死傷結果の間には相当因果関係がないとした（**バックミラー事件**。福岡高那覇支判昭和 61・2・6 判時 1184 号 158 頁）。いずれも、結果回避可能性と因果関係の存否を区別している[15]。

4　二重の因果関係または択一的競合

　二重の因果関係（択一的競合）とは、単独で侵害結果を招来しうる複数の実行行為が、たまたま別個独立に行われたとき（同時犯にあたる）、いずれの行為と発生結果の因果関係を認めるかの問題である[16]。例えば、AとBが別々に致死量の毒薬をCに飲ませたところ、数分後にCが中毒死したが、かりに競合する一方の行為がなくても、もう一方の行為によりCが死亡するであろうから、「A（またはB）の行為がなければCの死亡はなかった」という条件公式を充たさない（A、Bとも殺人未遂となる）。しかし、後述する重畳的因果関係では、犯人らが致死量に足りない毒薬を投与した場合にも、実際に被害者が死ぬことで条件関係が認められるため、これと比較して不合理な結論になる。

　そこで、多数説は、条件公式を修正して、「双方の条件（A、Bの行為）を取り除けば当該結果が発生しない」以上、AおよびBの行為と死亡結果の条件関係を認めようとする[17]。しかし、およそ共犯者でないAとBの行為を、なぜ一括して除外できるかは不明である。むしろ、上述した多数説では、Aの行為とC死亡の因果関係を考えるとき、Bの行為とC死亡の条件関係（の存在）を前提としつつ、Bの行為とC死亡の因果関係を考えるとき、Aの行為とC死亡の条件関係（の存在）を前提としている。その意味で、いずれも仮定的条件を付加しており、こうした条件を取り除いて考えるならば、Aの行為から死亡結果に至ることについて「あれ（行為）なければこれ（結果）なし」という条件公式を充たすので、条件関係を肯定できる。Bの行為についても同様である（A、Bとも殺人既遂）。

5　重畳的因果関係と疫学的因果関係

　重畳的因果関係とは、それだけでは侵害結果を惹起しない行為が重なることで、当該結果を生じさせた場合である。例えば、XとYが各々独立して、致死量に満たない毒薬をZに飲ませたところ、両方の毒薬が合算して致死量に達したため、Zが中毒死した場合である。理論上は、一方の行為がなければ、Zが致死量の毒薬で死ぬことはない。その意味で、当該行為と死亡結果の間には条件関係がある。しかし、XとYには意思疎通

がない以上、殺人既遂の共同正犯とみることはできない。そこで、各々の行為と死亡結果の条件関係を認めた上で、各人が致死量に達しない毒薬を飲ませたにもかかわらず、たまたま両者が重なった点に着目して、むしろ、相当因果関係を否定することになる。XとYはいずれも、殺人未遂罪として処罰される[18]。

熊本水俣病事件 犯人らの工場から、塩化メチル水銀を含有する排水が水俣川河口に排出されたため、その周辺で魚介類を捕獲・摂食した地域住民が、いわゆる水俣病により負傷・死亡することになった。水俣川河口海域に有害物質を排出した行為と傷害・死亡の因果関係が問われた際、被告人側が、疫学上の蓋然性から個別的な因果関係を認定すべきでないと主張したのに対して、裁判所は、「(原判決) 疫学的証明も事実認定の一方法であることを当然の前提としているものであるが、疫学的証明があれば裁判上の証明があつたとか、蓋然性の程度で因果関係を認定しうるとしているのではなく、疫学的証明のほかに、病理学的な証明などを用いることによつて」、「疫学的は勿論病理学的その他の経験則を基礎に右各情況証拠を総合し、これにより本件被害者らの発症につき所論の個別的因果関係を是認して」おり、その認定方法に誤りはないとした（福岡高判昭和57・9・6高刑集35巻2号85頁）。

現代科学では、因果的機序（メカニズム）のすべてを解明できないこともある。その場合には、およそ条件関係が否定されるのであろうか。上述した熊本水俣病事件では、被害者が胎児性水俣病に罹患した原因として、母親が同海域で捕獲された魚介類を摂食した事実が認定された[19]。疫学的因果関係とは、統計学的な見地から対照群と比較することで、一定の事象と侵害結果の結びつきを認めるものであり、個々の因果的機序が完全に解明され、当該行為が唯一かつ直接の原因とされる必要はないのである[20]。したがって、熊本水俣病事件では、科学的にも有機水銀中毒による奇病がありうること、そうした水俣病が自然界では頻繁に起こりえない点で、自然法則と矛盾しないことが証明されれば、刑法上の条件関係は肯定されるのである[21]。

III 条件関係と相当因果関係

1 いわゆる条件説と因果関係の中断

　刑法上の因果関係は、当該行為から結果に至る因果経過の「相当性」を問うものであって、構成要件上「異常な部分」がなければよい。もし因果関係を否定すれば、刑法上「その結果はなかった」として、実際には発生したにもかかわらず、「宙に浮く」ことになってしまう。そうした事態は、例外的な場合に限られるべきであって、大多数の判例が条件説を採用してきたのも、理由がないわけではない（例えば、大判大正 12・5・26 刑集 2 巻 458 頁、最判昭和 25・11・9 刑集 4 巻 11 号 2239 頁など）。なお、条件説は、当該結果に先行するすべての条件を等しく原因とみるため、**等価値説**とも呼ばれる[22]。

　しかし、「あれ（行為）なければこれ（結果）なし」というだけでは、自然的な因果連鎖が無限に続く以上、冒頭の交通事故死や自然災害による侵害結果も、犯人に帰属させることになってしまう。そこで、条件説の論者は、**因果（条件）関係の中断**を認めようとしたが、なぜ中断されるかの説明が足らず、その基準も不明確であると批判されてきた[23]。刑法上の因果関係が、客観的な構成要件要素として、実行行為と侵害結果の結びつきを問うものである以上、社会生活上相当な範囲に絞り込むべきであり、その基準として提唱されたのが相当因果関係説である（通説）。

2 相当因果関係説の判断枠組み

　構成要件上の因果関係は、当該行為と侵害結果を 1 対 1 の関係で捉えるのでなく、ある程度の幅をもって考察することになる。言い換えれば、実際に生じた因果経過が一定の枠内に収まっていればよい。また、一部の学説は、「広義の相当性」と「狭義の相当性」に分けているが[24]、前者は、実行行為それ自体の問題であるのに対し、後者こそが、因果関係の存否を左右することに注意しなければならない。しかも、およそ実行行為が内包する現実的危険は、侵害結果を惹起しうるという事前判断であるのに対し

て、相当因果関係の有無は、実際に生じた因果経過を回顧的に評価する事後判断である（後掲の図を参照されたい）[25]。

つぎに、「（狭義の）相当性」は、社会生活上「実際にありうる」とか「異常でない」という趣旨であり、当該行為から結果に至ることが「普通である」という意味ではない。また、相当性の判断とその基礎となる諸事情は、厳密に区別されねばならない。基礎事情をめぐっては、①主観説、②客観説、③折衷説が対立しており、①主観説（主観的相当因果関係説）は、行為者が予見・認識した（または予見・認識できた）事実を基礎事情とするのに対して、②客観説（客観的相当因果関係説）は、犯行時に存在したすべての客観的事実と一般人が知りえた行為後の介在事情も加えている[26]。前者は、行為者が知りえた事実に限られるため、その範囲が狭すぎるのに対し、後者は、すべての行為事情が考慮される点で広すぎるといわれる。

因果関係論の判断構造

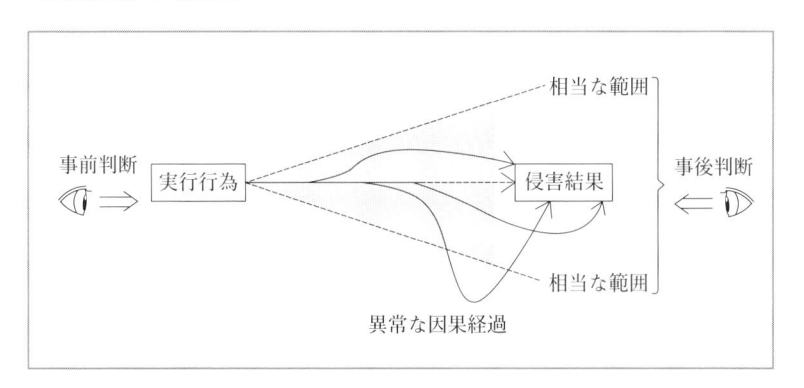

3 犯行前から存在した特殊事情

例えば、AがBを脅迫したため、隠れた心臓疾患をもつBがショック死した場合など、犯行前から存在した特殊事情が予想外の結果を招来したとき（後掲の脳梅毒事件や老女ふとん蒸し事件など）、「脅迫がなければ死ななかったであろう」という条件関係は認められるが、相当因果関係を肯定できるであろうか。かりに一般人が認識できなかった心臓疾患を基礎事情か

ら除くならば、単なる脅迫から死亡する経緯が異常である以上、相当因果関係は否定されることになる。これに対して、犯人が被害者の心臓疾患を知りつつ脅迫に及んだならば、①主観説であっても、犯人の行為と死亡の相当因果関係が肯定される。しかし、犯人が被害者の心臓疾患を知らなかったならば、②客観説はともかく、①主観説および③折衷説（後述）にあっては、相当因果関係が認められない。

脳梅毒事件と老女ふとん蒸し事件　①Xは、被害者Aの左目付近を右足でけりつけたが、10日程度で治癒する負傷であったにもかかわらず、脳梅毒に罹患したAの脳に高度の病的変化が生じていたため、これらが相俟って死亡するに至った。その際、犯人が行為時にそうした特殊事情を知らず、また予測できなかったとしても、Xの暴行とA死亡の間に因果関係が認められるとした（**脳梅毒事件**。最判昭和25・3・31刑集4巻3号469頁）。
　②甲は、前家主の妻Aに対して金員の返還を要求して拒絶されたため、これを強取する意思で、同女をあおむけに倒して左手で頸部を絞めつけ、右手で口部を押さえたほか、その顔面を夏布団でおおって鼻口部を圧迫するなど、同女の反抗を抑圧して現金などを強取した。その結果として、同女が死亡したところ、原判決は、折衷説に従って（相当）因果関係がないとした。しかし、最高裁は、「致死の原因たる暴行は、必らずしもそれが死亡の唯一の原因または直接の原因であることを要するものではなく、たまたま被害者の身体に高度の病変があつたため、これとあいまつて死亡の結果を生じた場合であつても、右暴行による致死の罪の成立を妨げない」とした従来の判例を引用しつつ、たとえ一般人および犯人が知りえない被害者の心臓疾患があったとしても、犯人による「ふとん蒸し」と相俟って、被害者の死亡結果が生じたのであれば、因果関係は認められると述べた（**老女ふとん蒸し事件**。最判昭和46・6・17刑集25巻4号567頁）[27]。

上述した2つの事件では、いずれも条件関係は認められるが、現在の通説である③折衷説（折衷的相当因果関係説）によれば、一般人が予見・認識できた事情に加えて、特に犯人が認識した事実を考慮しても、相当因果関係が否定される[28]。ただし、一般人においては、「予見・認識した事情」だけでなく、「認識しえた事情」も基礎事情に加えられるため、高齢者に暴力を振るう行為と突然死の間で相当因果関係が認められる余地もあろう。これは、犯行時の特殊事情はもちろん、犯行後に生じた介在事情についても、同様である。こうした③折衷説に対しては、一部で①主観説を取り込んでおり、客観的な因果関係論と合致しないとか[29]、共犯者間で認識している基礎事情が異なるとき、各人の因果関係を区別するのはおかしいという批判もある[30]。

4　客観的事後予測としての相当因果関係

およそ因果関係の判断は、客観的かつ事後的な判断である。したがって、相当性判断の基礎事情も、裁判時までに判明した事実の中から選別することになる（客観説）。他方、折衷説は、一般人にとって認識可能なものに加えて、特に行為者が認識した事実に限って考慮するが、相当性の判断それ自体は、社会生活上の経験に基づいて、実際の因果経過が「相当性」の枠内にあるかを客観的に評価することになる。したがって、特に犯人が知っていた事実を基礎事情に加えても、ただちに犯人の主観に準拠する主観的評価に転化するわけでない。かようにして、行為後に生じた付随事情も相当性判断の基礎となりうる以上、およそ相当因果関係説では、行為後の介在事情を考慮できないという批判は、誤解にもとづくものである。

もっとも、折衷説は、実行行為を起点とした事前判断となるのに対して、客観説は、行為から結果に至る因果経過全体を評価する点で、回顧的な事後判断にあたる。したがって、客観説では、「経験法則上予測可能な事情」はもちろん、行為後の介在事情も含めた基礎事情から因果経過の「相当性」を検討するため、「因果経過の断絶」にあたる場合を除いて、通常は相当因果関係が肯定されることになる。その意味では、過去の判例が示した結論にも合致するであろう[31]。そもそも、すでに現実的危険（広義の相当性）のある実行行為がなされただけでなく、実際にも侵害結果が生じている以上、刑法上「異常な因果経過」と評価される事例は、ごく限られるのである。

5　犯行時または犯行後の被害者の異常行動

つぎに、上述した諸類型のⅡ-1にあたる場合として（本書161頁参照）、被害者の異常行動がその後の因果経過に影響を与えた場合を考えてみよう。判例上は、犯人の暴行から逃げようとした被害者が誤って転倒・負傷した場合（最判昭和25・11・9刑集4巻11号2239頁）、同じく被害者が逃れようとして、池に落ち込んで岩石に頭部を打ちつけ、くも膜下出血で死亡した場合について（最決昭和59・7・6刑集38巻8号2793頁）、いずれも暴行と傷害（死亡）の間の因果関係があるとされた。また、犯人らがビール瓶

で被害者の頭部を殴打したり、底の割れたビール瓶で後頸部等を突き刺すなどして重傷を負わせた後、被害者が病院の医師の指示に従わず、治療用の管を抜くなどして暴れたため、治療の効果が上がらず、最終的に死亡した事案についても、暴行による傷害と被害者の死亡の間には因果関係が認められた（最決平成16・2・17刑集58巻2号169頁）[32]。

さらに、犯人らから長時間にわたり激しい暴行を受けた被害者が、監禁場所から逃げる途中で高速道路に進入して自動車に轢かれた事案では、強い恐怖心などから「とっさにそのような行動を選択したものと認められ、その行動が、被告人らの暴行から逃れる方法として、著しく不自然、不相当であったとはいえない」以上、「被害者が高速道路に進入して死亡したのは、被告人らの暴行に起因するものと評価することができる」と述べて、その間の因果関係を肯定している（**高速道路進入事件**。最決平成15・7・16刑集57巻7号950頁）。いずれの場合も、条件説からはもちろん、客観説や折衷説でも相当因果関係が認められる事案であった。ただし、主観説では、犯人側の認識如何によって相当性が否定される場合もあろう。

Ⅳ 犯罪論の基礎と応用

1 相当因果関係説と第三者の故意行為

かようにして、因果関係論では、(a) 条件関係として「あれなければこれなし」という事実上の結びつきが必要である。そこでは、(b) 自然的な連鎖が問題となるため、仮定的条件を付け加えてはならない。ただし、不作為犯については、仮定的な作為を加えて判断することもある。さらに、(c) 自然的な連鎖の不当な拡大を避けるため、刑法上の「相当性」で絞り込むことになるが、通説によれば、(c)-1 一般人が予見・認識できた事情に加えて、特に犯人が認識した事情を基礎としつつ、(c)-2 実行行為から当該結果に至った因果経過が、社会生活上の経験からみて異常でなければ、刑法上の因果関係が認められる（折衷説）。

特に議論となるのは、第三者の故意（または過失）行為が介入した場合である。すでにⅡで紹介した「因果関係の断絶」はもちろん、二重の因果

IV 犯罪論の基礎と応用　171

関係や重畳的因果関係でも、条件関係の存否が争いとなったが、仮定的因果経過でなく、実際に予想外の介在事情があったとき、最初の行為と侵害結果の因果関係はどうなるであろうか。**熊撃ち事件**では、第2行為によって第1行為の条件関係が遮断されたが、第三者の故意行為が介入した場合にも、第1行為と最終結果の因果関係を認めた最高裁判例がある[33]。

大阪南港事件　犯人の甲は、自己の営む飯場内で、洗面器の底や皮バンドにより被害者の頭部などを多数回殴打した結果、被害者が心因性の高血圧性橋脳出血により意識消失状態に陥った（これを**第1暴行**とする）。その後、犯人は、自動車で大阪南港にある資材置場まで被害者を運搬して、そのまま放置して立ち去ったところ、翌日の未明には上記脳内出血により死亡するに至ったが、被害者が上記の資材置場に倒れている間に、何者かが角材でその頭頂部を数回殴打しており（これを**第2暴行**とする）、そのため、被害者の脳内出血が拡大したとされる。
　弁護人は、被告人の第1暴行により重篤な脳内出血が生じたとはいえ、大阪南港で加えられた第2暴行と死亡の間の因果関係を否定しがたい以上、先行する第1暴行と死亡結果の因果関係を認めて傷害致死罪とした原判決は不当であると批判した。しかし、最高裁は、「犯人の暴行により被害者の死因となった傷害が形成された場合には、仮にその後第三者により加えられた暴行によって**死期が早められたとしても**、犯人の暴行と被害者の死亡との間の因果関係を肯定することができ、本件において傷害致死罪の成立を認めた原判断は、正当である」とした（最決平成2・11・20刑集44巻8号837頁）。

2　死期の早期化と相当性判断

　大阪南港事件では、少なくとも、第1行為と頭部外傷による死亡の間に条件関係が存在した。すなわち、犯人が被害者に致命的な暴行を加えた後、上記の資材置場に被害者を放置することがなければ、さらに第三者の暴行を受けて死ぬこともなかったからである。なるほど、故意による第2暴行は、因果関係の断絶にあたりうるが、結局は、頭部外傷による死期を早めたにとどまっている。その意味で、なお条件関係が存在するため、本決定は、条件説を採用したとみる向きもある[34]。同様にして、犯人の暴行により脳震盪を起こした被害者が、別人によって川に投げ込まれたため、最終的には溺死した事案について、最初の暴行が唯一の原因でなくても、因果関係を肯定できるとした先例もある（大判昭和5・10・25刑集9巻761頁）。

これに対して、第三者の介入が社会生活上異常な事態である以上、通常は、相当因果関係が否定される。しかし、こうした特殊事情を、相当性判断の基礎事情から除外しながら、第１暴行と被害者の死亡は、相当性の枠内にあるとした見解がみられる[35]。反対に、第三者による暴行も基礎事情に含めたうえで、第１暴行による被害者の死亡を相当性の範囲内とみる余地もないわけではない。むしろ、一部には、上記の最高裁決定が死期を早めた点に言及したことから、相当因果関係説に依拠したものとみる向きもある。例えば、被害者の死因や当該結果への寄与度を考慮して、傷害致死罪における相当因果関係を肯定することもできるからである[36]。さらに、条件説を維持してきた判例が、介入行為の異常性を理由として因果関係を否定するとき、条件関係を前提としつつ、**不相当な因果経過だけを排除する**相当因果関係説の主張にも馴染むとされる[37]。

3 「相当因果関係説の危機」と危険の現実化

しかし、一般には、上述した**大阪南港事件**を契機として、もはや相当因果関係説は機能しないと指摘されるようになった（いわゆる「相当因果関係説の危機」である）。なるほど、上記の最高裁決定では、判断基底となる基礎事情に言及しておらず、かりに事後の介在事情を含めるかどうかにかかわらず、常に相当因果関係が認められるならば、「相当性の観点からの議論をすることに意味がない」からである[38]。むしろ、学説の多くは、当該暴行が死亡結果に及ぼした寄与度を重視するようになっており、相当因果関係説の側でも、第三者による故意行為の寄与度が低かったとき、刑法上の因果関係を肯定しようとする。また、最近の有力説は、介在事情の予測可能性や経験的通常性である相当性の概念を排して、直接に「一般生活危険」や「寄与度」を判断基準とする[39]。

第三者の過失行為が介入した事例 ①Ｘは、Ａの運転態度に立腹してＡに謝罪させるため、夜明け前の暗い高速道路上に自車およびＡ車を停止させて、Ａを殴ったりした後、自動車で走り去ったが、Ａが、自らエンジンキーをズボンのポケットに入れたことを失念して周囲を捜し回るなど、Ｘが走り去ってから７〜８分後も現場にＡ車を停め続けた事情も相俟って、別の自動車がＡ車に追突し、その運転者らが死傷した。最高裁は、Ｘの違法行為が「それ自体において後続車の追突等による人身事故につながる重大な危険性を有して」お

り、本件追突事故が「少なからぬ他人の行動等が介在して発生したものである」とはいえ、「それらは被告人の上記過失行為及びこれと密接に関連してされた一連の暴行等に誘発されたものであった」以上、Xの過失行為と被害者らの死傷の間には因果関係があるとした（**高速道路追突死事件**。最決平成16・10・19刑集58巻7号645頁）。

②甲は、乙らと共謀の上、普通乗用自動車後部のトランク内に被害者を押し込んだまま、見通しのよい道路上に停車したが、数分後に後方から走行してきた丙の自動車が前方不注視のまま甲の車両に追突し、これによってトランク内の被害者が負傷・死亡したものである。最高裁は、「被害者の死亡原因が直接的には追突事故を起こした第三者の甚だしい過失行為にあるとしても、道路上で停車中の普通乗用自動車後部のトランク内に被害者を監禁した本件監禁行為と被害者の死亡との間の因果関係を肯定することができる」として、逮捕監禁致死罪の成立を認めた（**トランクルーム監禁死事件**。最決平成18・3・27刑集60巻3号382頁）。

4 因果関係論における評価方法

これらの事案にあっても、当該結果をどこまで抽象化するかにより、その判断が左右される[40]。例えば、**トランクルーム監禁死事件**では、どのような危険（窒息死、圧死、衝突死など）を想定するかに応じて、同じく衝突事故で死亡した場合にも、いずれの行為の危険性が実現したといえるかは不明である。丙の追突自体が「甚だしい過失行為」である以上、むしろ、自動車事故による被害者の死亡は、その危険が現実化したものであって、当然に監禁行為の危険が実現したとはいえないからである。かりに一定の類型化を試みるとしても[41]、それが「洗練された応報思想」によるとか[42]、最終的には「規範の保護目的」から決定されるのであれば、そこでは、刑法上の因果関係が、いわば帰納的方法によって定まることを示唆している[43]。

今日、各種の生活危険が氾濫する現代社会において、個別事例における多種多様な因果経過をあらかじめ予測して類型化するのが困難であるからこそ、事後的に因果の流れを俯瞰して「異常な部分がない」または「著しく不自然、不相当」でなければよいのである。かようにして、刑法上の因果関係は、経験科学として当該結果の客観的帰属を限定する法理にとどまり、何らかの論理的関係や自然科学上の法則性で決まるものではない[44]。その際、（折衷的）相当因果関係説は、当該行為からみた因果連鎖の社会生

活上の限界を示しており、いわば展望的な評価である。これに対して、(客観的)相当因果関係説は、いわゆる客観的帰属論と同じく、侵害結果に対する寄与度や危険の現実化などの要素も考慮しつつ、当該結果から原因行為に遡及してゆく回顧的な評価である。その意味で、まさしく因果論的な思考方法と馴染みやすいであろう[45]。

1) 侵害犯(実害犯)とは、当該刑罰法規の保護法益が現実に侵害された事実を構成要件要素とする犯罪であり、殺人罪・窃盗罪などがその代表例とされる。その中でも、結果犯は、実行行為のほかに法益侵害や危険という結果の発生を要求する概念である。
2) 現行刑法典の44条は、「未遂を罰する場合は、各本条で定める」とし、改正刑法草案22条2項も、まったく同様の規定を置いている。その理由として、未遂犯の当罰性は既遂犯よりも低いからとされる。このことは、ドイツ刑法典23条1項が、「重罪の未遂は常に罰せられ、軽罪の未遂は法律に明文の定めがあるときに限り罰せられる」とした点にもうかがえる(なお、ドイツ刑法典23条2項参照)。
3) 通説的見解は、挙動犯の未遂を認めていないが(大塚仁・刑法概説総論〔第四版・平20〕254頁など)、これに反対する見解もみられる(野村稔・未遂犯の研究〔昭59〕111頁)。
4) ドイツ刑法典11条は、その1項5号において「違法な行為とは、刑法典の構成要件を実現する行為のみをいう」とした上で、同2項で「行為については故意を要件とするが、行為により惹起された特別な結果については過失で足りるとする法定構成要件を実現した場合でも、その犯行は本法律の意味で故意によるものである」と定めている。
5) 43条本文によれば、実行の着手が認められる以上、犯罪が未遂に終わったことは、単なる刑の任意的減軽理由にすぎない。
6) 本書の第7講で解説した事実の錯誤論が「主観的帰属」にあたるとすれば、今回の因果関係論は、当該結果を犯人の実行行為に帰属させるための「客観的帰属」の問題である。
7) 同様にして、過失行為の後で犯人自身の故意行為が介入したが、いずれの行為が傷害の原因となったかが不明である場合、第1行為と死亡結果の相当因果関係を否定して、業務上過失致傷罪と傷害罪の併合罪としたものがある(東京高判昭和63・5・31判時1277号166頁)。そのほか、過去の判例については、大塚仁ほか・大コンメンタール刑法(2)(第二版・平11) 130頁以下〔岡野光雄〕参照。
8) なお、海老原震一「他人の行為の介入があった場合に刑法上の因果関係が否定された事例」最高裁判例解説刑事篇昭和42年度286頁参照。また、後述する老女ふとん蒸し事件の原審判決も、「行為時および行為後の事情を通じて、行為の当時、平均的注意深さをもつ通常人が知りまたは予見することができたであろう一般的事情、および通常人には知り得なかつた事情でも、行為者が現に知りまたは予見していた特別事情を基礎として」判断しており(折衷的相当因果関係説)、強盗行為と致死結果の因果関係が否定された(東京高判昭和45・4・16高刑集23巻1号239頁)。
9) これに対して、共同正犯であれば、仲間の行動による結果も含めて、全員が刑事責任を負うことになる(60条)。なお、共同正犯をめぐる判例は、客観面のみならず、犯人の主観面も考慮してきたが、いわゆる因果的共犯論では、遡及禁止論などを援用して、もっぱら客観面でその成立範囲を決定しようとする。例えば、島田聡一郎・正犯・共犯論の基礎理論(平14) 12頁以下など。なお、詳しくは、共犯論で検討することにしたい。
10) 各設例の詳細については、大塚仁ほか・前掲書120頁以下参照〔岡野〕。なお、因果関

係の断絶は、およそ条件関係が否定される場合であり、いったん認めた条件関係を限定する「因果関係の中断」論とは区別しなければならない（後述参照）。
11) 例えば、山中敬一「行為者の行為の介在と因果関係」刑法判例百選Ⅰ総論（第4版・平9）25頁は、証拠隠滅の目的などから、犯人が重傷の被害者を射殺したならば、全体として相当因果関係の枠内にあるという（過失致死罪と殺人未遂罪になる）。さらに、樋口亮介「行為者の行為の介在と因果関係」刑法判例百選Ⅰ総論（第6版・平20）23頁は、発生事実を抽象化することで、相当因果関係を認めようとする。
12) 大塚・前掲書234頁。ただし、その結果は不可抗力によるものとして、帰責できないとされる。
13) 一部の論者は、「結果回避可能性がないため、過失犯としての実行行為性が欠ける」と述べており、過失の実行行為（注意義務違反）と因果関係の問題を混同している。例えば、山口厚「因果関係論」刑法理論の現代的課題総論Ⅰ（昭63）47頁以下、同・問題探究刑法総論（平10）7頁以下など。いわゆる結果無価値論から因果関係の規範的側面を強調するならば、結果回避可能性の判断に近づくからである（なお、小林憲太郎・因果関係と客観的帰属〔平15〕8頁以下など参照）。
14) この点は、すでに「第1講　実行行為の概念（その1）――不真正不作為犯」の中で、覚せい剤少女事件を素材として説明したところである。すなわち、犯人らの覚せい剤注射によって被害者が錯乱状態に陥った時点において、ただちに救急医療を要請していれば、十中八、九同女の救命が可能であることが、合理的な疑いを超える程度に確実であった以上、このような措置をとることなく同女をホテルに放置した行為（不作為）とその後に被害者が急性心不全により死亡した結果の間には、因果関係があるとされた。
15) これに対して、タクシーの運転手が黄色点滅信号で交差点に進入した際、交差道路を暴走してきた車両と衝突して同乗者を死傷させた事案について、たとえ道交法所定の徐行義務に従い、相手方を目視した直後に急制動の措置を講じるなどしても、衝突を回避できたといえない以上、衝突の回避可能性に疑問があるとして、原判決及び第1審判決を破棄したものがある（最判平成15・1・24判時1806号157頁）。なお、過失犯の因果関係については、「第4講　過失犯の所在と競合」でも言及した（本書76頁以下参照）。
16) ただし、Aが投与した速効性の毒薬から被害者が死亡した場合には、もっぱら遅効性の毒薬を用いたBは、殺人未遂となるにすぎない（上述した因果関係の断絶にあたる）。また、複数の毒物が競合することにより、単独で毒薬を用いた場合よりも死期が早まったならば、いずれの行為にも条件関係が認められる（後述する重畳的因果関係になる）。
17) 大塚・前掲書235頁、大谷實・刑法講義総論（新版第4版・平24）212頁、前田雅英・刑法総論講義（第5版・平23）181頁。
18) 大塚・前掲書235頁、大谷・前掲書212頁、佐久間修・刑法総論（平21）94頁。
19) なお、最決昭和63・2・29刑集42巻2号314頁によって、被告人側の上告は棄却された。また、立法上の措置として、現在では、因果関係の推定規定が設けられている（いわゆる公害罪法5条）。
20) なお、殺人犯人が遺棄の目的で死体を釣り船で曳航中、これを繋いでいた革バンドが切れて沈んでしまったとき、自然的事実が遺棄の近因になったとしても、先行する行為が一原因であった以上、死体遺棄との間に因果関係があるとされた（大判昭和8・7・11刑集12巻1290頁）。
21) 大塚・前掲書236頁。ただし、相当性の有無は、刑事裁判における厳格な証明を必要とするため、合理的な疑いを容れない程度でなければならない。なお、最決昭和57・5・25判時1046号15頁、東京高判昭和51・4・30判時851号21頁など参照。
22) 学説上、条件説を採用する見解は、岡野光雄・刑法における因果関係の理論（昭52）5

頁以下、13頁以下、209頁以下、下村康正・刑法総論の現代的諸問題（昭54）64頁以下などである。
23) 大塚・前掲書225頁、曽根威彦・刑法総論（第4版・平20）71頁など。
24) なお、「行為による危険の創出（実行行為性）」と「当該結果における危険の実現（因果関係）」に分ける見解も同様である。
25) なお、佐久間・前掲書91〜92頁、100〜101頁参照。同旨、曽根・前掲書74頁など。
26) 平野龍一・刑法総論Ⅰ（昭47）141〜142頁、曽根・前掲書74頁。
27) これと同様な見地から、暴行を加えた結果として、未知の結核病巣が悪化したため心機能不全で死亡した場合、暴行と死亡の因果関係を認めた原審判決を維持したものがある（最決昭和49・7・5刑集28巻5号194頁）。
28) 例えば、大塚・前掲書228〜229、241頁。
29) 平野・前掲書141頁、青柳文雄・刑法通論Ⅰ総論（昭40）152頁。これに対して、構成要件が責任類型である以上、その限度で、行為者の主観面を考慮するのも許されるという反論がある（なお、西田典之・刑法総論〔第2版・平22〕106頁参照）。
30) 平野・前掲書141頁、曽根・前掲書74頁。例えば、被害者の心臓疾患を知った背後者が、正犯者に単なる脅迫を教唆したとき、折衷説によれば、特殊事情を認識していたか否かで、共犯者ごとに因果関係の存否が異なることになってしまう。
31) ただし、実際の裁判では、特定の学説を支持することなく、モザイク的な処理をしてきたとされる（永井敏雄「被害者側の落度が介在した場合につき因果関係が認められた事例」最高裁判例解説刑事篇昭和63年度277頁など）。また、個別的な事案ごとに因果関係を類型化しても、どのような事情をどの程度まで考慮すべきかの具体的基準は明示しがたいであろう（なお、島田聡一郎「相当因果関係・客観的帰属をめぐる判例と学説」法教387号〔平24〕9頁参照）。
32) なお、大審院時代の判例として、犯人の暴行で傷害を負った被害者が、不潔な神水を塗布することで丹毒症を併発させた場合、丹毒症も含めた傷害罪の成立を認めたものがある（神水塗布事件。大判大正12・7・14刑集2巻658頁）。
33) そのほか、大判昭和16・11・28大審院判決全集9輯9号19頁、最判昭和23・3・30刑集2巻3号273頁参照。さらに、犯人の暴行によって致命傷を負った被害者が、その後に別人の過失行為から早期に死亡した余地もあるとはいえ、すでに先行する暴行で致命的な傷害が発生した以上、第2行為と死亡結果の間の因果関係を否定したもの（広島高判平成4・5・12高等裁判所刑事裁判速報集（平4）3号73頁）、被告人の暴行により脳死状態に陥った被害者の人工呼吸器を、担当医が取り外して心臓死させた場合にも、すでに死亡結果を回避することが全く不可能な状態になっており、心臓死の時期が多少早められたとしても、被告人の暴行と被害者の心臓死の間の因果関係を肯定したものがある（大阪地判平成5・7・9判時1473号156頁）。
34) 伊東研祐「死亡結果発生時期を幾分か早める第三者の暴行が介在した場合でも、当初の暴行と死亡との間の因果関係が認められるとされた事例」判例評論391号（平3）63〜64頁。ただし、第2暴行が同じく頭部への打撃であるという前提条件があり、もし無関係の第三者が被害者の腹部を蹴ったため、直接の死因が内臓破裂であったときは、第1暴行と被害者の死亡の因果関係が否定されたであろう（因果関係の断絶にあたる）。
35) 福田平＝大塚仁「最近の重要判例に見る刑法理論上の諸問題（3）」現代刑事法4巻4号（平14）5頁以下、大谷・前掲書215頁。なお、佐久間修「相当因果関係説の展開―折衷説の立場から―」現代刑事法3巻6号（平13）60頁以下など参照。
36) また、大塚・前掲書244〜246頁は、当該行為がもつ結果発生の危険性が遮断されたかどうかを重視される。

37) 実際、学説上も、大阪南港事件の最高裁決定が結合的付加原因・重畳的因果関・中性化的付加原因・凌駕的因果関係のいずれかを考慮したものであり、「相当因果関係説との間に親近性をもつ」とする理解が示されていた。例えば、曽根威彦「第三者の行為の介在と因果関係の成否」法セ36巻5号（平3）122頁、同・刑法における危険・実行・錯誤（平3）43～44頁、井田良「第三者の暴行によって被害者の死期が早められた場合の因果関係」法教128号（平3）91頁など。
38) 大谷直人「第三者の暴行が介在した場合でも当初の暴行と死亡との間の因果関係が認められるとされた事例」ジュリスト974号（平3）59頁。また、相当因果関係説では、実務上の重要な指標である介在事情の寄与度をどのようにみるかが明らかでないとされる（例えば、大谷直人「第三者の暴行が介在した場合でも当初の暴行と死亡との間の因果関係が認められるとされた事例」最高裁判例解説刑事篇平成2年度240～242頁など）。
39) 例えば、山中敬一・刑法における因果関係と帰属（昭59）70頁以下、同・刑法における客観的帰属の理論（平9）1頁以下、280頁以下など。近年、こうした見解は「客観的帰属論」と総称されており、おおむね危険（実現関連）や規範の保護目的を援用しつつ、当該結果の帰属如何を決定する。しかし、いまだ生成途上の議論であって、反対説からは、一種の方法論にとどまり、「内容の空疎な器」であるという批判がみられる。
40) 具体的には、死因の同一性という範囲で抽象化する見解のほか（井田良・講義刑法学・総論〔平20〕131～132頁）、死亡時間をある程度抽象化する見解がみられる（佐伯仁志・刑法総論の考え方・楽しみ方〔平25〕69～70頁など）。冒頭でも述べように、このことは条件関係でも妥当する。
41) こうした被害者の不適切な行動をめぐる介在事情の異常性を類型化したものとして、林陽一・刑法における因果関係理論（平12）180頁以下、293頁以下参照。
42) 西田典之・刑法総論（第2版・平22）102、106頁。なお、英米法でも、刑法における因果関係の機能は、「公正な応報（just desert）」という観点から説明されることがある（ヨシュア・ドレスラー（星周一郎訳）・アメリカ刑法〔平20〕269頁参照）
43) 同旨、島田・前掲法教387号12頁。
44) なお、辰井聡子・因果関係論（平18）99頁以下など参照。
45) 例えば、山口厚・刑法総論（第2版・平19）59～61頁など。なるほど、判例の中にも、「危険性の現実化」という表現を用いたものがあるとはいえ、それが上述した「広義の相当性」を超えて、「狭義の相当性」にあたる因果関係を客観的帰属論で処理しているかは疑問である。

第9講

法令行為と正当業務行為
── 生命の保護と法秩序の維持

The Structure of a Theory of Justification
- "moral forfeiture" theory vs. "superior interest" theory

【刑　法】
第35条（正当行為）　法令又は正当な業務による行為は、罰しない。

【改正刑法草案】
第13条（正当行為）　法令による行為、正当な業務による行為その他法律上許された行為は、これを罰しない。

【ドイツ刑法典】
第34条（正当化緊急避難）　生命、身体、自由、名誉、財産又はその他の法益に向けられ、それ以外の方法では回避できない現在の危難に際して、自己又は他の者を危難から回避させるために行為した者は、相互に対抗する利益間で当該利益とその脅威になった危険の程度を衡量し、保全する利益が被侵害利益を著しく超える場合には、違法に行為したものでない。…（以下、省略）…
第35条（免責的緊急避難）　①生命、身体又は自由に向けられ、それ以外の方法では回避できない現在の危難に際して、自己、親族又はその他自己と密接な関係にある者を危難から回避させるため、違法な行為に及んだ者は、責任なく行為したものである。…（以下、省略）…

I 構成要件該当性と(実質的)違法性

1 「正当な理由がない」または「不法」

　住居侵入罪（130条）や逮捕監禁罪（220条）では、「正当な理由がないのに（侵入した）」または「不法に（逮捕・監禁した）」ことが必要とされる。形式的な「侵入」行為や「逮捕・監禁」があっても、ただちに犯罪となるわけでない。法令にもとづく逮捕・勾留や捜索・押収は、当然に適法だからである（刑訴58条以下、199条以下参照）。また、この種の文言がない場合にも、およそ犯罪は違法行為でなければならず、刑法上の違法性は、構成要件該当性に続く**第2の犯罪成立要件**である。また、犯罪概念の中核である違法性をめぐっては、過去に様々な見解が対立してきた。

　そもそも、犯罪構成要件は、社会生活上有害な行為を類型化したものである。したがって、構成要件に該当するとき、一応は「違法である」という推定が働く（**構成要件の違法推定機能**）。その意味で、実務上、違法性の有無が争点になることは少ないであろう。しかし、当該行為の違法性は、具体的な行為事情を踏まえた法的評価の産物であって、抽象的な定型に「あてはめる」構成要件該当性とは、判断の段階が異なる[1]。すなわち、構成要件該当性から推定されるのは、**形式的違法性**であるのに対して、**実質的違法性**は、侵害結果や犯行態様も考慮した具体的評価にほかならない。

2 構成要件該当性と違法性阻却事由

　構成要件該当性から推定される（形式的）違法性は、違法性阻却事由があるとき、「阻却（否定）」される（35条以下）。「**違法性が阻却される**」とは、当初は（形式的に）違法とみられたが、具体的な行為事情を考慮するとき、最初から「**違法でなかった**（＝適法）」という趣旨である。すなわち、構成要件の違法推定機能が覆されるため、見かけ上の（形式的）違法性はあっても、実質的な違法性が欠けることになる[2]。

　また、刑法上の違法性は、犯罪行為に対する否定的評価（ないし無価値判断）であって、行為者個人に対する非難可能性（責任判断）とは区別され

る[3]。したがって、違法性の判断では、原則として客観的事実が対象となるが、必要に応じて、主観的要素を考慮することもある（**主観的違法要素**）。すなわち、当該行為を現行の法秩序（刑法規範）からみたとき、法的に無価値であることが違法性の内容であって、(a) 判断の基準、(b) 判断の対象、(c) 判断それ自体は、理論上も区別されねばならない[4]。

3　違法性阻却事由と責任阻却事由

違法性阻却事由（正当化事由）と責任阻却事由（免責事由）は、犯罪論体系上の分類である。現行刑法典は、いずれも「罰しない」というにとどまり、両者を区別していない[5]。また、安楽死・尊厳死や緊急避難（37条）については、そもそも違法性阻却事由であるか、責任阻却事由であるかをめぐって、諸見解が対立してきた。さらに、明文の根拠規定がない**超法規的違法性阻却事由**を認めるべきか、いわゆる**可罰的違法性**の欠如は構成要件該当性阻却事由または違法性阻却事由のいずれであるか、さらに、民法上は違法であっても刑法上は適法な行為として、**違法の相対性**を認めるかなどの問題がある。

さて、正当行為とは、法秩序全体の見地から「適法」と評価された行為である。現行法上は、刑法35条が包括的な規定を設けている。すなわち、「法令又は正当な業務による行為は、罰しない」とする。また、この規定は、明文の根拠がある場合だけでなく、およそ違法性阻却事由全般を包括している（**一般的正当化事由**）[6]。実際、改正刑法草案13条は、「法令による行為、正当な業務による行為その他法律上許された行為」と定めており、被害者の同意はもちろん、義務の衝突や自救行為など、条文上の裏付けがない違法性阻却事由も取り込んでいる[7]。

4　違法性阻却事由の分類

違法性阻却事由の分類として、(a) 被害者の同意のように、利益欠如（放棄）を理由とする場合と、(b) 正当防衛や緊急避難のように、優越的利益にもとづく場合に二分する見解がある。あるいは、(i) **社会的正当化事由**として、正当業務行為や信頼の原則を掲げる一方、(ii) **個別的正当化事由**として、被害者の同意や危険の引受けなどを挙げることもある。しか

し、通常は、当該事件の客観的状況に応じて、①緊急行為の場合（正当防衛や緊急避難など）と、②それ以外の場合（法令行為や正当業務行為など）に分ける見解が一般である。

すなわち、広い意味の**正当行為**として、法令行為（35条）、正当業務行為（35条）、被害者の同意、推定的承諾、労働争議行為などがあり、広い意味の**緊急行為**として、正当防衛（36条）、緊急避難（37条）、自救行為、義務の衝突などがある[8]。いずれも、行為それ自体が、法秩序に合致するのみならず、客観的にも適法な結果が認められねばならない。これに対して、責任阻却事由は、実質的な違法状態であるにもかかわらず、たまたま犯行時に責任無能力であったり、（法律の）錯誤により（責任）故意が阻却されるなど、当該行為者を非難できないため、犯罪の成立が否定される場合である。

II　刑法35条の法令行為

1　法令行為としての正当化

法令行為とは、各種の法令によって、法秩序に合致するとされた行為である。その正当化根拠は、次の3種類に区分できる。まず、(a)**職務（職権）行為**であって、明文の法律で（適法な）職務執行とされる場合である。例えば、適正な手続に則った死刑は、執行官の職責に含まれるため、殺人罪（199条）の違法性が消失する[9]。また、懲役刑や禁錮刑の執行であれば、逮捕監禁罪（220条）の違法性が阻却される。つぎに、(b)いわゆる**権利行為**として、法令上、私人の権利行使（義務の履行）にあたる場合がある。例えば、現行犯逮捕（刑訴213条。最判昭和50・4・3刑集29巻4号132頁）、親権者の懲戒行為（民822条）などである。労働組合法が定めた労働争議行為も、ここに含まれるであろう（労組1条2項）。

第3に、(c)**政策的理由や社会経済状況**から、各種の法令が違法性を阻却する場合がある。例えば、金融商品取引法（旧証券取引法）、競馬法、自転車競技法などは、賭博罪や富くじ罪にあたる行為を正当化する（185条以下参照）。また、母体保護法は、政策的な理由から、一定の要件を備えた

不妊手術や人工妊娠中絶を認めている（同法3条、14条参照）。さらに、死体解剖保存法は、行政的な見地から、刑法上「死体損壊」にあたる行為（190条）を許容している。いずれも、犯行の態様などを考慮しつつ、社会通念上必要な限度で正当化されることになる。他方、かりに法令上の条件を遵守しなくても、ただちに「違法」となるわけでない。実質的違法性は、最終的に、国家・社会的規範が当該犯行を否定した場合（無価値判断）に限られるからである。

法令による賭博行為の正当化　賭博とは、偶然の事実に勝敗をかけて財産を拠出する行為であって、50万円以下の罰金または科料に処せられる（185条）。ただし、常習性のある場合には、その刑が加重される（3年以下の懲役。186条）。なるほど、仲間内の賭け麻雀やトトカルチョが処罰される反面、大規模な公営賭博が行われており、証券売買を含む金融商品市場は、ますます投機行動を拡大させる傾向にある。実際、マネーゲームに等しい金融商品の売買は、相場の変動という偶然性に左右される「差金取引」であり、形式上は賭博行為にあたるにもかかわらず、なぜ許容されるのであろうか[10]。

およそ賭博行為は、「国民をして怠惰浪費の弊風を生ぜしめ、健康で文化的な社会の基礎を成す勤労の美風（憲法第27条1項参照）を害するばかりでなく、甚だしきは暴行、脅迫、殺傷、強窃盗その他の副次的犯罪を誘発し又は国民経済の機能に重大な障害を与える恐れすらある」とされる（最大判昭和25・11・22刑集4巻11号2380頁）。賭博罪や富くじ罪の保護法益は、善良な勤労の風俗であって、個別法令が許容した場合にも、通常は勤労の風俗を損なう以上、当然に賭博行為一般が認められるわけでない（そのほか、最判昭和26・12・7刑集5巻13号2513頁、東京高判昭和25・5・1判特9号3頁など参照）。

2　賭博罪・富くじ罪の正当化根拠

現行法上、富くじの発売・取次ぎ・授受にあたる行為は、競馬法（同法5条、地方競馬については、同法22条）、小型自動車競走法、自転車競技法、当せん金付証票法、モーターボート競走法などによって、その違法性が否定されてきた（なお、最判昭和23・10・12刑集2巻11号1334頁参照）[11]。しかし、これらの法律は、もっぱら国家・地方財政上の理由や国民の射幸心などを理由に掲げるだけである。他方、証券取引については、株式の売却などによる企業の資金調達という効用がある反面、現在では、投機的な売買が中心になっており、先物取引に至っては、ほとんどが投機目的で行われている。

今日、これらの賭博（類似）行為は、法律が定める領域内（競馬場や証券市場など）で、一定の取引知識がある人間に限って認められる。その意味で、一般社会に投機行動が広がるおそれは少なく、勤労の風俗に及ぼす影響も小さいであろう。また、各種の金融商品取引では、いわゆるリスクヘッジの場合はもちろん、取引相手の知識や経験に応じた説明責任を尽くすなど（適合性の原則）、法律上の正当化要件を充足することで広く解禁されてきた[12]。これに対して、暴力団などの常習賭博行為や賭博場開張行為は、むしろ、刑法典の規定よりも重く処罰されている（組織的犯罪処罰法3条1項5号、6号など参照）。

3 条例による正当化と「ギャンブル特区」

近年、財政上の理由から、地方自治体の一部が、賭博行為を解禁する特区の設置を目論んだことがある。最近でも、マスメディアが有識者による「カジノ構想」を取り挙げている。しかし、こうした特例措置は、単なる条例によって可能であろうか。法律と条例の関係をめぐっては、条例の中にも罰則を導入しうる反面、国会が制定した処罰規定を条例により廃止（無効化）することはできない[13]。例えば、宝くじの発売や自転車競走の開催は、当せん金付証票法や自転車競技法などの法律で規定されており、他のスポーツ賭博についても、同様の根拠規定が存在するのである（例えば、スポーツ振興投票の実施等に関する法律〔平成10年5月20日法律第63号〕）。

富くじ発売等罪と当せん金付証票法
当せん金付証票法（昭和23年7月12日法律第144号）
　第1条（この法律の目的）　この法律は、経済の現状に即応して、当分の間、当せん金付証票の発売により、浮動購買力を吸収し、もつて地方財政資金の調達に資することを目的とする。
　第4条（都道府県等の当せん金付証票の発売）　都道府県並びに地方自治法（昭和22年法律第67号）第252条の19第1項の指定都市及び地方財政法（昭和23年法律第109号）第32条の規定により戦災による財政上の特別の必要を勘案して総務大臣が指定する市（以下これらの市を特定市という。）は、同条に規定する公共事業その他公益の増進を目的とする事業で地方行政の運営上緊急に推進する必要があるものとして総務省令で定める事業（次項及び第6条第3項において「公共事業等」という。）の費用の財源に充てるため必要があると認めたときは、都道府県及び特定市の議会が議決した金額の範囲内において、この法律の定めるところに従い、総務大臣の許可を受けて、当せん金付証票を発売することができる。…（以下、省略）…

なるほど、人間の射幸心を根絶できない以上、一定の管理・監督下で適正な規模の賭博を公認すればよいという意見もみられる。また、一部の学説は、賭博のもつ冒険的要素や射幸心の満足を正面から肯定しようとする[14]。こうした傾向は、賭博罪を**被害者のない犯罪**として、刑罰の対象から除外しようとする主張にも窺える[15]。さらに、賭博罪の保護法益が健全な勤労の風俗であるため、社会的影響の少ない軽微な賭け事は放任されてきた（185条但書）。今日、金融機関を含む大手企業やデイトレーダーによる投機取引が日常化したとはいえ、そこでは、証券市場を通じた資金調達という社会的効用が認められる。これに対して、もっぱら地方自治体の財政的事情で**カジノ**（ギャンブル）**特区**を設けることには、何らかの社会的効用が認められるのであろうか[16]。

4　堕胎罪の正当化と母体保護法

現行法令では、刑法上の堕胎にあたる**人工妊娠中絶**が広く許容されている[17]。すなわち、堕胎の罪（212条以下）は、自然の分娩期に先立って胎児を人為的に母体から分離・排出する行為であり（大判明治42・10・19刑録15輯1420頁）[18]、その保護法益は、胎児の生命および母親の生命・身体の安全である[19]。しかし、胎児の生命保護をめぐっては、各時代の人口政策や宗教的・文化的環境に応じて変転してきた。現在、妊婦の同意を得たうえで医師がおこなう人工妊娠中絶手術であれば、母体保護法による違法性阻却事由がある。おおむね、以下の3つの**適応事由**（正当化事由）に分類されている。

まず、(1) 医学的見地から、母親の生命・身体が自然の分娩に耐えられないとき、母体の安全を図るため、一定の方法で妊娠中絶が許される（**医学的適応事由**。同法14条1項1号）[20]。つぎに、(2) 社会経済的見地から、妊娠の継続・出産が母親やその家族の生活状況を一層悪化させて、母体の健康を著しく損ねるおそれのある場合である（**社会経済的適応事由**。同法14条1項1号）。最後に、(3) 倫理的な見地から、強姦などの性犯罪により抵抗できない状態で姦淫されて受胎した場合、同じく人工妊娠中絶が認められる（**倫理的適応事由**。同法14条1項2号）。今日では、避妊技術が普及したこともあり、堕胎罪の成否が争われるのは、極めて稀である。

> **母体保護法における適応事由**
> 母体保護法（昭和 23 年 7 月 13 日法律第 156 号）
> 　**第 14 条**（医師の認定による人工妊娠中絶）　都道府県の区域を単位として設立された公益社団法人たる医師会の指定する医師（以下「指定医師」という。）は、次の各号の一に該当する者に対して、本人及び配偶者の同意を得て、人工妊娠中絶を行うことができる。
> 　一　妊娠の継続又は分娩が身体的又は経済的理由により母体の健康を著しく害するおそれのあるもの
> 　二　暴行若しくは脅迫によつて又は抵抗若しくは拒絶することができない間に姦淫されて妊娠したもの
> 　2　前項の同意は、配偶者が知れないとき若しくはその意思を表示することができないとき又は妊娠後に配偶者がなくなつたときには本人の同意だけで足りる。

5　医療行為からみた人工妊娠中絶

　後述する正当業務行為としての治療行為では、(a) **医学的適応性**（手術・処置の必要性）、(b) **医術的正当性**（手段・方法の妥当性）、および、(c) **患者の同意**が正当化要件となる。いずれかの要件が欠けるとき、違法性阻却は認められないが、母体保護法が定める人工妊娠中絶も、ほぼ同様な要件になっている。すなわち、当該行為の正当化に際しては、法律が定めた客観的状況だけでなく、妊婦（およびその配偶者）の同意を得た上で、指定医師の中絶手術によるなど、社会生活上も相当な手段・方法で行われねばならない。

　また、こうした堕胎（中絶手術）は、出生前の胎児を「殺害」することになるため、当該行為を正当化するためには、胎児の生命保護を上回る対抗利益が存在しなければならない。その際、妊婦のリプロダクティブ・ライツ（出産選択権）などが主張される。また、出生前診断により胎児の異常を知った妊婦自身が中絶を希望するときには、女性の自己決定権と障害児の権利保護が衝突する。もっとも、第三者が妊婦の意思決定を否定するのは困難であって、女性のプライバシー権を強調する論者は、むしろ、妊娠中絶の完全自由化を求めている[21]。

Ⅲ　刑法35条の権利行為

1　懲戒行為としての正当化

　学校教育法11条によれば、「校長及び教員は、教育上必要があると認めるときは、文部科学大臣の定めるところにより、児童、生徒及び学生に懲戒を加えることができる」が、「体罰を加えることはできない」とされる。また、少年院法8条も、「少年院の長は、紀律に違反した在院者に対して、左に掲げる範囲に限り、懲戒を行うことができる」が、懲戒行為として、訓戒・減点・謹慎を認めたにすぎない。その意味で、いわゆる**体罰にあたる行為**は、法律上、親権者や家族だけに許される。しかし、親権者が行う場合であっても、行き過ぎた「しつけ」が児童虐待として社会問題になってきた。

児童虐待における刑事責任
児童虐待の防止等に関する法律（平成12年5月24日・法律第82号）
　第14条（親権の行使に関する配慮等）　児童の親権を行う者は、児童のしつけに際して、その適切な行使に配慮しなければならない。
　2　児童の親権を行う者は、児童虐待に係る暴行罪、傷害罪その他の犯罪について、当該児童の親権を行う者であることを理由として、その責めを免れることはない。

　上記の児童虐待防止法では、「児童虐待」として、親権者を含む保護者（監護権者）の暴行や、わいせつ行為を列挙したうえで（同法2条）、「何人も、児童に対し、虐待をしてはならない」と規定する（同法3条）。そして、暴行や傷害については、刑事責任が生じることを明記している（同法14条2項）。例えば、親権者が、懲戒行為と称して5歳の幼児を突き倒したり、その顔面を殴打するなどした後、浴槽内に押し込んで死亡させたときは、傷害致死罪が成立する（東京高判昭和35・2・1東高刑時報11巻2号9頁）。

2　家族間の暴行事件と「法は家庭に入らず」

　しかし、同じく家庭内暴力（ファミリーバイオレンス）の事案であっても、児童虐待とは反対に、成人の息子が同居の母親に暴行を加えたとき、

「法は家庭に入らず」と述べて、暴行罪の成立を否定した判例がある（横浜地判昭和37・5・7下刑集4巻5＝6号407頁）。しかし、同事件の控訴審では、何ら超法規的違法性阻却事由が認められないとして、「実質的違法性についての判断の基準を誤解し」た原審判決は斥けられた（破棄自判。東京高判昭和38・3・19下刑集5巻3＝4号166頁）。

家庭内暴力の違法性　犯人のXは、無為徒食のまま同居の母親Aや姉Bの金を奪い取って遊興を続けていたが、ある日、Aが近くの交番から警察官のCを連れてきて、Xに注意してもらおうとした際、これに立腹したXがAの顔面を手拳で殴打するなどの暴行を加えたほか、Xの行為を制止・逮捕しようとしたCに組み付いて、拳銃を奪取するなどの行為に及んだ。
　ところが、第一審判決は、同居の親子間で生じた犯行については、「より強い刑法の保護に値する事案と刑法の保護に値しない事案があ」り、一般に「法律は家庭内に入らず」というのは、「家庭内部の事件として止めることが家族の利益に反し、しかもこれを放置することが社会共同生活の秩序と正義に悖る場合のほか、国家権力は敢て家庭内の出来事に干渉しないという趣旨であ」って、本件では、Xに非行歴や日常的暴力がなかった点から、「不問に附することが家族の利益に合致」するとした（前出横浜地判昭和37・5・7）。

上記事件の控訴審判決は、「犯人と被害者との間に親族関係の存することは同罪（暴行罪。筆者注）の成立を妨げる事由ともならないのは勿論のこと、その刑を免除する事由ともなら」ず、「刑法が違法性阻却の事由を或る特殊例外の場合に限定し、且つその要件を極めて厳格に規定していることに思いを致せば、漫りに法に明文のない違法性阻却事由を認むべきではな」いとして、Xは暴行罪の罪責を免れず、Xが無罪であるという前提から、原審がCの公務執行を違法と評価したのは失当であると述べた（前出東京高判昭和38・3・19）。

3　親権者による権利の濫用

通常、児童の保護者には懲戒権があるため、社会生活上も相当な範囲内で「しつけ」という体罰が認められてきた。しかし、「体罰」の定義にもよるが、実際に懲戒行為の違法性が阻却されるかどうかは、具体的な行為事情を吟味しなければならない。すなわち、形式上は正当化要件を充足したにもかかわらず、それが権利の範囲内にとどまらず、その手段・方法が社会通念上も一般に許容される程度を超えたときは、いわば**権利の濫用**に

あたるため、法令の趣旨に反する行為として、違法性の阻却（正当化）が否定される（最大判昭和 28・6・17 刑集 7 巻 6 号 1289 頁）。

近年、実の父親が子どもを確保する行為であっても、その手段・方法が社会的相当性を欠くため、国外移送目的略取罪（226 条）にあたるとした判例がある（最決平成 15・3・18 刑集 57 巻 3 号 371 頁）。すなわち、共同親権者である父親は、親権者である別居中の妻が養育する長女を、外国に連れ去る目的で、入院中の病院から有形力を用いて奪取しており、こうした行為は、もはや正当行為でないとされた。たとえ家族間の行為であっても、社会通念上許されない形態であれば、正当化が否定されるのは当然である（そのほか、最決平成 17・12・6 刑集 59 巻 10 号 1901 頁など参照）。

4　教師による懲戒行為

かようにして、犯人が親権者であるかどうかだけでなく、懲戒行為の目的や態様に応じて、社会生活上必要な範囲にとどまるかを検討しなければならない。例えば、「荒れる学校」において、悪質な「いじめ」に遭っている被害生徒を守るため、担当教員がやむなく加害生徒に「体罰」を加えた場合、単に形式的な禁止規定に依拠して、ただちに懲戒行為としての正当化を否定するべきでない[22]。かりに正当防衛や緊急避難の場合にのみ有形力の行使が許されるならば、実情を無視した形式的評価として、実質的違法性の観念には合致しないであろう。

学校教育法と体罰の取扱い　①中学校の教員である A は、学校を抜け出した生徒を手拳で殴打し、同じく教員の B は、講堂で騒いだ生徒を平手で殴打した。裁判所は、「殴打のような暴行行為は、たとえ教育上必要があるとする懲戒行為としてでも、その理由によつて犯罪の成立上違法性を阻却せしめるというような法意であるとは、とうてい解されない」と述べて、本件の体罰を加えた理由や行為態様などを考慮することなく、日本国憲法の人権尊重や学校教育法の規定を援用して、暴行罪の違法性を阻却しないとした（大阪高判昭和 30・5・16 高刑集 8 巻 4 号 545 頁。なお、最判昭和 33・4・3 裁判集刑 124 号 31 頁参照）。
　②中学校の女性教師である甲は、生徒である乙の軽率な言動を改めさせるため、生活指導として説諭を与えながら、平手ないし軽く握った手拳で乙の頭部を軽く叩いた[23]。裁判所によれば、甲の行為は、学校教育法 11 条、同法施行規則 13 条によって認められた正当な懲戒権の行使にあたり、「刑法 35 条にいわゆる法令によりなされた正当な行為として違法性が阻却され、刑法 208 条の暴行罪は成立しない」とされた（破棄自判。東京高判昭和 56・4・1 刑月 13 巻 4＝5 号 341 頁）。

①の判決は、もっぱら形式的理由から体罰の違法性を肯定したにすぎないが、②の判決では、実質的な違法判断を加えたうえで、「いやしくも有形力の行使と見られる外形をもった行為は学校教育上の懲戒行為としては一切許容されないとすることは、本来学校教育法の予想するところではない」とする一方、その動機や行為態様なども勘案した結果として、形式的には暴行罪に該当する有形力の行使であっても、甲の行為は正当化されると述べている。

Ⅳ 刑法35条の正当業務行為

1 正当業務行為による違法性阻却

違法性阻却事由は、構成要件の違法推定機能を**例外的に覆すもの**であるが、上述した公営賭博や人工妊娠中絶のように、原則と例外が逆転することも少なくない。外形上は暴行・傷害にあたる格闘技も、通常のルールを守った有形力の行使であれば、広く正当業務行為として許容される。かりに重大な傷害が発生したとしても、傷害罪の違法性が阻却されるのに対して、例えば「しごき」であったり、一方が凶器を使って反撃するなど、明らかなルール違反があったときは、もはや正当化されない。

また、法令上に根拠規定がなくても、危険なスポーツが正当化されることもある。その際、収入を得る目的があるかどうかは問わないし、社会的に称賛される行為である必要もない。アマチュア・スポーツはもちろん、個人の趣味に属する場合にも、社会生活上相当な範囲にとどまるかぎり、構成要件該当行為の違法性が阻却されるのである。同様にして、外形上は人の身体を侵襲する**治療行為**（学説上「医的侵襲」と呼ばれる）も、人々の健康を回復・増進させる正当な業務として、広く適法行為とみなされる[24]。

2 治療行為における正当化要件

治療行為では、手術・投薬などにより患者の生命や健康を損なう面があり、個人的法益に対する侵襲が問題となる。その際、客観的な結果如何が考慮される一方、被害者となる患者の意思が重要な正当化要素となる。他

方、およそ治療行為が人々の健康を回復・増進させるものである以上、当初から犯罪構成要件に該当しないとみる見解もある（**治療行為非傷害説**）。しかし、通説・判例によれば、形式上（暴行や傷害などの）構成要件に該当した後、社会生活上「許された危険」の範囲でのみ、違法性が阻却されることになる（**治療行為傷害説**）。

つぎに、治療行為の正当化根拠を、今日の医療水準に合致した適切な処置という**社会的相当性**に求めるか、それとも、患者（被害者）の**自己決定権**に依拠するかについては、諸見解が対立してきた。近年では、インフォームド・コンセントの考え方が定着したこともあり、少なくとも患者の同意が必要条件になっている。しかし、すでに述べたように（第6講・本書127頁以下参照）、被害者の同意だけでは解決できない以上、たとえ患者による明示の同意がなくても（専断的治療行為）、ただちに違法行為となるわけではない。

輸血拒否事件における医的侵襲　宗教団体「エホバの証人」の女性信者Aは、急性硬膜下血腫により意識不明の状態で病院に搬送された。しかし、緊急手術の最中に出血が続いたにもかかわらず、Aの家族が、A作成の輸血拒否カードを提示して輸血を拒否したため、手術が打ち切られたこともあって、Aは死亡した。かりに説得に応じない家族の反対を押し切って、医師が手術中に輸血を行い、患者の生命を救ったとき、もはや正当業務行為にあたらず、傷害罪が成立するのであろうか。
　まず、緊急避難にあたる場合、被害者本人の同意は正当化要件とならない。つぎに、治療行為による正当化にあっては、(a) 医学的適応性、(b) 医術的正当性、(c) 患者の同意という3要件を充たすことが必要となる。上述した専断的治療行為の場合、(a) と (b) の要件は認められるが、(c) の要件を充たさないため、違法行為と評価される場合もある。しかし、民事上の責任はともかく、刑法上の（可罰的）違法性が阻却されるとすれば、この限度で、**違法の相対性**を認めることになる。

3　自己決定権と医学的適応性の関係

通説・判例は、**社会的相当性の理論**によって正当業務行為の範囲を決定してきた。これに対して、**患者の自己決定権**を唯一の基準とする見解もみられる。もちろん、適法な治療行為というためには、上述した (a) ～ (c) の要件が充足されねばならず、原則として患者の同意が必要である。その意味で、本人が拒絶意思を表明したならば、上述した専断的治療行為が正

当化される余地は乏しい。これに対して、医学的適応性が欠けるにもかかわらず、患者の同意さえあれば、客観的には傷害罪にあたる行為が正当化されるわけではない。例えば、疾病の治療でない美容整形手術は、そもそも医学的適応性が欠けるため、どのような場合に違法性を阻却すべきかが問題となる。

患者の自己決定権だけを根拠とする見解では、何ら医学的適応性がない場合にも、被害者の同意にもとづく正当化を認めうるであろう。しかし、患者本人に同意能力がないとき、**親権者の代諾**も許容するのか、また、上述した輸血事件のように、**緊急事態における生命救助**についても、明示の同意がないかぎり、当該治療を停止するべきかが問題となる。今日、治療行為をめぐる医師と患者の関係は変わったといわれるが、医療の専門性からみて、実際の現場で自己決定権だけを尺度とすることはできない。むしろ、およそ医療行為にあっては、一時的であるにせよ、自らの生命・身体の安全を医師に委ねる以上、治療行為それ自体の客観的性格が重視されるべきである。

性転換手術と豊胸手術の違法性　①産婦人科医であるＸは、「法定の除外事由がないのに」生殖を不能にする目的で、Ａら3名の患者に睾丸全摘出手術を施した。裁判所は、たとえ性転向症者に対する性転換手術が治療行為として認められ、かつ、Ｘに同手術を行う能力があったとしても、本件において、現にＡらを治療する目的があり、医学的適応性や医療的正当性があったといえるかは疑問であり、当該行為は正当な医療行為でないとした（**ブルーボーイ事件**。東京高判昭和45・11・11高刑集23巻4号759頁）[25]。
　②医師免許のない甲は、フィリピン人女性の乙に対して、美容整形の目的で豊胸手術を行ったが、乙が麻酔薬などによるアレルギー反応でショック死した。裁判所は、乙に対する傷害罪が成立するかどうかは、単に乙の承諾があった事実だけでなく、その承諾を得た動機や目的、身体傷害の手段・方法、損傷の部位・程度など、諸般の事情を総合して判断すべきであり[26]、甲の行為は、医学上必要とされる措置を怠った「極めて無謀かつ危険な行為であって、社会的通念上許容される範囲・程度を超えて、社会的相当性を欠くものであ」る以上、およそ違法性を阻却しないとした（東京高判平成9・8・4高刑集50巻2号130頁）。

なるほど、いずれの手術にあっても、(c)の要件は充足されていたが、医学上も承認された治療方法でないため、刑法35条による正当化は難しい。しかし、①の事件では、形式的にも傷害罪の構成要件にあたるところ、患者の依頼があったことから、被害者の同意による違法性阻却を認め

たうえで、もっぱら旧優生保護法28条（なお、母体保護法28条、34条参照）違反により処罰されたという指摘がある[27]。他方、新たな治療法を開発するための人体実験では、客観的にも許容される侵襲の範囲は狭くなるであろう。たとえ医学の発展に必要不可欠であり、十分な説明のもとにインフォームド・コンセントを得たとしても、それだけでは違法性が阻却されないのである。むしろ、実験中に異常があったならば、ただちに対処しうる万全の体制を整えているかなど、全体として人体実験の是非を検討することになる。

4　安楽死・尊厳死の位置づけ

　広義の医療行為（治療行為を含む）と患者の自己決定権が交錯する領域として、**終末期医療**（ターミナルケア）における安楽死・尊厳死の問題がある。近年では、末期患者の尊厳死や臓器移植に伴うリビングウィルの取扱いを契機として、被害者の同意をめぐる議論が盛んである。しかし、安楽死や尊厳死にあっては、従来、違法性阻却事由と責任阻却事由のいずれかにあたるかで諸見解が対立してきた。ここでは、違法性阻却事由としての安楽死・尊厳死の正当化要件を考えてみよう[28]。

　刑法上、**安楽死**（Euthanasie；Euthanasia）とは、死期を目前にした末期の重症患者が、耐え難い肉体的苦痛を緩和・除去するように依頼したとき、その残存生命を短縮させるための処置をいう（広義の安楽死）[29]。自然の死期に先立って死亡させる点では、普通殺人罪（199条）にあたるが、患者本人の真摯な嘱託・承諾がある場合、同意殺人罪（202条後段）の成否が問題となる。これに対して、**尊厳死**（death with dignity）とは、同じく回復の見込みのない末期患者が、耐え難い肉体的苦痛は伴わないものの、いたずらに延命治療を続けることなく、人間らしく「尊厳のある死」を迎えようとする場合をいう。刑法上は、安楽死と同様な問題が含まれている。

安楽死の正当化要件　①死期が目前に迫った不治の傷病者が、激しい肉体的苦痛に呻吟しているとき、本人の真摯な嘱託または承諾のもとに、医師の手によって行われた安楽死は、その方法が倫理的にも妥当なものと認められるかぎり、違法性を阻却するところ、本件では、特別な理由がないまま、医師の手によることなく、患者に農薬入りの牛乳を飲ませており、違法性を阻却しないとした（**農薬牛乳事件**。名古屋高判昭和37・12・22高刑集15巻9号674頁）。

②医師による（積極的）安楽死は、もはや死の到来が避けられず、かつ、死期が目前に迫った末期患者が、耐え難い肉体的苦痛に苦しんでおり、その苦痛を除去・緩和するために他の手段・方法がないこと、患者によって生命の短縮を承諾する旨の明示の意思表示が必要であるとした（**東海大学病院事件**。横浜地判平成 7・3・28 判時 1530 号 28 頁）。

　およそ刑法上の安楽死は、鎮痛治療に付随する生命の短縮として（**間接的安楽死**）、治療行為により正当化される場合を除外するならば、もっぱら残存生命を剥奪する**積極的安楽死**と、治療停止による**消極的安楽死**に分けられる。いずれにおいても、末期患者の自己決定権が重視されてきたが、被害者の同意にもとづく正当化事由には含まれない。たとえ末期患者の真摯な意思表示があったとしても、現行法上は、同意殺人罪の規定がある以上、その違法性を阻却するためには、別途、正当化根拠が必要となるからである。上述した①の事件は、狭義の安楽死（積極的安楽死）にあたるところ、②の事件では、患者自身に肉体的苦痛がないため、せいぜい、近親者の要望にもとづく尊厳死にあたるものである[30]。

5 安楽死・尊厳死の正当化要件

　上述した積極的安楽死の正当化要件は、(ⅰ) 現代医学上不治の傷病に侵され、その死が目前に迫っていることに加えて、(ⅱ) 耐え難い肉体的苦痛があり、一般人がこれを見るに忍びない程度であること（なお、東京地判昭和 25・4・14 裁時 58 号 4 頁参照）、しかも、(ⅲ) 患者の意識が明瞭であって、本人による真摯な嘱託・承諾があること、さらに、(ⅳ) その方法が倫理的にも妥当なものであり、(ⅴ) 原則として医師の手によらねばならず、それが不可能な場合には、特別な事情がなければならない。そのほか、施術者には、(ⅵ) もっぱら患者の苦痛を緩和する目的が必要とされる（前出名古屋高判昭和 37・12・22 参照）。

　これに対して、一部の学説は、およそ人を殺す行為である以上、倫理的に妥当な方法は考えられず、医師自らが犯罪のリスクを冒さないため、実際上は家族による安楽死が多いとすれば、医師による場合に限定すべきでないと批判する。しかし、手段・方法の相当性は、特に一般人からみて残酷でない処置を求めたにすぎず、患者の回復可能性や死期の予測など、医

師の関与が必要不可欠である以上、利害関係者による恣意的な殺人を防ぐためにも、原則として医師の関与が必要であるといえよう[31]。さらに、患者自身の苦痛除去という利益が、残存生命の維持と比べて優越していなければならない。かようにして、尊厳死の場合も含めて、患者本人の嘱託・承諾だけで当該行為の違法性は阻却されないのである[32]。

V　犯罪論の基礎と応用

1　被害者の自己決定権と私的自治の原則

上述した違法性阻却事由において、懲戒権の行使、人工妊娠中絶、治療行為、安楽死・尊厳死などでは、家庭内の「しつけ」や妊婦・患者の自己決定権という「私事」にあたる要素が含まれている[33]。しかも、親子関係や出産・育児のほか、個人の死に方というプライベートな領域にかかわるため、当事者の意思決定を排して、国家の刑罰権がどこまで介入できるかという問題が生じる。他方、国民の生命・身体の安全が脅かされる点では、公共の安全と秩序の維持に直結しており、医療の公共性も考慮するならば[34]、当然に「民事不介入の原則」が妥当するわけでない。

そもそも、当事者間で意思の合致（被害者の同意）があるとき、もっぱら私人間の問題として、犯罪は成立しないのであろうか。なるほど、自殺・自死は、被害者自身による生命の放棄であり、刑法上も違法行為とみなすことはできない。そこで、一部には、第三者が（他人の）自殺・自死に関与する行為も、およそ不可罰とみる向きがある[35]。しかし、現行法上は、自殺の教唆・幇助も処罰される一方、被害者の真摯な嘱託・承諾にもかかわらず、同意殺人罪の規定があるため、（他）人の生死にかかわる問題は、純然たる私事にとどまらない。

2　「警察権の限界」論と民事不介入の原則

もちろん、個人の自由な処分権（私的自治）に委ねられる事項は、広い意味で私事にあたるため、一般には、警察権の介入を控えるべきである[36]。かつて「民事不介入の原則」は、いわゆる「警察権の限界」論か

ら、公共の安全と秩序の維持に直結しない問題については、原則として国家刑罰権（および警察権）が関与すべきでないとした[37]。また、警察権の行使は、行政権の一部であり、「警察（行政）公共の原則」も唱えられてきた。しかし、個人の生命や身体の安全は、公共の利益と緊密な関係にあって、それらが法秩序の一部をなすことはいうまでもない。

　近年、こうした「警察権の限界」論が単なる同語反復であって、理論上の根拠を欠いた政策論にすぎないことが明らかとなった[38]。むしろ、上述した「警察公共の原則」が、法治国家における行政権の限界を意味するならば、特に明文の法律で警察の業務から除外していないかぎり、犯罪に対して個人の生命・身体・財産を保護することは、むしろ、警察の本来的責務に含まれるであろう[39]。過去、ストーカー行為等規制法や児童虐待防止法などが制定された経緯からも窺えるように、警察の不作為責任を問うケースが増えており（大阪高判平成18・1・12判時1959号42頁）、実際に被害者に対する損害賠償責任が認められた例も少なくない。

3　現代社会における警察活動の在り方

　もとより、警察権の行使が過剰に至ってはならず、より侵害度の低い手段を選択することは当然であろう。しかし、一見すれば、家庭内の紛争や私人間の対立であっても、ただちに刑罰権（または警察権）の行使が抑制されるべきではない。かりに被害者が犯人の処罰を望まないときでも、すでにストーカー行為により「身体、自由等に対する具体的かつ切迫した危険性が存在していた」状態で、さらなる加害防止に向けた措置を怠ったならば、「上記の警察官ないし警察のこれらの不作為は、著しく合理性を欠き、職務上の作為義務に違反する違法」なものであって、国家賠償法1条1項にいう「違法な公権力の行使」にあたるとされた（前出大阪高判平成18・1・12）。

　現在、上述したストーカー行為のほか、児童虐待や家庭内暴力、民事介入暴力などの粗暴犯に限らず、振り込め詐欺事件や成年後見人の横領事件のように、刑法典上の財産犯についても、警察の積極的関与が要請される時代になった[40]。しかも、その範囲は拡大する一方であり、こうした犯罪事象の背後にあるのは、家族の崩壊や高齢化の進行という社会全体の質的

変化である。なるほど、私人間の加害防止をすべて警察官の責務とするのは、立法機関や他の行政機関の怠慢にほかならないが、警察権の行使を批判する反対説からは、これに代わる具体的な提案や解決策は、何ら提示されていないのである。

1) したがって、その質（種類）や量（程度）にも差異が生じる。これらは、刑の量定を含めた当該行為の犯罪性を左右する要素であり、後述する可罰的違法性の理論でも問題となる（次回の第10講を参照されたい）。
2) もっとも、第6講で言及した「被害者の同意」や「許された危険」など、構成要件該当性阻却事由または違法性阻却事由のいずれかが不明確な場合もある。また、両者を区別しない見解として、いわゆる消極的構成要件要素の理論がみられる。
3) これに対して、民法上の違法性は、必ずしも故意・過失を必要としない結果重視の観念である（したがって、無過失責任もありうる）。
4) この点は、構成要件該当性の判断と同じである。なお、団藤重光・刑法綱要総論（第三版四刷・平7）192頁以下、大塚仁・刑法概説総論（第四版・平20）353、375〜376頁など参照。
5) これに対して、ドイツ刑法典は、正当化緊急避難（34条）と免責的緊急避難（35条）を分けて規定するなど、条文上も両者を明確に区別している。
6) 大塚・前掲総論379頁は、刑法35条を包括的規定とされるが、これに反対する見解もある。例えば、植松正・刑法概論Ⅰ総論（再訂版・昭49）188頁以下など。
7) なお、上述した超法規的違法性阻却事由を否定するとき、これらも一般的正当行為（35条）の中に含めることになる。
8) なお、義務の衝突や自救行為は、緊急行為にあたる側面もあるとはいえ、正当防衛や緊急避難のような明文の規定がないため、一般的正当行為の中に含めておく。
9) 大塚・前掲総論409頁は、死刑執行の場合、殺人罪の構成要件該当性がないとされる。しかし、構成要件と違法性を「煙」と「火」の関係にたとえる定型説では、死刑の執行も形式的には「人を殺した」ことになる。
10) なお、詳細については、佐久間修・最先端法領域の刑事規制 ― 医療・経済・IT社会と刑法（平15）249頁以下などを参照されたい。
11) 通説は、各種の公設賭博（証券取引も含む）を法令行為として許容する。例えば、大塚仁・刑法概説各論（第三版増補版・平17）527頁、大谷實・刑法講義各論（新版第3版・平21）509頁など。
12) これに対して、市場外における相場取引は禁止されており、現行法令が定めた限度でのみ、例外的に許容されるにすぎない（金融商品取引法202条）。また、その違反行為については、刑法典における常習賭博罪の適用を妨げないとされる（同条但書）。したがって、単純賭博罪と市場外取引の禁止規定は、一般法・特別法の関係にあり、特に常習賭博であれば、刑法典の罰則が優先適用されることになる。
13) 通常、条例の制定は「法律の範囲内」であって（憲94条）、「法令に違反しない」ものに限られる（地方自治法14条1項）。なお、法律が規制しない領域だけに限定する「法律先占論」は、その後、「最小限規制立法」で上積み規制を認める見解に取って代わられた（徳島市公安条例事件。最大判昭和50・9・10刑集29巻8号489頁）。ただし、いずれの場合も、法律より厳格な規制を論じており、法律を無効化するものではなかった。
14) 瀧川幸辰・刑法各論（昭8）199頁（瀧川幸辰刑法著作集第一巻〔昭56〕429頁）。

15) いわゆる結果無価値論者は、「被害者のない犯罪」に対する刑罰権行使を批判してきた（平野龍一・刑法概説〔昭52〕250～251頁、曽根威彦・刑法各論〔第5版・平24〕276頁など）。
16) その意味で、当該行為の社会経済的な効用に加えて、適切かつ公正な取引制度を整備することにより、初めて実質的違法性が阻却されるであろう（長井圓・消費者取引と刑事規制〔平3〕340頁）。
17) なお、不妊手術についても、同法3条により、医学的適応事由および社会経済的適応事由があれば、本人及び配偶者の同意を条件として正当化される（ただし、未成年者の場合は除かれる）。
18) なお、母胎内で胎児を殺害する行為も含まれる（大塚・前掲各論53頁、大谷・前掲各論61頁）。
19) 通説である。大塚・前掲各論49頁、大谷・前掲各論59頁、西田典之・刑法各論（第6版・平24）19頁など。
20) ただし、緊急避難の要件を充たすならば、特に母親の承諾は必要とならないため、不同意堕胎罪にあたる場合にも、違法性が阻却されるであろう（なお、大判大正10・5・7刑録27輯257頁参照）。
21) なお、佐久間修・刑法各論（第2版・平24）68～69頁、甲斐克則・生殖医療と刑法（平22）27頁以下参照。
22) また、家庭内暴力や児童虐待については、佐久間修・実践講座刑法各論（平19）133頁以下を参照されたい。
23) ちなみに、当該生徒は脳内出血で死亡したが、まったく別の原因によるものとして、殴打と死亡の因果関係は否定された。
24) ただし、違法な人体実験は、客観的にも危険な反社会的行為として、常に処罰されるべきである。また、詳細については、甲斐克則・被験者保護と刑法（平17）37頁以下、同・医事刑法への旅Ⅰ（新版・平18）64頁以下参照。
25) なお、本件では、去勢手術も旧優生保護法28条の禁止対象に含めつつ、正当な医療行為にあたらないとした。
26) なお、判文中では、同意傷害に関する最決昭和55・11・13刑集34巻6号396頁が引用されている。
27) 例えば、西原春夫ほか・刑法マテリアルズ（平7）318頁〔甲斐克則〕は、自己決定権を尊重する立場から、傷害罪などの違法性が阻却されたという。
28) 現在では、安楽死および尊厳死を正当化事由とみる見解が一般である（大塚・前掲総論425頁、大谷實・刑法講義総論〔新版第4版・平24〕262～263頁、川端博・刑法総論講義〔第3版・平25〕337頁、鹿児島地判昭和50・10・1判時808号112頁、大阪地判昭和52・11・30判時879号158頁など）。もっとも、適法行為の期待可能性が欠けるとして、責任阻却事由とみる見解もある（曽根威彦・刑法総論〔第4版・平20〕127頁、甲斐克則・安楽死と刑法〔平15〕41頁など）。
29) なお、広義における安楽死には、単に苦痛を緩和するだけの純粋安楽死（本来的安楽死）も含まれるが、本文中の間接的安楽死と同様、治療行為の一種として正当化される。
30) そのほか、患者の家族から要請されて気管内チューブを抜管したという治療停止の事案にあって、家族に適切な情報を与えておらず、法律上許容される治療停止にあたらないため、殺人罪が成立するとした最高裁判例がある（**川崎協同病院事件**。最決平成21・12・7刑集63巻11号1899頁）。
31) 大塚・前掲総論427頁、佐久間修・刑法総論（平21）189頁。これに対して、医師の関与を不要とされるのは、大谷・前掲総論264頁、板倉宏・刑法総論（補訂版・平19）197頁などである。

32) なお、末期患者にとって最低限必要な延命措置を停止することは、医師の治療義務に反するとともに、先行した引受け行為による作為義務違反が問題となる。しかし、生命維持装置の装着や延命措置の継続は、広義における治療行為にあたるため、患者の意思に反して「治療」することはできない。その限度で、安楽死に準ずる条件を備えたならば、尊厳死も正当化されるであろう。
33) なお、安楽死と自律的決定の関係については、すでに第6講（本書131～132頁）でも言及したが、本講では、広い意味の医療行為として正当化されるかどうかを検討した。
34) なお、人の生死にかかわる医療行為が公共の利害と結び付くことは、例えば、虚偽私文書作成であっても、医師の診断書等が偽造罪（広義）の対象となっており（160条）、死体損壊罪とは別に、変死者密葬罪（192条）の規定があることからも窺えるであろう。
35) なお、ドイツ刑法典では、自殺関与罪を規定しておらず、むしろ、同意傷害の取扱いをめぐる議論が盛んである。わが国でも、暴行罪や傷害罪では、被害者の同意がある場合の特別規定がないため、自傷行為を除いて、学説上の対立がみられる。
36) また、刑法典上の財産犯では、私的自治に配慮した特例もあり、親族相盗例が「家庭内の問題に介入しない」としたのは、単なる処罰阻却事由でなく、可罰的違法性が欠けるという主張もある。
37) しかし、何をもって「民事（私事）」または「刑事（公共の利害）」を区分するかの基準は不明確である。かりに民事紛争であっても、最終的には裁判所による司法的解決に至る場合、単純な「私事」にはとどまらないからである。
38) 「警察権の限界」論は、現在では克服された過去の遺物である。詳細については、田村正博「警察の活動上の『限界』（上）」警論41巻6号（昭63）1頁以下、同「同前（中）」警論41巻7号（昭63）67頁以下、同・警察行政法解説（全訂版・平23）57頁以下、70頁以下などを参照されたい。
39) また、「警察公共の原則」によれば、警察権の行使が公共の安全と秩序の維持に限定されるとしても、国民の生命・身体・財産の安全は、まさしく刑法上の保護法益として、公益に属するものである。
40) 具体的には、ストーカー行為等規制法、児童虐待防止法、家庭内暴力防止法、高齢者虐待防止法、暴力団員による不当な行為の防止等に関する法律などがみられる。

第10講

正当防衛と緊急避難
―― 違法論と責任論の交錯

Self-Defence and Necessity – Distinguishing Justification from Excuse

【刑　法】
第36条（正当防衛）　急迫不正の侵害に対して、自己又は他人の権利を防衛するため、やむを得ずにした行為は、罰しない。
2　防衛の程度を超えた行為は、情状により、その刑を減軽し、又は免除することができる。
第37条（緊急避難）　自己又は他人の生命、身体、自由又は財産に対する現在の危難を避けるため、やむを得ずにした行為は、これによって生じた害が避けようとした害の程度を超えなかった場合に限り、罰しない。ただし、その程度を超えた行為は、情状により、その刑を減軽し、又は免除することができる。
2　前項の規定は、業務上特別の義務がある者には、適用しない。

【改正刑法草案】
第14条（正当防衛）　①急迫した不正の侵害に対し自己又は他人の法益を防衛するためにやむを得ないでした行為は、これを罰しない。
②防衛行為がその程度を超えた場合には、情状によって、その刑を軽減し、又は免除することができる。
③前項の場合において、その行為が恐怖、驚がく、興奮又はろうばいのあまり行われたもので、行為者を非難することができないときは、これを罰しない。
第15条（緊急避難）　①自己又は他人の法益に対し他に避ける方法のない急迫した危難が生じた場合に、その危難を避けるためにやむを得ないでした行為は、これによって生じた害が避けようとした害の程度を超えなかったときは、これを罰しない。
②前項の規定は、みずから危難にあたるべき業務上特別の義務のある者には、これを適用しない。
③避難行為がその程度を超えた場合には、前条第2項及び第3項の規定を準用する。

【ドイツ刑法典】
第32条（正当防衛）　①正当防衛によって必要とされる行為をした者は、違法

に行為していない。
②正当防衛とは、現在の違法な攻撃から自己又は他の者を回避させるために必要な防御である。

第33条（過剰防衛） 行為者が、錯乱、恐怖又は驚愕から正当防衛の限度を超えたときは、罰せられない。

第34条（正当化緊急避難） 生命、身体、自由、名誉、財産又はその他の法益に向けられ、それ以外の方法では回避できない現在の危難に際して、自己又は他の者を危難から回避させるために行為した者は、相互に対抗する利益間で当該法益とその脅威になった危険の程度を衡量し、保全する利益が被侵害利益を著しく超える場合には、違法に行為したものでない。ただし、このことは、当該行為が危難を回避するために適切な手段である場合にかぎり、妥当する。

第35条（免責的緊急避難） ①生命、身体又は自由に向けられ、それ以外の方法では回避できない現在の危難に際して、自己、親族又はその他自己と密接な関係にある者を危難から回避させるため、違法な行為をした者は、責任なく行為したものである。このことは、特に行為者自身が危難を招来したり、行為者が特別な法的関係にあったという事情により、その者に危難の甘受を期待できた場合には、その限りでない。ただし、特別な法的関係を考慮することなく、行為者が危難を甘受するべき場合は、第49条第1項により、その刑を減軽することができる。…(以下、省略)…

I　緊急行為による正当化

1　法の非常事態宣言？

およそ国家には、犯罪や災害などから一般国民を守る責務がある（憲13条など）。しかし、緊急状況では、公的機関による救済が間に合わず、国民自らが実力で防衛することになる。また、暴漢が市民を襲っている際、警察官が犯罪抑止目的でけん銃を使用することも、職権行為として許容されるが、かりにその形式的要件を充足しなくても、生命・身体の危険が切迫していたならば、**緊急行為による正当化**の可能性がある。さらに、同時多発テロを契機として議論されたように、テロリストが旅客機を乗っ取って原子力発電所に突入する際、その乗員を犠牲にして旅客機を撃墜できるかという問題もある[1]。

正当防衛は、最終的には法秩序を維持・回復する行為である。しかし、その手段・方法によっては、過剰防衛として犯罪が成立する（36条2項）。

また、通常は、個人的法益の防衛が問題となるが、社会的法益や国家的法益のための正当防衛も考えられる（後述）。他方、**緊急避難**については、一部で責任阻却事由とする見解があり[2]、違法性阻却事由とみる場合にも、厳しい正当化要件がある。その結果として、緊急状況下の一般国民に過酷な帰結をもたらすこともある。そのほか、近年では、質的過剰と量的過剰（時間的過剰）の取扱いが、盛んに議論されている。第9講では、法令行為や正当業務行為など、平常時の正当化事由を検討したが、今回は、緊急時における正当化事由を考えてみよう。

2 武器の使用と人の殺傷

警察官職務執行法では、「個人の生命、身体及び財産の保護、犯罪の予防、公安の維持並びに他の法令の執行等の職権職務を忠実に遂行するために」（同法1条）、**武器の使用が認められる**（同法7条）。すなわち、「自己若しくは他人に対する防護又は公務執行に対する抵抗の抑止のため必要であると認める相当な理由のある場合においては、その事態に応じ合理的に必要と判断される限度において、武器を使用することができる」。ただし、**人に危害を及ぼす**のは、被疑者やこれを助ける第三者が抵抗した場合など、「これを防ぎ、又は逮捕するために他に手段がないと警察官において信ずるに足りる相当な理由のある場合」に限られる（同条1号・2号）[3]。

したがって、警察官の職務執行についても、正当防衛や緊急避難が問題となりうる反面、一般国民については、正当防衛権を拡張した特別な規定が存在する。盗犯等ノ防止及処分ニ関スル法律（＝盗犯防止法）は、昭和初期に社会を騒がせた「説教強盗」を契機とした（治安）立法であるが、同法には、住居侵入盗に対する**正当防衛の特則**がある（同法1条）。しかも、盗犯防止法1条2項は、一定の事由にもとづく過剰防衛を不可罰としている。その起源となったのは、ドイツ刑法典33条の規定であり、改正刑法草案14条3項にも、同様の規定がみられる。

正当防衛と盗犯防止法
　盗犯等ノ防止及処分ニ関スル法律（昭和5年5月22日法律第9号）
　　第1条〔正当防衛の特例〕 左ノ各号ノ場合ニ於テ自己又ハ他人ノ生命、身体又ハ貞操ニ対スル現在ノ危険ヲ排除スル為犯人ヲ殺傷シタルトキハ刑法第

三十六条第一項ノ防衛行為アリタルモノトス
　一　盗犯ヲ防止シ又ハ盗贓ヲ取還セントスルトキ
　二　兇器ヲ携帯シテ又ハ門戸牆壁等ヲ踰越損壊シ若ハ鎖鑰ヲ開キテ人ノ住居又ハ人ノ看守スル邸宅、建造物若ハ船舶ニ侵入スル者ヲ防止セントスルトキ
　三　故ナク人ノ住居又ハ人ノ看守スル邸宅、建造物若ハ船舶ニ侵入シタル者又ハ要求ヲ受ケテ此等ノ場所ヨリ退去セザル者ヲ排斥セントスルトキ
②前項各号ノ場合ニ於テ自己又ハ他人ノ生命、身体又ハ貞操ニ対スル現在ノ危険アルニ非ズト雖モ行為者恐怖、驚愕、興奮又ハ狼狽ニ因リ現場ニ於テ犯人ヲ殺傷スルニ至リタルトキハ之ヲ罰セズ

3　自衛本能と法秩序の防衛

　緊急状況下の反撃であれば、たとえ急迫不正の侵害者を殺傷しても、刑事責任を問われることはない。古来、正当防衛は、広い意味の自衛権の行使であって、「書かれた法でなく、自然に生まれた法」とされてきた。違法な攻撃から自分（や仲間）を守るため、侵害者を攻撃することは、人間の自己保存本能にもとづく自然な行為であって、一般人を標準とするかぎり、違法と評価できないからである。しかも、正当防衛は「不正の侵害」に対する法の自己保全として、**法秩序を維持・回復させる**点で、法全体を確証するという利益がある（法確証の利益）[4]。

　他方、緊急避難は、もっぱら「緊急は法律をもたない」という法格言を起源として、当初、飢餓状態で食料を盗むなど、心理的強制下の行為として論じられた。その後、正当防衛と並ぶ正当化事由とされたのは、比較的近年のことである。しかも、正当防衛が、「急迫不正の侵害」という違法な攻撃に向けられた「反撃」であるのと異なり、緊急避難は、「現在の危難」から**第三者を犠牲にして逃れる**点で異なる[5]。そのため、緊急避難による正当化要件は、正当防衛の場合と比較して厳しいものになっている（後述する補充性や法益権衡の原則など）。

正当防衛と緊急避難の法的関係

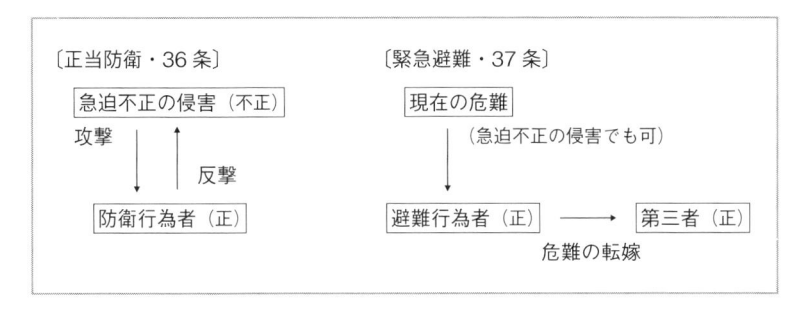

```
〔正当防衛・36条〕            〔緊急避難・37条〕
  急迫不正の侵害（不正）         現在の危難
                                 （急迫不正の侵害でも可）
  攻撃 ↓ ↑ 反撃                    ↓
  防衛行為者（正）              避難行為者（正） ─────→ 第三者（正）
                                              危難の転嫁
```

4　社会的相当性と法益侵害説

　一部の入門書は、正当防衛を「法秩序の保全に積極的に協力する行為として社会的相当性がある」という。しかし、これでは、第9講の正当行為一般（本書182頁以下）から区別された緊急行為の特性を正しく説明できない。緊急避難にあっても、刑法上相当な範囲内で法秩序に合致する点では、通常の正当行為と異ならないからである。また、何が社会的に相当であるかをめぐって、トートロジー（同義反復）ないし循環論に陥ってしまう。むしろ、正当防衛は、上述した自己保存本能に根ざす行為として、一般人を前提にするとき、違法と評価できない点に加えて、反撃行為により法秩序が回復されることで、緊急避難よりも広い範囲で正当化できるのである。

　他方、法益侵害説にあっては、防衛者の「正当な」利益と侵害者の「不正な」利益が衝突するとき、前者の利益が優越することを強調してきた[6]。なるほど、正当防衛を認める反射的効果として、侵害者の法益保護が否定されるとしても、そこでは、侵害者の利益が「不正」であることが暗黙の前提となっている。しかし、こうした「不正」さが防衛者の反撃を正当化するというのでは、やはり循環論にほかならない。しかも、この見解によれば、不正の侵害に対する防衛行為には限界がないことになる。同様な批判は、「急迫不正の侵害者には保護すべき法益がない」という説明にも妥当するであろう。

II　正当防衛と緊急避難の異同

1　正当化の根拠と正当化要件

　正当防衛は、急迫不正の侵害に対抗する行為であって、法秩序の見地から合法と評価される。当初、人間の自己保存本能に着目して免責事由とされた正当防衛も、現在では、正当化事由とみる見解が一般である[7]。すなわち、正当防衛は、一般人を前提とするかぎり「やむを得ずにした行為」であるとともに、違法な攻撃を斥けることで「法秩序を維持ないし回復する」という側面がある。したがって、「不正の侵害」を否定する法の自己保全という性質からして、「正は不正に譲歩する必要はない」とされ、「法は人に怯懦（きょうだ）を強いるものでな」く、急迫不正の侵害から**逃避する義務はない**のである。

　これに対して、緊急避難では、「現在の危難」から逃れるため、第三者に犠牲を強いる行為である。たとえば、(a) 航海中に船舶が難破・沈没した際、船の破片に摑まっていたところ、他の遭難者もしがみついたため、二人の重みで破片が沈まないように押し退けた結果、一方が海中に沈んで溺死した場合が挙げられる（**カルネアデスの板**）。また、近隣で火災が発生した際、自宅への延焼を防ぐため、他人の家屋を破壊するなど、個人の財産権を犠牲にして自らの危難を逃れる場合もありうる。以下、正当防衛と緊急避難の違いを、それぞれの正当化要件ごとにみてゆこう。

2　自己保存行動と法秩序の防衛

　自己保存行動という側面を強調して、行為者の責任が減少・消滅すると考えるならば、正当防衛であろうと緊急避難であろうと違いはない。同様にして、広い意味の緊急行為である自救行為や義務の衝突においても、責任減少による免責が考えられる。しかし、〈**正当防衛**〉では、当該行為が法秩序を防衛するため、積極的な正当化が可能となる一方、上述した逃避義務が否定されるように、相対的に緩やかな正当化要件となっている。これに対して、〈**緊急避難**〉では、正当防衛でいう「法秩序の防衛」や「法

確証の利益」がないため、他人を犠牲にして自らが生き延びることの正当性を論証しなければならない。

　緊急避難の不可罰性をめぐっては、従来、自分（その家族など）だけは助かりたいという人間的な弱さに着目しつつ、①単に刑罰が免除されるという**処罰阻却事由説**、②非難可能性がないという**責任阻却事由説**[8]、さらに、③責任阻却事由と違法性阻却事由に分ける**二分説**が唱えられた[9]。これに対して、現在の支配的見解は、④刑法が平均人を標準とする以上、危難の転嫁も正当化されるという（**違法性阻却事由説**）[10]。そもそも、刑法典が「第7章　犯罪の不成立及び刑の減免」の中に規定した以上、単なる処罰阻却事由でないのは明らかであろう。

3　侵害の予期と自招行為

　正当防衛と緊急避難では、前提となるべき客観的な防衛状況と避難状況が異なる。一方は「急迫不正の侵害」であり、他方は「自己又は他人の生命、身体、自由又は財産に対する現在の危難」である。まず、〈正当防衛〉では、「急迫不正の侵害」をめぐって、これを予期していた場合や自招侵害の取扱いが問題となる。刑法上は、法秩序からみて相当な防衛行為でなければならず、防衛者が相手方を挑発したり（**挑発防衛**）、あえて危険源に接近して招来した不正の侵害については（**自招侵害**）、正当防衛が否定されてきた。しかし、急迫性は客観的要件であって、犯人が予期したことで消失するわけではない。例えば、自動銃や忍び返しを設置するなど、実際に相手方が襲ってきた時点で防衛行為が始まるならば、なお急迫不正の侵害にもとづく反撃といえる。

侵害の予期と急迫性　①急迫性とは、法益の侵害が現に存在しているか、または間近に迫ったことを意味し、被害の現在性を意味するものではない（最判昭和24・8・18刑集3巻9号1465頁）。なるほど、②予期された侵害を利用して相手方を殺傷した場合、およそ急迫性を否定した判例もあるが（最判昭和24・11・17刑集3巻11号1801頁）、現在では、③侵害を予期した場合にも、ただちに急迫性を失わないとされる（最判昭和46・11・16刑集25巻8号996頁）。
　④近年の判例として、勤務先の上司により自動車の運転席から引きずり出されたことに立腹し、その胸倉をつかんで押し倒すなどの暴行を加え、左脛骨骨折等の傷害を負わせたとき、たとえ上司の暴行を予期したとしても、終始一貫してその侵害に対応したにとどまり、上記の機会を利用して積極的に加害行為

に及ぶ意思がなかったならば、予期したというだけで「急迫性」は否定されず、なお正当防衛が成立するとされた（大阪高判平成14・7・9判時1797号159頁）。

自招侵害と急迫性　また、⑤自己の不正行為から相手方の侵害を招いた場合にも、なお正当防衛が可能とした判例もあったが（大判大正3・9・25刑録20輯1648頁）、ほとんど確実に侵害を予期できた状態で、その機会を利用して積極的に相手方を襲撃する意思で侵害に臨んだときは、急迫性がないとされる（最決昭和52・7・21刑集31巻4号747頁）。さらに、⑥いわゆる**口実防衛**のように、相手方の侵害を予期した上で、これに応じて迅速に反撃する意図で様子を窺っていたところ、予想どおり相手方が攻撃を加えてきた場合には、急迫性が否定される（最判昭和30・10・25刑集9巻11号2295頁）。
　最近の判例として、⑦犯人の暴行が被害者の攻撃を招来しただけでなく、その後の暴行が近接した時間・場所で生じた一連一体の行為であり、相手方の攻撃も犯人の第1暴行を大きく上回っていない以上、正当防衛にあたらないとしたものがある（最決平成20・5・20刑集62巻6号1786頁）。⑥と⑦は、単なる侵害の予期を超えて、正当防衛権の濫用があったといえよう。

　上述した諸判例によれば、侵害を予期した場合にも、なお急迫性は存在する。他方、「その機会を利用し積極的に相手方に対して加害行為をする意思で侵害に臨んだとき」は、急迫性が欠けることになる（前出最決昭和52・7・21）[11]。なるほど、裁判所が犯人の積極的加害意思に着目するのであれば、侵害の急迫性が客観的正当化要素である以上、主観的要素と混同したという批判が妥当する。しかし、実際の事件では、単に侵害を予期したにとどまらず、その機会を捉えて積極的な攻撃に及んだ事実が、正当防衛を否定する理由になったと考えられる[12]。

　〈緊急避難〉では、現在の危難を挑発するという事態は考えにくいが、自招危難について、緊急避難による正当化を否定したものがある。具体的には、自動車の運転手が業務上の注意を怠り、漫然と高速度で進行したため、停車中の荷車の横から現れたAを避けようとして急遽右に転把した結果、反対車線にいた通行人に衝突して死亡させた事案である。裁判所は、Aを轢くかもしれないという現在の危難が、これに先行する犯人自身の過失行為から生じた以上、社会通念上もその避難行為を是認できないため、緊急避難にあたらないとした（大判大正13・12・12刑集3巻867頁）[13]。

4　対物防衛と緊急避難

〈**正当防衛**〉では、「急迫不正の侵害」をめぐって、対物防衛を認めうるか否かが問題となる。すなわち、伝統的な違法論では、不正＝違法な侵害とみるかぎり、人間の行為でなければならない。冒頭でも述べたように、防衛行為による制裁的機能が及ばない自然災害や動物による侵害は、正当防衛でいう「不正の侵害」にあたらず、せいぜい緊急避難で処理されることになる。これに対して、法文上「不正」という表現を用いた以上、客観的な緊急状況さえあればよいという見解もみられる[14]。それによれば、動物や自動機械に対する対物防衛も可能となる[15]。

他方、〈**緊急避難**〉では、自然災害や動物による侵害を想定して、現在の危難を回避する行動が避難行為となる。したがって、刑法上の正当化要件を充たすかぎり、緊急避難が成立するのは当然である。ただし、緊急避難の成立する条件が厳しいため、人による（違法な）侵害では正当防衛が広く認められるところ、襲ってきた動物を毀損するだけの緊急避難が厳格に認定されるのは、不均衡であると批判されてきた。もっとも、野生動物が向かってきたならば、これを撃退する行為は当然に緊急避難となるであろうし、飼い犬が襲ってきた場合には、飼い主の過失行為を認めて、正当防衛が成立することになる。その意味で、対物防衛を認めるかどうかは、多分に理論的な対立である[16]。

5　国家緊急救助と自救行為

正当防衛と緊急避難で保護される法益は異なるであろうか。現行法上、正当防衛が「自己又は他人の権利を防衛する」のに対して、緊急避難が「自己又は他人の生命、身体、自由又は財産」を救助するものとされる。しかし、〈**正当防衛**〉でいう「権利」は、保護法益一般を指しており、生命や身体のほか、住居の平穏や財産権なども含まれる（福岡高判昭和60・7・8刑月17巻7＝8号635頁、最判平成21・7・16刑集63巻6号711頁）。また、改正刑法草案は、「自己又は他人の法益」に対する侵害と明記している。すなわち、正当防衛は、およそ違法な攻撃全般に対して成立しうるため、個人の秘密や貞操なども、刑法上の保護法益にあたるかぎり、すべてが急

迫不正の侵害の対象となりうる[17]。もっとも、こうした法益の中に国家・社会的法益が含まれるかをめぐって、見解の対立がある。

> **公共的法益の侵害と正当防衛**　犯人らは、ゼネストを中止させるため、産別会議議長のAと面談して中止を申し入れたところ、Aがこれを拒否したため、包丁で切り付けてAに傷害を負わせた。裁判所は、「国家的、国民的、公共的法益についても正当防衛の許さるべき場合が存する」としたうえで、「かかる公益のための正当防衛等は、国家公共の機関の有効な公的活動を期待し得ない極めて緊迫した場合においてのみ例外的に許容さるべきもの」であり、犯行当時の客観的状況は、そのような場合に該当しない以上、被告人の行動は「正当防衛又は緊急避難として宥恕するを得ないもの」とした（**ゼネスト事件**。最判昭和24・8・18刑集3巻9号1465頁）。

学説上は、国家的財産や社会的秩序に対する攻撃は、急迫不正の侵害にあたらず、これらに対する正当防衛を認めない見解もみられる[18]。他方、〈緊急避難〉において、国家・社会的法益のための避難行為を認めうるかは、いずれの学説にあっても明らかでない。上述した判例は、厳しい条件下で国家緊急救助もありうるとして、公共的法益のための緊急避難にも言及している。すなわち、緊急行為としての属性に着目するならば、正当防衛と緊急避難の間で差異はないため、第三者のためにする正当防衛や緊急救助が許される以上、特に保護すべき法益を限定する必然性はない[19]。

6　喧嘩闘争について

喧嘩闘争では、当初、「喧嘩両成敗」の格言を援用して、およそ正当防衛を否定する大審院判例があった（大判昭和7・1・25刑集11巻1頁）。また、最高裁も、友人を殴打した被害者と殴り合った際、憤激のあまり小刀で切り付けて死亡させた事案について、「互いに暴行し合ういわゆる喧嘩は、闘争者双方が攻撃及び防御を繰り返す一団の連続的闘争行為であるから、闘争の或る瞬間においては、闘争者の一方がもっぱら防御に終始し、正当防衛を行う観を呈することがあっても、闘争の全般からみては、刑法第36条の正当防衛の観念を容れる余地がない場合がある」として、正当防衛を否定した（最大判昭和23・7・7刑集2巻8号793頁）。

しかし、上記の最高裁大法廷判決は、大審院判例と異なり、一律に正当防衛を排除するのでなく、犯行全体を観察しつつ正当防衛の成否を論じて

いる。同様にして、特殊飲食店主の団体会長と事務員が、これに敵対する被害者と闘争状態になった際、相手方の刺身包丁を奪って刺し殺した事案について、上記の最高裁判例を引用しつつ、喧嘩闘争にあっても、全体的に観察すれば正当防衛が成立する余地があると述べて、およそ正当防衛の成立を否定した原審判決を覆したものがある（最判昭和32・1・22刑集11巻1号31頁）。

III　防衛・避難のため「やむを得ずにした行為」

1　防衛行為の相当性と避難行為の補充性

〈正当防衛〉の場合にも、いわゆる社会的相当性の理論によれば、急迫不正の侵害に対する過大な反撃は許されない（防衛行為の相当性）。他方、〈緊急避難〉の場合は、当該危難を回避するために他の代替的手段がないことに加えて（避難行為の補充性）、保護しようとした利益と侵害した利益が釣り合っていなければならない（法益権衡の原則）。なるほど、法文上は、ともに「やむを得ずにした行為」となっているが、〈正当防衛〉では、当該侵害と防衛行為の均衡が要求されるだけである。形式上「(防衛の) 必要性」に言及する見解もみられるが、防衛者には退避義務がない以上、それ以外の選択肢があったとしても、客観的にみて相当な手段・方法であればよい（大判昭和2・12・20評論17巻刑法18頁）。しかも、行為それ自体の相当性にとどまるため、最終的に発生した結果の法益権衡までは要求されない。

> **防衛行為の必要性・相当性**　Xは、Aと押し問答をしている最中に、突然AがXの左手中指などをつかんで逆にねじ上げたため、これをふりほどこうとして、右手でAの胸辺りを一回突き飛ばしたところ、仰向けに倒れたAが、その後頭部を付近の自動車のバンパーに打ち付けて頭部打撲傷を負った。裁判所は、「やむを得ずにした行為」とは、急迫不正の侵害に対する反撃行為が、自己または他人の権利を防衛する手段として必要最小限度のものであること、すなわち、反撃行為が侵害に対する防衛手段として相当であることを意味するため、たまたま、反撃行為から生じた結果が被侵害法益よりも大きかったとしても、その反撃行為が正当防衛でなくなるわけではないとした（最判昭和44・12・4刑集23巻12号1573頁）[20]。

これに対して、〈緊急避難〉では、まず補充性のあることが前提条件となる。例えば、破傷風菌に感染した病人を救うため、すでに抗生物質が効かない状態で、患者の承諾なしに感染した部分を切除するなど、その危難を避けるために唯一の方法であって、他に選択しうる回避手段がなかった場合が考えられる。すなわち、補充性の原則によれば、「不正対正」である正当防衛と異なり、「正対正」の関係で一方の法益を犠牲にする行為であるため、それ以外にも救済する手段・方法があるときは、およそ危難を転嫁することが許されない。したがって、過剰避難にもならないという意味で、補充性は緊急避難の前提要件となるのである（大阪高判平成10・6・24高刑集51巻2号116頁）[21]。

避難行為の補充性・相当性　①暴力団組事務所内で事実上の監禁状態におかれた行為者が、そこから脱出するために組事務所に放火するとき、それ以外に害の少ない平穏な逃走手段が存在する以上、「やむを得ずにした行為」とはいえず（補充性の欠如）、過剰避難が成立する余地はないとされた（前出大阪高判平成10・6・24）。これに対して、②いったん脱走した信者が、再度つかまって教団内で拘束された後、自らを救命・解放するための条件として、他の信者の殺害を強要された事案につき、当該行為の補充性を認めたうえで、相当性がなかったとして、過剰避難を認めたものがある（**オウム真理教事件**。東京地判平成8・6・26判時1578号39頁）。

2　行為の相当性と法益権衡の原則

〈**正当防衛**〉では、防衛の程度を超えたかどうかが、行為者の主観的認識によってでなく、客観的観察により決せられる（大判大正9・6・26刑録26輯405頁）。例えば、年齢的にも若く体力面でも優れた相手方が、「お前、殴られたいのか」と言って手拳を前に突き出し、足を蹴り上げる動作をしながら迫ってきた場面で、危害を免れるべく菜切包丁を構えて脅迫しても、相当な防衛行為の範囲内にある（最判平成元・11・13刑集43巻10号823頁）。また、財産的権利を防衛するべく相手方の身体を攻撃した場合にも、相手方がたびたび当該建物に対する共有持分権や名誉・業務に対する急迫不正の侵害を繰り返していたとき、相手方の胸部などを両手で突くなどの暴行を加えた行為について、相当な防衛手段の範囲を超えないものとされた（最判平成21・7・16刑集63巻6号711頁）。

これに対して、〈緊急避難〉でいう「やむを得ずにした」とは、当該避難行為を除いて危難を逃れる手段・方法がなく、そのような行為に出たことが条理上肯定できる場合である（最大判昭和 24・5・18 刑集 3 巻 6 号 772 頁）。例えば、(旧) 国鉄の列車乗務員が、トンネル内における熱気の上昇や有毒ガスの発生などで生じる生命・身体の危険を避けるため、争議行為として牽引車両の三割減車をおこなうことは、それが国の鉄道業務の運営能率を阻害するとしても、現在の危難を避けるためにやむをえない行為である。しかし、こうした措置を超えて全面的に職場放棄をした行為は、緊急避難の程度を超えるとされた（過剰避難となる。最判昭和 28・12・25 刑集 7 巻 13 号 2671 頁）。

3 過剰防衛をめぐる理論状況 ―― 違法論から責任論へ

〈正当防衛〉は、緊急時における咄嗟の行動であるため、犯人が怒りや恐怖心のため、しばしば過剰な反撃行為に出る場合がある。また、急迫不正の侵害が終わった後も、極度の興奮状態で追撃行為に及ぶことも少なくない（時間的過剰）。そこでは、急迫不正の侵害が継続したかどうかとは別に（なお、最判平成 9・6・16 刑集 51 巻 5 号 435 頁参照）、侵害が終了した後の防衛行為について、その連続性や個数が問題となる（最決平成 20・6・25 刑集 62 巻 6 号 1859 頁、最決平成 21・2・24 刑集 63 巻 2 号 1 頁参照）。しかし、緊急行為の特性を重視するかぎり、相当性判断や時間的過剰をめぐって、厳格な正当化要件を設けるのは、パニック状態にある人間にとって過酷な要請となるであろう。この点は、〈緊急避難〉にあっても同様である。

そこで、たとえ違法性は残るとしても、むしろ、過剰防衛による責任阻却を認めることになる。刑法 36 条 2 項による刑の任意的減免は、緊急時の主観的事情に配慮した結果であって、通説によれば、緊急状況に直面した咄嗟の自己保存行動であるため、違法性が減少する点に加えて、行為者の主観面に着目した責任減少・消滅に基づくと説明されてきた（**違法・責任減少説**）[22]。この点について、ドイツ刑法典 33 条は、過剰防衛の際、「行為者が、錯乱、恐怖又は驚愕から正当防衛の限度を超えたときは、罰せられない」とする。他方、緊急避難でも過剰避難が考えられる以上、同種の規定を設けるのが首尾一貫するのであって、改正刑法草案 14 条 3 項は、

「その行為が恐怖、驚がく、興奮又はろうばいのあまり行われたもので、行為者を非難することができないときは、これを罰しない」とする一方、同草案 15 条 3 項でも、「避難行為がその程度を超えた場合には、前条第 2 項及び第 3 項の規定を準用する」とした。

4 防衛の意思と避難の意思

通説・判例によれば、正当防衛と緊急避難の主観的正当化要素として、それぞれ防衛の意思と避難の意思が必要である[23]。法文上は、「防衛するため」または「危難を避けるため」に「やむを得ずにした行為」となっており、「…するため」の文言は、主観的要素と客観的要素のいずれにも解釈できる。しかし、冒頭に紹介した挑発防衛や口実防衛の場合、正当防衛が排除されるのはもちろん、たまたま正当防衛の外形を備えた**偶然防衛**のように、すべての客観的要件を充足する場合にも、やはり正当防衛が否定されるならば、そこでは、まさしく防衛の意思が主観的正当化要素となっている。冒頭にも述べたとおり、積極的加害意思の存在は、主観面では防衛意思を排除する理由となる[24]。

防衛の意思と攻撃の意思 ①犯人は、自己の経営するスナック店内において、相手方から一方的にかなり激しい暴行を加えられたため、怒りと憎悪から調理場にあった文化包丁を持ち出し、「表に出てこい」などと言いながら出入口へ向かった。ところが、相手方から物を投げられ、「逃げる気か」と言って肩をつかまれるなどしたため、さらに暴行を加えられることをおそれて、振り向きざまに包丁で相手方の胸部を突いて殺害した。裁判所によれば、犯人が「表に出てこい」などと言ったとしても、もっぱら攻撃の意思に出たわけでなく、防衛の意思は否定されなかった（最判昭和 60・9・12 刑集 39 巻 6 号 275 頁）。また、②相手方から急迫不正の侵害を加えられた際、自己の権利を防衛するためにやむをえず反撃したとき、相手方に対する憤りや憎悪の念が並存していたとしても、そのことだけで防衛の意思は排除されないとした（東京高判平成 14・6・4 東高刑時報 53 巻 1～12 号 66 頁）。

わが国の判例は、大審院時代から防衛の意思を必要としてきた（**防衛意思必要説**）。当初は、憤激のあまり防衛行為に及んだとき、防衛意思を否定した判例もあったが（大判昭和 11・12・7 刑集 15 巻 1561 頁）、その後、相手方の加害行為に憤激・逆上して反撃した場合にも、ただちに防衛の意思が否定されず（最判昭和 46・11・16 刑集 25 巻 8 号 996 頁）、急迫不正の侵害に

対して、自己または他人の権利を防衛するための行為であるならば、同時に侵害者に対する攻撃的な意思があったとしても、正当防衛と認められた（最判昭和50・11・28刑集29巻10号983頁）。

Ⅳ 犯罪論の基礎と応用

1 「違法は客観的に、責任は主観的に」

　違法性は、本来「客観的なもの」であり、責任は「主観的なもの」とされる。すなわち、一般人を標準とした「客観的な」評価が違法性の内実であるのに対して、個別的行為者を標準とする「主観的な」非難可能性が責任評価である。しかも、違法性の本質が評価規範違反である以上、評価の対象は、客観的事実だけでなく、主観的事実も含まれている。他方、責任にあっても、適法行為の期待可能性のように、客観的責任要素がある以上、違法性と責任のいずれにおいても、客観的要素と主観的要素が存在することになる。これに対して、いわゆる結果無価値論は、**主観的違法（正当化）要素**を認めるのは、心情刑法に陥ると批判する。しかし、何をもって「心情刑法」というかは不明であり、こうした「決まり文句（呪文の一種）」に格別の意味があるとは思われない[25]。

　また、一般的な主観的違法要素を認めることで、違法性と責任の境界があいまいになるという批判もあったが、たとえ例外的であっても、目的犯や傾向犯について（特殊）主観的違法要素を認めるのであれば、違法評価の対象を客観的要素だけに限定することはできない。例えば、強制わいせつ罪（176条）では、普通人の正常な性的羞恥心を害し、善良な性的道徳観念に反する行為を「わいせつ行為」と定義している（名古屋高金沢支判昭和36・5・2下刑集3巻5＝6号399頁）。しかし、客観的にみて一般人の性欲を刺激・興奮させるだけでなく、犯人自身の性欲を刺激・興奮させる意図が必要である（通説・判例）。

　裸体撮影事件　犯人が被害女性を脅迫して服を脱がせ、その裸体写真を撮ったにもかかわらず、もっぱら報復または侮辱・虐待の意図にとどまる場合、強制わいせつ罪は成立しないとされた（最判昭和45・1・29刑集24巻1号1頁）。

> しかし、現に被害者の性的自由が侵害されたにもかかわらず、犯人の主観的態度如何によって犯罪の成立が否定されるのは、被害者の法的保護に欠けるという批判がある。そこで、学説の中には、こうした主観的傾向を不要とするものがあり[26]、下級審判例の中には、もっぱら客観的な見地から行為者のわいせつ傾向を説明したものがある（東京地判昭和62・9・16判タ670号254頁）。

強制わいせつ罪が故意犯の一種である以上、犯人がわいせつ性を帯びることを認識しなければならず、いわゆる**意味の認識**が必要となる。これが欠ける場合には、犯罪の成立が否定されるところ、それ以外の動機・目的や個人の趣味・嗜好を考慮するべきでない。例えば、医師が正規の診察・診療を装ってわいせつ意図を満足させたとしても、それが社会生活上相当な治療行為である場合、行為者の主観面だけで違法行為になるわけでない[27]。なるほど、第9講で言及した法令行為や正当業務行為では、いわゆる主観的正当化要素を要求するとき、その限度で正当化の範囲は狭まるであろう[28]。しかし、強制わいせつ罪のように、主観的違法要素を欠くことで犯罪不成立となる例もある以上、一部の事例だけを取り上げて「心情刑法」と批判するのは、あまり意味がない[29]。

2 緊急避難の適用除外規定

犯罪概念の中核となる違法性については、過去、華々しい論争が繰り返されてきた。正当化事由では、**社会的相当性説**と**利益衡量説**の対立があり、被害者の同意や防衛意思をめぐっても、通説・判例と有力説が対峙している。ここでは、抽象的な違法論の展開でなく、正当防衛と緊急避難における「特別義務者」の取扱いに言及しておこう。すなわち、現行刑法典37条2項は、自衛官、警察官、消防職員、船長、船員、医師、看護師など、一定の危険状況下で当該業務をおこなう人間には、緊急避難の適用を否定しているが、その根拠は何に求められるであろうか[30]。

こうした適用除外規定の趣旨は、改正刑法草案15条2項が「みずから危難にあたるべき業務上特別の義務のある者」と記述することで、より明確になっている。また、ドイツ刑法典では、免責的緊急避難（同法35条）においてのみ、「行為者が特別な法的関係にあった」ことにより、避難行為者に対して「危難の甘受を期待できた」場合、その免責を否定してい

る。しかも、そこでは、同法49条1項による刑の任意的減軽も認められない。他方、正当化緊急避難（同法34条）では、特別義務者であっても緊急避難が適用される。

3　緊急行為における法益侵害と義務違反

なるほど、自衛官や警察官などの特別義務者は、犯罪抑止や犯人検挙のほか、非常時の災害・危難から市民を救助するなど、法令・契約・慣習上の理由から、自分自身のための緊急避難が制限される。例えば、自分や同僚に対する現在の危難が生じたときも、これを一般国民に転嫁することは許されず、その限度で当該危難を受忍しなければならない。しかし、緊急避難が正当化事由であるならば、なぜ職務上の義務に応じて、刑法37条の適用が制限されるのであろうか。そこでは、違法性や正当化が義務違反の要素により左右されるのであろうか。

他方、責任論にあっては、特別の法的関係にもとづく義務違反が免責事由を排除することも、容易に説明できるであろう。しかし、わが国では、正当化緊急避難と免責的緊急避難を区別しておらず、刑法37条の緊急避難が一律に正当化事由とされるため、職務上の受忍義務がある場合にも、第三者を犠牲にした特別義務者の緊急避難を否定することはできないのである。また、特別義務者の職務執行として、法令行為による正当化だけに限定する態度は、第9講で紹介した正当行為一般と本講でいう緊急行為の差異を弁えないものであろう。

4　特別義務者の緊急避難と正当防衛

かようにして、特別義務者にあっても、一律に緊急避難の適用が排除されず、職務上の忠実義務に違反しない限度で、緊急避難による正当化は可能である[31]。例えば、マンション火災で消火作業中の消防職員が、突如崩落してきた天井の下敷きになるのを避けるため、隣りの区画の壁を破って避難することは許される。また、自分の同僚の生命・身体を守るべく一般市民の軽微な法益を侵害しても、緊急避難となりうるであろう[32]。その意味で、正当化事由として緊急避難は、刑法37条2項の規定にもかかわらず、具体的な行為状況に応じて認定されるべきである。また、一般人を守るための緊

急救助が、同条 2 項の適用除外にあたらないのは当然であろう[33]。

> **特別義務者としての医療従事者**　医師や看護師には、特別法上いわゆる応招義務（治療義務）があるとはいえ（医師法 19 条 1 項など）、かりに自分の家族が緊急治療を要する状況であれば、緊急性の乏しい患者の要請を拒絶したとしても、ただちに応招義務違反とならない。そもそも、具体的な緊急度に応じて実質的違法性が決まるとすれば、応招義務と緊急避難という複数の行為規範が対立する場面では、義務の衝突と共通する問題が生じる。かようにして、刑法 37 条 2 項の規定は、特別義務者の緊急避難について形式的な制限を設けたものにすぎない。

しかも、正当防衛には、特別義務者に対する適用除外規定がない。したがって、刑法 37 条 2 項の反対解釈として、自衛官、警察官、消防職員などの特別義務者においても、私的な生活場面はもちろん[34]、その職務執行の場面でも、一般国民と同じく正当防衛権が認められる。もっとも、警察官の場合には、正当防衛や緊急避難に関連する特別規定として、警察官職務執行法 7 条但し書きや「警察官等けん銃使用及び取扱い規範」、「警察官等警棒等使用及び取扱い規範」がある。しかし、これらは、武器使用に着目した特例であるため、それ以外の正当防衛権の行使を制限するものでない。また、急迫不正の侵害者が凶器を所持するとき、武器対等の原則を充足する以上、ただちに相当な防衛行為を否定する論拠とはなりえないであろう。

5　警察官職務執行法と刑法 36 条の関係

冒頭にも述べたとおり、警察官職務執行法 7 条は、警察官が武器を使用する際の正当化要件とその限界を定めている。特に人に危害を加えることが許されるのは、正当防衛、緊急避難および警職法 7 条 1 号・2 号に該当する場合に限られる。これらは、実質的に正当防衛状況が存在するだけでなく、防衛行為としての必要性や相当性を充足した場合であっても、まず刑法 35 条の法令行為として違法性が阻却されるため、「警察官の職務執行として行われる限り、… 警職法 7 条を介して刑法 35 条の法令による行為として違法性が阻却される」ことになる[35]。

そのため、人に危害を与える警察官のけん銃使用について、刑法 36 条や 37 条の直接適用を認めるならば、警職法 7 条と無関係に違法性が阻却

される結果となり、同条の規定が無意味になるという批判がある[36]。しかし、警察官に武器の携帯・使用が許されたことから、こうした特別法が設けられた経緯を重視するならば、まさしく人に危害を及ぼすけん銃使用などの事例はともかく、それ以外の正当防衛や緊急避難について、職務執行である法令行為による正当化（35条）だけに限定する必然性はない。その意味で、理論上は、正当防衛と法令行為が同時に存在することもありうる[37]。

警察官による正当防衛・緊急避難

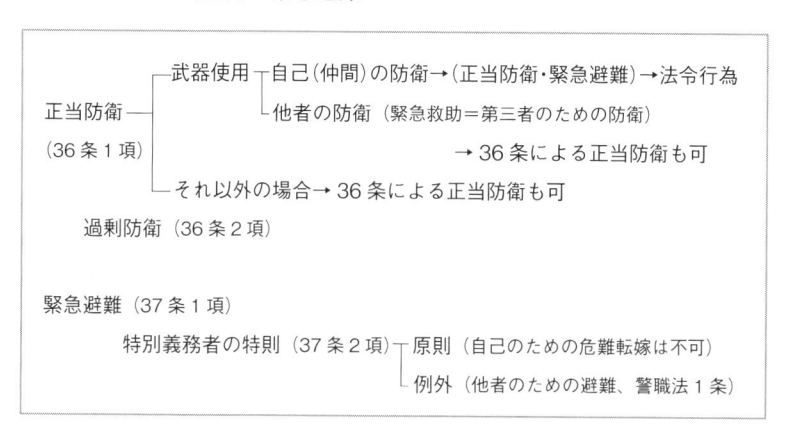

```
正当防衛 ─┬─ 武器使用 ─┬─ 自己（仲間）の防衛 →（正当防衛・緊急避難）→ 法令行為
(36条1項)  │            └─ 他者の防衛（緊急救助＝第三者のための防衛）
           │                            → 36条による正当防衛も可
           └─ それ以外の場合 → 36条による正当防衛も可
    過剰防衛（36条2項）

緊急避難（37条1項）
    特別義務者の特則（37条2項）─┬─ 原則（自己のための危難転嫁は不可）
                                └─ 例外（他者のための避難、警職法1条）
```

6 緊急救助としての正当防衛と緊急避難

かようにして、警察官職務執行法7条の要件を充足すれば、刑法35条の法令行為として違法性が阻却される一方、正当防衛や緊急避難により適法となる場合もあるため、いわば正当化事由の競合が生じるのである[38]。しかも、緊急救助にあたる第三者のための正当防衛や緊急避難であれば、特別義務者による緊急避難も認められるべきであって、警職法1条においても、警察官には一般市民を守る法的義務があるからこそ、そのための武器使用等が認められており、職務執行として正当化が困難である場合にも、緊急救助にあたる場合に正当防衛が成立する余地は残しておくべきであろう[39]。

過去の判例の中にも、警職法上の武器使用をめぐって、法令行為を根拠

とした場合と直接に正当防衛を根拠とする場合に分かれており、これをめぐる確立した判例は見当たらないのである。なるほど、当初の判例は、警職法7条にもとづく発砲事例について、正当防衛の成否に言及しないものが多かった（大阪地判昭和35・5・17判時229号27頁、東京地判昭和45・1・28判時582号24頁、広島地決昭和46・2・26刑月3巻2号310頁など）。しかし、警察官の発砲行為を正当防衛の相当性の問題として論じた判例も少なくないのであって（広島地判昭和62・6・12判タ655号252頁、東京地八王子支決平成4・4・30判タ809号226頁、大阪地判平成10・10・27判時1686号79頁など）、両者の見解は拮抗しているのである[40)41)]。

1) 本文中のハイジャック事例の場合、テロリストに対しては正当防衛の成否が問われる一方、一般の乗客に対しては緊急避難が問題となる。
2) 例えば、内藤謙・刑法講義総論（中）（昭61）405、415頁は、緊急避難において双方の利益が同価値の場合、一方が他方を犠牲にする権利はなく、期待不可能による責任阻却事由とされる。なお、緊急避難の沿革については、森下忠・緊急避難の研究（昭35）1頁以下、井上宜裕・緊急行為論（平19）71頁以下など参照。
3) また、自衛隊法（昭和29年6月9日法律第165号）は、武器等の防護や自衛隊の施設警護のための武器使用を認めている（同法95条、95条の2）。ただし、「刑法第36条又は第37条に該当する場合のほか、人に危害を与えてはならない」とされる。
4) 通説である。大塚仁・刑法概説総論（第四版・平20）380頁、大谷實・刑法講義総論（新版第4版・平24）273頁、川端博・刑法総論講義（第3版・平25）349～352頁など参照。ただし、正確には、「法秩序の防衛」または「法の自己保全」というべきであって、法益侵害説に影響された「法確証の利益」という表現は失当である。およそ法秩序は、生命・身体・財産などと同列の保護法益でないからである。
5) 正当防衛では、「不正対正」の関係になるところ、緊急避難では、「正対正」の関係になる。
6) 平野龍一・刑法総論II（昭50）228頁、西田典之・刑法総論（第2版・平22）154～155頁、山口厚・刑法総論（第2版・平19）113～114頁、橋爪隆・正当防衛論の基礎（平19）86頁以下。なお、前田雅英・刑法総論講義（第5版・平23）357～358頁、井田良・刑法総論の理論構造（平17）159～160頁などは、要保護性の減弱化を指摘する。
7) その正当化根拠をめぐっては、斉藤誠二・正当防衛権の根拠と展開（平3）3頁以下、曽根威彦・刑法における正当化の理論（昭55）66頁以下、川端博・正当防衛権の再生（平10）16頁以下などの文献がある。
8) 瀧川幸辰・犯罪論序説（昭26）147～149頁、植松正・刑法概論I総論（再訂版・昭49）208頁以下。また、この見解は、避難行為の補充性に着目しつつ、犯行時における適法行為の期待可能性を否定するが、第三者のための緊急避難では、当然に期待不可能であったとはいえないであろう。
9) 佐伯千仭・刑法講義総論（四訂版・昭56）206～207頁、内藤・前掲書405頁。この見解は、①大きな法益を救うために小さな法益を犠牲にしたとき、違法性阻却事由とみる一方、②-1同等の法益を犠牲にしたり、②-2より小さい法益を救うために大きな法益を犠牲にしたならば、責任阻却事由になると説明する。しかし、②-2の場合は、そもそも

緊急避難の必要条件を充たしておらず、責任阻却も否定されるであろう。
10) 通説である。例えば、団藤重光・刑法綱要総論(第三版・平2) 245～246頁、大塚・前掲書400～401頁、大谷・前掲書296頁など。
11) 川端・前掲書355～357頁、佐久間修・刑法総論(平21) 209頁など。
12) なお、「原因において違法な行為の理論」を採用する有力説がある。すなわち、最初に違法な攻撃を加えた者は、自らが否定した法秩序による保護を要求できないため、正当防衛の制裁的機能として、相手方の防衛(反撃)を甘受するべき地位に置かれるというのである。
13) 判例によれば、自招侵害の場合、避難行為の補充性がないため「やむを得ざる行為」にあたらない。これに対して、学説上は、故意または過失による自招危難であっても、一律に緊急避難が排除されるわけでなく、具体的な事案に即して個別的に決定する見解が支配的である。
14) 大塚・前掲書383～384頁。また、川端・正当防衛権の再生142頁以下は、反撃の対象となる「不正」の侵害(評価規範違反)と人間の「違法」な行為(行為規範違反)を区別しつつ、対物防衛を認めておられる(甘受義務説)。
15) いわゆる客観的違法論は、違法評価の対象を人間の行為に限定しつつ、違法性の本質を(国家的な)評価規範の違反に求める。しかし、自然現象も評価規範の対象に含めるとき、「違法に振る舞う自然の怪物」を認めることになるという批判があった。なお、佐久間・前掲163頁以下など参照。
16) なお、襲ってきた野生動物を殺傷した際の狩猟法違反を援用して、対物防衛を認めようとする見解もあるが(準正当防衛説。大谷・前掲書277頁)、このような場合には、緊急避難によっても十分に正当化できるであろう。
17) なお、不作為に対する正当防衛として、使用者側が団体交渉に応じないというだけでは、いまだ急迫不正の侵害でないとしたものがある(最決昭和57・5・26刑集36巻5号609頁)。
18) 内藤・前掲書340～341頁、前田・前掲書359～360頁。
19) そのほか、警察官が職務質問に際して逃走した者を追跡し、これに手をかけて停止させるようとするのは、適法な職務行為である以上、これに抵抗する犯人が警察官に暴行を加えたとしても、およそ正当防衛にあたらない(最決昭和29・7・15刑集8巻7号1137頁)。
20) そのほか、深夜の駅ホーム上で、酒に酔った男性Aから執拗に絡まれた末、胸から首筋辺りを手で掴まれたため、Aを引き離そうと考えて両手で突いたところ、Aがホームから転落し、折から進入してきた列車とホームの間に挟まれて死亡した事案について、犯行当時の状況からして相当な防衛行為にあたるとされた(いわゆる西船橋駅事件。千葉地判昭和62・9・17判時1256号3頁)。
21) もっとも、学説上は、行為の補充性が欠けた場合にも、過剰防衛を認めうるとする見解が多数説である。なお、本文中の大阪高判平成10・6・24も、「『やむを得にした行為』としての実質を有しながら、行為の際に適正さを欠いたために、害を避けるのに必要な限度を超える害を生ぜしめた場合にも過剰避難の成立を認める余地はある」とした。
22) 例えば、大塚・前掲書395頁、大谷・前掲書291頁、川端・前掲書374頁、佐久間・前掲書222頁など。
23) 大塚・前掲書390頁、大谷・前掲書282～283頁、佐久間・前掲書216頁など。
24) なお、偶然防衛をめぐっては、百年に1度の稀有な事例にとどまるという意見もあるが、そうした事例であれば、あえて正当防衛の範疇に加える必要もないであろう。また、口実防衛では、客観的な防衛状況がないとか、「原因において違法な行為の理論」を援用

するが、反対説の中には、外見上正当防衛であるにもかかわらず、完全な正当化を認めずに故意未遂罪とする折衷的解決もみられる（平野・前掲書243頁、内田文昭・改訂刑法Ⅰ〔総論・補正版・平14〕195頁）。そこでは、行為者の主観面に配慮して、正当化の範囲が限定されている。なお、曽根威彦・刑事違法論の研究（平10）173頁以下、同・刑事違法論の展開（平25）187頁以下参照。
25) また、犯人の自白を強要することになるというが、実務上は、犯行前後の客観的事情から、故意などの主観的要素が認定されており、実体法上の問題と手続上の問題を混同した批判にすぎない。
26) 大谷實・刑法講義各論（新版第4版・平25）118頁、中森喜彦・刑法各論（第3版・平23）58頁、西田典之・刑法各論（第6版・平24）90頁など。
27) これに対して、被害女性を治療行為と申し向けて姦淫した事例があり、準強姦罪の成立を認めたものがある（名古屋地判昭和55・7・28刑月12巻7号709頁）。しかし、この事例は、外形上も治療行為の限界を超えていたといえよう。
28) 佐久間・前掲書171頁、佐伯仁志・刑法総論の考え方・楽しみ方（平25）100頁。
29) むしろ、客観的な結果だけを問題にする立場では、本来、社会生活上有害な結果を惹起した場合のすべてが処罰されるところ、便宜的に主観面で処罰範囲を限定する一方、正当化事由では客観的要素に固執する点が問題である。おそらく、その根底には「処罰さえ限定すれば、それが正しい解釈である」という思想があるのではなかろうか。
30) しかも、こうした特別義務者は、公務員である場合に限らず、広く危険な環境で従事する人間にも広げられる。多数説によれば、特別義務者の概念は、法令・契約・慣習のいずれによるかを問わないので、民間の警備員や消防団員も含まれるところ、これらの特別義務者については、緊急避難の特例が及ぶ範囲はごく限られるであろう。
31) 大塚・前掲書406頁、川端・前掲書389頁など。
32) 内藤・前掲書438～439頁、大塚仁ほか・大コンメンタール刑法（2）（第2版・平11）468頁〔虫明満＝篠田公穂〕。
33) 学説の中には、こうした特例を設ける必然性は乏しく、「やむを得ずにした」の解釈で対応できるという見解もみられる（内藤・前掲書439頁）。
34) 例えば、一私人として自分やその家族が被害者となった場合には、上述した正当防衛の拡張規定たる盗犯防止法も、適用可能というべきである。
35) 大塚仁ほか編・大コンメンタール刑法（2）（第2版・平11）433頁〔堀籠幸男＝中山隆夫〕。
36) 原田保「警察官の拳銃使用、どこが問題か」法セ434号（平3）15頁。
37) また、堀内捷三「警察官のけん銃使用と正当防衛」研修641号（平13）6頁以下は、「武器使用それ自体は違法であるが、殺傷の結果については正当防衛を肯定すべき事例もあり得」とされ、「過剰防衛による刑の減免の余地を認めるためにも、警職法7条ただし書に規定する正当防衛を単に殺傷を伴う武器使用の一つの加重的正当化要件としてではなく、刑法上の違法性阻却事由として」刑法36条の直接適用を認める。そのほか、津田重憲・正当防衛と緊急救助の基本問題（平24）35頁は、一般人が現行犯逮捕をおこなう場合、相手方の抵抗を排除して身柄を拘束するとき、刑法35条（現行犯逮捕）と36条（正当防衛）による二重の正当化事由が存在しうるという。
38) なお、警察官の武器使用に伴う正当防衛をめぐって、しばしば特別公務員暴行陵虐罪（195条）や同致死傷罪（196条）の成否が争われるが、そこでは、警職法7条と刑法35条の関係とともに、刑法36条および37条の関係も問題となるであろう。
39) もっとも、特別義務者にあたる警察官は、危難に赴くのを本務とする職務の性質上、自らを危難から守る際には、いわゆる「警察比例の原則」が働くとされる。したがって、

威嚇行為や威嚇射撃による制圧が可能であれば、これを試みるべきであり、身体を狙って発砲する場合にも、致命傷とならない部位を狙うことが要請される（団藤重光編・注釈刑法 (2) の1（昭43）243頁〜244頁〔藤木英雄〕）。

40) なお、最決平成11・2・17刑集53巻2号64頁は、犯人の所持するナイフが比較的小型であり、その犯行態様も積極的な加害行為でなかったとして、警職法7条の「必要であると認める相当な理由のある場合」にあたらず、「その事態に応じ合理的に必要と判断される限度」を逸脱しており、正当防衛はもちろん、刑法35条の法令行為にもあたらないとした（特別公務員暴行陵虐致死罪成立）。本件事案は、不幸にして被告人の狙いが外れたことで被害者を死亡させたものであり、行為それ自体の相当性を判断しなかった点は疑問であるが、武器使用の相当性を厳格に吟味したものといえよう。しかし、この決定は、およそ特別義務者である警察官の正当防衛権を制限したものとはいえず、原審である広島高判平成6・10・31判時1545号116頁も、けん銃使用については、警職法7条の要件を論じているが、人に危害を与えた点については、同条による正当化とは別に、正当防衛の急迫性を論じており、別途、正当防衛が成立する余地を残している。

41) これに対して、堀内・前掲研修641号5頁は、もっぱら刑法35条による正当化が主流であるとされる。そのほか、大阪地判平成10・10・27判時1686号79頁は、繁華街で警察官の停止指示を無視して通行人をはねた暴走車の運転手について、警察官の発砲行為を正当防衛と認めたうえで、原告の国に対する損害賠償請求を棄却した。すなわち、通行人の生命・身体に対する新たな侵害を防止するため、本件自動車を停止させる最小限度の手段として、致命傷にならない腕部を狙って発砲した以上、正当防衛として違法性が阻却されたのである。

第11講

責任と刑罰（その1）
―― 責任主義の実像と虚像

The Structure of a Theory of Excuse and Punishment (1)
―― Insane and Diminished Capacity

【刑　法】
第39条（心神喪失及び心神耗弱）　心神喪失者の行為は、罰しない。
　2　心神耗弱者の行為は、その刑を減軽する。
第41条（責任年齢）　14歳に満たない者の行為は、罰しない。

【改正刑法草案】
第16条（責任能力）　①精神の障害により、行為の是非を弁別し又はその弁別に従って行動する能力がない者の行為は、これを罰しない。
　②精神の障害により、前項に規定する能力が著しく低い者の行為は、その刑を軽減する。
第18条（責任年齢）　14歳に満たない者の行為は、これを罰しない。

【ドイツ刑法典】
第19条（子どもの責任無能力）　行為遂行時において14歳未満の者は、責任無能力である。
第20条（精神障害による責任無能力）　行為遂行時に、病的な精神障害、根深い意識障害又は精神遅滞若しくはその他の重篤な精神的偏寄のため、行為の不法を弁別し又はその弁別に従って行為する能力がない者は、責任なく行為する者である。
第21条（限定責任能力）　当該行為者において、行為の不法を弁別し又はその弁別に従って行為する能力が、（前条に列挙された事由の一つから）行為遂行時に著しく減弱していたときは、第49条第1項によりその刑を減軽することができる。

I 構成要件・違法と責任の関係

1 責任主義とは何か？

　刑法上「責任なければ刑罰なし」という法諺がある。たとえ犯罪構成要件に該当する違法行為があっても、それだけで犯人を処罰することはできない。当該行為について犯人を非難できること（有責性）が、第3の犯罪成立要件となる[1]。（行為）**責任主義の原則**は、近代刑法の基本思想の一つであり、それ以前の結果責任主義と対置される[2]。また、かつては、上記のテーゼを言い換えただけの**消極的責任主義**が中心であったが、今日では、「責任あれば刑罰あり」という**積極的責任主義**も有力に主張されている。

　責任の本質は、行為者個人に対する非難可能性である（**個人的責任**）。あえて違法行為を選択した点について、刑法上宥恕すべき事由がないことを意味する。どのような場合に「非難できるか」をめぐって、多数の見解が対立してきた。しかも、刑法上の責任は、犯人の責任能力を前提としつつ、故意または過失のいずれかが必要となる（**主観的責任**）。その意味で、故意と過失は、（主観的）責任要素である。また、刑罰が違法かつ有責な行為に加えられる以上、刑罰の上限は、責任の質と量を超えてはならない（**量刑における責任主義**）。

責任論の変遷

```
結果責任主義→（行為）責任主義 ── 消極的責任主義（個人的責任＋主観的責任）
                              ╲ 積極的責任主義
```

2 客観的責任と可罰的責任

　責任の本質をめぐって、客観的責任論（**結果責任主義**）と主観的責任論（**行為責任主義**）が対立した。客観的責任論は、客観的な有害結果（法益侵害）が生じた以上、ただちに刑法上の責任を問う考え方である。なるほ

ど、民法上は、客観的な損害発生から当然に賠償責任が生じる場合もある。しかし、刑法では、故意または過失がなければ、およそ犯罪は成立しないし、犯人を処罰することもできない。その意味で、故意行為または過失行為にもとづく行為責任主義が一般に採用されている。

責任の存否は、当該行為を処罰するうえで最後のハードルであって、「刑罰という社会的非難を加えるに値するか」という問いと無関係ではない。そのため、責任が刑罰を限界づける一方で、刑事政策的な「答責性」を重視する見解も登場した。いわゆる**可罰的責任論**は、刑事責任と他の法的責任を区別して、将来の犯罪予防（再犯防止）の視点から「実質的責任」を論じている[3]。もっとも、「国民一般からみて非難すべきか」という抽象的基準では、積極的一般予防の思想と結びついたとき、国家刑罰権の範囲を無制限に拡大するおそれがある。

3　主観的責任要素と客観的責任要素

「違法は客観的に、責任は主観的に」というテーゼがある。責任評価の対象は、主観的要素（意思や目的など）に限られるであろうか。刑法上の責任には、故意・過失だけでなく、**適法行為の期待可能性**（後述）という客観的要素も含まれる。すなわち、「責任は主観的に」とは、犯行当時の心理状態も考慮しつつ、行為者の主体性に着目した非難可能性を意味するのである。言い換えれば、「主観的（ないし主体的）」責任にほかならないのであって、主観的責任の概念は、責任評価の基準を表したにすぎず、責任評価の対象となる事実の属性を示すものではない。

犯罪論体系における客観的要素と主観的要素

	構成要件	違法性	責　任
客観的要素	実行行為・因果関係	法益の侵害・危険	適法行為の期待可能性
主観的要素	(定型的)故意・過失①	(防衛の意思など)	責任能力＋故意・過失②

期待可能性とは、犯行当時の客観的状況から、（犯罪行為でなく）適法行為を選択するのが期待できないとき、例外的に行為者の責任を阻却する法

理である。こうした付随事情の正常性（および他行為可能性）は、後述する規範的責任論の有力な根拠となった。具体的には、**ドイツの暴れ馬事件**や[4]、わが国の**第五柏島丸事件**（大判昭和8・11・21刑集12巻2072頁）および**失業保険料不納付事件**（最判昭和33・7・10刑集12巻11号2471頁）があり、犯罪不成立や刑の減免根拠とされる。なるほど、裁判所は、明文の根拠規定がないため、期待可能性の理論を正面から認めることなく（前出最判昭和33・7・10）、せいぜい、**超法規的責任阻却事由**にとどまるとした（最判昭和31・12・11刑集10巻12号1605頁）[5]。

適法行為の期待可能性と責任非難の減少　①**第五柏島丸事件**では、連絡船の船長である被告人が、雇い主に対して、大幅な定員超過状態で航行するのを止めるように進言したにもかかわらず、採算上の理由から拒絶されたうえ、終戦直後の混乱期に転職もできず、やむなく雇い主の命令に従っていた。ところが、上記連絡船が横波を受けて転覆・沈没したため、多数の死傷者が生じるという業務上船舶覆没および業務上過失致死傷事件になった。大審院は、「被告ニ責任アルコト固ヨリ言ヲ俟タスト雖一面又被告ノミノ責任ナリトシテ之ニ厳罰ヲ加フルニ付テハ大ニ考慮ノ餘地アリ」と述べて、実質的には、期待可能性の低減による責任の減少を認め、原審の禁錮刑を罰金刑に変更した（前出大判昭和8・11・21）。
　②**失業保険料不納付事件**は、敗戦後のインフレーションにより会社の経理状況が極度に悪化し、本店から失業保険料が送付されないまま、工場長（被告人）個人では必要な資金も調達できず、失業保険料の納付義務を怠ったという事件である。最高裁判所は、旧失業保険法53条2号および55条により、法人や代理人らを処罰するためには、法人や代理人、使用人その他の従業者が、事業主から保険料の納付期日までに被保険者に支払うべき賃金を受けとって保険料を控除するか、事業主が保険料の納付期日までに右代理人らに保険料を交付するなど、その保険料を現実に納付しうる状態においたにもかかわらず、納付期日に納付しなかったことが前提条件になるとして、上記工場長には、不納付罪の犯罪構成事実がなかったとした。これも、実質的には、適法行為の期待可能性がないとした判例である（前出最判昭和33・7・10）[6]。

期待可能性の判断基準については、①行為者標準説、②平均人標準説（判例）、③法規範標準説が対立してきた。確立した判例は、一般普通人にとって義務の履行が期待できたかを標準とする（平均人標準説。東京高判昭和23・10・16高刑集1巻追録18）。例えば、不法に入国した外国人であっても、外国人登録を申請する義務があるため、その履行を期待することは不可能でないとされる（最大判昭和31・12・26刑集10巻12号1769頁）。冒頭の**個人的責任**を徹底すれば、行為者標準説が妥当であろうが、特に遵法精神

の乏しい者を標準として、違法行為を容認することになれば、後述する規範的責任論と合致しない。刑事責任の空洞化を避けるためにも、期待可能性の存否は、行為者の個別的事情を踏まえつつも、社会規範的な評価にもとづいて慎重に判断されねばならない。すなわち、当該行為者と同じ心理的状況に置かれた平均人を基準とすれば足りる（**修正された行為者標準説**）。

4 個人的責任と団体責任

個人的責任に対置されるものとして、団体責任の考え方がある。個人的責任における評価対象は、当該犯罪を遂行した自然人であって、他者の行為にもとづく刑事責任を問われることはない。共犯の場合にも、共犯者自身が正犯に加担した限度でのみ刑事責任を負担する。これに対して、団体責任とは、いわゆる**縁座制**や**連座制**のように[7]、ある集団の構成員というだけで、別の構成員の刑事責任を負うものである。過去には、独立した法主体でない組織や団体の刑事責任が、個々の構成員に転嫁されることもあった。

現行刑法は、こうした団体責任の考え方を排除する一方、従業員の違法行為に伴う上位者の刑事責任として、業務主や法人の**選任・監督過失**による罰則を置いている。いわゆる行政刑法には、多数の**両罰規定**がみられるが、当初は、従業員の違法行為を雇用主に転嫁する代罰規定と解されていた（過失擬制説）。しかし、現在では、上位者自身の選任・監督過失にもとづくものとされる[8]。また、業務主の過失が推定できる場合にも（過失推定説）、その反証を提出することで刑事責任を免れる。

II 責任の本質をめぐる対立

1 道義的責任論と社会的責任論

(a) 道義的責任論は、犯人（合理的な理性人）が、自らの意思決定にもとづいて犯行に及んだとき、刑法上の非難可能性を認める。しかし、(b) 社会的責任論では、危険な犯罪者（生来犯人）に対して、社会防衛手段たる刑罰を科すための責任（刑罰適応性）が問題となる。こうした対立は、

犯罪と刑罰をめぐる見解の相違（**刑法学派の対立**）に由来するが[9]、**近代学派**の社会的責任論によれば、素質や環境に支配された生来犯罪人を非難できない以上、責任の有無は、社会全体からみた犯人の危険性で決まることになる（**性格責任**）。他方、**古典学派**の道義的責任論によれば、犯人が自由意思により犯罪を抑制できた以上、あえて違法行為を選択した主観的態度が非難されることになる（**意思責任**）。

すなわち、(b) 社会的責任論では、性格責任→行為者責任（犯人の危険性）となるのに対して、(a) 道義的責任論では、意思責任→行為責任（**個別的行為責任**）となる。なるほど、社会的責任論は、冒頭に述べた責任主義の思想と相反するが、道義的責任論（古典学派）にあっても、そこで想定された犯人像がある種のモデル（理想）にとどまり、およそ人間が素質や環境から解放されているわけではない。むしろ、生来の素質や周囲の環境に影響されつつ、自らの選択に従って行動するのが一般である。その意味で、一定の修正が必要となる（**相対的意思自由論＝修正された道義的責任論**）。

責任論における諸見解の対立

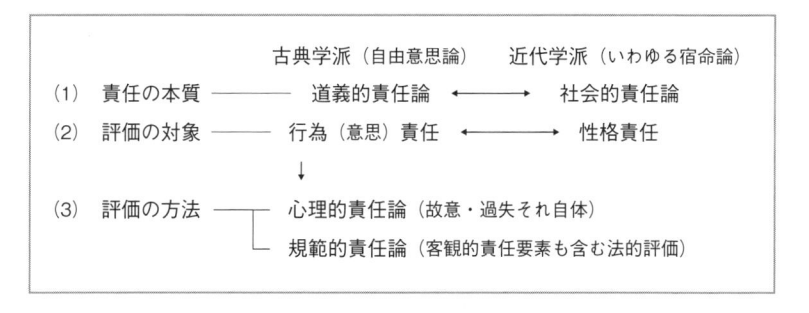

```
                    古典学派（自由意思論）    近代学派（いわゆる宿命論）
(1) 責任の本質 ──── 道義的責任論 ←──→ 社会的責任論
(2) 評価の対象 ──── 行為（意思）責任 ←──→ 性格責任
                        ↓
(3) 評価の方法 ──┬── 心理的責任論（故意・過失それ自体）
                 └── 規範的責任論（客観的責任要素も含む法的評価）
```

2 道義的責任論と心理的責任論

道義的責任論は、それが社会倫理や国民道徳による非難可能性を指すならば、法的責任の概念と合致しない[10]。また、当初は、個別的な意思決定に向けた責任非難が中心であったが、その後、刑法上の「期待可能性」や「他行為可能性」も考慮した**規範的責任論**が支配的見解となった。すなわち、犯人が違法行為を選択したことに対する「非難可能性」というだけで

は、犯人の主観的態度がそのまま責任と同視されるため（→意思責任）、責任の要素は、故意・過失だけになってしまう（**心理的責任論**）。

そこで、規範的責任論は、これらの主観的要素を評価するにあたり、たとえ故意・過失が存在しても、犯行当時の客観的状況により当該犯行を抑制できなかったとき（適法行為への回帰可能性がなかったとき）、**法的な非難可能性**（規範的責任）が欠けるとした（→期待可能性）。なるほど、一部の学説は、責任論において「期待可能性（および他行為可能性）」の概念を排斥した罪刑均衡論を主張するが、それらが応報刑思想や改善刑思想に根ざした積極的一般予防論と結びつくとき、処罰の範囲は無限定になってしまう[11]。

3 心理的責任論の克服と人格（形成）責任論

行為者の内心に着目した心理的責任論は、（生の）心理的事実である故意と過失の総和を責任と捉えて、（個別的）行為責任の中でも意思責任を唱えた。後述する責任能力も、こうした責任判断の前提条件とされるため、故意・過失がそのまま責任形式（責任の種類）となる。しかし、心理的責任論によれば、当該犯人が反社会的行動に及んだ経緯がまったく考慮されない。また、各個の犯罪行為が当該犯人の主体性の発露であることを無視する結果として、常習犯人の場合、違法行為の反覆・累行に伴う規範意識の鈍麻により、次第に行為（意思）責任が減少する場合にも、法定刑が加重される事実を説明できない。また、確信犯人のように、およそ規範意識が消失した人間を処罰することもできない[12]。

これに対して、**人格的責任論**（または行状責任）は、個別的な犯罪行為の背後にあって、各人の素質や環境に制約されながら、本人の主体的努力によって形成されてきた人格を責任評価の対象とする。常習犯人のように、違法行為の誘惑に抵抗できない人格を形成したのであれば、こうした**人格形成責任**を加算することで、刑法上も強く非難できるのである。また、忘却犯（過失の不作為犯）のように、違法事実に向けた直接的な実行意思が欠ける場合にも、そうした不注意な行動を招来した人格的態度が、責任非難の対象となる[13]。

4 規範的責任論と実質的な行為責任

　心理的責任論では、行為者の心理状態がただちに責任要素となるため、犯罪事実の認識・認容がある場合（故意犯）とそれが欠ける場合（過失犯）を、別個の責任形式と位置づけざるをえない。しかし、責任能力者が故意に犯罪を遂行したときも、犯行時に適法行為の期待可能性がなければ、法的には非難されないように[14]、むしろ、「犯罪事実の認識から反対動機を形成して、違法行為を思い止まるべき」ことが、責任非難の対象となるのである。こうした規範的責任論は、故意・過失を統合する上位概念とみられる。同様な理解は、後述する責任能力の判断基準にも反映されている（Ⅲの3を参照されたい）。

学説上の責任論（太字が多数説）

> ①責任の本質——**道義的責任論**（古典学派）と社会的責任論（近代学派）
> ②責任の内実——心理的責任論（故意・過失）→**規範的責任論**（反規範的態度）
> ③責任の対象——**行為（意思）責任**と性格責任　→人格（形成）責任

　かようにして、責任の判断は、具体的かつ個別的な行為に向けられた実質的評価であって、非類型的な判断である。しかも、犯人の主体的責任を問うものであるため、常習犯や確信犯の場合にも、犯行時の規範意識が低下ないし消失した点について、そのような状態に至った人格形成責任を問うことにより、むしろ刑罰を加重することが可能となる。その意味で、通説における**相対的意思自由論**にあって、第一次的な責任評価では、行為責任が吟味されるものの、第二次的には、犯人自身が主体的に形成した人格を考慮することになる。言い換えれば、犯人の反社会的人格を現実化した行為責任が、責任評価の出発点になるという意味で、古典学派と近代学派の対立は「止揚」されたのである。

5 可罰的責任論と「責任刑法の危機」

　これに対して、積極的一般予防（および特別予防）の見地から、刑法上の

責任が、刑罰を根拠づける（または限界づける）ものであり、刑法は社会規範の維持を任務とする以上、「規範的な予期（期待）」に反した行動を犯人に帰属させるという**可罰的責任論**が有力になった。しかし、そこでは、行為者の内心状態から切り離された責任が、外部からの客観的帰属に転化するため、再犯予防に向けた**展望的な責任**を考慮できる反面、具体的な犯罪行為に根ざした**回顧的な責任**という歯止めがなくなる。その結果として、「責任刑法の危機」と呼ばれる現象が生じた。

なるほど、違法性の質と量のみならず、責任の量や程度が刑罰に反映される点で（**量刑における責任主義**）、規範的責任論を前提とした可罰的責任論にも正しい部分がある。これに関連して、最近、再犯傾向の強い薬物犯罪者に対する刑の一部執行猶予制度が導入された[15]。この法改正により、出所後も保護観察に付しうるため、薬物使用を断つプログラムに参加させる措置も可能になっている[16]。そこには、責任（非難可能性）と刑罰（再犯予防）の関係を再構築する契機が含まれるであろう。

刑の一部執行猶予と保護観察制度

> **刑法27条の2（刑の一部の執行猶予）** 次に掲げる者が3年以下の懲役又は禁錮の言渡しを受けた場合において、犯情の軽重及び犯人の境遇その他の情状を考慮して、再び犯罪をすることを防ぐために必要であり、かつ、相当であると認められるときは、1年以上5年以下の期間、その刑の一部の執行を猶予することができる。
> 一 前に禁錮以上の刑に処せられたことがない者
> 二 前に禁錮以上の刑に処せられたことがあっても、その刑の全部の執行を猶予された者
> 三 前に禁錮以上の刑に処せられたことがあっても、その執行を終わった日又はその執行の免除を得た日から5年以内に禁錮以上の刑に処せられたことがない者
> 2 前項の規定によりその一部の執行を猶予された刑については、そのうち執行が猶予されなかった部分の期間を執行し、当該部分の期間の執行を終わった日又はその執行を受けることがなくなった日から、その猶予の期間を起算する。
> 3 前項の規定にかかわらず、その刑のうち執行が猶予されなかった部分の期間の執行を終わり、又はその執行を受けることがなくなった時において他に執行すべき懲役又は禁錮があるときは、第1項の規定による猶予の期間は、その執行すべき懲役若しくは禁錮の執行を終わった日又はその執行を受けることがなくなった日から起算する。

> **刑法 27 条の 3（刑の一部の執行猶予中の保護観察）** 前条第 1 項の場合においては、猶予の期間中保護観察に付することができる。
> 　**2** 前項の規定により付せられた保護観察は、行政官庁の処分によって仮に解除することができる。
> 　**3** 前項の規定により保護観察を仮に解除されたときは、第 27 条の 5 第 2 号の規定の適用については、その処分を取り消されるまでの間は、保護観察に付せられなかったものとみなす。

　責任主義によれば、薬物犯罪者に対する再犯防止策であっても、各人の負うべき責任の質・量に対応するものでなければならない。なるほど、薬物依存症の人間は、自由意思による犯罪を前提とした**応報刑の思想**では対処できないため、今回の法改正は、刑務所への収容を中心とする刑事司法を転換して、実質的な再犯防止に向けた意欲的な取組みであると評価される。しかし、裁判官は、判決言渡しの時点で本制度の運用を決定しなければならず、従来の回顧的な責任と異なり、展望的な立ち直りの見通しが求められる。また、社会的な「受け皿」の問題として、保護観察対象者の生活指導や相談に応じる保護司の確保や、薬物依存症に対処できる専門的な治療プログラムがある施設を用意するなど、数々の課題が残されている。

Ⅲ　責任無能力制度と刑事未成年

1　積極的責任要素と消極的責任要素

　かつて道義的責任論は、人間には自由意思があるという前提から（**非決定論**）、自らの意思で犯罪行為に及んだとき、刑法上も非難できると主張した。しかし、道義的責任論から派生した規範的責任論にあっても、故意・過失を（法的に）非難するための前提条件として、当該行為者には責任能力がなければならない。責任段階の故意・過失は、責任能力者について問題となるのであって、これらは、いずれも**積極的責任要素**である。これに対して、適法行為の期待可能性がなかったことは、**消極的責任要素**である。

　上述した薬物犯罪者の処遇のみならず、責任無能力者や限定責任能力者（刑事未成年を含む）の取扱いは、量刑における責任主義はもちろん、責任

無能力者に対する保安処分や不定期刑がどうなるかの問題と無関係ではない。責任主義を徹底するためにも、処罰対象にならない触法性精神障害者や刑事未成年者の社会的「受け皿」を整備することが、重要な課題となってくる。かような意味で、責任論と刑罰論の関係を見直した結果、上述した可罰的責任論が登場したのである（なお、心神喪失者等医療観察法を参照されたい）。

2 責任能力と非難可能性

責任能力は、後述する故意・過失に先行する第1の責任要素である。刑法典には、責任無能力の場合として、**心神喪失者**（39条1項）と**刑事未成年**（41条）を規定している。心神喪失は、生来の精神疾患（統合失調症など）のほか、薬物やアルコールの影響などにより責任能力が消失した状態をいう。そこでは、構成要件に該当する違法行為があっても、責任非難ができないため犯罪は成立しない（責任阻却事由）。また、刑罰を加えるだけの非難可能性が欠けると説明される。これに対して、**心神耗弱**（限定責任能力）は、責任能力が著しく減弱したにもかかわらず、なお一部で責任能力が残っている状態をいう[17]。したがって、犯罪は成立するものの、犯人に対する非難可能性が低下するため、必要的な刑の減軽が認められる（39条2項）[18)19]。

刑法上の責任能力は、①当該行為の反社会的性格を理解したうえで、②これに従って自らの行動を制御する能力である。①は、いわゆる**是非弁別能力**と呼ばれており、②は、**行為制御能力**と呼ばれている。①是非弁別能力と②行為制御能力のいずれか一方、または、その双方が欠如したり（責任無能力）、著しく減弱していた場合には（限定責任能力）、責任阻却事由（免責事由）または責任減軽事由となる。なお、後掲図のように、精神障害者等による一般刑法犯では、通常人の犯罪と比べて、特定の犯罪（放火、殺人など）の占める比率が高いといえよう。

精神障害者等による一般刑法犯検挙人員（罪名別）

(平成25年)

区　　　　分	総　数	殺人	強盗	傷害・暴行	脅迫	窃盗	詐欺	強姦・強制わいせつ	放火	その他
検挙人員総数 (A)	262,486	906	2,255	46,271	2,377	138,947	10,827	3,424	549	56,930
精神障害者等 (B)	3,701	137	74	838	79	1,476	148	57	107	785
精 神 障 害 者	2,068	72	41	487	41	807	88	42	64	426
精神障害の疑いのある者	1,633	65	33	351	38	669	60	15	43	359
B/A (％)	1.4	15.1	3.3	1.8	3.3	1.1	1.4	1.7	19.5	1.4

注1　警察庁の統計による。
　2　「精神障害者等」は、「精神障害者」（統合失調症、中毒性精神病、知的障害、精神病質及びその他の精神疾患を有し、精神保健指定医の診断により医療及び保護の対象となる者）及び「精神障害の疑いのある者」（精神保健及び精神障害者福祉に関する法律（昭和25年法律第123号）24条の規定による都道府県知事への通報の対象となる者のうち、精神障害者以外の者）をいう。
「平成26年版犯罪白書（法務総合研究所）188頁　4-6-1-1表」による。

3　責任能力の判断方法と規範的責任

　わが国の判例にあっても、心神喪失は、精神の障害により事物の理非善悪を弁別する能力またはその弁別に従って行動する能力のない状態をいい、心神耗弱は、精神の障害がこれらの能力を欠如する程度に達しないが、それが著しく減退した状態とされる（大判昭和6・12・3刑集10巻682頁）。心神喪失と心神耗弱は、医学用語でなく、法律用語であって、医師などの専門家による鑑定資料を斟酌するとしても、その鑑定結果に拘束されるわけでない。上述した規範的責任論にあっては、責任能力の有無や程度も、裁判官による規範的評価を含めた**混合的方法**によって決定されるからである[20]。

責任能力の判定に関する判例　①**39条の心神喪失または心神耗弱にあたるかどうかは法律判断であり**、もっぱら裁判所の判断に委ねられており、鑑定人の精神鑑定書に被告人が犯行時に心神喪失状態にあった旨の記載がある場合にも、その余の鑑定記録から認められる病状等を総合して、心神耗弱状態にあったと認定しても差し支えない（最決昭和59・7・3刑集38巻8号2783頁）。なるほど、②生物学的要素である精神障害の有無・程度およびそれが心理学的要素に与えた影響については、鑑定人である医師などの意見の公正さや能力に疑いが生じたり、鑑定の前提条件に問題があるなど、これを採用しえない合理的な事情が認められないかぎり、その意見を十分に尊重して認定すべきである（最判平成20・4・25刑集62巻5号1559頁）。しかし、③特定の精神鑑定意見の一部を採用する場合にも、責任能力の有無・程度について、当該意見の他の部分に拘束されることなく、**犯行当時における被告人の病状や犯行前の生活状態、犯行の動機・態様等を総合的に判定することができる**（最決平成21・12・8刑集63巻11号2829頁）。

責任能力を評価するにあたり、その前提となった専門家の診断内容を無視することはできない。例えば、統合失調症による幻覚妄想の強い影響下で当該行為がおこなわれた場合、正常な判断能力を窺わせる事情があったとしても、そのことだけで犯行当時に是非弁別能力および行為制御能力が残存しており、心神耗弱にすぎないと認定することは困難であろう（前出最判平成20・4・25）。しかし、専門家による判定も、一定の徴候をもとに推論したものにとどまり（下記の診断基準を参照されたい）、規範的責任論の見地からは、裁判官が認定事実と照らし合わせて合理的判断を行ったうえで、鑑定結果と異なる結論を出すこともできるのである（前出最決平成21・12・8）[21]。

DSM-5 による統合失調症の概念と診断方法

統合失調症（Schizophrenia）
A. 以下のうち2つ（またはそれ以上）、おのおのが1カ月間（または治療が成功した際はより短い期間）ほとんどいつも存在する。これらのうち少なくとも1つは (1) か (2) か (3) である。
　(1) 妄想
　(2) 幻覚
　(3) まとまりのない発語（例：頻繁な脱線または減裂）
　(4) ひどくまとまりのない、または緊張病性の行動
　(5) 陰性症状（すなわち情動表出の減少、意欲欠如）
B. 障害の始まり以降の期間の大部分で、仕事、対人関係、自己管理などの面で1つ以上の機能のレベルが病前に獲得していた水準より著しく低下している（または、小児期や青年期の発症の場合、期待される対人的、学業的、職業的水準にまで達しない）。
C. 障害の持続的な徴候が少なくとも6カ月間存在する。この6カ月の期間には、基準Aを満たす各症状（すなわち、活動期の症状）は少なくとも1カ月（または、治療が成功した場合はより短い期間）存在しなければならないが、前駆期または残遺期の症状の存在する期間を含んでもよい。これらの前駆期または残遺期の期間では、障害の徴候は陰性症状のみか、もしくは基準Aにあげられた症状の2つまたはそれ以上が弱められた形（例：奇妙な信念、異常な知覚体験）で表されることがある。
D. 統合失調感情障害と「抑うつ障害または双極性障害、精神病性の特徴を伴う」が以下のいずれかの理由で除外されていること。
　(1) 活動期の症状と同時に、抑うつエピソード、躁病エピソードが発症していない。
　(2) 活動期の症状中に気分エピソードが発症していた場合、その持続期間の

> 合計は、疾病の活動期および残遺期の持続期間の合計の半分に満たない。
> E. その障害は、物質（例：乱用薬物、医薬品）または他の医学的疾患の生理学的作用によるものではない。
> F. 自閉スペクトラム症や小児期発症のコミュニケーション症の病歴があれば、統合失調症の追加診断は、顕著な幻覚や妄想が、その他の統合失調症の診断の必須症状に加え、少なくとも1カ月（または、治療が成功した場合はより短い）存在する場合にのみ与えられる。
>
> 髙橋三郎＝大野裕監訳『DSM-5　精神疾患の分類と診断の手引』〔医学書院・2014〕48〜49頁による。

　具体的には、専門家の鑑定意見において、重要な前提資料となる犯行前後の言動について十分な検討がなく、一過性の幻覚妄想が当該行為を支配した機序について納得できる説明が欠けるならば、その結論を導く推論過程にも疑問が生じる。そこで、心神喪失であったとする部分を除いた鑑定内容も参照しつつ、犯行前後の行為事情を総合的に考慮することで、犯行当時に心神耗弱の状態にあったと認定することが許される（前出最決平成21・12・8）。そもそも、責任能力は、犯人の疾患や病名の確定という医学的診断でなく、犯行の主体として刑事責任を問いうるかの実質的な評価であって、この局面にあっては、精神科医や心理学者が専門家であるとはいえないからである。

4　責任主義と行為＝責任同時存在の原則

　かようにして、近年の最高裁判例（上述②と③）は、一見相反するかのようにみえるが、②の判例（最判平成20・4・25）にあっても、専門家による鑑定意見は、規範的な責任判断をおこなう基礎資料として、尊重されるべきだと述べたにすぎない。その意味で、2つの最高裁判例は矛盾しておらず、理論上も、規範的責任論を前提とするかぎり、責任能力に関する最終的判断は、**裁判官による規範的評価**に委ねられるのである。

　また、責任無能力の根拠となるであろう精神疾患は、常に一定の状態に固定されているわけでない。いわゆる寛解期のように時間的変化があるため、重度の精神障害者であっても、通常の社会生活を営んでいる者が少なくない[22]。その意味で、常に重い症状があることを前提とした議論は失当である。まさしく犯行時の責任能力が問題となるのであって、冒頭の行為責任（意思責任）の考え方によれば、行為者の責任能力は犯行時に存在し

なければならない。そこから、**行為＝責任（能力）同時存在の原則**が導かれるのである（→原因において自由な行為の理論）。

5　刑事未成年と少年法

これに対して、刑事未成年制度（41 条）では、14 歳未満という（形式的な）責任年齢が問題となる。実際、是非弁別能力および行為制御能力を備えた少年であっても、一律に責任無能力者とされるため、実質的な責任評価を踏まえたものではない。むしろ、未成年者の（人格の）可塑性などに配慮しつつ、法政策的な見地から特別な責任阻却事由を定めたにすぎない。それは、刑罰適応性を重視する可罰的責任論には馴染むとしても、およそ責任判断が、具体的な個別評価であることと相反する。近年では、14 歳以上の少年を含めた少年法の保護主義についても、批判的な意見が多くなっている[23]。後掲図のように、少年による刑法犯検挙人員（人口比）は、平成 15 年のピーク時から次第に減少したものの、その変動幅は大きく、なお予断を許さない状況にあるといえよう。

そもそも、現行法の刑事未成年制度は、刑法および少年法が有機的に連携して制定されたものでない[24]。従来、刑事未成年について十分な理論的解明があるわけでなく、犯罪少年の刑事責任能力をめぐる議論も乏しい。刑法上、14 歳以上の犯罪少年であれば、心神喪失等による責任能力の低減がないかぎり、完全責任能力者として取り扱われるが、少年法では、少年の可塑性に着目した刑事政策的配慮が優先されている。他方、犯人が 20 歳未満の場合、家庭裁判所による少年審判の対象として、調査官の社会調査にもとづく人格的評価も踏まえた要保護性が検討される。したがって、この限度では、個別具体的な責任評価に応じた法的処分となっている。

6　少年の「刑事責任」能力とは何か

少年の刑罰適応性を問題とする以上、刑事未成年制度の前提である刑事政策的な（責任）評価と重なってくる[25]。そこでは、刑罰適応性を媒介として、可罰的責任論と少年の刑事責任能力が結びつく。しかし、形式的な刑事未成年を理由として不可罰とされた触法少年であっても、なお政策的な見地から、刑罰に代わるべき保護処分の要否を検討しなければならな

少年による刑法犯検挙人員・人口比の推移

① 刑法犯

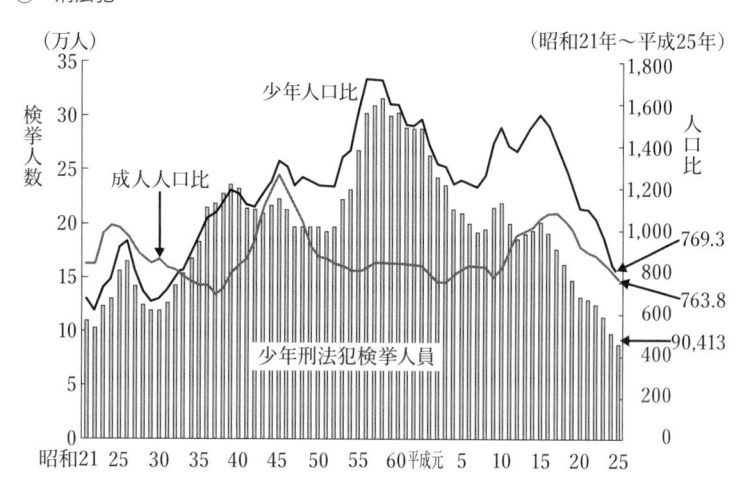

（昭和21年～平成25年）

注1　警察庁の統計、警察庁交通局の資料及び総務省統計局の人口資料による。
　2　犯行時の年齢による。ただし、検挙時に20歳以上であった者は、成人として計上している。
　3　触法少年の補導人員を含む。
　4　昭和45年以降は、自動車運転過失致死傷等による触法少年を除く。
　5　「少年人口比」は、10歳以上の少年10万人当たりの、「成人人口比」は、成人10万人当たりの、それぞれ刑法犯・一般刑法犯検挙人員である。
「平成26年版犯罪白書（法務総合研究所）104頁　3-1-1-1図」による。

い。そもそも、少年の「精神的発達の成熟」と「道徳的発達の成熟」において、実質的な責任評価では、触法少年と犯罪少年の間に決定的な差異がみられないからである[26]。

　かような意味で、触法少年についても、政策的な理由から懲戒的処分を加えることはありうるし、反対に、刑事責任年齢に達した未成年者であっても、触法少年と同等の保護処分を用意すべき場合もある。その際、反対説が主張する「要保護性」は、保護処分の適応能力と表裏一体の関係にあるものか、また、要保護性と刑罰適応性は、常に対立する概念であるかも含めて、今後は、再犯の予防という見地から、そのおそれを除去する積極的理由づけが必要となるのではないか。

7　責任能力論と心神喪失者等医療観察法

　さらに、触法性精神障害者にあっても、保安処分制度がない状況では、

他者に危害を及ぼす危険な精神障害者が放置されることになりかねない。ここでも、刑事政策的な配慮が（可罰的な）責任の判断に影響を及ぼす可能性がある[27]。平成15年には、「心神喪失等の状態で重大な他害行為を行った者の医療及び観察等に関する法律」が新設されたが、それ以前は、犯罪・非行の前歴がある触法性精神障害者が、旧制度（精神保健福祉法）による措置入院により治療施設に収容されるだけであった[28]。そのことが、積極的一般予防の見地から、可罰的責任の評価に影響を与えたことも否定できない。かようにして、責任論は、心神喪失者等医療観察法を媒介として、刑罰と保安処分を結びつける契機にもなるのである。

1) これに対して、「刑事責任」という用語は、およそ刑事制裁一般を指すことが多い（いわゆる罪責の観念である）。また、後述する可罰的責任を意味する場合もある。
2) 現行法上の結果的加重犯は、しばしば、旧時代の結果責任主義に依拠するものと批判された。判例によれば、結果的加重犯における基本犯と加重結果の間には、条件関係さえあれば足りるからである。しかし、通説は、加重結果の発生について過失を要求している（なお、本書第5講92〜93頁参照）。
3) ドイツでは、「他行為可能性」の概念を排除した「答責性」の理論が有力である（ロクシンなど）。わが国では、前田雅英・刑法総論講義（第5版・平23）25〜26、212、215〜216頁など参照。
4) この事件は、二頭立て馬車の御者が、尻尾で手綱を絡めとる性癖がある癖馬（Leinenfängerと呼ばれる）を交換するように求めたものの、雇い主の命令に逆らえないまま上記癖馬を使っていたところ、暴走した馬車が通行人を負傷させたものである。ドイツのライヒ裁判所は、失職する危険を犯してまで雇い主に逆らうように義務づけることができないとして、被告人を無罪にした。
5) また、期待可能性の低下は、行為者の責任を減少させるため、第五柏島丸事件のように、量刑に反映される場合もある。さらに、刑法104条の証拠隠滅罪が「他人の刑事事件」に限定されたこと、過剰防衛や過剰避難による刑の減免も、期待可能性の低下にもとづくものとされる。
6) そのほか、下級審の段階では、期待可能性の不存在を理由とした無罪判決もみられる（福岡高宮崎支判昭和26・10・31判特19号164頁、東京高判昭和28・10・29高刑集6巻11号1536頁など）。判例の詳細については、大塚仁ほか編・大コンメンタール刑法（3）（第2版・平11）42頁以下〔虫明満＝佐久間修〕参照。
7) 連座制とは、律令制の下で官吏の連帯責任を問うものであり、縁座制は、血縁関係にもとづく罪責を認めるものである。なお、現行法上の連座制として、公職選挙法251条の2、251条の3などがある。
8) もっとも、こうした両罰規定の捉え方は、必ずしも企業犯罪の実情に合致していない。かつて法人の構成員は、忠実な業務執行者（法人の手足）とみなされたが、今日では、法人を隠れ蓑にした悪質商法も多発しており、末端の従業員や経営者も含めた三罰規定を置く法律も少なくない（例えば、労働基準法121条、職業安定法67条など）。
9) その詳細については、大塚仁・刑法における新旧両派の理論（昭32）100頁以下を参照されたい。

10) 大塚仁・刑法概説総論（第四版・平20）439頁によれば、道義的責任論は、個人倫理的立場から責任を捉えた点が問題であるが、およそ刑法規範は、自然犯や刑事犯など、社会倫理規範と密接な関係を有しており、倫理や道徳と無縁の存在ではない（同前書4頁）。

11) 責任と予防の関係については、安田拓人・刑事責任能力の本質とその判断（平18）1頁以下など参照。近年では、「責任（非難）なき刑罰」として、罪刑均衡の原理を主張する見解も少なくない。しかし、そこでは、責任主義による刑罰権の限定は十分に機能しないであろう。

12) もっとも、反対説の論者が、故意の内容を客観的な犯罪事実の認識に限定するならば、常習犯人や確信犯人にも、こうした主観的要素は存在するため、その責任や処罰も可能である。

13) なお、人格形成過程は、責任非難の直接的な対象とならず、個別的行為の中に犯罪者人格が徴表される点で、間接的な加重・減軽事由として考慮されるにすぎない（大塚・前掲総論 442、481〜482頁）。

14) 過失犯にあっても「不注意という心理状態」それ自体が責任を構成するわけでなく、「犯罪事実を認識すべきであるにもかかわらず、これを認識しなかった」という義務違反的要素に着目することになる。

15) 平成25年6月19日法律第49号による。施行期日については、本法律が公布された日から起算して3年を超えない範囲内において政令で定められる。

16) 実際に薬物の誘惑がある日常生活の中で、その欲求を克服するという社会内処遇の強化が目的であって、いわゆる実刑と執行猶予の中間に位置づけられる。なお、今井猛嘉「刑の一部執行猶予制度の導入の動き」刑事法ジャーナル23号（平22）2頁以下など参照。

17) なお、是非弁別能力と行為制御能力のいずれか一方が欠如ないし低下することで、心神喪失ないし心神耗弱となるのであって、かりに完全な是非弁別能力があっても、行為制御能力が欠ける状態では、全体として心神喪失となる反面、そもそも是非弁別能力がなければ、いくら完全な行為制御能力があっても、やはり心神喪失とみなされる。

18) これに対して、一部の性犯罪者や好訴狂の中には、性的衝動や争訟欲求を抑制できないなど、ある犯罪に限って責任能力が低下する場合がある。こうした「部分的責任能力」を認める見解として、大塚・前掲総論451頁、佐久間修・刑法総論（平21）255頁、高橋則夫・刑法総論（第2版・平25）334〜335頁などがある。

19) なお、一部の予備校教科書は、心神喪失や心神耗弱について、もっぱら精神疾患により是非弁別能力や行為制御能力が欠ける場合と説明するが、薬物やアルコールによる一時的な精神障害なども含まれることに注意しなければならない。

20) 生物学的方法と心理学的方法を併用するものであり、前者は、もっぱら精神状態の異常性に着目して、是非善悪を認識する能力があったかどうかを重視するのに対して（是非弁別能力）、後者は、行為者が具体的事実の意味を理解して、それに応じた行動をとりうるかを重視する考え方である（行為制御能力）。

21) 過去の判例については、大塚仁ほか編・大コンメンタール刑法（3）（第2版）374頁以下〔島田仁郎＝島田聡一郎〕参照。

22) 同様な問題は、高齢の認知症患者による犯罪でも考えられる。また、責任能力と無能力の中間に位置する人格障害についても、もっぱら医学的な所見に依拠するのでなく、国民の法益保護と責任主義の調整という見地から検討されるべきである。

23) 近年における少年法改正の動きを参照されたい。

24) 刑事未成年制度と少年法における保護主義の関係については、例えば、渡邊一弘・少年の刑事責任—年齢と刑事責任能力の視点から—（平4）18頁以下参照。

25) なお、少年法51条についても、少年の限定責任能力に関する規定とみる見解がある。

例えば、平野龍一・刑法総論Ⅱ（昭50）300頁、山中敬一・刑法総論（第2版・平20）605頁など。また、刑罰と保護処分を同質の介入原理とみる立場から、保護処分の対象となる触法少年についても実質的な責任能力を求める見解として、佐伯仁志「少年法の理念―保護主義と責任―」猪瀬慎一郎ほか編・少年法のあらたな展開―理論・手続・処遇（平13）38頁以下、特に43頁以下参照。

26) 渡邊・前掲書5〜6頁参照。また、責任無能力者である触法少年と責任能力者である犯罪少年の間に連続性があるとすれば、むしろ、少年全体の責任能力論と保護主義の関係を理論的に整序する必要があろう。

27) なお、行為責任と刑罰の関係について、川端博・刑法総論講義（第3版・平25）415頁参照。

28) 心神喪失者等に対する入院手続などについては、心神喪失者等医療観察法33、42、43、56、81、105、106条など参照。そのほか、現行法の「精神保健及び精神障害者福祉に関する法律」の医療保護入院等（同法33条以下）と心神喪失者等医療観察法の関係については、同法43条を参照されたい。

第12講

責任と刑罰（その2）
── 原因において自由な行為と責任故意

The Structure of a Theory of Excuse and Punishment (2)
── Self-Induced Intoxication, Ignorance of Law and Reasonable Reliance

【刑　法】
第38条（故意）　罪を犯す意思がない行為は、罰しない。ただし、法律に特別の規定がある場合は、この限りでない。…(省略)…
　3　法律を知らなかったとしても、そのことによって、罪を犯す意思がなかったとすることはできない。ただし、情状により、その刑を減軽することができる。

【改正刑法草案】
第17条（みずから招いた精神の障害）　①故意に、みずから精神の障害を招いて罪となるべき事実を生ぜしめた者には、前条の規定（責任能力に関する16条 — 筆者注）を適用しない。
　②過失により、みずから精神の障害を招いて罪となるべき事実を生ぜしめた者についても、前項と同じである。
第21条（法律の錯誤）　①法律を知らなかったとしても、そのことによって故意がなかったとはいえない。但し、情状によって、その刑を減軽することができる。
　②自己の行為が法律上許されないものであることを知らないで犯した者は、そのことについて相当の理由があるときは、これを罰しない。

【ドイツ刑法典】
第17条（禁止の錯誤）　行為遂行時に、不法をおこなう認識が行為者に欠けており、行為者がこの錯誤を回避しえなかったときは、責任なしに行為したものである。行為者が錯誤を回避しえたときは、第49条第1項により、その刑を減軽することができる。
第323条（完全酩酊）　①アルコール飲料又はその他の酩酊剤により、故意又は過失から酩酊状態に陥った者が、この状態下で違法な行為をした際、酩酊の結果として責任無能力となったり、その可能性を排除できないため、当該の違法行為を理由として処罰できない場合には、5年以下の自由刑又は罰金刑に処する。
　②その刑は、酩酊状態でした行為について定められた刑より重くすることが

できない。
③当該行為が、告訴、授権又は処罰請求があって初めて訴追されうるとき、酩酊状態でした行為も、告訴、授権又は処罰請求に基づいてのみ訴追される。

I 原因において自由な行為の理論

1 「みずから招いた精神の障害」とは何か？

　第11講で述べたように、14歳未満の少年については、政策的な見地から、一律に年齢による免責が認められた（本書239頁以下）。これに対して、通常は、各行為者ごとに責任能力の存否を検討しなければならない。すなわち、犯行時に心神喪失（または心神耗弱）状態であったならば、責任阻却（減少）事由が生じる。しかし、重度の精神障害者であっても、常に心神喪失（または心神耗弱）となるわけでないし、薬物やアルコールの影響により、一時的に無能力状態に陥ったならば、先行する意思決定時の責任能力を重視して、刑法39条の適用を排除することがある。それを可能にしたのが、いわゆる**原因において自由な行為の理論**である。

　「原因において自由な行為」は、現行刑法の中に根拠規定がないため、もっぱら解釈論で主張されてきた。他方、改正刑法草案は、故意犯と過失犯に分割したうえで、「みずから招いた精神の障害」を明記しており（同草案17条）、ドイツ刑法典にあっても、各則の中で、アルコールなどの酩酊状態にかかる特別規定を置いている（同法323条a）。ただし、みずから責任能力を低下させる事例は、アルコールや薬物の摂取だけに限られない。てんかんなどの持病をもつ人間が、あえて発作を抑制する薬を服用しないことにより、責任無能力状態で犯罪を遂行する場合も考えられるのである[1]。

2 実行途中の責任能力低下——「血の酩酊」など

　犯罪の実行に着手した後、その途中で責任能力が低下する場合もある。いわゆる**血の酩酊**は、その典型例である。「血の酩酊」とは、犯行時にお

ける高度な激情や精神の混乱から責任無能力に陥った場合をいう。例えば、犯人が復讐の目的で、(1)被害者の頭部をハンマーで数回殴打した際、飛び散った血を見てパニック状態になった結果、(2)近くにあった鉈（なた）を掴んで、さらに2～3回の殴打を加えたため、被害者が死亡するに至った場合である[2]。

この場合において、(1)と(2)のいずれが致命的な殴打であるかを証明できず、しかも、(2)の時点では責任無能力状態になったとき、どのように対処すべきであろうか。もちろん、責任能力のある時点の侵害行為を継続することで、最終的に当該結果を惹起したならば、かりに結果発生時に責任能力が欠けるとしても、**犯行全体に対する責任非難**を免れない。一部の学説は、これを意思の連続性という見地から説明しているが[3]、責任能力の存否は、客観的な因果関係にあたらないのはもちろん、故意の成否を左右する因果関係の認識や錯誤の問題でもない。

実行途中の飲酒に伴う心神耗弱　①**浮浪者暴行事件**は、日ごろから折り合いの悪かった仲間と飲酒をしていて喧嘩になった際、被害者の顔面を殴打したり頭突きをした後、転倒した被害者を足蹴にするなどの暴行を加えて、死亡させたものである。裁判所は、みずから招いた錯乱状態の中で、責任能力のある前半の行為と同じ態様の暴行を加えた以上、「その全部を一体として評価すべきであり、仮に犯行の後半部分において、被告人がその責任能力に何らかの影響を及ぼすべき精神状態に陥っていたとしても、刑法39条1項又は2項は適用されない」とした（大阪地判昭和58・3・18判時1086号158頁）。
　　また、②**肩叩き棒事件**では、犯行当日、焼酎を飲んでいた夫が、生命保険金のことで妻と口論となり、妻に暴行を加え始めた後、さらに焼酎を飲み続けて激昂した結果、最後には、肩叩き棒を掴んで妻の頭部を滅多打ちにして死亡させた。裁判所は、「犯行開始時においては責任能力に問題はなかったが、犯行を開始した後に更に飲酒を継続したために、その実行行為の途中において複雑酩酊となり心神耗弱の状態に陥ったに過ぎないものであるから、このような場合に、右事情を量刑上斟酌すべき事は格別、被告人に対し非難可能性の減弱を認め、刑を必要的に減弱すべき実質的根拠があるとは言い難い」とした（長崎地判平成4・1・14判時1415号142頁）。いずれも、みずから責任能力の低下を招来した点に加えて、侵害行為の継続性に着目しつつ、完全責任能力を肯定している。

3　着手後の能力低下から着手前の能力低下へ

かつて最高裁判例も、犯人が実行行為の途中で心神耗弱に陥ったなら

ば、刑法 39 条 2 項による必要的減軽はないと判示した（最決昭和 43・2・27 刑集 22 巻 2 号 67 頁。また、大阪高判昭和 56・9・30 高刑集 34 巻 3 号 385 頁参照）。そもそも、監禁罪（220 条後段）などの**継続犯**では、監禁行為を開始した時点で責任能力があればよい。こうした取扱いは、継続犯だけに限られず、例えば、鋭利な洋バサミで突き刺すという殺人の実行に着手した後（殺人罪は**即成犯**である）、情動性精神障害に陥って刺突行為を繰り返した場合にも、刑法 39 条 2 項は適用されない（東京高判昭和 54・5・15 判時 937 号 123 頁）[4]。

　上述した諸判例では、いずれも行為開始時には、完全責任能力があったことを前提としている。他方、実行に着手する以前に責任能力が低下（または消失）したならば、先行した飲酒行為時の責任能力に着目する「原因において自由な行為の理論」を用いることになる。その際、責任無能力状態で直接的な侵害に及んだとき（以下、**結果行為**と呼ぶ）、みずから無能力状態を招来する行為（以下、**原因行為**と呼ぶ）と同一の「意識」を保有することから、一連一体の行為とみる見解がある。すなわち、結果行為から原因行為まで遡ることで犯行全体の現実的危険性（実行行為性）を肯定するのである[5]。しかし、もっぱら「意思（意識）の同一性」を持ち出すことで、ただちに（原因行為を含む）包括的な責任評価が許されるであろうか。

原因において自由な行為の構造

```
　　　①原因行為　　　　　　→　（責任能力の低下）　→　②結果行為
（例）アルコールまたは薬物の摂取　→　（例）人を殺傷する（→結果の発生）
　　故意に責任無能力を招来した後　→　当初予定した犯行を現に遂行する。
```

4　犯人の意思決定と同時的コントロール（是非弁別能力と行為制御能力）

　第 11 講でも述べたように、責任能力の要素には、是非弁別能力だけでなく、行為制御能力がある。しかも、**行為 = 責任同時存在の原則**によれば、原因行為時に加えて、結果行為の時点でも、犯人に責任能力がなければならない。行為制御能力とは、通常の是非弁別能力のある人間が、具体的な

事実認識にもとづいて犯行全体を操縦する能力であって、いわゆる同時的コントロールが必要となるからである[6]。したがって、原因行為時の「意識」が残ったというだけでは、犯行全体を非難できない。そもそも、心神喪失のように是非弁別能力が完全に消失した場合、なお「共通の意識（意思支配）」が残存するであろうか[7]。

かようにして、上述した「実行途中の責任能力低下」と同様な意味で、意思の連続性（その現実的危険性）を指摘するだけでは、実行の着手前に責任無能力になった場合、刑法39条の適用を排除できないであろう。まさしく責任の一般理論で述べたように、行為責任（意思責任）を前提とするかぎり、犯行時の責任能力を問わねばならないからである。その際、責任能力と同時に存在するべき「行為」とは、「広義の行為（自然的行為）」と「実行行為」のいずれであろうか。それとも、原因行為と結果行為のいずれかの時点で責任能力があれば足りるのであろうか。

II　責任主義と行為＝責任同時存在の原則

1　責任主義の「例外」にあたるか？

責任の本質は、当該犯人に対する非難可能性である。また、刑法39条1項の「心神喪失」と同条2項の「心神耗弱」では、もっぱら精神障害の程度を基準とする**生物学的要素**だけでなく、当該行為の社会的意味の認識などを含めた**心理学的要素**が考慮される（混合的方法）。したがって、事物の是非善悪を識別する能力やその判断に従って行動を制御する能力について、その一方または双方が欠如（ないし低減）したとき、責任無能力ないし限定責任能力となる（本書235頁以下頁参照）。

しかし、責任能力の判断が（行為者人格に対する）法的非難の要素を含む以上、たとえ結果行為時に著しく責任能力が減弱していても、それに先行する原因行為の時点で正常な責任能力があったならば、みずから危険な状態を招来した点で非難可能性が認められる[8]。その意味では、原因において自由な行為の理論は、むしろ**責任主義を徹底するもの**といえよう。ただし、最初の意思決定時の責任能力を重視する場合にも、みずからアルコー

ルや薬物を摂取する原因行為と、心神喪失（または心神耗弱）状態で他者を侵害する結果行為の関係を明らかにする必要がある。

2　病的酩酊や薬物中毒による精神錯乱

原因において自由な行為の理論では、アルコールや薬物の摂取による責任能力の低下が問題となる。しかし、一時的な酩酊状態であっても、ただちに責任能力が否定されるわけでない。いわゆる**病的酩酊**の中にも、複雑酩酊と狭義の病的酩酊があり、後者の病的酩酊（狭義）について、たとえ行為制御能力が十分である場合にも、(a) 記憶障害のほか、(b) 見当域の障害（周囲の状況を認識できない）、(c) 急激な情緒的変化などが病理診断の指標となっている[9]。もっとも、アルコールや薬物による酩酊それ自体が、本来、何らかの知覚障害をもたらす以上、これらの症状まで広く含めるならば、通常の飲酒酩酊の多くが限定責任能力になりかねない。

たとえ狭義の病的酩酊に限定する場合にも、正常域から精神異常と呼ばれる領域にまたがる様々な段階がみられる。そのため、実際の事件では、裁判官の規範的評価によって責任能力が決定されることになる。ただし、専門家の鑑定によれば、完全な病的酩酊状態で行為制御能力が欠けたという診断結果があるにもかかわらず、裁判所がこの結論を採用しないのであれば、その理由・根拠を示さねばならない（本書236～238頁参照）。

> **飲酒運転と原因において自由な行為**　　酒酔い運転事件では、犯人が勤務先から自動車を運転して帰宅する途中、居酒屋に立ち寄って多量のビールを飲んだ後、相当程度に酔っ払ったこともあり、自分の自動車と他人の自動車を取り違えて乗車・運転を開始した。その後、運転時には病的酩酊に近い異常酩酊の状態に陥っており、犯行当時の追想が困難になるなど、高度な精神障害が生じていた。したがって、実際に運転をしていた時点では、心神耗弱の状態にあったとされる（最決昭和43・2・27刑集22巻2号67頁）。

上記の酒酔い運転事件では、すでに運転を開始した時点で心神耗弱に陥っており、形式的に**行為＝責任同時存在の原則**を適用するならば、刑の必要的減軽を受けてしまう（39条2項）。しかし、裁判所は、犯人自身が招来した心神耗弱状態である以上、刑法39条を適用しないと明言した。もっとも、これが、原因において自由な行為の理論によるものか、それとも、酒酔い運転罪（道交法117条の2第1号、65条1項など）が当初から酩酊

状態を想定した構成要件であるため、被告人側の限定責任能力による抗弁を斥けた場合にあたるかは（東京高判昭和30・11・9高刑特2巻22号1160頁、秋田地判昭和40・7・15下刑集7巻7号1450頁）、必ずしも明らかでない。

3 積極的責任主義の徹底・深化

酒酔い運転事件では、正常な判断力のある時点で飲酒運転を予見していた。そのうえで、飲酒酩酊して自動車を運転しており、原因において自由な行為の理論がそのまま妥当する。しかし、飲酒時（原因行為時）には飲酒運転の故意がなく、高度な酩酊状態（心神耗弱）に陥ってから初めて飲酒運転の故意を生じたならば、原因において自由な行為の理論を適用できない（高松高判昭和44・11・27高刑集22巻6号901頁）。そこでは、限定責任能力時の主観的態度が出発点となるため、新たに生じた故意の飲酒運転について、刑法39条2項による刑の減軽を認めざるをえないからである。

これに対して、責任能力のある時点で自由な意思決定があった後、犯人が自分の責任無能力状態を利用するべく、最終的に予見したとおりの犯罪を実現したならば、原因行為時の完全責任能力に着目して、犯人の刑事責任を肯定することになる。これが、（積極的）責任主義を徹底・深化した結果であることは上述した。その意味で、原因において自由な行為の理論は、**責任主義の例外**を認めるものではない。

4 間接正犯類似説と責任原則緩和説

当初、原因において自由な行為は、自己の責任無能力を利用した間接正犯に近いものと考えられた。そのため、利用行為である原因行為時に責任能力があれば足りる（**間接正犯類似説**）。原因行為を実行行為とみることで、行為＝責任同時存在の原則が充たされるからである[10]。具体的には、責任能力のある状態で麻薬やアルコールを摂取したとき（原因行為）、すでに犯罪実現の現実的危険性があった以上、その後に結果行為の時点で責任能力が低下・消失した場合も、犯行後の因果経過にすぎないことになる。

しかし、原因行為の開始時から実行の着手とみることで、未遂犯の成立時期が早くなりすぎるという批判が続出した[11]。そこで、行為＝責任同時存在の原則を緩和することで、原因行為と結果行為を含めた犯行全体が、

責任能力時の意思決定に支配されたとき、完全な刑事責任を問いうるという見解が有力となった（**責任原則緩和説**）[12]。この見解によれば、原因行為時の責任能力が、結果行為時の責任能力（低下）を「補填する」ことになる（**補填原理**）。しかも、原因行為から犯罪完成に至る一連の因果経過を包括的に評価するため、行為＝責任同時存在原則における「行為」概念は、犯罪構成要件でいう「実行」とは異なるものとなる[13]。

5 同時存在原則からみた処罰根拠

責任原則緩和説は、実行途中で責任能力が低下した場合と同じく、当初の原因行為が結果行為と連続する点を重視している。しかし、それが責任無能力下の身体活動（結果行為）を実行行為に含める趣旨であれば、行為・責任の同時存在とは異なるルールを設けることになる。むしろ、（実行）行為と責任（能力）の同時存在原則を厳格に維持するかぎり、責任能力時の原因行為（飲酒・薬物摂取など）を実行行為と評価せざるをえない。他方、間接正犯類似説は、責任原則を厳格に維持する結果として、心神喪失下状態の身体動静を単なる因果経過とみることから、反対説の批判を招いたのである。

もっとも、責任原則緩和説が、責任主義の「例外」として、原因行為時の責任能力を持ち出して結果行為時の能力低下を「補填する」ならば、なぜ同時存在の原則を緩めるかという理由を示さねばならない。すなわち、実際には、原因行為と結果行為が時間的・場所的にも別ものである以上、これを統合する見解（いわば**行為責任・危険遡及説**）では、それ以前の意識が心神喪失後も維持された点を重視するとき、責任能力をもっぱら是非弁別能力に求めざるをえない。その結果として、侵害時の行為制御能力を等閑視するなど、一連の行為に対する（主観的な）意思支配が偏重されることになる[14]。

6 二重の故意と連続型・非連続型

原因において自由な行為にも、故意犯の場合と過失犯の場合がある。その際、原因行為と結果行為の両者について、故意または過失を要求する**二重の故意の理論**が登場した．これに対して、客観的な行為の単複に着目す

る**連続型・非連続型**の区別も有力に主張されている。すでに実行途中の責任能力低下をめぐって、侵害行為の連続性が重視された点からすれば、実行の着手前に責任能力が消失した場合、それ以外の処罰根拠が必要となるであろう。例えば、故意犯にあっては、侵害結果に向けた事実的故意だけでなく、心神喪失状態で犯行を実現する旨の認識・認容を要求するのが、上述した「二重の故意」の理論である。その意味では、原因行為と結果行為の「意思の連続性」に着目した見解に近づくであろう。

原因行為と結果行為の故意・過失　①**悪酔い刺殺事件**は、病的酩酊の前歴のある犯人が、みずからの性癖を知りつつも、過度に飲酒したために心神喪失状態となり、酒場にいた他人を殺傷したものである。裁判所は、飲酒を開始した時点では正常な判断力を有していた以上、直接的な侵害行為時には責任能力がなかったとしても、犯罪の成立を妨げないとした。しかし、その罪責は、過失致死罪（210条）にとどまった（最大判昭和26・1・17刑集5巻1号20頁）。

②**ヒロポン中毒刺殺事件**は、麻薬使用の常習者であった犯人が、これまでも中毒症状による妄想から他人に危害を加えた経験があったところ、薬物の影響下で暴力をふるうことを予見しつつも、あえて自分に薬物を注射した結果、心神喪失状態に陥って周囲の者を殺傷したものである。裁判所は、傷害致死罪（205条）が成立するとした（名古屋高判昭和31・4・19高刑集9巻5号411頁）。

①では、心神喪失状態で初めて殺意を生じており、責任能力のある時点では、まだ他人を殺傷する故意がなかったため、せいぜい過失犯に問われるにすぎない。他方、②では、薬物依存症から麻薬を使用することで、一時的な中毒症状に陥ることを認識・認容しただけでなく、責任無能力状態で他人に危害を加える意思（暴行・傷害の未必的故意）があったとして、傷害（致死）罪の成立が認められた。この違いは、理論上、どのように説明されるであろうか。

各行為における故意・過失の組み合わせ

原因行為（責任能力あり）		結果行為（責任能力なし）	犯罪の成否
①故意あり　→　継続（連続型）　→		故意あり	故意犯の成立
②故意あり　→　切断（非連続型）→		故意なし	過失犯の成立
③故意なし　→　切断（非連続型）→		故意あり	過失犯の成立
④故意なし　→　継続（連続型）　→		故意なし	過失犯の成立

7　主観的連続性と客観的連続性

　第11講で述べたように、責任能力の存否は、故意・過失とは別個の責任要素である。原因において自由な行為にあっても、①故意犯の場合、結果行為時の侵害故意だけでなく、原因行為の時点では、心神喪失状態に陥って罪を犯す旨の認識・認容がなければならない。これに対して、②たとえ心神喪失状態に陥ることの認識・認容があったとしても、その後は単なる不注意で当該結果を惹起した場合、あるいは、③心神喪失状態に陥ることの認識が欠けていたり、さらに、④侵害結果の認識・認容さえなかった場合には、いずれも過失犯が成立することになる。

　かりに麻薬中毒者であっても、みずから麻薬を使用した結果、周囲の人を傷つけたとはいえ、一時的な中毒症状に陥ることを認識・認容しただけでは、故意犯は成立しない。すなわち、原因行為である麻薬使用時に実行行為が認められ、かつ、その時点で危険な錯乱状態を招来する旨の故意があった点に加えて、麻薬による幻覚症状から他人を殺傷することの未必的故意がなければ、傷害（致死）罪の成立を肯定できないのである（前出名古屋高判昭和31・4・19）[15]。これらは、いわば**主観的連続性**にあたるところ、その前提条件として、原因行為から結果行為に至る**客観的連続性**も必要となる。

8　心神喪失（責任無能力）から心神耗弱（限定責任能力）へ

　原因において自由な行為の理論は、責任無能力（心神喪失）の場合だけでなく、限定責任能力（心神耗弱）についても適用される（通説・判例）[16]。かりに心神喪失の場合だけに限定するならば、犯人が心神喪失状態に陥ったとき、およそ刑法39条1項が適用されず、完全な刑事責任を問われるところ、せいぜい限定責任能力にとどまった場合、犯罪を実現する可能性がより高いにもかかわらず、刑法39条2項によって刑が減軽されるのでは、**罪刑の不均衡**が生じるからである。

　これに対して、**道具理論**を前提とする間接正犯類似説では、みずからの心神耗弱状態を利用したとき、完全な道具性が欠けるため、原因において自由な行為の理論を適用できないとされる。もっとも、みずからの心神耗

弱を利用するケースは「**故意のある幇助的道具**」を用いた間接正犯と同視できるため、なお原因において自由な行為の理論を適用できるという反論がある[17]。他方、責任原則緩和説では、限定責任能力の場合にも、当然に原因において自由な行為の理論を適用できる。すなわち、責任能力のある原因行為時に意思決定さえあれば、その後に心神喪失と心神耗弱のいずれに陥ったかは重視されないからである[18)19]。

Ⅲ　主観的責任要素としての故意・過失

1　構成要件的故意と責任故意

　刑法上は、故意犯が原則であって、過失犯は例外的に処罰される（38条1項）。たとえ構成要件の段階で故意が認定されても、最終的に故意責任が欠けるならば、過失犯の罰則も存在しないとき、およそ不可罰となる。また、主観的構成要件要素としての故意は、客観的犯罪事実の認識・認容であるが（本書の第5講91頁以下参照）、主観的責任要素としての故意（**責任故意**）は、故意犯にふさわしい犯人の主観的態度に求められる。すなわち、「犯罪事実の認識から反対動機を形成して、違法行為を思い止まるべきであった」ところ、あえて犯行に及んだ場合が故意犯とされる。他方、「犯罪事実を認識すべきであるにもかかわらず、これを認識しなかった」場合が過失犯である。

　例えば、誤想防衛の場合、行為者は定型的な犯罪事実を認識・認容していたが、正当防衛であると信じており、違法事実の認識がないため、責任段階の故意が阻却される（**違法性阻却事由の錯誤**）[20]。当該犯人には、違法性に関する事実の表象が欠ける以上、故意犯としての非難可能性がないからである[21]。過去の判例の中にも、傍論としてではあるが、こうした見解を採ったものがみられる（大判昭和8・6・29刑集12巻1001頁、東京高判昭和59・11・22高刑集37巻3号414頁）。

故意の体系的地位

```
広義の故意     ①構成要件的故意＝犯罪事実の認識・認容
(全体的故意)    　構成要件該当事実 →事実の錯誤（法定的符合説など）
               ②違法故意＝（積極的）違法事実の認識・認容
                ＋消極的違法（正当化）事実 →誤想防衛（事実の錯誤説など）
               ③責任故意（違法事実の認識＋違法性の意識）
                故意犯としての非難可能性 →法律の錯誤（制限故意説など）
```

2　犯罪事実の認識・認容と違法性の意識

　故意責任の実質は、違法な犯罪事実に向けられた反規範的態度にほかならない。しかし、犯罪事実を認識していた以上、通常は、違法性の意識が喚起されるため、「一般人ならば当該犯罪類型の違法内容を意識し得る事実の認識」があったとき、特に違法性の意識（可能性）を必要としない見解がある（いわゆる**実質的故意論**である）[22]。実際、旧麻薬取締法上の「麻薬」を覚せい剤と誤認して輸入した事案について、目的物の形状・毒性などが類似する以上、当該薬物の化学式や正式名称を取り違えたとしても、故意の覚せい剤取締法違反や麻薬取締法違反（当時）にあたるとした最高裁判例もみられる（最決昭和54・3・27刑集33巻2号140頁、最決昭和61・6・9刑集40巻4号269頁）。

　そこでは、一般的な「薬物輸入罪」の故意が認められたともいえるが、「一般人が違法性を意識し得るだけの事実の認識」の中には、犯行全体の規範的評価にあたる「違法性の意識」が含まれている。したがって、この見解によれば、最終的に「事実の錯誤」と「法律の錯誤」の区別も否定されてしまう（なお、最決平成2・2・9判タ722号234頁参照）。なるほど、犯罪事実の認識と違法性の意識は、明確に区分できない場合も少なくないが[23]、違法性の意識を事実的故意（構成要件的故意・違法故意）から切り離して、独立した責任要素とみる見解のように（いわゆる**責任説**である）、両者は、理論上も明確に区別されねばならない。

3　違法性の意識必要説と不要説

　違法性の意識をめぐる学説は、多岐に分かれている。まず、①道義的責任論の見地から、犯人が当該行為の違法性を認識して遂行した場合とこれを意識しないで犯行に及んだ場合は、およそ質的に異なるため、まさしく「違法の意識こそは、故意と過失とを分つ分水嶺」であるとして、違法性の意識を故意責任の必要条件とする見解がある（**違法性の意識必要説**ないし**厳格故意説**と呼ばれる）[24]。これに対して、②わが国の判例は、違法性の意識を不要とする（最判昭和25・11・28刑集4巻12号2463頁、最判昭和26・11・15刑集5巻12号2354頁など）。判例によれば、およそ国民は自分の行う犯罪事実が法に違反することを知っているべきであって、かりにこれを知らないことについて、やむをえない理由があったとしても、故意犯の成立を妨げないとする。

違法性の意識不要説（大審院から最高裁へ）　　大審院によれば、「刑法第38条第3項ニ於テ法律ヲ知ラサルヲ以テ罪ヲ犯ス意ナシト為スコトヲ得スト規定シタルハ犯罪ノ違法性ノ錯誤ハ犯意ヲ阻却セサルノ趣旨ヲ明ニシタルモノ」であり（大決大正15・2・22刑集5巻97頁〔旧封印等破棄罪に関するもの〕）、「法定犯ニ付特ニ刑法第38条第3項ヲ適用セサル旨ハ違法ノ認識ヲ必要トスル旨ヲ規定セサル場合ニ於テハ法定犯ニ付テモ所謂刑事犯ト同様ニ犯意ノ成立ニハ違法ノ認識ヲ必要トセサルモノト解スルヲ相当トス」とされる（大判昭和6・1・19刑集10巻1頁〔旧麻薬取締規則違反に関するもの〕）。また、最高裁にあっても、「所謂自然犯たると行政犯たるとを問わず、犯意の成立に違法の認識を必要としないことは当裁判所の判例とするところ」と明言される（最判昭和24・11・28刑集4巻12号2463頁〔昭22政令165号（占領軍将兵等の財産収受等の禁止）違反〕）。

4　違法性の意識における権威主義・責任主義

　しかし、大震災による通信障害や公布方法の欠陥から、一般国民が禁止法令の存在を知りえない状況にあったとき、不可抗力によって違法性の意識が欠ける場合も考えられる（例えば、大判大正13・8・5刑集3巻611頁、最判昭和26・1・30刑集5巻2号374頁）。これらの場合も含めて、犯人が客観的犯罪事実を認識・認容しただけで故意責任を認めるのは、いかにも権威主義的な考え方であって、責任主義の原則に反すると批判されてきた[25]。

その意味で、責任主義を徹底する見地からは、上述した厳格故意説が採用されるべきである。他方、いわゆる確信犯や激情犯では、しばしば違法性の意識が低下する場合もあること、法定犯や行政犯のように、法的評価を伴った規範的事実が構成要件要素となる犯罪類型では、常に明確な違法性の意識を要求するとき、故意犯の成立範囲が不当に制限されてしまう。その結果として、立法目的を達成できない事態も生じる[26]。そこで、両極にある必要説と不要説の中間に位置する諸見解が有力化したのである。

5 自然犯・法定犯区別説と制限故意説

さて、③自然犯と法定犯で異なった取り扱いをする**自然犯・法定犯区別説**は、法定犯（または行政犯）には違法性の意識を必要とする一方、自然犯（または刑事犯）では、客観的な犯罪事実を認識した以上、国民として違法性を意識するべきであり、かりに違法性を意識しなかったとしても、そこには犯人の反社会的性格（ないし反規範的態度）が示されたとする。しかし、自然犯と法定犯は、必ずしも明確に区分できないし、自然犯にあっても、やむをえない理由で違法性の意識を欠く事態も予想される。また、法定犯では、依然として、厳格故意説と同じく立法目的を達成できない場合が生じる。

これに対して、④いわゆる人格的責任論の見地から、実際には違法性の意識が欠けたとしても、当該行為の違法性を意識する可能性があったならば、犯人の反規範的人格態度を認めうるという見解が有力になった。すなわち、上述した厳格故意説の主張を（意識）可能性の限度まで緩めることで、犯人に故意責任を認めており、**制限故意説**と呼ばれる[27]。なるほど、規範的責任論が前提とする「**他行為可能性**（反対動機の形成可能性）」を重視するならば、具体的行為の違法性を現に認識したかどうかの心理的事実は、責任非難にとって本質的なものではない。例えば、当該犯人に違法性を意識しうる責任能力があり、かつ、こうした違法性を推測させる客観的状況が存在し、これを認識・認容したにもかかわらず、あえて犯行に及んだならば、違法性を意識していた場合に等しい反規範的態度を認めうるからである[28]。

6　ドイツ刑法典と責任説

かようにして、現在の多岐にわたる学説を大別するならば、①違法性の意識必要説（厳格故意説）、②違法性の意識不要説（判例）、③自然犯・法定犯区別説、④違法性の意識可能性説（制限故意説）に区分することができよう[29]。さらに近年では、①〜④のように、違法性の意識を責任故意の構成要素とみるのでなく、むしろ、⑤違法性の意識（可能性）を独立した責任要素と位置づける責任説が、わが国でも有力になっている（責任説）。

故意説と責任説（学説・判例）

```
（違法性の意識が）必要 ←――――――――――→ 不要

①厳格故意説        ③自然犯・法定犯区別説     ②違法性の意識不要説
（違法性の意識必要説）                       （従来の判例）
                   ④制限故意説
                   （違法性の意識可能性説）
                   └―――――――――――┬―――――――――――┘
                              故　意　説
                                ↕
                              責　任　説
              （故意＝構成要件的故意／違法性の意識＝責任要素）
```

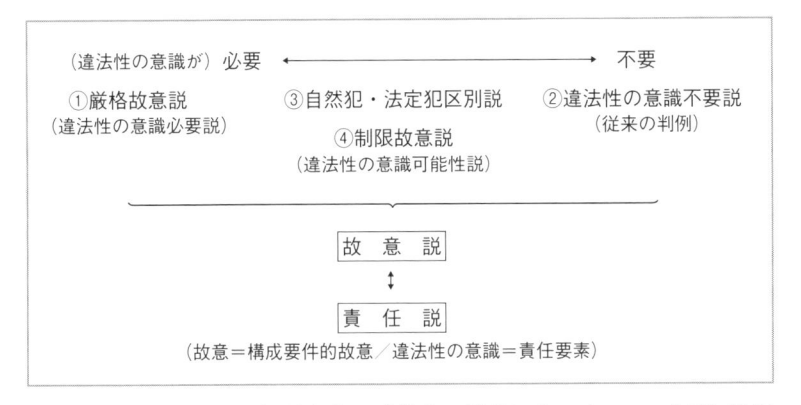

特にドイツでは、現行刑法典が「禁止の錯誤」をめぐって、「行為遂行時に、不法をおこなう認識が行為者に欠けており、行為者がこの錯誤を回避しえなかったときは、責任なしに行為したものである」と述べており、責任説に立脚したとされる（同法17条）。これに対して、わが国の改正刑法草案は、「法律の錯誤」による故意犯の成否をめぐって、「自己の行為が法律上許されないものであることを知らないで犯した者は、そのことについて相当の理由があるときは、これを罰しない」と規定しており（同草案21条2項）、制限故意説を採用したと考えられる。

7　判例の変遷と制限故意説

わが国の判例は、古く大審院の時代から、違法性の意識不要説を堅持し

てきた。現行刑法典は、「法律を知らなかったとしても、そのことによって、罪を犯す意思がなかったとすることはできない」と明言するからである（38条3項）。もっとも、一部には、違法性の意識を欠如した**相当の理由**により故意の阻却を認めた判例があった（大判昭和7・8・4刑集11巻1153頁、東京高判昭和27・12・26高刑集5巻13号2645頁、名古屋高判昭和29・7・29高刑特1巻2号93頁、高松高判昭和29・8・31高刑特1巻5号182頁、広島高判昭和44・5・9判時582号104頁、東京高判昭和44・9・17高刑集22巻4号595頁、東京高判昭和51・6・1高刑集29巻2号301頁、東京高判昭和55・9・26高刑集33巻5号359頁など）。

また、その後の最高裁判例にあっても、羽田空港ターミナルビル内で無許可の集団示威運動を指導した犯人らが、みずからの行為を法律上許されると誤信したとき、違法性の意識を欠如した点で「相当の理由」があるため、犯罪の成立を否定した原審判決に対して（前掲東京高判昭和51・6・1）、その法律構成に言及することなく、事実誤認によりこれを破棄したほか（最判昭和53・6・29刑集32巻4号967頁）、通貨及証券模造取締法違反をめぐる上告審決定では、「違法性の意識を欠いていたとしても、それにつきいずれも相当の理由がある場合には当たらないとした原判決の判断は、これを是認することができるから、この際、**行為の違法性の意識を欠くにつき相当の理由があれば犯罪は成立しないとの見解の採否についての立ち入つた検討をまつまでもなく、本件各行為を有罪とした原判決の結論に誤りはない**」とした（最決昭和62・7・16刑集41巻5号237頁）。

8　相当の理由と違法性の意識可能性

もし最高裁が、違法性の意識不要説を堅持するのであれば、違法性の意識を欠いた「相当の理由」に言及した原審判示を批判すべきであった。しかし、そのまま原判決を是認したことは、違法性の意識可能性に配慮した下級審判例の増加も踏まえて、「相当の理由」の判断が安易な方向に流れるのを警戒しつつも、近い将来における判例変更を推測させるものという見方もあった[30]。すなわち、違法性の意識を欠いたことに相当な理由があった場合、違法性の意識可能性がなかったとして、故意を否定する制限故意説の主張に近いといえよう。

しかも、こうした傾向は、その後の最高裁判例でも確認された。例えば、犯行当時の最高裁判例では無罪となるべき行為が、その後の判例変更で処罰されるに至ったとき、「最高裁判所の判例を信頼し、適法であると信じて行為した者を、事情の如何を問わずすべて処罰するとすることには問題があ」り、かりに「判例を信頼し、それゆえに自己の行為が適法であると信じたことに相当な理由のある者については、犯罪を行う意思、すなわち、故意を欠くと解する余地がある」と述べた補足意見がある（最判平成 8・11・18 刑集 50 巻 10 号 745 頁）[31]。

相当の理由をめぐる判断基準　X は、真正なけん銃の部品を切除した加工品を輸入した際、まだ発射機能のある各部品がけん銃部品に該当していたが、事前に専門部署の警察官から合法性の基準等について詳細な指導を仰いだり、その指導を上回る加工を施したほか、空港税関の係官にも違法でないことを確認するなどしており、犯行当時、けん銃部品輸入罪の構成要件に該当する違法行為である旨の意識がなかった（関税法違反事件）。
　裁判所は、「違法性の意識を欠いたことについて相当な理由があったかどうかは、違法性を認識するために必要な思考自体の複雑困難さの程度のみによって決すべきものではなく、具体的局面に即し、その立場に置かれた者に対して、客観的・論理的に適正な思考を求めることが酷でないかどうかを、社会通念に照らし、常識的観点から判断することも必要である」として、X が「その指導や回答の内容について、それが警察や税関の内部、ひいては、銃器に関する実務全般に、公的に通用している合法性の基準であると考えるのは、やむを得ないところであ」り、「自らの行為が法的にも合法であると確信することには、それなりの根拠があった」し、かりに異なる見解をとるならば、「客観的には不十分な指導しかしなかった捜査機関自身の落ち度を、その指導内容を上回る実践をした被告人に、刑事責任という重大な不利益を負わせるという形で転嫁することに」なりかねない。したがって、X には、「本件各部品の輸入がけん銃部品輸入罪の構成要件に該当する違法な行為である旨の意識がなく、かつ、その意識を欠いたことについて相当な理由があった」以上、けん銃部品輸入罪の故意がないとされた（大阪高判平 21・1・20 判タ 1300 号 302 頁）。

この判決は、制限故意説の見地から、相当な理由の判断基準を示したものといえるが[32]、単に公的機関の態度を信頼しただけでは足りず、むしろ「警察の専門部署に対して念入りに合法性の基準を確認した上、その基準を上回る加工を実践した以上、自らの行為が法的にも合法であると確信することには、それなりの根拠があった」と述べた点に留意するべきである。これに対して、一部の学説は、犯人には故意の前提となる事実認識がなかったと主張する[33]。すなわち、実質的故意論の立場から、端的に同罪

の故意を否定するものがあり、いわゆる責任説からも、裁判所は、法文上の手がかりを刑法38条1項に求めるべく、「故意の阻却」に言及したにすぎないと説明される[34]。

9 違法性の意識と違法性の錯誤（禁止の錯誤）

違法性の錯誤とは、犯罪事実を正しく認識していたが、錯誤によってみずからの行為が法律上許されないことを知らなかったとき、すなわち、もっぱら当該行為の規範的評価を誤ったため、違法性の意識を欠くに至った場合である。犯人が法規の存在を知らず、あるいは、その解釈を間違っていた点で、従来、**法律の錯誤**に分類されてきたことは、周知のとおりである。また、責任説にあっては、**禁止の錯誤**と呼ばれることもある。

かような法律の錯誤に陥ったため、犯人が当該行為に伴う違法性の意識を欠いたとき、故意や責任の有無にいかなる影響を与えるであろうか。この問題は、違法性の意識をめぐる争いを消極面から捉えたものにすぎない。したがって、「法律を知らなかったとしても、そのことによって、罪を犯す意思がなかったとすることはできない。ただし、情状により、その刑を減軽することができる」と明言した刑法38条3項の解釈に応じて、対処の仕方が異なってくるのは当然である

1) もちろん、通常の精神疾患であれば、患者自身がその症状を自由に操作できないため、原因において自由な行為の理論を適用する余地は乏しいであろう。
2) なお、これはドイツ連邦裁判所1955年4月21日判決の事案である（BGHSt., Bd.7, S.725）。同判例によれば、事前に予想された因果経過と実際に生じた因果経過の不一致が、一般的生活経験上も予見可能な範囲内にあるかぎり、そうしたズレは非本質的なものであって、殺人未遂でなく殺人既遂が成立するとされた。なお、血の酩酊は、ドイツの犯罪精神医学によって用いられ、犯人が最初に血を見ることで異様な興奮状態に陥って、無我夢中の状態で殺戮を続けるような場合をいう。そこでは、心因性のもうろう状態に陥ったり、記憶の欠如や断片的な記憶になることも多い。髙橋三郎＝大野裕監訳・DSM-5・精神疾患の分類と診断の手引〔医学書院・平26〕115頁以下によれば、ある特定の対象や状況を契機とするパニック障害（Specific Phobia; Panic Disorder）に近いため、現実感の消失や離人症状などにより、みずからの行動をコントロールできない場合も考えられる。
3) 平野龍一・刑法総論Ⅱ（昭50）304～305頁、大阪高判昭和56・1・30判時1009号134頁など。
4) なお、複数行為による犯罪という視点から、この問題を検討したものとして、小野晃正「『承継的責任能力』と実行行為の個数について（1）」および「同前（2）」阪大法学61巻5号（平24）153頁以下、同62巻2号（平24）223頁以下参照。

5) 例えば、大谷實・刑法講義総論（新版第4版・平24）326～327頁。
6) 団藤重光・刑法綱要総論（第3版・平7）274頁、同「みずから招いた精神障害」植松還暦祝賀（法律編・昭46）242頁、平川宗信「原因において自由な行為」現代刑法講座（2）（昭54）283頁。
7) なお、故意と責任能力の関係について、林美月子「医療観察法の対象行為と故意」研修756号（平23）3頁以下参照。
8) ここでは、積極的責任主義を採用することで、原因において自由な行為の可罰性が根拠づけられる。他方、消極的責任主義を徹底する見地からは、原因において自由な行為の理論は、責任主義と矛盾するという指摘もある（浅田和茂・刑法総論〔補正版・平19〕293頁）。
9) なお、アルコール中毒の一般的症状については、髙橋＝大野監訳・DSM-5 精神疾患の分類と診断の手引220頁以下などを参照されたい。
10) 大塚仁・刑法概説総論（第4版・平20）165～166頁、佐久間修・刑法総論（平21）266頁、大阪地判昭和51・3・4判時822号109頁など。
11) 例えば、以前から異常酩酊を繰り返していた犯人が、最初から他人を傷つける意図で飲酒を始めたものの、飲み過ぎて眠り込んでしまった場合にも、傷害未遂罪（暴行罪）が成立するため不都合であると批判される。しかし、原因行為として、その後の犯罪実現に至る現実的危険性を含む行為態様だけが可罰的な原因行為になる以上、眠り込むほど飲酒するような場合には、まだ実行の着手に相当する危険性がなかったともいえよう。
12) 大谷・前掲書326～327頁、川端博・刑法総論講義（第3版・平25）432～434頁、前田雅英・刑法総論講義（第5版・平23）433～435頁、山口厚・刑法総論（第2版・平19）257～258頁など。
13) そのほか、責任原則緩和説に近いものとして、実行行為に必要な（現実的）危険性と、未遂犯の成立に必要な結果実現の危険性を区別する未遂結果説がある。すなわち、責任能力のある原因行為を犯罪行為としつつも、未遂処罰の時期を「未遂結果」の発生する結果行為まで遅らせるのである（西田典之・刑法総論〔第2版・平22〕288～289頁など）。
14) しかも、責任原則緩和説によれば、原因行為と結果行為における個別的な故意ではなく、犯行全体を束ねる行為意思が問題となる。したがって、実行故意と行為意思の関係が不明であり、こうした疑問は、後述する責任故意でも生じるであろう。
15) なお、いわゆる「主観的連続性」をめぐる諸見解について、佐久間・前掲書270頁以下を参照されたい。ただし、責任無能力状態の意思を独立して考慮する必要はないという批判がある一方（大塚・前掲書167頁注(35)）、当該行為者が無能力状態で犯罪を実現するのを予見していたならば、積極的には利用する意思がなかった場合にも、故意犯の成立を肯定する反対説もある（大谷・前掲書329頁、山口・前掲書261頁）。
16) 大谷・前掲書331頁、川端・前掲書433頁、前田・前掲書437頁、最決昭和43・2・27刑集22巻2号67頁など。
17) 大塚・前掲書167～168頁。なお、最判昭和25・7・6刑集4巻7号1178頁など参照。
18) そのほか、時間的な推移による変化に加えて、事項ごとに責任能力が異なってくる場合として、部分的責任能力の問題がある。これを肯定する見解として、佐久間・前掲書255～256頁、高橋則夫・刑法総論（第2版・平25）339頁。
19) なお、実行行為が終了した後であれば、結果の発生時に責任能力があることは必要でないが、結果的加重犯では、基本犯の時点で責任能力があればよいであろう。ただし、加重結果の発生を単なる因果経過と捉える判例の立場はともかく、基本行為に含まれた危険性を重視する多数説にあっては、過失による加重結果の発生が要件となる以上、この時点の責任能力を問う可能性もある。

20) 違法性阻却事由の錯誤は、少なくとも構成要件的錯誤の中に含まれず、違法性に関する錯誤にあたるため、事実の錯誤の一種として取り扱われる（通説）。
21) 団藤・前掲総論308頁、曽根威彦・刑法総論（第4版・平20）199〜200頁、前田・前掲書375、440頁、佐久間・前掲書294頁など。
22) 前田・前掲書220頁、243頁以下。
23) 本書第5講の94頁以下参照。また、本書第7講の137頁以下も参照されたい
24) 例えば、小野清一郎・刑法概論（昭35）116頁、同・新訂刑法講義総論（昭31）154頁、大塚・前掲書461〜462頁など。
25) 大塚・前掲書461頁、福田平・全訂刑法総論（第5版・平23）207頁、川端・前掲書449〜450頁、高橋・前掲書359頁、佐久間・前掲書286〜287頁など。
26) 大谷・前掲書342頁。
27) なお、違法性の意識を欠いた不注意（違法性の過失）を、故意犯の場合と同様に取り扱う見解もある（法律過失準故意説。大判昭和15・1・26新聞4531号9頁）。しかし、違法性の過失を故意と同視する根拠が明らかでないと批判されてきた。
28) 反対説は、法に対する無関心を非難するならば、およそ事実の認識を欠いた場合にも、同様な取扱いをすべきだという。しかし、客観的な評価規範違反たる違法論でなく、もっぱら命令規範の違反を問題とする責任論では、適切な批判といいがたい。むしろ、常習犯や確信犯を含めて、犯罪事実を正しく認識・認容していれば、当然に反対動機が形成できたと考えられるからである。
29) その学説史については、福田・違法性の錯誤（昭35）1頁以下、齋野彦弥・故意概念の再構成（平7）31頁以下、125頁以下などを参照されたい。
30) 仙波厚「百円紙幣を模造する行為につき違法性の意識の欠如に相当の理由があるとはいえないとされた事例」判解刑（昭62）138頁以下参照）。また、平野博士によれば、「裁判所および検察官は、事件によっては、違法の意識の可能性がなかったとして無罪にすることに合理性があることは認めながら、違法の意識の可能性が必要だという原則を正面から認めることを躊躇しているのが現在の法律状態だといってよい」とされる（平野・前掲書267頁）。
31) もっとも、具体的事案については、いずれは判例変更が予想されており、被告人がその事情を知りえたことなどから、故意が認められた。
32) 前田雅英・最新重要判例250〔刑法〕（第8版・平23）38頁。
33) 一原亜貴子「けん銃部品の輸入について、違法性の意識の可能性がなく、故意の成立が認められないとされた事例」刑事法ジャーナル21号（平22）82頁。
34) 山口・前掲書246頁、南由介「違法性の意識の可能性がなく故意が否定された事例」セレクト2009（平22）29頁。

第13講

責任と刑罰（その3）
—— 累犯・常習犯と併合罪加重

The Structure of a Theory of Excuse and Punishment (3)
—— Proportionary, Desert and Prevention in Sentencing

【刑　法】
第56条（再犯）　懲役に処せられた者がその執行を終わった日又はその執行の免除を得た日から5年以内に更に罪を犯した場合において、その者を有期懲役に処するときは、再犯とする。…(以下、省略…)
第57条（再犯加重）　再犯の刑は、その罪について定めた懲役の長期の2倍以下とする。
第59条（三犯以上の累犯）　三犯以上の者についても、再犯の例による。

【改正刑法草案】
第48条（一般基準）　①刑は、犯人の責任に応じて量定しなければならない。
②刑の適用にあたっては、犯人の年齢、性格、経歴及び環境、犯罪の動機、方法、結果及び社会的影響、犯罪後における犯人の態度その他の事情を考慮し、犯罪の抑制及び犯人の改善更生に役立つことを目的としなければならない。…(以下、省略…)
第56条（累犯）　①禁固以上の刑に処せられた者が、刑の執行を終りもしくはその執行を免除されるまで又はその後5年以内に更に罪を犯し、有期の懲役又は禁固に処すべきときは、これを累犯とする。
②禁固以上の刑に処せられ、その執行を猶予された者が、猶予期間内に更に罪を犯し、有期の懲役又は禁固に処すべきときも、前項と同じである。
第57条（刑の加重）　累犯に対しては、その罪について適用すべき刑の長期を超えて処断することができる。この場合においては、その長期を2倍したものを長期とする。
第58条（常習累犯）　6月以上の懲役に処せられた累犯者が、更に罪を犯し、累犯として有期の懲役をもって処断すべき場合において、犯人が常習者と認められるときは、これを常習累犯とする。
第59条（不定期刑の言渡）　①常習累犯に対しては、不定期刑を言い渡すことができる。…(以下、省略…)

【ドイツ刑法典】
第46条（刑の量定の一般原則）　①行為者の責任は、刑の量定の基礎である。

> 刑が、行為者の将来の社会生活に与えるであろうと期待できる効果を考慮するべきである。
> ②刑の量定に当たり、裁判所は、行為者にとって有利な事情及び不利な事情を相互に比較衡量する。その際、特に、行為者の動機及び目的、行為に表われた心情及び行為に際して向けられた意思、義務違反の程度、犯罪遂行の態様及び有責な行為結果、行為者の前歴、その人的関係及び経済状態、並びに、犯行後の行為者の態度、特に損害を回復するための努力若しくは被害者と和解を達成するための努力を考慮する。
> ③すでに法定構成要件の要素となっている事情は、これを考慮してはならない。

I 量刑における責任主義

1 責任なければ刑罰なし

　第11講で述べたように、刑罰は、犯人の責任に応じたものでなければならない（本書226、233〜234頁参照）。責任主義によれば、「犯罪（責任）なければ刑罰なし」とされるため、責任の所在が刑罰権の行使を左右することになる。その際、積極的責任主義は、責任があれば処罰できるとして、犯人の責任に等しい刑罰を科そうとするが（**刑罰創設機能**）、消極的責任主義では、責任主義が刑罰権行使の上限を画することになる。後者は、責任主義の**刑罰規制機能**と呼ばれてきた。

　また、上述した刑罰創設機能に加えて、責任能力や故意・過失に向けた非難可能性の程度により、「刑罰が責任の量に比例する」という**刑罰量定機能**も認められる。改正刑法草案48条1項は、「刑は、犯人の責任に応じて量定しなければならない」と明記することで、犯人の責任（量）を超える刑罰を禁止している。量刑における責任主義は、「贖罪」というプロセスの中で、罪刑の均衡を支える原理として、行為者の再犯防止や社会復帰という矯正の原理と対峙することになる。

2 刑の量定基準と最近の科刑状況

　刑罰と責任主義の関係は、刑罰の目的如何によって左右される。刑罰を道義的な贖罪とみるならば、責任主義は、刑罰の規制原理にとどまらず、

その構成原理ともなりうる[1]。これに対して、刑事政策的な見地から、**犯罪者の再社会化**を促すものとみるならば、責任主義は、責任と刑罰が均衡するための規制的機能を果たせばよい。すなわち、責任の量が刑罰の上限となる一方、その範囲内で再社会化に必要な量刑を行うことになる。

現行法上、**刑の量定基準**を示した規定は存在しない。しかし、起訴便宜主義を定めた刑事訴訟法248条が、「犯人の性格、年齢及び境遇、犯罪の軽重及び情状並びに犯罪後の情況により訴追を必要としないときは、公訴を提起しないことができる」と規定するほか、改正刑法草案48条2項は、「刑の適用にあたっては、犯人の年齢、性格、経歴及び環境、犯罪の動機、方法、結果及び社会的影響、犯罪後における犯人の態度その他の事情を考慮し、犯罪の抑制及び犯人の更生に役立つことを目的としなければならない」と定めており、いずれも参考となるであろう[2]。

3 「張り付く」または「突っつく」現象

実際の量刑に際して、法定刑の上限に「張り付く」ほか、これを「突っつく」場合がある。それとは逆に、法定刑の下限近くに集中することも少なくない。各犯罪の法定刑に対する科刑状況は、上記のとおりであるが、平成16年には、「刑法等の一部を改正する法律（平成16年法律第156号）」によって、現行刑法の制定・施行以来初めて、有期刑の上限が一律に引き上げられた。また、殺人罪や強姦罪などの凶悪・重大犯罪の法定刑も加重された。これらは、国民の正義観念の変化や平均寿命の延びに伴う無期刑との差を縮める法改正であったが、その後、法定刑の上限に「張り付く」または「突っつく」現象はみられない。これに対して、強制わいせつ・強姦罪の上限の引上げは、「（国民のコンセンサスによる）評価替え」にあたり、傷害罪の重罰化も、将来の「突っつき」事案に備えたものとされる[3]。

4 重大犯罪の取締りと破れ窓の理論

犯罪被害者にとって、刑法理論上の軽重は重要ではなかろう。また、日常的に発生する軽微な犯罪を放置してよいことにはならない。すでに警察庁は、昭和55年以降の犯罪認知件数の増加を受けて、平成14年に「街頭犯罪および侵入犯罪の発生を抑止するための総合対策の推進について（依

通常第一審における終局処理人員及び有期刑の科刑状況（罪名別）

通常第一審（地方裁判所）における終局処理人員（罪名別・裁判内容別）

(平成25年)

罪名	総数	死刑	無期	有期(A)	うち執行猶予(B)	執行猶予率 B/A (%)	うち保護観察付	罰金等	その他
総数	59,311 (548)	5	24	55,862	32,425	58.0	3,219	2,616	256
地方裁判所	51,419 (114)	5	24	49,911	28,442	57.0	2,728	1,237	128
刑法犯	31,816	5	24	30,885	17,418	56.4	1,938	736	86
殺人	331	2	6	310	87	28.1	35	−	9
強盗	829	3	17	807	151	18.7	60	−	2
傷害	3,748	−	−	3,481	2,058	59.1	375	244	10
窃盗	10,904	−	−	10,641	4,505	42.3	669	233	19
詐欺	4,113	−	−	4,097	2,107	51.4	146	−	4
恐喝	672	−	−	662	370	55.9	52	−	3
横領	530	−	−	502	244	48.6	13	27	1
強姦等	1,747	−	−	1,723	918	53.3	208	14	6
危険運転致死傷	196	−	−	195	122	62.6	15	−	1
放火	252	−	−	250	116	46.4	56	−	1
公務執行妨害	358	−	−	318	208	65.4	12	39	1
毀棄・隠匿	549	−	−	504	312	61.9	55	44	−
偽造	934	−	−	930	763	82.0	16	1	2
暴力行為等処罰法	376	−	−	356	171	48.0	27	19	1
自動車運転過失致死傷・業過	4,808	−	−	4,686	4,370	93.3	75	80	24
組織的犯罪処罰法	105	−	1	104	44	42.3	−	−	−
その他	1,364	−	−	1,319	872	66.1	124	35	2
特別法犯	19,603	−	−	19,026	11,024	57.9	790	501	42
公職選挙法	14	−	−	13	12	92.3	−	1	−
銃刀法	192	−	−	157	61	38.9	17	32	−
覚せい剤取締法	9,552	−	−	9,536	3,720	39.0	449	−	4
大麻取締法	729	−	−	728	602	82.7	24	−	1
麻薬特例法	203	−	−	201	120	59.7	9	−	−
児童福祉法	181	−	−	181	103	56.9	7	−	−
廃棄物処理法	190	−	−	147	133	90.5	2	39	1
税法等	245	−	−	159	148	93.1	1	84	−
出入国管理法	72	−	−	69	58	84.1	2	3	−
道交違反	477	−	−	469	446	95.1	−	8	−
その他	5,502	−	−	5,333	4,223	79.2	160	135	30
	2,179	−	−	1,966	1,377	70.0	119	199	6
簡易裁判所	7,892 (434)	...	...	5,951	3,983	66.9	491	1,379	128
刑法犯	7,106	...	...	5,951	3,983	66.9	491	1,069	80
傷害	225	...	...	−	−	−	−	211	13
窃盗	6,234	...	...	5,647	3,814	67.5	465	558	29
横領	174	...	...	117	52	44.4	7	57	−
盗品譲受け等	3	...	...	3	2	66.7	−	−	−
住居侵入	234	...	...	184	115	62.5	19	50	−
過失傷害	116	...	...	−	−	−	−	83	30
その他	120	...	...	−	−	−	−	110	8
特別法犯	786	...	...	−	−	−	−	310	48
公職選挙法	3	...	...	−	−	−	−	2	1
銃刀法	46	...	...	−	−	−	−	43	3
道交違反	546	...	...	−	−	−	−	105	14
その他	191	...	...	−	−	−	−	160	30

注 1 司法統計年報及び最高裁判所事務総局の資料による。
  2 「罰金等」は、拘留及び科料を含む。
  3 「その他」は、免訴、公訴棄却及び正式裁判請求の取下げである。
  4 「傷害」は、危険運転致死傷を除く刑法第2編第27章の罪をいう。
  5 「横領」は、遺失物等横領を含む。
  6 「強姦等」は、刑法第2編第22章の罪をいう。
  7 「毀棄・隠匿」は、刑法第2編第40章の罪をいう。
  8 「税法等」は、所得税法、法人税法、相続税法、地方税法、酒税法、消費税法及び関税法の各違反をいう。
  9 「過失傷害」は、刑法第2編第28章の罪をいう。
 10 （ ）内は、無罪人員で、内数である。

通常第一審（地方裁判所）における有期刑（懲役・禁錮）科刑状況

（平成 25 年）

罪名	総数	25年を超え 30年以下	20年を超え 25年以下	15年を超え 20年以下	10年を超え 15年以下	7年を超え 10年以下	5年を超え 7年以下	3年を超え 5年以下	2年以上 3年以下	1年以上 2年未満	6月以上 1年未満	6月未満
地方裁判所	49,911	15	24	65	185	383	618	2,550	14,414 (7,400)	21,645 (14,556)	8,341 (5,466)	1,671 (1,020)
殺人	310	10	10	27	51	38	36	34	100 (85)	4 (2)	−	−
強盗	807	2	8	16	42	91	145	227	273 (150)	3 (1)	−	−
傷害致死	158	−	−	1	16	44	28	34	35 (24)	−	−	−
窃盗	10,641	−	−	−	−	5	45	755	3,458 (1,407)	5,026 (2,756)	1,336 (342)	16 (−)
詐欺	4,097	−	−	−	4	22	74	375	1,928 (1,110)	1,550 (956)	143 (41)	1 (−)
恐喝	662	−	−	−	−	3	5	31	369 (230)	250 (140)	4 (−)	−
強姦・強制わいせつ	1,349	3	4	7	33	57	100	180	674 (454)	284 (198)	7 (2)	−
危険運転致死傷	195	−	−	−	3	14	9	12	79 (58)	77 (63)	1 (1)	−
自動車運転過失致死傷	4,641	−	−	−	−	1	−	25	759 (666)	2,776 (2,662)	1,053 (985)	27 (17)
銃刀法	157	−	−	−	1	5	14	16	22 (13)	21 (10)	62 (35)	16 (3)
薬物犯罪	10,533	−	−	7	26	74	99	538	3,806 (1,046)	5,542 (3,051)	436 (366)	5 (−)
出資法	69	−	−	−	−	−	−	−	30 (25)	38 (32)	1 (1)	−
簡易裁判所	5,951	…	…	…	…	…	…	538 (419)	4,059 (2,915)	1,331 (647)	23 (2)	
窃盗	5,647	…	…	…	…	…	…	537 (419)	3,942 (2,828)	1,156 (566)	12 (1)	

注1　司法統計年報及び最高裁判所事務総局の資料による。
　2　「薬物犯罪」は、覚せい剤取締法、大麻取締法、麻薬取締法、あへん法及び麻薬特例法の各違反である。
　3　（　）内は、執行猶予を付された人員で、内数である。

「平成 26 年版犯罪白書（法務総合研究所）51 頁 2-3-2-1 表と 53 頁 2-3-2-3 表」による。

命通達）」を発しており、平成 15 年には、政府の「犯罪に強い社会の実現のための行動計画」が示されたことで、重大犯罪の抑止だけでなく、身近な犯罪の対策にも重点が置かれるようになった[4]。具体的には、法益侵害の程度が大きい重大犯罪だけでなく、国民一般を不安させる日常的犯罪の取締りが強化された。また、事後的な事件処理に加えて、事前の抑制も重視されるようになった（いわゆる**破れ窓の理論**である）[5]。

　こうしたパラダイム転換が効果を上げたせいか、その後の犯罪認知件数は次第に減少した。しかし、実際の取締りに際しては、犯罪の軽重を勘案しつつ、限りのある人的・物的資源を効率よく現場に配置しなければならない。その意味では、大規模なテロ事件や無差別殺傷事件などの重大・凶

悪犯罪の捜査が優先されるのは避けられない。そこで、犯罪捜査にあたる警察官にとって、重大・凶悪犯罪とその他の犯罪を区別する基準は、一体何に求めるべきであろうか。それは、**法定刑の重さ**で左右されるのか、または、**実際の量刑**を想定して決まるのであろうか。

Ⅱ 刑罰の理論と責任刑法

1 罪刑均衡の原理と一般予防主義

　刑罰論における「比例性の原則（罪刑の均衡）」は、責任主義だけでは説明できない。刑の量定に際しては、違法要素も考慮される。ただし、いわゆる可罰的違法性は、刑罰権行使の前提要件であっても、ただちに処罰根拠となりえない。例えば、緊急状況下で適法行為が期待不可能とされるとき（→期待可能性の理論）、刑法上は違法行為にあたる場合にも、当該犯人を処罰できない。それは、平均的な人間の弱さを考慮するかぎり、刑罰によって当該行為を抑止できない以上、そもそも処罰根拠が欠けるからである。

　また、刑の量定では、広く国民（平均人）に向けた**一般予防的機能**も考慮される。改正刑法草案48条2項によれば、犯人の責任事情を踏まえる一方、「犯罪の抑制及び犯人の改善更生に役立つことを目的としなければならない」のである。しかし、当該犯罪の程度を超えた過大な予防効果を図ることは許されない[6]。また、犯行後から相当な長期間が経過したことで、社会に与えた影響や被害者の応報感情が和らぐとともに、すでに犯人が深く改悛したなどの事情があるときは、いわゆる時効制度と共通する見地から、量刑上もこれらの事情を斟酌することがある（大阪地判昭和35・11・28下刑集2巻11＝12号1457頁）[7]。

2 刑法規範からみた責任刑

　なるほど、刑法規範を責任論の基礎である道徳・倫理規範から切り離して、刑罰の役割を法益保護に特化させることも可能である。しかし、そこでは、個別的な犯罪者が刑罰の客体として登場することになる。また、刑罰を社会秩序維持の手段とみる場合にも、犯罪者は科刑の対象にすぎない

ため、人間の主体性が軽視されることになる。すなわち、受刑者を単なる処罰の客体とみるとき、行為者人格の主体性に根ざした責任非難やこれに応じた刑罰論とは結び付きにくい（**責任刑の否定**）[8]。

かつて古代バビロニアでは、「目には目を、歯には歯を」というタリオの観念にもとづくハンムラビ法典が存在した。その後も、国家による刑罰は、犯罪という害悪を同じく害悪である刑罰により否定することで、正義を回復するものとされた（**絶対的応報刑主義**）。こうした絶対主義的刑罰観は、人間の存在を正義の回復手段として利用するものと批判されたが、むしろ、自由で独立した人間存在を前提としつつ（いわゆる近代的合理人）、犯罪者を単なる客体におとしめるのでなく、自らが主体的に責任を負うべき自立した存在と位置づけたのである[9]。

3　改善刑主義と責任刑法

かような古典学派を批判した近代学派は、各行為者に適した刑罰を科することで、再犯を含む犯罪の抑止が最終目標であると主張した。すなわち、古典学派のいう威嚇刑と一般予防に対して、近代学派では、改善刑と特別予防が中核的概念になる（**目的刑主義**とも呼ばれる）。犯罪者の社会復帰は、犯人自身のためだけでなく、社会全体にとっても利益となるからである（**再社会化の利益**）。しかし、こうした社会復帰思想が、実際上も有効に機能するわけではない。かつては単なるスローガンに終わったという指摘もある。また、社会復帰だけを過度に強調する見解は、国民一般には認知されないであろう。今日では、応報、抑止、予防、無害化や隔離と並ぶ一要素として、犯罪者の社会復帰が考慮される。

ドイツ刑法典46条1項が「行為者の責任は、刑の量定の基礎である」と規定するように、**責任刑法の原則**は、応報の原理を体現したものである。したがって、刑法の目的を法益保護や犯人の社会復帰に求める見解と対立することになる。なるほど、責任主義の前提となった応報・贖罪の思想だけでは不十分であるとしても、刑罰における応報の原理を完全に否定することはできない。過去の犯行による侵害の事実を無視して、単に犯人の将来的な改善のみを図ることは、犯罪によって侵害された法秩序を回復するという刑罰の性質にそぐわないからである。また、刑罰によって犯罪

被害者の被った心理的苦痛を慰謝する機能も無視できないであろう（ドイツ刑法典46条2項参照）。

4 刑罰の目的とダイバージョン

もちろん、国家的な刑罰権において復讐の側面だけを強調することは許されない。しかし、刑罰制度に対する国民一般（被害者を含む）の信頼を確保することで、一般予防的効果も発揮されるのである。その意味で、責任主義は、刑罰の範囲を限定するとともに、これを根拠づける機能を有している。したがって、特別予防である改善刑や犯人の再社会化を考慮する際にも、行為者の責任量に応じた再犯の抑止でなければならない。すなわち、受刑者の主体的人格を認めつつ、過去の犯罪に対する責任を認識させたうえで、**改悛的自覚**を導くことこそが、教育刑としての刑罰の目的となるのである[10]。

なお、警察・検察・刑事裁判・行刑・更生保護など、通常の刑事司法手続から離脱させて、他の手段により犯罪を処理することがある。いわゆる**ダイバージョン**（ディバージョン）であり、刑事訴訟法246条にもとづく**微罪処分**がこれにあたる（狭義の微罪処分）[11]。犯罪捜査規範198条によれば、「捜査した事件について、犯罪事実が極めて軽微であり、かつ、検察官から送致の手続をとる必要がないとあらかじめ指定されたものについては、送致しないことができる」のである[12]。具体的には、各地方検察庁の検事正などが指定した窃盗、詐欺、横領などの事件が挙げられるが、ここでも、犯罪の軽重が問われるであろう[13]。

Ⅲ 量刑の理論と法定刑の引上げ

1 罪刑均衡の原理と二重評価の禁止

罪刑均衡の原理は、量刑の場面における重要な指導理念である[14]。実際の裁判でも、刑法典の法定刑から、具体的事案にふさわしいものを選択しなければならない[15]。ドイツ刑法典46条1項は、責任が量刑の基礎であるとして、具体的に考慮される事情も列挙するが、法定刑だけで当該犯行

の適切かつ妥当な量刑が可能になるわけでない。わが国の刑法典は、犯罪構成要件を簡素化する一方、法定刑の幅を広く設定しており[16]、法定刑自体がもつ量刑上の規制的機能は、それほど大きくないからである。

　ドイツ刑法典46条3項は、「すでに法定構成要件の要素となっている事情は、これを考慮してはならない」として、いわゆる**二重評価禁止の原則**を明言する。立法時に法定刑を決めるうえで取り込んだ諸事情を、重ねて加重・減軽の理由にすることは許されないのである。しかし、わが国の刑法典や改正刑法草案は、二重評価の禁止を明記していない。そもそも、わが国では、立法時に如何なる行為事情を前提にしたのか、量刑上何を考慮してはならないかが不明確である[17]。したがって、量刑判断の中で同一事実を二重に評価することは避けねばならないが、上述した二重評価の禁止は、あくまで解釈論上の指針となるにすぎない[18]。

2　量刑相場と法定刑の加重

　かようにして、罪刑均衡の実現は司法に委ねられる。しかも、過去に法定刑の改正が少なかった事情もあり、社会情勢の変化に対応する処罰の要請は、裁判実務に向けられることが多かった。刑事裁判では、いわゆる**量刑相場**というものが形成されたが、その前提となるべき法定刑は、近年になって、社会の注目を集める悪質かつ重大な事件が相次いで発生したこともあり、次第に見直されるようになった。平成16年の刑法一部改正では、刑法典総則の懲役・禁錮の上限を15年から20年に引き上げているが、平成17年の一部改正では、いわゆる「連れ回し」事案などの多発に応じて、逮捕監禁罪や略取誘拐罪に対する罰則が強化・拡充された。

　具体的には、暴力団員等が殺害の目的で被害者を拉致したり、未成年者の略取誘拐事件で長期の身柄拘束がみられたため（後述する**新潟女性監禁致傷事件**など）、逮捕監禁罪の法定刑の上限を、懲役5年から懲役7年に引き上げた[19]。その背景には、被害者の人格を無視した短絡的動機の犯行が増えたこと、責任面でも犯人に対する非難可能性が高まったという事情がある。しかも、被拐取者を殺傷する危険性が増大したこともあり、被害者の保護という見地から、法定刑を加重する必要があるとされた。

3 量刑における違法性と責任

また、職業裁判官であっても、責任の量を正確に測定できるわけでない。そこで、一定の範囲内で裁判官の裁量を認めることになる（**幅の理論**と呼ばれる）。しかし、責任が犯人に対する非難可能性である以上、これまでも犯罪を繰り返してきた場合、責任を軽減する特殊事情がないかぎり、刑法上の非難可能性が高まるのは当然である。もっとも、責任主義の過剰な強調は、法制度の根幹を正しく理解することにならない。いわゆる「責任主義」には不明確な部分が残っており、各論者による理解も異なるため、これだけでは刑罰の量を決定できないからである。

つぎに、上述した量刑基準には、当該犯罪の違法要素と責任要素が混在している。例えば、実際の裁判では、「犯行後における犯人の態度その他の事情」として、被害者に対する損害賠償の有無なども考慮されるが、厳密にいえば、これらの事情は、犯罪の成否や程度とは無関係である。むしろ、**人格形成責任の見地**から、犯行後に改悛したことを示す責任要素として考慮される。他方、行為者の人格的非難とは無縁の客観的な法益侵害性は、量刑のうえで重要な役割を果たすことが少ない。違法性の程度を左右する事実であっても、行為者の責任と結びつくことで、初めて量刑上も評価されるからである[20]。

Ⅳ　刑法上の累犯（再犯）加重

1　一般累犯と特別累犯

現在、犯罪者の処遇面では、累犯（再犯）者の増加が深刻な問題となっている。下記の図表①にもあるように、再入者の人員それ自体は、平成18年にピークに達した後、ゆるやかな減少傾向にある。しかし、**再入者率**は、平成16年以降も毎年上昇しており、平成25年には58.9％にも達した。各犯罪ごとにみれば、出所受刑者で満期釈放者の5年以内の累積再入率は、③窃盗罪が47.4％（ただし、満期釈放者では、57.0％）、④覚せい剤取締法違反が49.8％（同前60.2％）、②傷害・暴行罪が37.5％（同前

Ⅳ 刑法上の累犯(再犯)加重　275

入所受刑者人員（初入者・再入者別）再入者率の推移

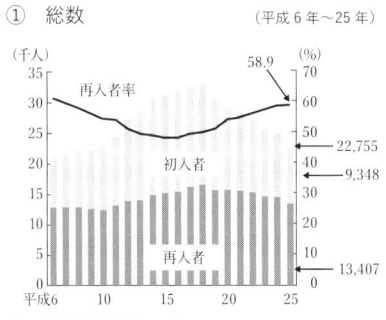

① 総数 （平成6年～25年）

（千人）　　　　　　　　　58.9　（％）
- 再入者率
- 初入者　　　　　　　　　　22,755
- 再入者　　　　　　　　　　 9,348
　　　　　　　　　　　　　　13,407

注　矯正統計年報による。

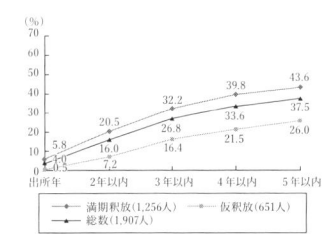

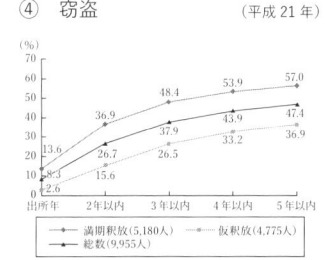

③ 傷害・暴行

- 満期釈放(1,256人)：5.8 → 20.5 → 32.2 → 39.8 → 43.6
- 総数(1,907人)：1.6 → 16.0 → 26.8 → 33.6 → 37.5
- 仮釈放(651人)：0.5 → 7.2 → 16.4 → 21.5 → 26.0

④ 窃盗 （平成21年）

- 満期釈放(5,180人)：13.6 → 36.9 → 48.4 → 53.9 → 57.0
- 総数(9,955人)：8.3 → 26.7 → 37.9 → 43.9 → 47.4
- 仮釈放(4,775人)：2.6 → 26.5 → 33.2 → 36.9

⑧ 覚せい剤取締法違反

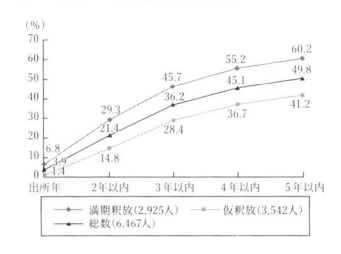

- 満期釈放(2,925人)：6.8 → 29.3 → 45.7 → 55.2 → 60.2
- 総数(6,467人)：1.4 → 21.4 → 36.2 → 45.1 → 49.8
- 仮釈放(3,542人)：14.8 → 28.4 → 36.7 → 41.2

「平成26年版犯罪白書（法務総合研究所）147頁4-1-3-1図および150頁4-1-3-5図」による。

43.6％）である。近年では、薬物犯罪者の再犯を減らすために、一部執行猶予の制度が導入されたほか（本書233～234頁参照）、再入者の社会復帰を促進する努力が重ねられている。

これと関連して、現行刑法上は、累犯（再犯を含む）加重の制度がある（56条以下）。累犯加重とは、すでに犯罪（前犯）により刑の執行（またはその免除）を受けた後、別の犯罪（後犯）に及んだ点で、刑の執行（または免除）後も反規範的人格態度が改善されないことを重視して、当該犯人に高度な可罰性を認めるものである（後述する警告機能による）。その中には、異なる罪質の間でも成立する刑法典総則の**一般累犯**と、同種の犯罪に対する加重構成要件である常習累犯強窃盗（盗犯等防止法3条）などの**特別累犯**が含まれる。犯罪を反復累行したことに対して、一律に刑罰を加重する上記の制度は、それが責任主義に適合するか否かが争われてきた。

2 その成立要件と法律効果

現行刑法は、再犯（三犯以上の累犯を含む）の刑を加重して、「その罪について定めた懲役の長期の2倍以下とする」と定める（57条）。その法律要件は、(a) 前犯として懲役に処せられた者やこれに準ずる刑の免除などを受けた者が、(b) 前犯の刑の執行が終わった日または執行が免除された日から、5年以内に後犯を実行したことに加えて、(c) 後犯においても有期懲役に処すべき場合でなければならない（56条）。これらの要件を具備したとき、その後犯を再犯（累犯）として、定められた（懲役）**刑（の長期）を2倍まで加重**できるのである。3犯以上の者についても、再犯の例と同様とされる（59条）[21]。

後犯に対する刑の加重は、処断刑の幅を広げるだけであり、実際に言い渡された宣告刑が、前犯の刑より軽くなっても差し支えない。具体的犯情によって宣告刑が決定される以上、累犯加重も、過去の犯罪を再び追及する趣旨でなく、処罰対象となるのは、あくまで後犯だからである。その意味で、累犯加重は、**二重処罰の禁止**を定めた憲法39条はもちろん[22]、**法の下の平等**を規定した憲法14条にも違反しない[23]。ちなみに、改正刑法草案も、累犯者の場合、「その罪について適用すべき刑の長期を超えて処断することができる」として、「その長期を2倍したものを長期とする」一

方（草案 57 条）、「常習累犯に対しては、不定期刑を言い渡すことができる」とした（草案 59 条）。

3 加重処罰の根拠

いわゆる**警告理論**によれば、前刑の警告機能が違法性の意識を強化した（はずである）にもかかわらず、そうした反対動機を乗り越えて犯行に及んだ点で、行為責任が重くなったと説明される[24]。なるほど、個別具体的な事件では、こうした警告機能が働かないことも考えられる。しかし、たまたま前刑が誤判にもとづく場合や、刑罰の執行時に過酷な取扱いを受けた場合など、当該犯人が前刑に承服しなかった個別の特殊事例をもち出して、累犯加重における警告理論を批判するのは、本末転倒である[25]。

そもそも、一般累犯における法定刑の加重は、実際に与えた心理的効果とは区別されねばならない。たとえ客観的には犯人に対する警告機能が立証できないとしても、規範的責任論でいう非難可能性は、**反復累行に現れた犯罪者人格**に着目しつつ、法定刑を一律に加重する仕組みだからである。上述したように、およそ責任非難が、当該状況下における他行為可能性にもとづく以上、行為者の内心だけが重視されるわけでない。そこでは、犯罪者の主体的人格が対象となるべきであり、刑罰論においても、受刑者は、主体的存在として刑に服することになる。

4 累犯と常習犯の関係

刑法典総則が定める一般累犯は、罪質を異にする犯罪の間でも成立する。他方、各則が定める**常習犯の類型**は、同種の違法行為を繰り返した点に着目した加重構成要件である（特別累犯の一種）。そこで、常習犯人にも累犯加重を行いうるかが問題となった。例えば、暴力行為等処罰ニ関スル法律 1 条の 3 による常習傷害罪（1 年以上 15 年以下の懲役）は、その累犯加重を否定するならば、情状の軽い単純傷害罪を累犯加重したとき、かえって重く処罰される結果となってしまう（30 年以下の有期懲役）。そこで、こうした不均衡を避けるため、通説・判例は、常習犯人にも累犯加重を適用できるとした[26]。

もっとも、常習犯が純然たる行為類型であればともかく、**行為者の属性**

とみる場合、同種の行為を繰り返した犯人に対して、常習犯（身分）の加重と累犯（身分）加重を重ねて行うのは、二重評価という理論上の問題が生じる[27]。しかし、累犯加重では、懲役刑の短期がそのままであって、単に量刑の幅を広げたにすぎない。その意味で、ただちに責任主義に反するわけでなく、むしろ、予防や改善の見地からは、法定刑の下限を一定以上の期間にすることも考えられる。

5 累犯加重の違法と責任

　個別的な行為責任を追及する場合にも、累犯者の反規範的態度に応じて、責任非難が高まるのであって、これを法益侵害説の見地から批判するのは、違法と責任の違いを看過するものである[28]。もちろん、責任量に応じた加重処罰は、法文上も一定の限界があり、違法評価を前提とする責任刑になることは否めない。その際、常習犯や累犯における**主観的危険性**を捉えて、違法性が増大するという主張もありうる。しかし、犯人の危険性を違法論で考慮するのは許されない。たとえ主観面を評価の対象とする場合にも、違法判断は当該犯行それ自体に向けられるからである。その意味で、将来の反復累行のおそれを法益侵害の危険性に置き換えることはできない。

　近年、アメリカ合衆国では、「**三振アウト法**（"Three Strikes, You are out" law）」と呼ばれる制度が導入された。これは、常習犯罪者の凶悪犯罪を抑制する刑事政策的考慮にもとづく改正であって、例えば、1994年のカリフォルニア州刑法が有名である。同法667条によれば、特定の重罪（felony）歴を持つ被告人について、新たな重罪（ただし、特定重罪に限られない）を犯したとき、すでに1件の特定重罪歴を持つ場合には、新たな重罪の刑期を2倍とし、すでに2件以上の特定重罪歴を持つ場合には、不定期の終身刑を言い渡すものとされる[29]。過去に重大犯罪で有罪を宣告された者に対する特例という点では、上述した累犯加重と似ているが、むしろ、危険な常習者を隔離することで、一般市民を守るという政策目標にもとづく法律であることに注意しなければならない。

V 常習犯における違法と責任

1 常習犯と違法性の意識

　現行法上、常習賭博罪（186条）や常習傷害罪（暴力行為等処罰法1条の3）、さらに、常習的強窃盗罪（盗犯等防止法2条）などでは、常習者の法定刑を加重している。すでに累犯加重では、過去の刑罰による警告機能にもかかわらず、犯罪を繰り返した点で責任非難が高まると説明されたが、常習犯は、過去の犯行に着目した加重処罰ではない。むしろ、**常習者という行為者属性**（習癖）を重視するとともに、その行為属性にも配慮した規定である[30]。その際、違法性の意識をめぐる厳格故意説にあっては、同種の犯行を繰り返すことで、次第に規範意識が鈍磨することから、かえって責任量が減少するという批判があった[31]。

　そこで、確信犯や激情犯と並んで、常習犯における違法性の意識が問題視されたが、学説上は、**常習者の人格形成責任**を問うことで加重処罰を説明してきた。しかし、それらは、常習犯であっても責任量が減少しないというにとどまり、常習者に対して責任非難が高まることを積極的に論証したわけでない。むしろ、常習犯の加重処罰は、もっぱら再犯予防の見地から説明することになろう。そもそも、犯罪行為を繰り返すことで違法性の意識が低下すること自体、ある種のフィクションではなかろうか。

2 常習犯における責任主義

　累犯加重における責任量の増大は、前犯の刑罰がもつ警告機能から導かれることは上述したとおりである。同様にして、犯罪を繰り返すことで実際には規範意識が希薄になったとしても、ただちに**違法性の認識可能性**が低下することにはならない。過去の経験からして、自らの犯罪行為の違法性を十分に認識できたという意味では、必ずしも反復継続が違法性の認識可能性を奪うことにならず、規範的な見地からは、むしろ増大するといえよう。実際上も、営業犯のように、反復継続性を理由として、刑罰を加重する例がみられるのである。

そうである以上、責任能力を備えた一般人を前提とするかぎり、犯罪事実の認識・認容があったならば、違法事実に対する規範的抵抗は変わらず、常習者では、単に**規範を遵守する意思力**が低下しただけではないのか。すなわち、常習犯の場合にも、一般的な違法性の意識は存在しており、このことは、激情犯にあっても、犯行時の激情に駆られる以前に違法性の意識があったのと同様である。また、確信犯の場合にも、現行法秩序に違反する旨の認識を有していたと考えられる[32]。その意味で、あえて人格形成責任により遡及的な責任非難をする必要はなかったかもしれない。

3 集合犯としての常習犯

すでに第11講でも紹介したように、再犯予防の見地から、刑の一部執行猶予制度が導入された（本書233〜234頁）[33]。これは、常習者などの再犯防止および改善更生を図るべく、旧来の全部実刑ないし全部執行猶予のいずれでもなく、施設内処遇の後で一定期間の社会内処遇が望ましいと考えたためである。特に薬物犯罪者に対する刑の一部執行猶予は、各人の負うべき責任量に着目する責任主義では、必ずしも説明できない以上、責任無能力者や限定責任能力者（刑事未成年を含む）と同じく、保安処分としての禁絶処分や不定期刑という予防的手段に近いものである[34]。

現行法上の常習犯規定

> 【刑　法】
> **第186条（常習賭博及び賭博場開張等図利）**　常習として賭博をした者は、3年以下の懲役に処する。…（以下、省略）…
>
> 【盗犯等ノ防止及処分ニ関スル法律（昭和5年法律第9号）】
> **第2条**　常習トシテ左ノ各号ノ方法ニ依リ刑法第235条、第236条、第238条若ハ第239条ノ罪又ハ其ノ未遂罪ヲ犯シタル者ニ対シ窃盗ヲ以テ論ズベキトキハ3年以上、強盗ヲ以テ論ズベキトキハ7年以上ノ有期懲役ニ処ス…（以下、省略）…
> **第3条**　常習トシテ前条ニ掲ゲタル刑法各条ノ罪又ハ其ノ未遂罪ヲ犯シタル者ニシテ其ノ行為前10年内ニ此等ノ罪又ハ此等ノ罪ト他ノ罪トノ併合罪ニ付3回以上6月ノ懲役以上ノ刑ノ執行ヲ受ケ又ハ其ノ執行ノ免除ヲ得タルモノニ対シ刑ヲ科スベキトキハ前条ノ例ニ依ル
> **第4条**　常習トシテ刑法第240条前段ノ罪若ハ第241条前段ノ罪又ハ其ノ未遂罪ヲ犯シタル者ハ無期又ハ10年以上ノ懲役ニ処ス

【暴力行為等処罰ニ関スル法律（大正15年法律第60号）】
第1条ノ3 常習トシテ刑法第204条、第208条、第222条又ハ第261条ノ罪ヲ犯シタル者人ヲ傷害シタルモノナルトキハ1年以上15年以下ノ懲役ニ処シ其ノ他ノ場合ニ在リテハ3月以上5年以下ノ懲役ニ処ス
第2条 財産上不正ノ利益ヲ得又ハ得シムル目的ヲ以テ第1条ノ方法ニ依リ面会ヲ強請シ又ハ強談威迫ノ行為ヲ為シタル者ハ1年以下ノ懲役又ハ10万円以下ノ罰金ニ処ス
2　常習トシテ故ナク面会ヲ強請シ又ハ強談威迫ノ行為ヲ為シタル者ノ罰亦前項ニ同シ

　現行法上、上記のような常習犯規定がみられる。しかし、改正刑法草案では、常習賭博罪（251条2項）に加えて、常習傷害・暴行罪（265条）、常習脅迫罪（305条）、常習詐欺罪（341条）、常習恐喝罪（348条）、さらに、営業的詐欺罪（338条）などが追加されている。常習犯と営業犯は、いずれも**集合犯**と呼ばれており、かりに賭博の常習者が、複数回の賭博行為を繰り返しても、1個の常習賭博罪（186条1項）にとどまる一方（最判昭和26・4・10刑集5巻5号825頁）、外見上はごく短期間の犯行であったとしても常習性が認められる（最決昭和54・10・26刑集33巻6号665頁）。この点で、将来も反復継続する意思があれば、最初の行為で業務性が認定されるのと似ている。そして、各構成要件に該当する複数の行為が存在したにもかかわらず、本来的一罪（包括一罪）として処理される[35]。

Ⅵ　併合罪加重──新潟女性監禁致傷事件

1　罪数処理と刑罰論

　罪数論上、常習犯や営業犯は、包括一罪に含まれるため、本来的一罪として処理されるが、同じく包括一罪であっても、いわゆる接続犯や連続犯では、各行為が時間的・場所的にも近接し、かつ、行為者にとって犯罪が未完成の状態でなければならない。これに対して、常習犯人が複数の犯罪を完遂したとき、もっぱら刑の適用で調整する限度では、本来的数罪である併合罪と共通する面がある。しかし、併合罪加重は、再犯・累犯の場合と異なり、前犯による刑の執行による感銘力を前提とするものではない。

1人の行為者が行った同時に審判可能な数罪について、刑の適用上、これらを一括して取り扱うことが合理的だからである。

すなわち、併合罪では、確定裁判を経ない数罪が同時に審判されるとき、**共通した行為者人格の発現**であることをもって一括した処理を認めるものである[36]。いわゆる吸収主義や加重単一刑主義、併科主義が採用されており、特に有期の懲役・禁錮については、**加重単一刑主義**により、その最も重い罪について定めた刑の長期を1.5倍にするが、それぞれの罪に定められた**刑の長期の合計を超えない**とされる（47条）。そこでは、併合罪にあたる各構成要件の法定刑が基準となるのであって、各犯罪の量刑判断を経た複数の懲役刑や禁錮刑を機械的に合算する趣旨でないことは、具体的犯行に現われた主体的人格が処罰の対象となる点からも明らかであろう。

新潟女性監禁致傷事件　犯人は、下校途中の女子小学生（当時9歳）を略取・誘拐した後、9年2か月にわたり、自宅内に監禁し続けた。しかも、長期間にわたる拘束により、被害者には治療期間不明の両下肢筋力低下や骨量減少などの傷害を負わせた。最高裁は、各犯罪の具体的量刑を合算の前提とする原審判決を破棄自判したうえで、次のように判示した。すなわち、「刑法47条は、併合罪のうち2個以上の罪について有期の懲役又は禁錮に処するときは、同条が定めるところに従って併合罪を構成する各罪全体に対する統一刑を処断刑として形成し、修正された法定刑ともいうべきこの処断刑の範囲内で、併合罪を構成する各罪全体に対する具体的な刑を決することとした規定であり、処断刑の範囲内で具体的な刑を決するに当たり、併合罪の構成単位である各罪についてあらかじめ個別的な量刑判断を行った上これを合算するようなことは、法律上予定されていない」のである（最判平成15・7・10刑集57巻7号903頁）。

2　新潟女性監禁致傷事件について

平成17年改正前の刑法典によれば、未成年者拐取罪（224条）と逮捕監禁罪（220条）の法定刑は、それぞれ3月以上5年以下の懲役であり、被害者の傷害結果に着目した逮捕監禁致傷罪（221条）の法定刑も、「傷害の罪と比較して、重い刑により処断する」にとどまり、3月以上10年以下の懲役にすぎなかった。そのため、こうした異常な事件に対する量刑の在り方が問題となったが[37]、第一審判決（新潟地判平成14・1・22判時1780号150頁）は、第1の犯行である未成年者拐取罪と逮捕監禁致傷罪が観念的競合の関係にあるため、重い逮捕監禁致傷罪の刑で処断されるところ、平

成10年10月ごろ、犯人が被害者に着用させる下着4枚を万引きした事実を捉えて、第2の犯行である窃盗罪と併合罪にすることで、第1の犯行の法定刑を1.5倍にした15年までの範囲内で量刑をおこなうものとした。

これに対して、控訴審判決（東京高判平成14・12・10判時1812号152頁）は、各罪ごとの犯情から導かれる個別具体的な刑量を前提としつつ、それらを単純に合算した範囲内で処断刑を決定するとした。最高裁は、上記のように述べて、控訴審判決を破棄し、第一審判決を維持した。すなわち、併合罪の量刑で処罰の対象となるのは、単にA罪とB罪を加算したものではなく、両方の罪が合一して形成された新たな実体を前提としなければならない。そのうえで、最も重い法定刑とされるものを1.5倍に加重した範囲内で処断することになるのである。

3 統一刑主義と併合刑主義

なるほど、控訴審判決のように、個別犯罪に対する刑の量定を前提とした「併合刑主義」に対して、最高裁判決による全体的アプローチは、最初から1つの処断刑の枠内で単一の刑を量定する「統一刑主義」である。この点で、裁判官の裁量を広く認めるため、個別的行為の不法・責任にもとづく量刑判断の内容が不明確となり、行為主義・責任主義の原則から離れるおそれがあるとされる[38]。しかし、控訴審判決のような分断的思考は、見かけ上の行為主義・責任主義に合致するとしても、実際の刑罰が個別具体的な行為者に向けられたものである点を看過している。また、改善刑ないし再社会化という命題とは遠く離れたところにある。

実際、本件の犯人は、すでに平成元年6月にも、女子小学生に対する強制わいせつ事件を起こしており、同年9月には、懲役1年（執行猶予3年）の有罪判決を宣告されている。しかも、先行する同種犯罪の執行猶予期間中であるにもかかわらず、平成2年11月には本件犯行に及んだ事情を考えるならば、規範意識の低下は著しく、しかも常習性さえ認められるのである。その意味で、責任刑は、処罰の上限を設ける以上の足枷となってはならないし、併合罪加重による量刑の幅を、明文の根拠もなく不当に制約するべきではなかろう。また、反対説の唱える形式論は、しばしば、刑罰における応報や被害者（一般国民）の慰謝という側面を無視したものにな

りやすい。私見によれば、改善刑主義や受刑者の再社会化にあっても、行為者主義が中心とされるべきである。

Ⅶ 刑罰論の基礎と応用——責任刑と再犯予防

1 行為者人格と量刑判断

　かようにして、確定裁判を経ない複数の犯罪を一括して取り扱う併合罪は、上記の控訴審判決が唱えるような、単に「個別の罪の合算を超えない」という法技術上の理由によるものではない。併合罪の法律要件を定めた条文も、行為者の人格形成に影響を与える（禁錮以上の）確定裁判が途中で介在しなかったことを前提とするからである（45条）。そこから、統一的な行為者人格の発現として、本来は複数の犯罪を一括して処理することが、より行為者の犯罪性に即したものとなるであろう。その結果、量刑論や罪数論にあっても、犯罪論と刑罰論が統合されるのである。

　もちろん、**確定判決が及ぼす人格形成への感銘力**をめぐって、消極的な見解もみられる[39]。しかし、実際の裁判では、執行猶予のない「実刑」になるかどうかが重大な関心事であるとはいえ、懲役・禁錮などの自由刑を宣告された場合、財産刑などの確定判決と同列視するべきでない。結局、第一審判決が、「併合罪関係にある各罪ごとの犯情から導かれるその刑量を単に合算させて処断刑を決するのではなく、その各罪を総合した全体的な犯情を考慮してその量刑処断すべき刑を決定すべきもの」としたのは、上述した最高裁判決と相俟って、刑の適用という場面でも、犯罪者人格を総合的に勘案しつつ、最も適切な刑罰を導こうとしたものと考えられる[40]。

2 抑止刑と主観的危険性

　以上、責任と刑罰をめぐる議論として、量刑における責任主義を取り上げたが、いずれの局面にあっても、一個の人格的態度に向けられた非難可能性が問題となる。しかし、包括一罪のように、便宜上複数の行為を一括評価する場合と異なり、独立した犯行を集積した常習犯や営業犯の類型で

は、客観的にみて複数の法益侵害があっても、違法・責任面をまとめて一括評価することになる。例えば、常習累犯強窃盗では、被害者ごとに独立した法益侵害が認められるところ、犯人の危険性や責任評価を優先させることで、外形上の個数がどうなるかを問わず、定型的に加重した処罰をおこなうからである。

そもそも、刑法における責任とは、一般には「非難可能性」であり、その前提となるのは、犯行当時に当該行為者が違法行為を回避できたかという「他行為可能性」である。なるほど、いわゆる意思の自由（論）については、近年、神経科学の見地から疑問が提起される一方、意思の自由や他行為可能性がなくても責任を問いうるという行為哲学が主張されている[41]。その際、「非難なき責任」にもとづく「責任非難なき刑罰」が可能になるとすれば、もっぱら犯罪予防システムとしての刑法が前面に躍り出るであろう。犯罪予防の見地を導入した答責性の概念は、その先駆けであったといえなくもない。しかし、無制限の**抑止刑主義**は、犯人の不法や責任に対応する刑罰の観念を超えるものであり、予防刑法に陥るのを避けるためにも、刑罰論の基礎として「責任（非難）」の要素を放棄するべきではなかろう。

1) 詳細については、川端博・責任の理論（平24）67頁以下、特に76頁以下参照。
2) なお、改正刑法草案では、量刑上「犯罪の抑制及び犯人の更生に役立つ」という予防的要素が考慮されるため、この点が、責任主義の見地から問題視されたこともある。
3) なお、「張り付く」とは、多くの事件で上限近くに量刑が集中することをいい、「突っつく」とは、悪質な事件で量刑が頭打ちになる状態を指す。例えば、村越一浩「法定刑・法改正と量刑」判タ1189号（平17）35頁以下、原田國男「法定刑の変更と量刑」刑事法ジャーナル創刊号（平17）50頁以下など参照。
4) なお、詳細については、富田邦敬「犯罪に強い社会の実現のための行動計画について」警察学論集65巻4号（平24）49頁以下（＝警察政策研究16号（平24）62頁以下）、加藤伸宏「過去20年に見る犯罪の増減と警察の対応について」警察学論集65巻4号59頁以下（＝警察政策研究16号69頁以下）など参照。
5) 例えば、G. L. ケリング＝C. M. コールズ（小宮信夫監訳）・割れ窓理論による犯罪防止――コミュニティの安全をどう確保するか（平16）13頁以下参照。
6) また、準備草案47条3項前段は、「刑の種類及び分量は、法秩序の維持に必要な限度を超えてはならない」と明言して、いわゆる謙抑主義を採用している。
7) 大塚仁・刑法概説総論（第四版・平20）554頁。
8) 川端・前掲書77頁。
9) かつてイマニュエル・カントは、同害報復の原理こそが人間の尊厳にもとづく唯一の刑罰理論であるとした。なお、刑罰論の沿革については、大塚・前掲総論10頁以下、21

頁以下参照。
10) 大塚・前掲総論 50 頁以下参照。
11) 刑事訴訟法 246 条によれば、「司法警察員は、犯罪の捜査をしたときは、……速やかに書類及び証拠物とともに事件を検察官に事件を送致しなければならない」が、「この法律に特別の定がある場合」や「検察官が指定した事件」は除かれる。
12) ただし、犯罪捜査規範 199 条によれば、「前条の規定により送致しない事件については、その処理年月日、被疑者の氏名、年齢、職業及び住居、罪名並びに犯罪事実の要旨を 1 月ごとに一括して」、検察官に報告しなければならない。
13) なお、平成 24 年の警察庁の統計によれば、微罪処分により処理された人員は 8 万 8,536 人であり、その中でも、一般刑法犯は 8 万 8,517 人（全員検挙人員中で占める割合は 30.8 %）であった（平成 25 年版犯罪白書 36 頁参照）。さらに、警察による微罪処分のほか、道路交通法による交通反則通告制度（道路交通法 125 条以下）や、少年に対する簡易送致制度（少年法 41 条）などが、広義の微罪処分とされる。
14) 大塚仁ほか・大コンメンタール刑法 (1)（第 2 版・平 16）63～64 頁〔篠田公穂〕。また、松本時夫「量刑の相場について」法の支配 126 号（平 14）32～33 頁など参照。
15) 例えば、当該犯罪として最も典型的な事案を考えたうえで、その刑罰が法定刑の中間付近になると仮定し、最も重い事案を法定刑の上限近くに、最も軽い事案を法定刑の下限近くに置くように指向するとされる（村越・前掲判タ 1189 号 29 頁）。
16) 立法の沿革として、旧刑法の法定刑の幅が狭かったため、運用上の支障が生じたこともあり、現行刑法では、各構成要件を包括することで、刑期の幅を広く設定したとされる。その背景には、新派刑法学の強い影響があった（刑法沿革綜覧〔増補版・平 2〕2159 頁）。また、大塚仁・刑法における新・旧両派の理論（昭 32）177 頁以下参照。
17) 村越・前掲判タ 1189 号 30～31 頁。
18) もっとも、学説の多数は、わが国でも二重評価禁止の原則が妥当するという。例えば、井田良「量刑理論と量刑事情」現代刑事法 21 号（平 13）35～36 頁、原田國男・量刑判断の実際（第 3 版・平 20）355 頁など参照。
19) そのほか、罪刑均衡の見地から、加重類型にあたる「組織的な犯罪の処罰及び犯罪収益の規制等に関する法律」の組織的逮捕監禁罪（同法 3 条 1 項 4 号など）についても、法定刑の上限が懲役 7 年から 10 年に加重された。詳細については、佐久間修「人身の自由に対する罪の法整備について」ジュリスト 1286 号（平 17）9 頁以下参照。
20) 大塚・前掲総論 553 頁。なお、大塚・犯罪論の基本問題（昭 57）216 頁以下参照。また、量刑事情全般については、「〈特集〉量刑の基準と理念」現代刑事法 21 号 4 頁以下を参照されたい。
21) ただし、懲役刑の長期を加重する場合にも、最長 30 年を超えることはできない（14 条 2 項）。
22) 大塚仁・前掲総論 544 頁、大塚ほか・大コンメンタール刑法 (4)（第 2 版・平 13）376～377 頁〔佐藤文哉〕、同 (4)（第 3 版・平 25）424～425 頁〔安東章〕など。
23) 最大判昭和 24・12・21 刑集 3 巻 12 号 2062 頁、最判昭和 25・1・24 刑集 4 巻 1 号 54 頁。
24) 大塚仁・前掲総論 539 頁、大塚ほか・大コンメンタール刑法 (4)（第 2 版）375～376 頁〔佐藤〕。なお、詳細については、中島広樹・累犯加重の研究（平 17）79 頁以下、172 頁以下参照。
25) 例えば、中島・前掲書 2 頁以下参照。
26) 大塚・前掲総論 544 頁、大谷實・刑法講義総論（新版第 4 版・平 24）539 頁、佐久間修・刑法総論（平 21）439 頁など。また、大判大正 7・7・15 刑録 24 輯 975 頁（常習賭博罪）、

大判昭和14・7・14刑集18巻411頁、最決昭和44・6・5刑集23巻7号935頁（いずれも常習累犯窃盗）、最判昭和44・9・26刑集23巻9号1154頁（常習的暴行等の罪）など参照。
27) 大塚・前掲総論544頁、佐久間・前掲書439頁。なお、ドイツでは、1986年に再犯加重に関する規定が削除された（第23次刑法一部改正法による）。ただし、各則上は、児童に対する性的行為の再犯規定が残っている（刑法176条a）。
28) 例えば、中島・前掲書4頁は、行為責任主義として、違法の実質を法益の侵害・危険のみに求める結果無価値論に立脚するというが、そこでは、違法と責任が混交されている。
29) その仮釈放についても、裁判所による刑期の最低期間が設けられており、最低25年間は仮釈放が認められない。なお、詳細については、永井幹久「米国カリフォルニア州における常習犯罪者対策としてのいわゆる『三振法』について」警論62巻1号（平21）152頁以下など参照。
30) 常習性については、大塚ほか・大コンメンタール刑法（9）（第3版・平25）156頁以下〔中神正義＝髙嶋智光〕参照。
31) 例えば、川端博・刑法総論講義（第3版・平25）448頁参照。
32) 川端・前掲総論448頁。ただし、ここでいう違法性の意識は、具体的な刑罰法規違反の認識ではなく、反社会性や法秩序違反の認識である。
33) その詳細については、三谷真貴子「『刑法等の一部を改正する法律』及び『薬物使用等の罪を犯した者に対する刑の一部の執行猶予に関する法律』について」刑事法ジャーナル38号（平25）29頁以下など参照。
34) なお、責任と予防の関係については、浅田和茂「責任と予防」刑法基本講座（3）（平6）219頁以下など参照。
35) また、営業犯においても、無資格のもぐり医者が、複数のヤミ診療を行った場合、1個の無免許医業罪（医師法17条、31条1項1号）が成立するだけである（名古屋高判昭和26・1・29判特27号13頁）。
36) 団藤重光・刑法綱要総論（第三版四刷・平7）449頁注(6)、大塚・前掲総論507頁注(3)。
37) 監禁罪のような継続犯では、実行行為が長期化すれば、立法者の想定しなかった重大犯罪となることがある。これに対して、殺人罪などの即成犯では、被害者ごとにみるかぎり、事後的な被害の拡大は考えにくいといえよう。
38) 井田良「併合罪と量刑――『新潟女性監禁事件』最高裁判決をめぐって」ジュリスト1251号（平15）80～81頁、只木誠「刑法47条の法意」平成15年度重要判例解説（平16）163～164頁など。
39) 川端・前掲総論674頁。
40) そのほか、佐久間修「罪刑法定主義と量刑の原則」現代刑事法7号（平11）103頁以下参照。
41) なお、責任概念の虚構性について、高橋則夫・刑法総論（第2版・平25）334～335頁など参照。

第14講

共犯と未遂・離脱（その1）
—— 承継的共犯と共犯関係の解消

Attempt and Renunciation in Principal and Accessory

【刑　法】
第60条（共同正犯）　二人以上共同して犯罪を実行した者は、すべて正犯とする。
第61条（教唆）　人を教唆して犯罪を実行させた者には、正犯の刑を科する。
　2　教唆者を教唆した者についても、前項と同様とする。
第62条（幇助）　正犯を幇助した者は、従犯とする。
　2　従犯を教唆した者には、従犯の刑を科する。
第63条（従犯減軽）　従犯の刑は、正犯の刑を減軽する。

【改正刑法草案】
第27条（共同正犯）　①二人以上共同して犯罪を実行した者は、みな正犯とする。
　②二人以上で犯罪の実行を謀議し、共謀者の或る者が共同の意思に基づいてこれを実行したときは、他の共謀者もまた正犯とする。
第28条（教唆犯）　①人を教唆して犯罪を実行させた者は、教唆犯として罰する。
　②教唆犯は、正犯に準ずる。
　③教唆犯を教唆した者も、前2項と同じである。
第29条（従犯）　①正犯を補助した者は、従犯として罰する。
　②従犯の刑は、正犯の刑に照らして軽減する。
　③従犯を教唆した者は、従犯に準じて罰する。

【ドイツ刑法典】
第25条（正犯）　①自ら又は他の者を通じて犯罪行為をおこなった者は、正犯として罰する。
　②複数の者が共同して犯罪行為をおこなったときは、その各人を正犯として罰する（共同正犯）。
第26条（教唆犯）　故意に他の者をして、故意に違法な行為を行うように決意させた者は、教唆犯として正犯と同一の刑で罰する。
第27条（従犯）　①故意に他の者をして、違法な行為を故意に行うことを幇助した者は、従犯として罰する。
　②従犯の刑は、正犯に対する法定刑に従う。その刑は、第49条第1項により減軽される。

I　任意的共犯と可罰性の限界

1　多様な共犯規定と刑罰拡張事由

　すでに第2講では、共謀共同正犯を素材として、共同「実行」をめぐる諸問題を取り上げた（本書30頁以下）。しかし、刑法典総則には、共同正犯のほかにも、教唆犯や従犯の規定がある（61条、62条）。これらは、**任意的共犯**と呼ばれる。また、刑法典各則には、多衆犯や対向犯など、**必要的共犯**の類型があり、特別刑法には、**独立共犯**の規定もみられる[1]。本講では、共同正犯（広義の共犯）とは別に、実行行為を分担しない教唆・幇助（狭義の共犯）が処罰されるのはなぜか、また、任意的共犯の成立する範囲を考えてみたい。

　およそ犯行に関与した全員が犯罪者となる場合（拡張的正犯概念）、刑法典総則の共犯規定は、共同正犯と教唆・幇助だけに限定される点で、**刑罰制限事由**とみることができる。これに対して、いわゆる客観主義（古典学派）では、基本的構成要件に該当する行為だけが犯罪となるため（制限的正犯概念）、実行行為をしない狭義の共犯規定（教唆・幇助）は、むしろ、**刑罰拡張事由**にあたるといえよう。他方、共同正犯の場合にも、実行途中で参加したり（承継的共犯）、途中で離脱する場合（共犯の中止）があるところ、共同正犯と教唆・幇助では、その取扱いが異なってくるであろうか。以下、承継的共犯と離脱の問題を検討したうえで、狭義の共犯における中立的行為の問題を取り上げよう。

共犯の種類

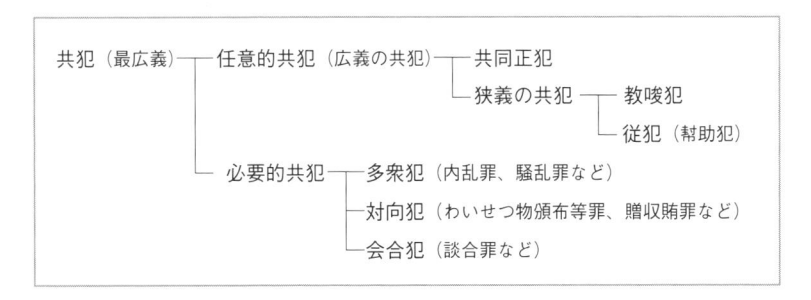

```
共犯（最広義）┬─任意的共犯（広義の共犯）┬─共同正犯
              │                          └─狭義の共犯┬─教唆犯
              │                                      └─従犯（幇助犯）
              └─必要的共犯┬─多衆犯（内乱罪、騒乱罪など）
                          ├─対向犯（わいせつ物頒布等罪、贈収賄罪など）
                          └─会合犯（談合罪など）
```

2　共同正犯と教唆・幇助

広い意味の共犯は、複数人が犯行に加担した場合のすべてをいう。まず、刑法典総則の任意的共犯と、刑法典各則の必要的共犯の2つに大別できる。①**任意的共犯**は、単独犯を予定した犯罪構成要件を2人以上の者が協力して実現する場合である。共同正犯、教唆犯および従犯に分かれる。これに対して、②**必要的共犯**には、内乱罪（77条）や騒乱罪（106条）などの多衆犯（または集合犯）、わいせつ物頒布等罪（175条）や賄賂罪（197条以下）などの対向犯[2]、談合罪（96条の3第2項）や凶器準備集合罪（208条の2第1項）などの会合犯がある[3]。

本講では、任意的共犯である共同正犯（60条）、教唆犯（61条）、従犯（幇助犯。62条）の3類型を取り上げる。その中でも、共同「正犯」は、**広い意味の共犯**であるとともに、実行行為を分担する点で、**広い意味の正犯**にあたる。他方、教唆犯と従犯は、**狭い意味の共犯**であって、**従属的共犯**と呼ばれてきた。従属的共犯は、およそ実行行為を分担しないにもかかわらず、刑法上の犯罪とされる点で、上述した刑罰拡張事由である[4]。そのため、犯行態様や可罰性の程度に応じて、「正犯の刑を科する（教唆犯）」ほか（61条2項）、「正犯の刑を減軽する（従犯）」ことになる（63条）。

任意的共犯の種類と実際の割合　共犯事例の中で圧倒的多数を占めるのは、共同正犯である。例えば、平成8年の共犯者総数7,524名（刑法犯通常第1審事件の有罪総人員による）に対して、教唆犯は23名（0.3％）、幇助犯は172名（2.3％）にすぎず、平成9年の共犯者総数7,943名に対して、教唆犯は26名（0.3％）、幇助犯は184名（2.3％）であり、平成10年の共犯者総数9,189

名に対して、教唆犯は 18 名（0.2％）、幇助犯は 140 名（1.5％）だけであった（司法統計年報・最高裁判所事務総局による）。

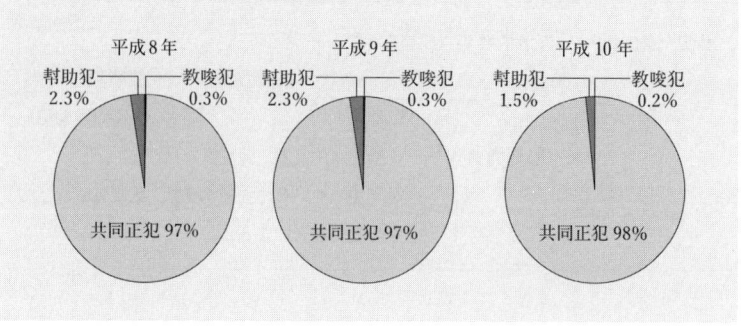

平成8年	平成9年	平成10年
幇助犯 2.3%　教唆犯 0.3%　共同正犯 97%	幇助犯 2.3%　教唆犯 0.3%　共同正犯 97%	幇助犯 1.5%　教唆犯 0.2%　共同正犯 98%

3　正犯と共犯を分ける基準

　共謀共同正犯を含む共同正犯の類型と、実行行為を分担しない従属的共犯は、どのように区別されるであろうか。例えば、犯行現場で見張りをした者の取扱いが問題となる。第2講でも紹介したように、共謀共同正犯の理論によれば、共謀の事実があったとき、単なる**見張り行為**も共同正犯とみなされた（通説・判例）。具体的には、騒乱罪（大判昭和2・12・8刑集6巻476頁。率先助勢罪の共同正犯）、殺人罪（大判明治44・12・21刑録17輯2273頁）のほか、窃盗罪や強盗罪（大判大正11・10・27刑集1巻593頁、最判昭和23・3・16刑集2巻3号220頁）でも、見張りによる（共謀）共同正犯が成立する。しかし、すべての見張り行為が、当然に「共同して犯罪を実行した」ことになるわけではない[5]。

　当初、広義の共犯（ここでは共同正犯を指す）と狭義の共犯（従属的共犯）を区別する基準として、①主観説と②客観説が対立した。①**主観説**は、「正犯者意思」がある者（正犯）と「加担者意思」がある者（共犯）で区別するのに対して、②**客観説**は、犯罪的結果の原因となった者（正犯）と単なる条件にあたる者（共犯）で分けていた（**古い客観説**）。しかし、主観面だけで正犯と共犯を決定することはできないし、因果論上、「原因」と「条件」を一義的に区別するのは困難である（→因果関係における原因説を参照されたい）。

4　形式的客観説から実質的客観説へ

　そもそも、任意的共犯の類型は、基本的構成要件（単独犯）を修正した形式である（**修正された構成要件**）。そこで、上述した客観説の中でも、③基本的構成要件にあたる（実行）行為をした者（正犯）と、それ以外の行為（教唆・幇助）をした者で分ける**形式的客観説**が提唱された[6]。しかし、共犯の成否は、構成要件から違法性・責任という犯罪論全体に及ぶ問題である。そのため、上記の基準を実質化する中で、④**行為支配説**と⑤**危険性説**が登場した（**実質的客観説**）。④は、犯行全体を支配・統制した者が正犯であるとして、主観的な目的的意思に着目するほか、客観面の行為支配を重視する見解も少なくない。

　他方、⑤は、構成要件実現に向けた（間接的）危険性に着目する。しかし、背後者による間接正犯のように、共犯（教唆・幇助）を凌ぐ実質的危険がある場合には、外形上の危険性だけでなく、新たな規範的基準を導入せざるをえない。結局、およそ犯罪が主観・客観の両面で構成される以上、共犯者の構成要件・違法・責任において、主観的意思と客観的事実をあわせ考慮することにより、各人の正犯性を決定するべきである[7]。換言すれば、③形式的客観説の基本的な枠組みを維持しつつ、実質的な基準として、④行為支配説と⑤危険性説を併用することになろうか。

5　共犯の一般理論

　学説上、共同正犯の本質をめぐって諸見解が対立した。具体的には、「共同（実行）」の内実を何に求めるかである。(a) **犯罪共同説**は、古典学派の見地から、複数人が特定の「犯罪構成要件」を共同して実現した場合を想定する。例えば、当初から強盗（236条）を実行する（共同）意思で、暴行・脅迫と強取を（共同に）した場合に限定するのである。しかも、共同の犯罪意思を「故意の共同」に求めるため、片面的共同正犯（後述）が否定されるのは当然として、旧通説によれば、過失の共同正犯も認められなかった[8]。

共同正犯が成立する限界

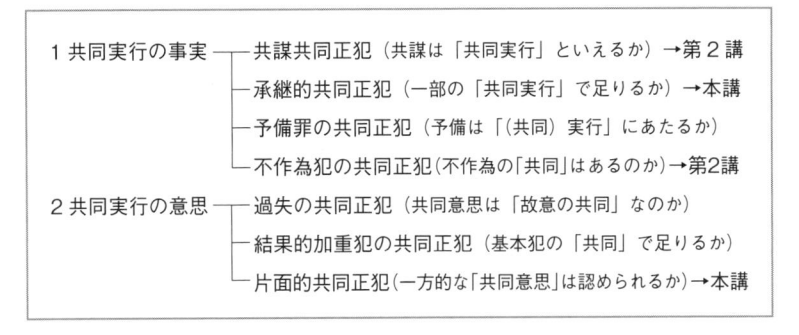

```
1 共同実行の事実 ─┬─ 共謀共同正犯（共謀は「共同実行」といえるか）→第2講
                ├─ 承継的共同正犯（一部の「共同実行」で足りるか）→本講
                ├─ 予備罪の共同正犯（予備は「（共同）実行」にあたるか）
                └─ 不作為犯の共同正犯（不作為の「共同」はあるのか）→第2講
2 共同実行の意思 ─┬─ 過失の共同正犯（共同意思は「故意の共同」なのか）
                ├─ 結果的加重犯の共同正犯（基本犯の「共同」で足りるか）
                └─ 片面的共同正犯（一方的な「共同意思」は認められるか）→本講
```

これに対して、(b) **行為共同説**は、複数人が自然的「行為」を共同にすればよいという。したがって、各人が別個の犯罪を企図した場合にも、その間で共犯関係が成立する。近年、「**やわらかい「行為共同説」**」も主張されており[9]、これらの行為共同説によれば、過失の共同正犯はもとより、故意犯と過失犯が混在する共同正犯や、相互的な意思連絡がない片面的共同正犯も認められる。しかし、行為共同説は、当初、犯人の社会的危険性を重視する近代学派（主観主義）の見地から、いわゆる「徴表的構成要件」として犯罪類型を軽んじるため、自然的行為の共同で足りるとされたのである[10]。

6　共犯の処罰根拠

つぎに、従属的共犯の処罰根拠をめぐって、(1)**責任共犯論**と(2)**不法共犯論**が対立した。(1)責任共犯論は、正犯者を犯罪に誘い込んで堕落させた点に共犯の可罰性を求める。しかし、従属的共犯を刑罰拡張事由とみる場合、教唆犯にあっては、犯罪に誘引するだけでなく、正犯者（被教唆者）による実行が必要とされる。従犯においても、正犯者の「実行」を支援・促進したことが前提となる（共犯従属性説）。そこで、(2)不法共犯論は、正犯者に犯行を決意させて現実に違法行為を遂行させるほか（教唆犯）、正犯者の実行行為を助長した点（従犯）に着目しつつ、共犯行為それ自体の違法性を処罰根拠とするのである[11]。

これらの対立は、正犯と共犯を区別する基準に影響するほか、従属的共

犯の成立要件を左右する。例えば、教唆犯と従犯では、(修正)構成要件にあたる共犯行為の違法性が問題となるが、その内容は、正犯者を通じた間接的な結果惹起に尽きるものでない。教唆・幇助それ自体の違法性を加えることで、各共犯者が関与した度合いに応じて、刑事責任の程度が決定されるのである（**修正された不法共犯論**）。こうした見解は、①**混合惹起説**とも呼ばれる[12]。

従属的共犯の処罰根拠

```
(1) 責任共犯論（他人である正犯者を堕落させた）
(2) 不法共犯論（正犯者を通じた法益侵害・危険の発生）
    (a) 共犯の違法を構成するもの ─┬─ ①混合惹起説─正犯の違法＋共犯の違法
                              └─ ②間接的な結果惹起のみ（因果的共犯論）
    (b) 共犯における違法性の本質 ─┬─ ③純粋惹起説（客観面のみ→因果的共犯論）
                              └─ ④修正惹起説（客観的要素＋主観的要素）
```

これに対して、不法共犯論の中でも、③**純粋惹起説**と呼ばれる見解が有力になった。純粋惹起説は、もっぱら正犯者を媒介とした違法結果の因果連関に着目するため、②**因果的共犯論**（狭義）と呼ばれることもある[13]。因果的共犯論によれば、最終的な結果惹起から遡って共犯者間の因果的な結びつきを重視する反面、正犯および共犯の主観面を軽視する嫌いがある[14]。もっとも、共謀共同正犯では、因果的共犯論にあっても、「心理的因果性」をもちだして各人の主観面を無制限に取り込んでいた（本書33頁以下参照）。その意味で、上記の④**修正惹起説**と異ならない。

II　共同正犯における処罰の限界

1　共謀共同正犯の「共犯」性

第2講で取り扱った**共謀共同正犯**は、刑法60条の「共同して犯罪を実行」する場合を拡張した類型であった。上述したように、共同正犯には

「正犯」と「共犯」の両面があるところ、**実行共同正犯**の場合には、共犯者全員が（一部でも）実行を担当する点で「正犯としての属性」が強い。そこでは、共犯者相互の**連帯性**（一体性）が重視される。これに対して、共謀共同正犯の場合、およそ実行行為を分担しない共犯者が存在するため、むしろ「共犯としての属性」が問題とされる[15]。

単なる共謀は「共同の実行」にあたらないため、少なくとも仲間の一部が実行に出ることが必要条件とされる[16]。こうした構造は、教唆犯にあって、正犯者の実行開始が要求されるのと似ており、この限度で、共謀者は実行担当者に「従属する」のである。これを共謀共同正犯における**実行者従属性**と呼んでおこう[17]。また、共謀共同正犯では、背後の人間が実行担当者を実質的に支配した場合のほか（**垂直型**とも呼ばれる）、対等の条件で犯行に関与する場合もみられる（**水平型**とも呼ばれる）。いずれの場合にも、相互的な意思連絡が存在しなければならず、片面的共謀や片面的共同正犯は否定される（上述した犯罪共同説による）。

2　共同実行の意思と共謀の射程

共同正犯における「共同実行の意思」は、相互的な意思連絡であることが前提となる（最判昭和23・12・14刑集2巻13号1751頁）。しかし、共謀共同正犯では、共謀時における共同犯行の認識が「共同実行の意思」といえるかの問題（故意性）と、共謀による加担がどこまで及ぶかの問題（因果性）が混在しており、いずれも**共謀の射程**として論じられてきた[18]。例えば、共謀者間で事実認識をめぐって相違があるとき、そもそも共謀は認められるであろうか。また、Aは殺人の故意から、Bは傷害の故意から「共同して」犯行に及んだ場合、A・Bの間で共謀は存在したのであろうか。

いわゆる（純粋）行為共同説ややわらかい行為共同説では、これらの場合にも共同実行の意思を肯定して共同正犯を成立させるであろう。しかし、**犯罪共同説**では、相互的な意思連絡を要求するため、「共同実行の意思」は否定される。たとえ共犯の錯誤（または共犯の過剰）を論じる際にも、まず相互的な意思連絡が存在しなければならない。こうした主観的要件が充たされた場合にのみ、**共犯の錯誤**が問題となるのである（なお、共犯の錯誤については、第16講に譲りたい）[19]。

共犯関係の承継と離脱

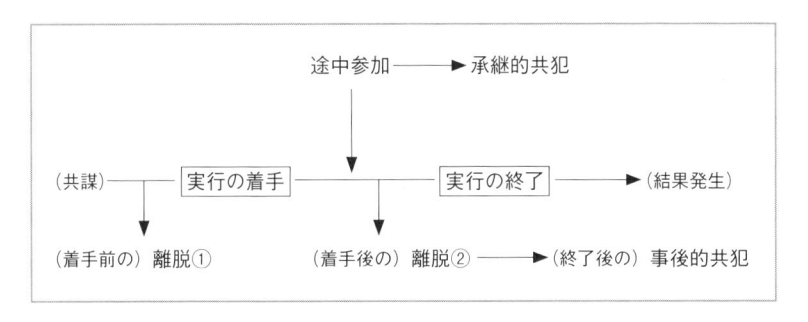

```
                    途中参加 ──────▶ 承継的共犯
                       │
                       ▼
(共謀)────┬── 実行の着手 ──┬── 実行の終了 ──────▶ (結果発生)
         │               │
         ▼               ▼
   (着手前の) 離脱①   (着手後の) 離脱② ──────▶ (終了後の) 事後的共犯
```

3　承継的共同正犯と先行事実の帰属

つぎに、「共同実行」の限界に関連して、犯行の途中で別人が参加した場合を考えてみよう。**承継的共同正犯**とは、先行者の実行開始後に、後行者が犯罪の実現に加担する場合である。少なくとも介入後は、先行者と後行者の共同実行がなければならず、すでに先行者の実行行為が終了していたならば、事後的共犯と呼ぶかどうかはともかく、およそ（承継的）共同正犯は成立しない[20]。たとえ後行者が先行行為を認識・認容しつつ、これを自己の目的達成に利用した場合でも（大阪高判昭和62・7・10高刑集40巻3号720頁など）、すでに先行者が実現した事実を過去に遡って帰属させることはできないからである。

また、先行者が単独で実現した（先行）事実については、後行者の行為支配は認められない[21]。すなわち、後行者の罪責は、介入後の共同実行の範囲内に限られる（**否定説**。広島高判昭和34・2・27高刑集12巻1号36頁など）。これに対して、相互的な了解（意思連絡）のもとに犯行に加担した以上、全体について共同正犯を認める見解がある（**全部肯定説**）[22]。過去、多くの判例が、後行者にも介入前の先行事実を含む刑事責任を認めてきた（大判明治43・2・3刑録16輯113頁、大判明治44・11・20刑録17輯2014頁、最判昭和25・6・6刑集4巻6号950頁、札幌高判昭和28・6・30高刑集6巻7号859頁、東京高判昭和34・12・2東高刑時報10巻12号435頁など）。

4 継続犯と結合犯の承継的共同正犯

例えば、監禁罪（220条）のような**継続犯**では、途中から犯行に加わった場合にも、それ以前の監禁行為を含む全体が共同正犯とされる（東京高判昭和34・12・7高刑集12巻10号980頁）。また、**継続犯**および**状態犯**である略取誘拐罪（224条以下）に関与した場合も、同様である（東京高判平成14・3・13東高刑時報53巻1=12号31頁）。つぎに、Xが強盗目的で被害者に暴行を加えた後、たまたま現場を通りかかったYが、Xと犯意を通じて金品を強奪した場合、後行者のYも、強盗罪（236条）の共同正犯となる。この限度では、すでに先行者がおこなった事実も含めて（承継的）共同正犯が成立するのである（**一部肯定説**）。同様にして、法文上複数の行為からなる詐欺罪（246条）や恐喝罪（249条）でも、先行者の欺罔・脅迫後に加担した後行者には、詐欺罪や恐喝罪の共同正犯が認められた（名古屋高判昭和58・1・13判時1084号144頁など）[23]。

これに対して、暴行・脅迫後に加担した後行者の強盗罪を否定して、単なる窃盗罪にとどめる見解がある（**全部否定説**）[24]。そこでは、被害者の畏怖状態を利用した事実が無視されるだけでなく、強盗罪の構成要件を暴行・脅迫と財物奪取（窃盗の部分）に分割することになりかねない。もちろん、最初の暴行で被害者が負傷した場合など、先行者が単独で実現した結果については、後行者に帰属するべきでない。したがって、財物強取だけに加担した後行者は、**結果的加重犯**である強盗致傷罪（240条）の共同正犯ではなく、致傷結果を除いた強盗罪の共同正犯にとどまるのである（一部肯定説）。

5 過去の下級審判例と最近の最高裁判例

従来、強盗罪や詐欺罪のように、複数行為からなる**結合犯**であっても、1個の構成要件の枠内にとどまるかぎり、手段・方法を含む（承継的）共同正犯が肯定されてきた[25]。また、殺傷行為の途中で加担したとき、直接の死因が先行者の行為によるとしても、後行者には殺人罪（199条）の共同正犯が成立する（大阪高判昭和45・10・27刑月2巻10号1025頁）。他方、強盗致死傷罪などの**結果的加重犯**では、故意の基本犯と（過失による）加重

結果の惹起に分割できるため、後行者は、加担した故意基本犯（強盗）の限度でのみ罪責を問われることになる。

ところが、**両場合の中間に位置する傷害罪**（204条）では、後行者による承継的共同正犯をめぐって、消極的な意見が強かった[26]。すなわち、傷害罪は、故意の傷害だけでなく、暴行に基づく結果的加重犯の類型も含んでいるからである。そこで、後掲の最高裁決定は、犯行の途中から呼び出されて仲間の暴行に加担した事案に対して、傷害結果の一部を除外しつつ、傷害結果を「相当程度重篤化させた」限度でのみ、後行者に承継的共同正犯が成立するとした。

傷害罪の承継的共同正犯　　AとBは、最初の犯行現場において、手拳で何度もCらの顔面を殴打したほか、その腹部などを膝蹴りにしたり、旗の支柱やドライバーで突くなどの暴行を加えた。さらに、Aらは、Cらを自動車に押し込んで次の場所に移動する途中、Xに連絡してCを連行する旨を伝える一方、第二の犯行現場でも、ドライバーの柄や金属製はしごを用いて暴行を加えたため、Cらは、Xが犯行現場に到着する以前から負傷していた。その後、現場に到着したXは、AとBの度重なる暴行によりCらが逃走・抵抗できないのを認識しつつ、Aらと共謀した上で、角材や金属製はしごを用いて、それ以前よりも激しい暴行を加えた。原審判決は、**Xが共謀に加担する以前の暴行による傷害を含めて、承継的共同正犯の責任を負うとした。**
　しかし、最高裁は、途中から共謀に加担した犯人の暴行と、それ以前に他の共犯者が惹起した傷害結果の間には因果関係が欠ける以上、たとえ後行者が激しい暴行を加えた結果、それ以前の暴行による傷害を相当程度に重篤化させた場合であっても、**共謀に加担する以前の暴行による傷害を含めた全体については、承継的共同正犯が成立しないとした**（最決平成 24・11・6 刑集 66 巻 11 号 1281 頁）[27]。

6　因果的共犯論と積極的利用意思

上記の最高裁決定は、傷害罪の承継的共同正犯をめぐる初めての最高裁判例である。それによれば、強盗、詐欺、恐喝などでは、「共謀加担前の先行者の行為の効果を利用することによって犯罪の結果について因果関係を持ち、犯罪が成立する場合があり得るので、承継的共同正犯の成立を認めうる」が、傷害罪にあっては、こうした因果連関が認められず、後行者が加担した前後で生じた結果を分割できる以上、**加担後の部分だけが共同正犯になる**とした（本決定の補足意見参照）。

なるほど、過去の下級審判例が提示した「先行行為を積極的に利用した（ことにより、犯罪の結果について因果関係をもつ）」という基準は、一般的に共同正犯の成否を決定する基準である[28]。ところが、本件事案では、先行した第1暴行の結果と第2暴行の関係について、加担後の暴行が当該傷害の発生に寄与した限度でのみ、傷害罪の共同正犯になるとした。したがって、加担前の暴行による傷害とは別の傷害を認定できない場合、およそ傷害罪が成立することなく、**暴行罪（208条）の限度でのみ共同正犯になる**のである（本決定の補足意見参照）。

7 共犯の因果関係と同時傷害の特例

過去の判例でも、傷害罪における下級審判例は分裂していた[29]。しかし、先行者が単独で実現した傷害結果であれば、たとえ後行者が先行事実を認識した場合にも、過去に遡って既発の結果を帰属させることはできない。その意味で、まさしく当該（共犯）行為と「因果関係を有することのない結果については共同正犯とならない」のである。実務上も、加担後の傷害にあたるか否かが不明の場合、結果的加重犯（傷害罪）の成立を否定したものが少なくない（広島高判昭和34・2・27高刑集12巻1号36頁、東京高判平成17・11・1東高刑時報56巻1＝12号75頁など）。

学説の中には、上記の最高裁決定が「因果関係がない結果であれば共同正犯とならない」と明言したことから、あたかも因果的共犯論に従ったかのように説く向きもある[30]。しかし、（共犯）行為と当該結果の因果関係が欠けるとき、これを共犯者に帰属できないのは刑事責任の一般原則である。また、最高裁決定も、殺人罪、詐欺罪、恐喝罪では承継的共同正犯を肯定しており、少なくとも、全部否定説を採用する因果的共犯論に依拠したわけではない。

なお、一部の学説は、**同時傷害の特例**（207条）を援用しつつ、およそ意思連絡のない同時犯でも「共犯（共同正犯）の例による」ところ、承継的共同正犯では、実行途中からとはいえ、先行者と後行者の間で相互的な意思連絡があった以上、暴行罪にとどまるのは不均衡であると主張する[31]。しかし、刑法207条の規定は、たまたま複数人の暴行が時間的・場所的に重なった場合について、**挙証責任の例外**を定めたものである。その意味

で、共犯（承継的共同正犯）の事例にも拡張適用するのは慎重でなければならない。本件最高裁決定は、当該事案が同 207 条の法律要件を充たさないため、特に言及しなかったのであろう[32]。

8 実行行為後の「承継的」共同正犯

過去の下級審判例は、「自己の犯罪遂行の手段として積極的に利用すること」で承継的共犯の成立を認めてきた（例えば、前出大阪高判昭和 62・7・10 など）。例えば、上述した強盗罪のように、先行者が惹起した反抗抑圧状態を自己の犯行手段として財物を奪取した場合が考えられる。しかも、まだ先行者の実行行為が続いており、後行者が犯行現場に立ち会うことで、被害者の畏怖状態をさらに強化することもありうる（東京高判昭和 57・7・13 判時 1082 号 141 頁など）。その点でも、**後行者が加担した後の「共同実行」が存在する**のである。

これに対して、すでに先行者の実行行為が終了したならば、過去に遡って「共同実行」となることはありえない[33]。かりに後行者が先行者の逃亡を援助したり、窃盗犯人から盗品を買い取ったとしても、犯人隠避罪（103 条）や盗品等有償譲受け罪（256 条 2 項）が成立するだけである。そもそも、承継的共同正犯では、先行者の実行途中で介入することが前提となっており、**いわゆる事後的共犯**とは厳格に区別しなければならない。しかし、一部の学説は、実行終了後でも「犯罪が完成する」以前であれば、承継的共同正犯がありうるとして、全部肯定説や一部肯定説を批判している[34]。

さらに、自らが被害者を殺害した後、新たに窃盗の犯意を生じて死体から財物を奪ったり、事情を知って譲り受けた偽造文書を行使する場合にも、強盗罪や文書偽造罪（の承継的共犯）が成立するかのように説く者さえある。なるほど、先行者の暴行・脅迫が終了した後、現場を通りかかった後行者が被害者の畏怖状態を利用して「姦淫」に及んだとき、強姦罪の承継的共同正犯を認めるならば、一見、強盗罪にも同様なことがあてはまるであろう。しかし、承継的共同正犯は、先行者が強姦の意思で暴行・脅迫を加えた後（着手後）、**実行行為（姦淫）が終了しない段階**で先行者と後行者が協力して姦淫する場合（共同実行）を想定している。上述したように、

およそ承継的共同正犯にあたらない事案を援用して通説・判例を批判するのは、いたずらに議論を混乱させるだけであり、狭義の強姦罪（177条）と、暴行・脅迫による「抗拒不能に乗じ」た準強姦罪（178条）を混同することにもなりかねない。

9　従属的共犯における「承継的共犯」

狭義の共犯（教唆・幇助）は、正犯者の実行に従属するため（**共犯従属性説**）、正犯者が強盗の目的で被害者を殺害した後、後行者がこの事実を知って幇助した場合にも、**強盗殺人罪の従犯**が認められた（大判昭和13・11・18刑集17巻839頁)[35]。すなわち、正犯の一種である共同正犯とは異なり、これら正犯の構成要件該当性や違法性に従属する狭義の共犯においては[36]、途中から加担した場合も含めて、すでに正犯者が実現した犯罪事実を負担するのである。

近年、承継的共同正犯では、先行した犯罪事実を帰属させないが、従属的共犯については、正犯者の法益侵害を促進した限度で、犯罪全体の承継的共犯を認める**二元説**が登場した[37]。すなわち、完全否定説の見地から、承継的共同正犯の観念を排除しつつ、承継的幇助については一律に肯定するのである。それによれば、上述した強盗殺人の場合、後者者（幇助者）の罪責は、加担後の窃盗罪（共同正犯）と先行する強盗罪（の従犯）の観念的競合になる。

この見解に対しては、承継的共犯では事前の意思連絡が欠けるため、実行途中の行為支配がないと批判されるが、従属的共犯は、そもそも犯行全体を支配するものでなく（上述した「正犯と共犯の区別」を参照）、これを理由として「承継（的共犯）」を否定することはできない。しかし、従属的共犯が正犯者の構成要件該当性および違法性に従属するとはいえ（制限従属性説）、幇助行為と正犯（の実行）促進との因果関係が問われる以上、従犯に限って遡及的な寄与・貢献を認めるのは疑問である[38]。

III　共犯関係からの離脱・解消

1　共犯における未遂と中止

　上述した承継的共犯は、実行途中で後行者が加担したとき、先行者の惹起した部分を承継するか否かの問題であった。これに対して、共犯関係からの離脱は、実行途中で一部の共犯者が「共犯でなくなった」場合である[39]。しかし、因果的共犯論においても、その者が離脱する以前に及ぼした影響力が残っているかぎり、過去に遡って当該事実を取り消すことはできないであろう。その意味で、一部の共犯者が当該犯行を中断した場合、残った仲間が犯罪を完遂したならば、全体として共同正犯の罪責を免れないのである。

　およそ共犯にあっても、「犯罪の実行に着手してこれを遂げなかった」ことが未遂犯の要件となる（43条本文）。すなわち、共犯の未遂は、(a) 共同正犯の場合、共犯者が実行に着手したところ、最終的に犯罪が未完成に終わったとき、(b) 教唆・幇助の場合、正犯者が実行行為を始めたにもかかわらず、(a) の場合と同じく、正犯が未遂にとどまったときである。かようにして、未遂犯は、正犯者の実行行為と当該結果の因果関係がない事例も含めて、最終的に犯罪が完成しなかった場合でなければならない。

【刑　法】
第43条（未遂減免）　犯罪の実行に着手してこれを遂げなかった者は、その刑を減軽することができる。ただし、自己の意思により犯罪を中止したときは、その刑を減軽し、又は免除する。
第44条（未遂罪）　未遂を罰する場合は、各本条で定める。

2　未遂犯における実行の着手

　「実行の着手」をめぐっては、①犯人の主観面を重視する**主観説**と、②当該行為の客観的危険性に着目する**客観説**が対立してきた。しかし、古典学派の行為責任主義を基調とする客観説の中で、③**形式的客観説**と④**実質**

的客観説に分裂した後、現在では、⑤**現実的危険説**（具体的危険説。通説である）および⑥**客観的危険説**のほか、⑦**修正された客観的危険説**がみられる[40]。窃盗罪であれば、他人の住居に侵入して物色行為をするなど、客体となる財物の事実的支配を脅かす行為があったとき（大判昭和 9・10・19 刑集 13 巻 1473 頁、最決昭和 40・3・9 刑集 19 巻 2 号 69 頁）、殺人罪であれば、毒物入りの食品を交付ないし郵送した後、相手方がこれを受領するなど、生命侵害の危険性が高まったとき、実行の着手が認められる（大判大正 7・11・16 刑録 24 輯 1352 頁、大判昭和 7・12・12 刑集 11 巻 1881 頁、宇都宮地判昭和 40・12・9 下刑集 7 巻 12 号 2189 頁）。

これに対して、およそ実行の着手（実行行為）にならない場合として、**不能犯**（または**事実の欠缺**）がある。例えば、殺意をもって硫黄の粉末を飲ませたとき、殺人罪の不能犯となる（大判大正 6・9・10 刑録 23 輯 999 頁）。しかし、およそ現実的危険性がない場合は稀であり、殺意をもって被害者の静脈内に空気を注射したとき、その量が致死量以下であっても、絶対に死亡する危険性がないとはいえず（最判昭和 37・3・23 刑集 16 巻 3 号 305 頁）、犯行時には被害者が死んでいた場合にも、犯人が被害者の生存を信じており、一般人も生存を信じるような状況では、死体損壊罪ではなく、殺人未遂罪が成立するのである（広島高判昭和 36・7・10 高刑集 14 巻 5 号 310 頁）[41]。

3　中止未遂の成立要件

上述した障害未遂の場合と異なり、中止未遂（中止犯）は、「自己の意思により犯罪を中止した」場合でなければならない（43 条但し書き）。中止の「任意性（自発性）」をめぐっては、(1)未遂になった原因が、社会生活上の経験によれば、犯罪の完成を妨げる性質のものでなかったこと（**客観説**）[42]、あるいは、(2)当該犯人が希望すれば犯罪を実現できた点で、特に犯罪の完成を阻止する外部的障害がないにもかかわらず、自由な意思決定により中止したこと（**主観説**）[43]、さらに、(3)改悛・慚愧・同情・憐れみの情にもとづく中止を要求する見解がみられる（**限定主観説**）[44]。通説・判例は、主観説を採用している（大判大正 2・11・18 刑録 19 輯 1212 頁、最決昭和 32・9・10 刑集 11 巻 9 号 2202 頁）。

例えば、犯行途中で物音を聞いた際、パトロール中の警察官が来たものと

誤信して、その後の犯行を断念した場合、(1)客観説によれば、実際には障害となる事情が存在しなかったので、任意性が認められる。しかし、(2)主観説によれば、一時的に犯行を断念しただけであり、その危険性が減少する事情はなく、犯人の責任を軽減する理由も見当たらない[45]。したがって、刑の減免における**違法・責任減少説**はもちろん、いわゆる**政策説**にあっても、必要的減免は認められない[46]。他方、(3)限定主観説は、「自己の意思により（＝任意性）」を超えて、広義の後悔まで要求する点で厳格にすぎる。

4 共犯における中止

もっとも、着手後の中止では、犯罪の完成を阻止する行為が必要とされる。すなわち、犯行の初期段階で中止すれば（**着手中止**）、それ以上の犯行を「止める（不作為）」ことで犯罪は完成しない。しかし、すでに実行行為の大半が終わった段階では（**実行中止**）、侵害結果の発生を積極的に阻止する努力が中止の要件となる[47]。しかも、共犯の場合には、共犯者の全員が中止することが求められる。かりに共犯者の一部だけが中止しても、他の仲間が犯行を継続するおそれが残っているとき、共犯者の犯行を阻止しなかったならば、共同正犯としての罪責を免れない（最判昭和24・12・17刑集3巻12号2028頁）。

すなわち、(a) 共同正犯では、実行途中で共犯者の一部が犯意を放棄したにもかかわらず、他の共犯者が犯罪を完成すれば、もはや中止「未遂」といえない。例えば、強姦を共謀した仲間が被害者を姦淫して傷害を与えた以上、途中で強姦を止めた当該共犯者も、他の共犯者と同じく強姦致傷罪（181条）の共同正犯となる（最判昭和24・7・12刑集3巻8号1237頁）。また、犯行全体が未遂で終わった場合にも、共犯者中の一人が中止したことの効力は、他の共犯者には及ばない。したがって、任意の中止者には必要的減免が認められるが、それ以外の共犯者は、単なる障害未遂となる（大判大正2・11・18刑録19輯1212頁）[48]。

強盗罪の共同正犯 ── 着手後の離脱　ＸとＹは、Ａ宅に強盗に入った後、Ｙが家人に包丁を突きつけ、Ｘがジャックナイフを用いて脅迫したところ、Ａの妻Ｂがわずかの金銭を差し出したため、Ｘが「お前の家も金がないのならばその様な金は取らん」などと言い、Ｙに対して「帰ろう」と言ってＡ宅

を出た。しかし、少し遅れてA宅から出て来たYが、Bから上記の金銭を強取していたことが分かった。最高裁は、「Xにおいて、その共謀者たるYが…右金員を強取することを阻止せず放任した以上」、「Xのみを中止犯として論ずることはできない」と述べて、強盗既遂罪の共同正犯を認めた（前出最判昭和24・12・17）。

5　共犯関係の離脱・解消論

単独犯であれば、犯人自身が犯罪を完成した以上、当然に既遂犯が成立する。共犯においても、仲間の行為で既遂に至ったとき、もはや「共犯の中止（未遂）」を論じる余地はない。しかし、当該犯人が真剣に中止努力を尽くしたとき、中止未遂に準じて、その刑事責任を軽減すべき場合がある。そこで、新たに**共犯関係からの離脱**や**共犯関係の解消**が議論されるようになった[49]。共犯者の一部が犯行を阻止しようとしたにもかかわらず、他の共犯者がその抵抗を排して犯罪を完成したとき、共犯者全員を既遂犯とみるのは過酷な結論になりかねないからである。ここでは、承継的共同正犯の場合とは反対に、一部の共犯者が途中で離脱した場合、最終的結果を当該離脱者に帰属できるか否かの問題が生じる。

> **傷害致死罪の共同正犯 —— 着手後の離脱**　甲と乙は、被害者Aの態度に憤激して、両名が共謀のうえ、共同して木刀などによる暴行を加え始めたが、その後、甲が「おれ帰る」といっただけで、乙がまだ暴行を続ける気勢を示していたにもかかわらず、これ以上の制裁を止めるように言ったり、Aを病院に連れて行くなどの方策を講じることなく、そのまま現場から立ち去った。乙がさらに暴行を加えた結果としてAが死亡したが、死亡原因はいずれの暴行であるかが断定できなかった。
> 　最高裁は、甲と乙が共同してAに暴行を加えた後、「甲が帰った時点では、乙においてなお制裁を加えるおそれが消滅していなかったのに、甲において格別これを防止する措置を講ずることなく、成り行きに任せて現場を去ったに過ぎないのであるから、乙との間の当初の共犯関係が右の時点で解消したということはできず、その後の乙の暴行も右の共謀に基づくものと認めるのが相当である」と述べて、「かりにAの死の結果が甲が帰った後に乙が加えた暴行によって生じていたとしても、甲は傷害致死の責を負う」とした（最決平成元・6・26刑集43巻6号567頁）。

上記の事件では、Aの傷害および死亡という加重結果も含めて、甲が実行途中で離脱した後、乙が惹起した全体について共同正犯が認められた。すでに実行行為を開始した以上、犯罪実現の現実的危険性が生じており、

単に離脱意思を表明して仲間の了承を得るだけでは足りないからである。したがって、共犯者を説得して犯意を放棄させるなど、積極的に犯行を阻止するための努力（中止行為にあたる）が必要となる。すなわち、着手後の離脱では、既存の危険を除去しないかぎり、共犯関係の解消は認められない。これに対して、実行の着手前に離脱したならば、原則として、離脱意思の表明と仲間の了承で足りるとされた（**共謀関係からの離脱**。東京高判昭和25・9・14高刑集3巻3号407頁、大阪高判昭和41・6・24高刑集19巻4号375頁など）。この場合には、未遂犯の罪責さえ負わないのである[50]。

6　共謀関係からの離脱

単に共謀に参加しただけであれば、犯罪実現に向けた実質的支配が乏しいため、離脱意思の表明だけでも足りるであろう[51]。しかし、他の共謀者に離脱意思を表明せず、あるいは、他の共犯者が離脱意思を認識していなかった場合には、その後の犯罪続行に伴う共謀共同正犯の罪責を免れない（福岡高判昭和24・9・17判特1号127頁、東京高判昭和26・10・29判特25号11頁）。また、単純共謀者であっても、すでに仲間が実行に着手した後であれば、同じく離脱意思の表明だけでは不十分とされるのは、当然である（東京高判昭和46・4・6東高刑時報22巻4号156頁、同昭和63・7・13高刑集41巻2号259頁）。

強盗致傷罪の共同正犯　──　着手前の離脱　Xと共犯者Yらは、住居侵入強盗を共謀して、共犯者の一部が家人の在宅する住居に侵入したが、現場付近が騒がしくなったこともあり、見張り役のZが、すでに住居内にいたYらに電話で「犯行をやめた方がよい、先に帰る」などと一方的に伝えて現場から離れようとした。その際、Zは、屋外で待機していたXの自動車に乗り込み、Xほか1名と話し合った後、それ以降の犯行を防止する措置を講じないまま、自動車で走り去った。他方、Yらは、いったん被害者方を出たときにXらが逃げたことを知ったが、現場付近に残っていた他の共犯者と一緒に強盗を実行する一方、強盗時の暴行により被害者2名を負傷させた。
　最高裁は、「Xが離脱したのは強盗行為に着手する前であり… Xも見張り役の上記電話内容を認識した上で離脱し」たとはいえ、「残された共犯者らが被告人の離脱をその後知るに至ったという事情」も含めて、「当初の共謀関係が解消したということはできず、その後の共犯者らの強盗も当初の共謀に基づいて行われたもの」であり、Xは「住居侵入のみならず強盗致傷についても共同正犯の責任を負う」とした（最決平成21・6・30刑集63巻5号475頁）。

7 離脱意思の表明と因果性の遮断

上記の最高裁決定は、着手前の離脱であれば、離脱意思の表明と共犯者の了承で足りるとした従来の判例と異なる。特に見張り役のＺは、Ｙらが強盗に着手する前に「先に帰る」と伝えており、通常であれば、格別の結果防止措置は不要であったともいえる[52]。しかし、すでに住居内に侵入して強盗を始める直前の仲間に対して、一方的に離脱意思を伝えただけであり、特に自動車内で待機していたＸほか１名は、他の共犯者に対して何ら離脱意思を表明していない。そのため、いずれについても、格別の防止措置を講じないかぎり、強盗致傷罪（の共同正犯）にあたるとしたのである[53]。

この最高裁決定を捉えて、もはや裁判所は着手前後で区別していないという主張がみられる[54]。むしろ、犯行仲間が実行を開始した後であっても、先行した共犯行為の因果性を遮断すれば、その後の犯罪事実に対する共同正犯が成立しない点で、「共謀関係の解消」を認めた判例と位置づけるのである（**因果関係遮断説**）[55]。なるほど、因果的共犯論では、離脱以前の加功とそれ以降の因果経過を重視してきたが[56]、すでに共犯者として寄与した（過去の）事実は、その者が離脱意思を表明したからといって、遡及的に共犯行為の影響力が消失するわけではない。むしろ、**共犯関係の解消**は、新たな共謀によって過去の共謀関係を精算することで、それ以降の事実については、残余の共犯者だけが問責されることを意味している[57]。

8 新たな共謀と共犯関係の解消

かりに首謀者であった者が離脱意思を表明した場合、たとえ共犯者全員の了承を得たとしても、なお引き続いて犯行全体を支配したとみられるとき、犯罪実現にかかる現実的危険性を除去したとはいえない（松江地判昭和51・11・2刑月8巻11＝12号495頁）。また、犯罪実現の危険性が著しく高まった状況下では、かりに過去の影響力が低下している場合にも、同じく共犯として罪責を問うべき場合がある（前出最決平成21・6・30。ただし、東京地判平成12・7・4判時1769号158頁参照）。判例がいう「犯行を防止する格別の措置」も、過去の影響力を払拭する見地から要求されるのであっ

て、残余の者が新たな共犯関係を構築することで、古い共犯関係を解消したとき「共犯関係からの離脱」を認める根拠となるのである。

例えば、Aが主犯格のBと一緒に暴行を始めたが、Bの暴行を制止するなどしたため、腹を立てたBがAを殴り倒し、Aが失神している間にその後の犯行がなされたとき（名古屋高判平成14・8・29判時1831号158頁）[58]、先行行為による因果的影響力に着目するならば、なお共犯の因果性は遮断されないであろう[59]。しかし、裁判所は、従前の共犯関係が「B自身の行動によって一方的に解消され、その後の第2の暴行はAの意思・関与を排除してB、Cらのみによってなされたもの」とした。かような事理は、単なる因果的機序では説明できず、着手前の離脱でも因果性が遮断されない反面、着手後の離脱でも、因果性が遮断される場合がありうる[60]。因果的共犯論のいう「心理的因果性」の内実はともかく、新たな共犯関係を構築することで、従前の共犯関係が消失したとき、初めて他の共犯者が独自に犯行を継続したとみられるのである[61]。

9 共犯の因果性と従属的共犯

従属的共犯である教唆・幇助についても、中止未遂を認めるためには、正犯者の実行を阻止する必要がある（大判昭和9・2・10刑集13巻127頁）。教唆犯と従犯は、自ら実行行為をしない以上、中止未遂の規定を（直接）適用する余地はない[62]。しかし、共同正犯の場合と同様、当初の共犯関係を解消したとき、当該離脱者の真摯な中止努力に着目しつつ、その後に発生した事実について、従属的共犯を否定することが可能である。ただし、すでに正犯の実行行為が終了した時点では、最終的に犯罪の完成を阻止しなければならない。

例えば、犯罪の準備資金を提供したスポンサー（有形的従犯）が、その後になって翻意して準備資金を回収したところ、正犯者が別人からその資金を調達することで、最終的に犯罪を完成した場合はどうなるであろうか。正犯者が新たな犯意を抱いてその後の犯行に及んだならば、まさしく共犯関係の解消があったといえよう。しかし、無形的従犯（精神的幇助）の場合には、いったん正犯者の犯意を強化した以上、過去の影響力を完全に払拭するのは難しい。また、共同正犯の場合と異なり、従属的共犯にあっては、

すでに教唆・幇助それ自体が終了しているため（ただし、随伴的従犯を除く）、その意味でも、共犯関係の解消にあたる場合はごく限られる[63]。

> **ドイツ刑法典における共犯の中止** **第24条（中止犯）** ①任意にそれ以上の犯行を放棄し、または、犯行が既遂に達するのを妨げた者は、未遂犯を理由としては罰せられない。中止行為者の関与がなくても犯罪が既遂に達しなかったとき、中止行為者が、任意かつ真剣に犯行が既遂に達するのを妨げようと努力した場合には罰せられない。
> ②複数の者が犯行に関与したとき、任意に犯行が既遂に達するのを妨げた者は、未遂犯を理由としては罰せられない。ただし、その者の関与がなくても犯罪が既遂に達せず、または、その者の以前の寄与と関わりなく犯行がなされたときは、行為が既遂に達するのを妨げる任意かつ真剣な努力があれば、その者を不処罰とするのに十分である。
> **第31条（関与の企ての中止）** ①任意に、一　他人をして重罪を行う決意させる企てを放棄し、かつ、他人が犯行に出る切迫した危険を回避した者、二　すでに重罪を行う旨を表明したが、その企てを放棄した者、または、三　重罪を約束し、若しくは重罪を行う旨の他人の申し出を受け入れた後、その行為を妨害した者は、30条（関与の未遂）によっては罰せられない。
> ②中止行為者の関与がなくても犯行がなされなかったとき、または、当該犯行が中止行為者の以前の態度とは無関係になされたときは、犯行を妨げる任意かつ真剣な努力があれば、その者を不可罰とするのに十分である。

なお、ドイツ刑法典には、共犯の中止に関する特別規定がある（同法24条2項）。そこでは、「複数の者が犯行に関与した」場合にも、離脱者がおこなった先行行為とは無関係にその後の犯行がなされたとき、「行為が既遂に達するのを妨げる任意かつ真剣な努力があれば、その者を不処罰とするのに十分である」とされる。また、教唆の中止未遂にあたる「関与の企ての中止」でも、従前の働きかけとは無関係に犯行がなされたとき、不可罰とされている（同法31条2項）。これらは、いずれも共犯関係の解消を明文化したものといえるが、わが国の刑法典には同種の規定がないため、未遂犯一般の理論を準用せざるをえない。

 1) 独立共犯とは、正犯の存在を前提としない構成要件であって、現行法上は、破防法38〜41条、爆発物取締罰則4条などの独立教唆罪がみられる。
 2) なお、対向犯では、収賄罪（197条以下）と贈賄罪（198条）のように、共犯者間で法定刑が異なる場合のほか、わいせつ物頒布等罪のように、対向者の一方だけが処罰される形態がある。
 3) 例えば、複数人相互が並列的に参加する場合である、大塚仁・刑法概説総論（第四版・平20）275頁、佐久間修・刑法総論（平21）342頁など参照。
 4) また、正犯者に従属して処罰される点で、教唆・幇助については、共犯従属性説が支

配的見解となった。これに対して、刑罰制限事由とみる近代学派にあっては、従属性を否定する共犯独立性説が唱えられた。従属的共犯は、直接実行者（正犯）を通じて間接的に犯罪の実現に寄与するため、共犯従属性説が採用されるべきである。刑法典上も「人を教唆して犯罪を実行させた」、「正犯を幇助した」と規定しており、正犯の存在を前提とする。

5) 大塚・前掲書 326 頁、佐久間・前掲書 344 頁など。
6) 団藤重光・刑法綱要総論（第三版四刷・平 7）373 頁、大塚・前掲書 281 頁、福田平・全訂刑法総論（第 5 版・平 23）252 頁、川端博・刑法総論講義（第 3 版・平 25）536 頁、大判明治 44・12・21 刑録 17 輯 2273 頁。
7) 大谷實・刑法講義総論（新版第 4 版・平 24）398 頁、佐久間・前掲書 346 頁。
8) もっとも、今日の犯罪共同説は、「意思の共同」を広く認めて、過失の共同正犯も肯定している。
9) 例えば、西田典之・刑法総論（第 2 版・平 22）397 頁、山口厚・刑法総論（第 2 版・平 19）302〜303 頁など。
10) 牧野英一・日本刑法上巻（重訂版・昭 12）677〜678 頁、木村亀二・刑法総論（増補版・昭 53）404 頁など。
11) 通説である。大塚・前掲書 290 頁、大谷・前掲書 399〜400 頁、山口・前掲書 300 頁、井田良・講義刑法学・総論（平 20）481、483 頁など。
12) なお、佐久間・前掲書 350〜351 頁参照。
13) ただし、西田・前掲書 336〜338 頁、山口・前掲書 296 頁は、混合惹起説も含めて因果的共犯論と呼ぶ。これに対して、純粋惹起説を主張されるのは、浅田和茂・刑法総論（補正版・平 19）407 頁、山中敬一・刑法総論（第 2 版・平 20）807 頁などである。
14) さらに、純粋惹起説を徹底すれば、最終的に正犯と共犯の区別は否定されるであろうし、正犯者が構成要件に該当しない場合にも、侵害結果の発生に決定的影響力を与えた共犯者だけが処罰されることもありうる（「正犯なき共犯」）。
15) 近年の有力説である準共同正犯説（準実行共同正犯論）は、共同正犯の「共犯性」を重視したものである。例えば、西田・前掲書 349〜350 頁など。
16) さもなければ、純粋な共謀だけを処罰する「共謀罪（コンスピラシー）」と同じになってしまう（独立教唆罪）。わが国でも、英米法でみられる「共謀罪」規定の導入が検討されたものの、学説上の批判が強かったこともあり、立法化は見送られた。
17) ただし、共謀共同正犯も広義の正犯の一種である以上、それぞれが正犯者として「共同」責任を負うため、教唆犯や従犯のような「従属性」は必要でない（大塚・前掲書 283 頁注 (15)）。
18) なお、嶋矢貴之「共犯の諸問題―共犯と錯誤、共犯の離脱、承継的共同正犯、共謀の射程」法時 85 巻 1 号（平 25）33 頁参照。
19) すでに単独犯における事実の錯誤でも指摘したように、事実的故意の存否と事実の錯誤論（既遂結果の帰属如何）は区別しなければならない。すなわち、共同実行の故意をめぐる事実認定論と、これにもとづく故意の存在を前提としつつ、共犯者間のくい違いを問題にする錯誤論は、およそ次元が異なるのである（本書 136 頁以下参照）。
20) 例えば、強盗犯人 A の暴行により気絶していた被害者から、A が立ち去った後で通行人 B が被害者のバックを持ち去る場合、およそ共同実行の意思と事実が欠けるため、A の強盗罪とは別に、B の窃盗罪が成立するだけである（大塚・前掲書 293 頁注 (7)）。
21) 多数説は、共犯においても、刑事責任の遡及を否定してきた。大塚・前掲書 294 頁、大谷・前掲書 418 頁など。
22) 木村・前掲書 408 頁、植松正・刑法概論 I 総論（再訂版・昭 49）354 頁、福田・前掲書

272頁。なお、藤木英雄・刑法講義総論（昭50）290〜291頁参照。
23) 一部肯定説として、大塚・前掲書294〜295頁、大谷・前掲書418頁、前田雅英・刑法総論講義（第5版・平23）498〜501頁、佐久間・前掲書368〜370頁など。いわゆる因果的共犯論にあっても、強盗罪や詐欺罪では承継的共同正犯を肯定してきた（西田・前掲書366〜367頁。なお、佐伯仁志・刑法総論の考え方・楽しみ方〔平25〕386〜387頁参照）。
24) 曽根威彦・刑法総論（第4版・平20）258頁、山口・前掲書350〜351頁、浅田・前掲書422頁など。なお、前田雅英「承継的共同正犯」警論66巻1号（平25）150頁は、強盗罪や強姦罪も暴行・脅迫と強取・姦淫に分割可能とされる。しかし、多数の判例は、強盗傷人罪（札幌高判昭28・6・30高刑集6巻7号859頁）、強姦致傷罪（東京高判昭和34・12・2東高刑時報10巻12号435頁）についても、承継的共同正犯を肯定してきた。なお、詳細については、大塚仁ほか・大コンメンタール刑法（5）（第2版・平11）224頁以下〔村上光鵄〕参照。
25) これに対して、松原芳博「共犯の処罰根拠・その2」法セ677号（平23）109〜110頁は、すべての複数行為を分割可能とみて、全部（一部）肯定説を批判している。しかし、本来的数罪である科刑上一罪と本来的一罪である詐欺罪や恐喝罪を同視するなど、構成要件上の違いを考慮していない。
26) 例えば、前田・前掲書498頁、十河太朗「承継的共犯の一考察」同志社法学64巻3号（平24）368〜369頁。
27) ただし、その余の量刑事情に照らすならば、原判決の量刑は不当でないとして、上告を棄却している。
28) 嶋矢・前掲法時85巻1号31〜32頁。他方、かりに負傷した被害者の逃亡・抵抗困難な状態を利用したとしても、それは加担後の暴行における動機ないし契機にすぎないとされる（本件最高裁決定を参照）。
29) 加担前の暴行による場合も含めた傷害罪の承継的共同正犯を肯定するのは、大阪地判昭和63・7・28判タ702号269頁、東京高判平成8・8・7東高刑時報47巻1〜12号103頁などである。また、先行者と後行者のいずれの暴行による傷害であるかが不明の場合にも、傷害罪の共同正犯が認められた（名古屋高判昭和50・7・1判時806号108頁）。他方、大阪高判昭和62・7・10高刑集40巻3号720頁は、積極的に利用する意思のもとに途中から加担した場合に限るとして、暴行罪の共同正犯にとどめている。
30) 豊田兼彦「傷害罪の共同正犯の成立範囲」法セ697号（平25）133頁など。
31) 前田・前掲警論66巻1号144頁は、同時傷害の特例が、加担前に発生した傷害結果にも承継的共同正犯を認める根拠になったとされる。しかし、こうした均衡論に対しては、承継的共同正犯は、少なくとも先行者に傷害結果を帰属できるため、いずれの暴行犯人も負責されない同時傷害の場合とは異なるとされる。例えば、前出大阪高判昭和62・7・10、西田典之・刑法各論（第6版・平24）47頁、山中敬一・刑法各論（第2版・平21）55頁、高橋則夫・刑法総論（第2版・平25）451頁、松宮孝明・刑法各論講義（第3版・平24）43〜44頁など。
32) なお、学説・判例では、同時傷害の特例を適用するものと（大阪地判平成9・8・20判タ995号286頁、前田・前掲警論52巻6号160頁以下、同・刑法各論講義〔第5版・平23〕51〜52頁、山口厚・刑法各論〔第2版・平22〕52頁、伊東研祐・刑法講義各論〔平23〕42頁など）、これを否定する見解が対立している（前出大阪高判昭和62・7・10、堀内捷三「承継的共犯（1）」刑法判例百選I総論〔第6版・平20〕169頁など）。
33) なお、山口・前掲総論47頁は、すでに正犯者の行為が終了した以上、教唆犯や従犯の成立する可能性もないとされる。
34) 例えば、高橋・前掲書446頁、井田・前掲書473頁、松原・前掲法セ677号108頁以

下。なるほど、因果的共犯論にあっては、最終的な結果発生に至る因果経過だけが重視されるため、実行行為が終了した後の承継的共同正犯も考えうるであろう。また、前田・前掲警論66巻1号151頁でも、先行者の暴行により抵抗不能になった被害者を発見した後行者が、先行者の立ち去った後で財物を持ち去る場合を掲げておられる。さらに、先行者の窃盗終了後にたまたま犯行現場へ来た知人が盗品の運搬を手伝った場合にも、窃盗罪の共犯が成立するかのような記述もみられる（松尾誠紀「事後的な関与と傷害結果の帰責」法と政治（関西学院大）64巻1号〔平25〕19頁注 (1)）。

35) なお、教唆犯は、正犯に先行する場合が想定されるため、ここでは従犯だけが問題となった。

36) なお、従属性の程度については、最小従属性説、制限従属性説、極端従属性説、誇張従属性説が対立してきた。今日では、正犯者の構成要件該当性と違法性を前提条件とする制限従属性説が通説である。例えば、大塚・前掲書287〜288頁、川端・前掲書552〜553頁、大判大正6・7・5刑録23輯787頁、最決昭和58・9・21刑集37巻7号1070頁など。

37) 高橋・前掲書447頁、井田・前掲書473頁、松宮孝明・刑法総論講義（第4版・平21）272〜273頁、照沼亮介・体系的共犯論と刑事不法論（平17）247頁など。

38) また、横浜地判昭和56・7・17判時1011号142頁は、承継的共同正犯と承継的従犯で、後行者の責任が及ぶ範囲について異なった取扱いをすべきでないとする。

39) ただし、中止犯では、終了未遂にあたる実行中止（終了中止）があるように、実行行為が終了した後の離脱も考えられる。

40) なお、実質的客観説として、大塚・前掲書171、253頁、大谷・前掲書365頁など。また、事後的判断による客観的危険説として、村井敏邦「不能犯」刑法理論の現代的展開・総論Ⅱ（平2）175頁や、既遂の具体的危険（結果）を要求する修正された客観的危険説として、山口・前掲書270〜271頁などがみられる。

41) そのほか、特別法違反として、覚せい剤の製造を企てた際、科学的根拠を有する方法であったが、製造工程中で用いた薬品の量が不足していたため、完成品が得られなかったときは、覚せい剤製造未遂罪となり、不能犯にはならないとされた（最決昭和35・10・18刑集14巻12号1559頁）。

42) 牧野・前掲書270頁、木村・前掲書362頁、前田・前掲書170頁など。

43) 団藤・前掲書363頁、大塚・前掲書259頁、福田・前掲書237頁、佐久間・前掲書335〜336頁など。

44) 例えば、大判昭和12・3・6刑集16巻272頁、福岡高判昭和61・3・6高刑集39巻1号12頁など、広義の後悔を考慮する判例も少なくない。なお、大塚仁ほか・大コンメンタール刑法(4)（第3版・平25）133頁以下〔野村稔〕参照。

45) また、窃盗犯人が目的物を発見できず、犯行の継続を断念した場合（大判昭和21・11・27刑集25号55頁）、強姦犯人が暴行を加えた後、具合が悪いという被害者の嘘を信じて犯行を思いとどまった場合も、中止犯にならない（札幌高判昭和36・2・9下刑集3巻1＝2号34頁）。

46) なお、中止犯では「その刑を減軽し、または免除する」とはいえ、可罰的違法性および可罰的責任が減少・消滅するにとどまり、刑を免除する際にも、一応犯罪は成立している。

47) 刑の減免を責任の減少・消滅や政策的見地からも説明する見解では、犯人自身による真剣な中止努力が必要とされる（通説・判例。大塚・前掲書261頁、大判昭和13・4・19刑集17巻336頁など）。

48) また、正犯者の中止未遂が、教唆者・幇助者にとって意外な出来事である場合にも、

障害未遂となる（大塚・前掲書346〜347頁）。
49) その嚆矢となったのが、大塚仁・刑法論集 (2)（昭51）31頁以下である。
50) ただし、共犯関係が解消された場合にも、なお予備罪は成立しうる（福岡高判昭和28・1・12高刑集6巻1号1頁は、強盗予備を認めた）。
51) これに対して、途中で離脱する共犯者が、犯行全体を主導した中心的人物である場合、たとえ着手前であっても、積極的な結果防止措置が求められる（松江地判昭和51・11・2刑月8巻11＝12号495頁など）。
52) ただし、中川深雪「刑事判例研究 (412)」本誌62巻11号（平21）191頁は、すでに住居侵入行為で強盗の着手を認めた判例とされる。
53) また、島田聡一郎「共犯からの離脱・再考」研修741号（平成22）5頁は、被告人の加功が、すでに侵入強盗を容易にする形で「客観化」されていた以上、それを解消しなかったならば、離脱が否定されるという。
54) 佐伯・前掲書391頁。しかし、着手前に離脱した場合、共犯関係の解消があったならば、およそ未遂犯も成立しないのに反し、着手後の離脱では、（中止）未遂に準じることになるため、着手の前後で区別する実益がなくなるわけでない。
55) 因果関係遮断説として、離脱後の発生事実に対する因果関係の有無に着目するのは、西田典之・共犯理論の展開（平22）243〜244頁、前田・前掲書543〜544頁などである。しかし、単独犯と同様、外形上の因果関係が中断しただけで未遂とみるのは、いったん共犯関係が生じたにもかかわらず、その後の「一部実行・全部責任の原則」を放棄することになってしまう。
56) 平野龍一・刑法総論Ⅱ（昭50）385頁、西田・前掲共犯理論の展開243頁など。
57) 同旨、大谷・前掲書470頁。また、島田・前掲研修741号11頁以下は、こうした共犯関係の解消を「別個の犯罪事実」として説明する。これに対して、共犯関係からの離脱と共犯関係の解消を、単なる事実の問題と法的評価の問題として区別するのは、豊田兼彦「共犯からの離脱」法学教室359号（平22）26頁である。
58) ただし、裁判所は、同時傷害の特例を適用している。
59) 島田・前掲研修741号6頁も、「因果性を肯定する方が素直な結論」とされる。
60) そのほか、規範的に「遮断」するという見解もあるが（前田・前掲545頁、山中・前掲書960頁、井田・前掲書505頁）、その判断基準は明らかではなく、少なくとも単独犯で用いた因果関係論と同列に論じることはできないであろう。
61) なお、離脱者が適切な結果防止措置を講じていなければ、先行行為に基づく不作為犯として、その後の犯行に対する責任を問うことも考えられるが、かりに離脱時の危険性を認識しなかったならば、故意責任は問いえないであろう。
62) 大塚・前掲書347頁注 (28)、松宮・前掲総論317頁。
63) ただし、大塚・前掲書350頁は、共犯の従属性に着目して、真剣に犯罪完成を阻止しようとしたならば、その責任減少にも配慮しつつ、障害未遂に準じた処理が可能とされる。

第15講

共犯と未遂・離脱（その2）
―― 不作為の幇助と中立的行為

Solicit and Aid in compare with Criminal Solicitation

Ⅳ 従属的共犯としての教唆・幇助

1 教唆犯の成立要件

　現在、共犯事例の大多数が共同正犯であるため、教唆犯や従犯の事例はごく少ない（本書292頁の円グラフを参照されたい）。特に教唆犯では、事前に相互の意思連絡があった場合、たとえ実行行為を分担しなくても、共謀共同正犯と認定されやすい（例えば、最決平成16・3・22刑集58巻3号187頁）。もっとも、正犯者は教唆があったことを自覚する必要はなく、片面的教唆もありうる[1]。また、過失の正犯が成立するとき、これを「そそのかした」ならば、教唆犯となる。さらに、XがYに対し、脱税にかかる詳細な証拠偽造の計画を提案した後、これを聞いたYが提案者のXに犯行を依頼することで、Xが初めて決意を固めたならば、Yは証拠偽造罪の教唆にあたる（最決平成18・11・21刑集60巻9号770頁）。

　教唆とは、およそ正犯者に特定の犯意を生じさせる行為である（**犯罪共同説**）。具体的には、依頼・嘱託・誘導・懇願などがあり（最判昭和26・12・6刑集5巻13号2485頁）、黙示的な方法でもよい（大判昭和9・9・29刑集13巻1245頁）。共同正犯の場合には、共謀ないし共同実行の意思として、相互的な意思連絡が必要であるため、片面的共同正犯は認められないが[2]、教唆犯では、正犯者が何らかの働きかけを認識していればよい（片

面的教唆）。

つぎに、教唆行為と正犯の実行の間には因果関係が必要である（**教唆の因果性**。最判昭和25・7・11刑集4巻7号1261頁）[3]。従属的共犯の一種である以上、正犯者による実行の着手が犯罪成立要件となる（**実行従属性**）。しかも、正犯行為は、構成要件に該当する違法な行為でなければならない（**制限従属性説**）。他方、教唆の故意として、教唆者が正犯の完成まで認識・認容している必要はない（**不法共犯論**）[4]。たとえ正犯者の失敗（未完成＝未遂）を想定していた場合にも、教唆の故意が認められる（**未遂の教唆**）。

2 従犯の成立要件

従犯（幇助犯）は、正犯行為を促進・助長する場合である。具体的には、正犯者に凶器を貸与したり（大判昭和15・5・9刑集19巻297頁）、犯人を激励して犯意を強化する場合が考えられる（大判大正6・5・25刑録23輯519頁、大判昭和2・3・28刑集6巻118頁、大判昭和7・6・14刑集11巻797頁）。過去の判例では、贈賄者に賄賂となる金品を提供した事例（大判大正10・5・7刑録27輯267頁）、詐欺を計画した犯人に被害者を紹介した事例（大判昭和8・8・10刑集12巻1420頁）、殺人の実行犯に対して「そのくらいでやってやれ。礼金は引き受けた」と助言することで、謝礼目当てに殺人を実行させた事例があった（最大判昭和25・7・19刑集4巻8号1463頁）。

従犯では、客観的にみて正犯の遂行を容易にすればよい（**幇助の因果性**。大判大正2・7・9刑録19輯771頁）。また、教唆犯は正犯の行為より先行するが、従犯の場合、正犯の着手前だけでなく（予備的従犯。大判大正6・7・5刑録23輯787頁）、実行途中で関与することも可能である（随伴的従犯。大判明治42・9・20刑録15輯1139頁）。なお、相互的な意思連絡は不要であり（大判大正14・1・22刑集3巻921頁）、片面的幇助も認められる[5]。ただし、精神的幇助の場合（**無形的従犯**と呼ばれる）、たとえ一方的な行為であっても、正犯者が従犯者による助言や推奨を認識したことが必要である。

V　過失犯に対する教唆・幇助

1　過失の共犯と責任原則

　過失犯に対する（故意の）教唆とは、故意に他人をそそのかして、過失の正犯を惹起することである。犯罪共同説によれば、教唆犯は特定の犯意を惹起する行為であり、従犯は（故意の）正犯を促進・強化するものとして、**過失犯に対する教唆・幇助**は否定されてきた[6]。これに対して、行為共同説では、複数の人間が共同して犯罪を実現するかぎり、共犯の成立が可能と考えるので、過失犯に対する教唆・幇助も成立する。だが、犯罪共同説にあっても、正犯者の「犯意を招来した」というとき、故意犯だけに限られない。例えば、運転者の脇見運転に気づいた同乗者が、あえて声高に話しかけることで、さらに運転者の注意を逸らして衝突事故を引き起こす場合のように、過失犯（自動車の運転により人を死傷させる行為等の処罰に関する法律5条参照）に対する従犯が成立しうる[7]。

　今日、学説の多数は、過失犯を促進・助長した場合（幇助）、犯人自身の注意義務違反に着目して（過失の）単独正犯を認めたり[8]、**過失犯に対する教唆**を、過失の正犯（故意のない道具）を利用した間接正犯に問うものがある。しかし、前者の見解は、背後者が故意を有する事実を考慮していない。そこで、一部の見解は、共犯者に殺意があるとき、正犯者が過失致死罪にとどまった場合にも、各関与者を相対的に捉えつつ、殺人罪の幇助になると説明する[9]。だが、そこでは、**（故意）正犯のない共犯**を認めており、共犯の従属性に反する。また、後者の見解では、単なる激励や助言などのように、間接正犯の利用行為にあたらない場合が脱落してしまう。正犯としての実行行為性はなくても、なお共犯は成立しうるのである[10]。

過失の共犯は認められるか？

```
【共犯者 1】【共犯者 2】    【法的処理】
 故意犯 と 故意犯 ⟶ 共同正犯が成立する（典型例）
 故意犯 と 過失犯 ⟶ 片面的共同正犯 共犯不成立（共通の犯意がない）
 過失犯 と 故意犯 ⟶ 片面的共同正犯 共犯不成立（共通の犯意がない）
 過失犯 と 過失犯 ⟶ 過失の共同正犯 共犯不成立→成立（現在の通説・判例）

 【狭義の共犯】    【正犯者】    【法的処理】
 故意の教唆・幇助   故意の正犯 ⟶ 肯定（典型的な共犯事例。61、62条）
              過失の正犯 ⟶ 肯定（否定説→故意のない道具を使った
                              間接正犯とみる）
 過失の教唆・幇助   故意の正犯 ⟶ 否定（←38条1項）
              過失の正犯 ⟶ 否定（←38条1項）
```

たとえ正犯者が過失犯であっても、そこには不注意な意思決定による実行行為があり、共犯者の（教唆・幇助）行為によって、犯意の惹起または強化が認められる。すでに通説・判例は、相互に不注意な態度を共有する過失の共同正犯を肯定しており（最判昭和28・1・23刑集7巻1号30頁など）、そこでは、**不注意な行為をする共同（実行）の意思**が存在することになる。その意味で、正犯（者）意思の喚起または助長は、故意犯に対する場合に限られない。正犯者に過失行為を決意させたならば、まさしく教唆による「犯意」の形成があったとして、過失犯に対する教唆となる。

2 危険運転致死傷罪の従犯

かようにして、正犯者の危険な過失行為を促進したとき、**過失犯に対する幇助**が認められる。最近、結果的加重犯の従犯として、職場の後輩（正犯者）がアルコールの影響により正常運転が困難な状態であることを認識しながら、先輩である同乗者（共犯者）が自動車の発進を了解し、危険運転を黙認し続けた行為について、（旧）危険運転致死傷罪の幇助を肯定したものがある（最決平成25・4・15刑集67巻4号437頁）。

危険運転致死傷罪に対する共犯　運送会社に勤務する運転手のA（当時45歳）とB（同43歳）は、同じ会社の後輩であるC（同32歳）と飲食店で飲酒したとき、Cが高度に酩酊した様子を認識しながら、さらに飲酒を続ける意図で別の場所に移動しようとした。その際、Cの乱暴な運転ぶりに危惧を覚えたにもかかわらず、目当ての店が開店前であったため、Cが付近の道路を走ろうと提案したとき、これに応じて当該車両を発進・走行させた。Cは、アルコールの影響により正常運転が困難な状態で対向車線に進出し、複数の対向車に衝突させて、対向車のドライバーらを死傷させたものである。

裁判所は、刑法208条の2第1項前段（犯行当時）にいう危険運転致死傷罪の正犯者が運転を開始するにあたり、職場の「先輩であり、同乗している被告人両名の意向を確認し、了解を得られたことが重要な契機となっている一方、被告人両名は、Cがアルコールの影響により正常な運転が困難な状態であることを認識しながら」、「そのCの運転を制止することなくそのまま本件車両に同乗してこれを黙認し続けた」以上、「被告人両名の了解とこれに続く黙認という行為が、Cの運転の意思をより強固なものにすることにより、Cの危険運転致死傷罪を容易にしたことは明らかであ」るとした（前出最決平成25・4・15）。

3　道交法違反との関係

従来から、飲酒運転の同乗者については、道路交通法上の酒気帯び運転罪の幇助とされてきた（例えば、最判昭和54・11・1裁判集刑216号243頁、札幌高判平成17・8・18高刑集58巻3号40頁など）。しかし、道交法違反では、同乗者が右左折の指示を出したり、酒気帯び状態の者に運転を代行させるなど、積極的な働きかけがあった場合を想定している。上記の事案では、「自己を運送することを要求し、又は依頼して」おらず（同法117条の2の2第5号、117条の3の2第3号、65条4項参照）、道交法上の犯罪にあたらない以上、危険運転の従犯たりえないとする批判がある[11]。だが、道路交通法規が酒気帯び運転に関連する行為（車両等提供罪、酒類等提供罪、同乗罪）を処罰したのは、いずれも飲酒運転等に伴う道路交通の危殆化を防止するためであり、人身犯罪である危険運転致死傷罪とは立法目的や保護法益が異なる。したがって、道交法違反でないことが、ただちに危険運転致死傷罪の幇助を排除するわけではない。

危険運転致死傷罪は、故意の危険運転を基本犯とする**結果的加重犯の一種**とされる[12]。この犯罪構成要件は、平成13年の刑法一部改正で創設された後、平成16年および平成19年の法改正を経て、平成25年には、特

別法である「自動車の運転により人を死傷させる行為等の処罰に関する法律」の中に規定された（平成26年5月施行）。いわゆる危険運転の中には、酒酔い運転や暴走運転のほか、逆走や幅寄せなどの暴行・傷害に匹敵する行為が含まれており、これらはいずれも故意犯である。そうした故意基本犯から重大な死傷結果が発生したとき、通常の過失致死傷罪よりも著しく刑が加重される点で、**故意の基本犯と過失の結果犯が結合した犯罪類型**とされるのである。

4　結果的加重犯に対する教唆・幇助

およそ刑法が、責任主義を採用する以上、狭義の共犯であっても、故意犯が原則となる（38条1項）。したがって、過失による教唆・幇助を処罰する明文規定がない以上、教唆・幇助の故意が欠ける場合は不可罰である[13]。例えば、犯罪の実行を逡巡している（正犯）者に対し、不用意な発言をすることで、予想外にも犯罪意思を確定ないし強化させたとき、当該関与者にはその旨の認識・認容が欠ける以上、過失による（狭義の）共犯は成立しない。犯罪共同説では、明文の処罰規定がある過失の正犯（共同正犯を含む）と異なり、刑罰拡張事由である従属的共犯については、過失犯を処罰する刑法上の定めがないからである。

しかし、学説の多数は、結果的加重犯の加重結果に過失を要求するため、結果的加重犯に対する共犯の場合、その限度で、**過失正犯に向けた過失の共犯**（**教唆・幇助**）を認めざるをえない[14]。上述したように、過失による教唆・幇助は不可罰であっても、結果的加重犯の共犯では、故意の正犯（基本犯）に対する故意の教唆・幇助が先行するため、単なる過失の共犯ではないと考えられる。むしろ、あえて故意犯（危険運転）を教唆・幇助した以上、そこから派生した加重結果も含めて犯行全体に対する従属的共犯が成立し、正犯者が惹起した死傷の事実も負担するのである[15]。

5　不作為の幇助と作為の幇助

さて、上述した危険運転致死傷罪の事例では、同乗者は危険運転を了解・黙認しただけであり、これに起因する死傷結果の発生を幇助したといえるであろうか。単に「相当高度の作為義務を負って」おり、「本件車両

の走行を止めるよう指示、説得することは可能かつ容易であった」としても、そのことが、ただちに作為の幇助となったり（第1審判決）、「その了解・黙認が処罰に値する実質が備わった幇助行為と認められ」るというのでは（原審）、十分な理由づけとはいえない。また、最高裁決定は、同じ職場の先輩と後輩の関係から、飲酒運転を了解しつつ同乗することで黙認し続けた事実が、危険運転致死傷罪の幇助にあたると結論づけたが、こうした同乗者の言動が、作為または不作為のいずれにあたるかも不明である。かりに不作為の幇助とみるならば、AとBには、同僚の運転手として危険運転を止めさせる相当高度な作為義務があり、容易にCの飲酒運転を阻止できた場合でなければならない。しかし、それだけで作為の幇助と同視してよいかは疑問である。

　不作為犯の場合、**共同正犯（広義の正犯）と狭義の共犯（教唆・幇助）の区別**が難しい[16]。しかも、上記の事案における「了解と黙認」という事実は、運転者であるCの決意を喚起しただけでなく、心理的に強化したとみることもできる。したがって、教唆と幇助の限界も不明確である。最高裁が述べるように、Cにとって、AとBの「了解を得られたことが重要な契機となっ」たならば、上述した最高裁平成18年決定と対比するとき、むしろ、教唆犯を認める余地も残るからである[17]。それにもかかわらず、最初から一定の心理的因果性を前提とするならば、結論の先取りになりかねない。

VI　不作為犯における正犯と共犯

1　不作為犯における因果性

　不作為の共犯では、いずれも進行する因果経過を放置していたにすぎない。例えば、同居の愛人（正犯者）が自分の子ども（要保護者）を虐待するのを知りながら、母親である作為義務者が黙認したとき、不作為の共同正犯または不作為の幇助のいずれであろうか。後述する児童虐待事件では、**傷害致死罪の従犯**が肯定された（札幌高判平成12・3・16判時1711号170頁＝判タ1044号263頁）。これに対して、他人による要保護者の殺害を傍観した

とき、保護責任者には**不作為の殺人幇助**を認める見解もある[18]。さらに、黙示の共謀による不作為の共同正犯（または単独正犯）が成立する余地もないわけではない。

　従来、**正犯と共犯の区別**をめぐっては、いわゆる客観説の中でも、犯罪実現の危険性を重視する見解が多数説であった[19]。他方、一部の学説は、作為義務違反の見地から、規範命令の第一次的な受命者を不作為の正犯、第二次的な受命者を不作為の共犯とみている[20]。なるほど、幇助それ自体は、正犯者の実行にとって必要不可欠なものでないが（大判大正2・7・9刑録19輯771頁、大判大正11・10・6刑集1巻530頁）、因果的側面に着目するだけでは、（共同）正犯と共犯（従犯）を区別するのは困難である。他方、もっぱら規範的見地から説明するならば、不作為による正犯（実行行為）と従犯（幇助行為）の事実的差異を軽視するおそれがある。

2　不作為による教唆と幇助

　およそ教唆行為が、他人（正犯者）に働きかけて犯意を喚起するものである以上、**不作為による教唆**は否定される[21]。例えば、不良息子が犯行計画を練っているのを知った母親が、そのまま放置することで犯意を決定づけた場合、たとえ近親者であっても、各人が独立した人格を有する以上、一般的な犯罪阻止義務があるわけではない[22]。他方、生活苦にあえぐ未婚の母親をそそのかして、生まれたばかりの乳児を餓死させたならば、**不作為犯に対する教唆**が認められる[23]。

　これに対して、**不作為による幇助**は、広く認められてきた（通説・判例）。およそ従犯は、正犯の実行を促進するにとどまり、犯罪の実現にとって必要不可欠な存在でない。したがって、幇助者が正犯の遂行を確実に阻止できたことは必要でなく、法的な作為義務を負う者が、正犯者の違法行為を黙認したならば、不作為による従犯が成立するからである。例えば、選挙長が投票干渉を制止しなかった場合（大判昭和3・3・9刑集7巻172頁）、ストリップ劇場の責任者が公然わいせつ行為を放任していた場合、公職選挙法違反および公然わいせつ罪の従犯とされた（最判昭和29・3・2裁判集刑93号59頁）。

3 不作為犯の成立範囲

しかし、不作為の幇助を安易に認めるならば、刑罰拡張事由である従属的共犯の領域を不当に拡張することになりかねない。過去、不作為による従犯を否定した判例も少なくない[24]。もっとも、内縁の夫による児童虐待を制止しなかった実の母親が、**傷害致死罪に対する不作為の幇助**と認定された例がある（前出札幌高判平成12・3・16）。なるほど、第一審は、不作為犯の成立範囲を限定する趣旨から、内縁の夫の暴行を確実に阻止できることを必要条件としたため、自らも暴行を受けるおそれがあった母親には、実力による阻止が困難であったとした（釧路地判平成11・2・12判時1675号148頁）。その際、同事件では、従犯としての保障者的地位や作為義務の履行可能性など、不真正不作為犯の成立要件が争われる一方、（不作為の）共同正犯と従犯の違いも問題になった[25]。

児童虐待における不作為の幇助 甲（母親）は、元夫との間に生まれたAおよびB（当時3歳）の親権者かつ監護者であるが、AとBを連れて愛人の乙（正犯者）と同棲していた際、乙がしばしば「せっかん」と称して、Aらに暴行を繰り返した。しかも、ある日、乙がBの顔面や頭部を殴打して転倒させたとき、何らの措置を採らずに放置した結果、Bは、硬膜下出血およびくも膜下出血等に伴う脳機能障害により死亡した。
第一審（釧路地裁）は、不作為の幇助について「犯罪の実行をほぼ確実に阻止し得たにもかかわらずこれを放置したこと」を成立要件としたため、実力による阻止が著しく困難であったとみて無罪を宣告した。しかし、控訴審（札幌高裁）は、「ほぼ確実に阻止し得た」ことまでは必要でなく、例えば、AとDの側に近寄って暴行を加えないように監視するなど、結果回避のために容易かつ可能な方法があった以上、乙が暴行を始めようとしたのを認識したとき、「直ちに右暴行を阻止する措置を採るべきであり、かつ、これを阻止してDを保護することができたのに、何らの措置を採ることなく放置し、もって乙の前記犯行を容易にしてこれを幇助した」と認定した。すなわち、「被告人の作為義務の程度が極めて強度であり、比較的容易なものを含む前記一定の作為によって乙のBに対する暴行を阻止することが可能であったことにかんがみると、被告人の行為は、作為による幇助犯の場合と同視できる」として、傷害致死罪の幇助を認めたのである（前出札幌高判平成12・3・16）。

まず、①親権者である甲には、Bの死亡原因となった乙の暴行を止める義務があった（作為義務）。また、②実際にも当該暴行を阻止できたところ（作為の可能性）、③何らの措置をとることなく放置していた（作為義務違

反）。そうした態度は、客観的に乙の犯行を容易にする一方（幇助行為）、④甲には、自らの行動が乙の虐待を促進する旨の認識・認容もあった（幇助の故意）。さらに、⑤甲以外にBを守る人間がなく、家庭内という閉ざされた状況下で、従来から乙の機嫌を損じないよう、甲自身もBを殴打するなどの事情があったため、作為による幇助と等価値とみなされたのである（作為犯との等価値性）。

4　不作為犯における等価値性

かりに甲・乙間で共謀が存在したならば、傷害致死罪の共同正犯も成立しうるであろう。また、日常的に虐待を繰り返したことで、乙（の作為犯）に対する不作為の共同正犯や、甲単独による傷害致死罪の成否を論じる余地もないわけではない[26]。しかし、不作為の共同正犯では、作為犯としての傷害（致死）に匹敵する実態が必要となる（**作為との等価値性**）。また、主観的にも、暴行に伴う傷害の事実を認識・認容していなければならない。なるほど、**不作為の共同正犯と従犯の違い**は、共同実行の意思による実行の一部分担であるか（共同正犯）、それとも、せいぜい正犯行為を促進したかによる（従犯）。しかし、不作為によって作為犯の実行を分担する具体例は、かなり限られるであろう（例えば、東京高判平成20・10・6判タ1309号292頁）。また、上記の虐待事件では、そもそも相互的な意思連絡が欠けるため、せいぜい、片面的共犯（幇助）となるにすぎない[27]。

これに対して、**不真正不作為犯における保障者的地位**を一種の身分とみるならば、監護権者である母親は、常に身分者として正犯になるであろう（一元説）[28]。しかし、たとえ保障者であっても、監護権者がみずから殺人を計画した場合と、第三者による子供の虐待を傍観する場合では、その作為義務の内容が異なってくる。その意味で、身分者が常に共同正犯になるわけでなく、作為義務の前提となった事実関係に加えて、当該犯人の関与の仕方を考慮しなければならない。他方、一部の学説は、当該結果の発生を阻止するための「ポジティブな義務」と「ネガティブな義務」に分類したり、排他的支配領域性などのあいまいな概念で説明しようとするが、これでは「結論の先取り」になりかねない[29]。

また、学説の中には、法的な作為義務の基礎となる人間関係を軽視し

て、法益侵害の危険性だけに着目するため、義務違反の内容や程度など、重要な事実を見落とすことが少なくない。なるほど、不作為の因果関係は、作為義務を履行したとき「十中八、九」当該結果を避けえたという規範的判断を含まざるをえない。しかし、その他の構成要件要素まで過度に規範化するとき、不真正不作為犯の事実的基礎を掘り崩すことになろう。上述した危険運転致死傷罪の従犯でも、被告人らの作為義務違反が争われたが、同じ職場の先輩と後輩という人的関係に加えて、了解・黙認しつつ自動車に同乗した事実なども踏まえて、従犯としての可罰性を検討するべきである。

VII 犯罪論の基礎と応用
―― 共犯の因果性と中立的行為

1 日常的取引と共犯

　第14講における承継的共同正犯や共犯関係の解消では、共犯の因果性が問題となっていた。しかし、実際の事件処理にあって重要なことは、どの部分の因果性に着目するかである。教唆犯の場合、正犯者の犯意形成に向けた因果関係がなければならない。しかし、従犯では、正犯の実現可能性を高める場合もあるが、本来、正犯の遂行にとって必要不可欠なものでない[30]。また、従属的共犯は、実行従属性を前提にするとはいえ、従犯の場合、せいぜい、正犯行為を促進・助長すれば足りる（**不法共犯論**）。なるほど、近時の多数説は、正犯の結果（法益侵害・危険）に向けた因果性を要求するが（**因果的共犯論**）、従犯の場合、正犯の結果についてはもちろん、正犯行為に対しても、「A（幇助）がなければ、B（正犯行為・結果）がなかった（条件公式）」という因果関係は認められない[31]。

　なぜならば、すでに犯行を決意した正犯者を対象とする以上、たとえ幇助行為がなくても実行行為に至るからである。幇助の因果性をめぐる同様な問題は、日常的取引の一環として犯行に加担した場合にも生じる（**中立的行為による幇助**）。具体的には、①殺害の現場まで犯人を運んだタクシー運転手が、偶然に犯行の事情を認識していた場合、②工具店の主人が侵入盗

に利用されるのを知って、バールなどの侵入用具を販売した場合、③脱税の目的に使われるのを認識しつつ、会社の事務員が裏帳簿を作成した場合、④犯罪収益であることを知って、銀行員が海外送金事務を担当した場合、⑤同じく銀行員が、犯罪の準備資金を提供した場合などが考えられる[32]。

2　仮定的代替要因と幇助の因果性

いずれの事例も、通常の商取引であるかぎり、犯罪の遂行とは無縁であり、その意味で「中立的行為」と呼ばれる。しかし、①～⑤の行為が、実際には正犯者の実行を促進・助長している以上、幇助の故意さえあれば、従犯の成立を否定する理由はない。そこで、一部の学説は、いわゆる**仮定的代替要因**を持ち出して、当該行為の因果性（危険増加）がなかったと説明する。すなわち、高度の蓋然性をもって他の代替手段が考えられるならば、危険の増加（**共犯の因果性**）を否定するのである。また、当該行為を禁止した場合にも、法益保護（構成要件的結果の回避）に役立たないならば、共犯としての因果性がないという主張もみられる[33]。

しかし、どのような場合に高度の蓋然性があったかは不明であり、実際、侵入盗にバールなどを提供する事例では、他の工具店でも簡単に購入できるとして因果性を否定する一方、侵入用の梯子を調達する事例では、正犯者が同時刻に確実に入手できたか否かの厳格な基準を用いて因果性を肯定するため、理論上も一貫しない[34]。なるほど、日常的取引では、その者が「正犯の存在とは無関係に、いかなる人間に対しても当該行為をする」といえなくもない。しかし、およそ幇助行為では、正犯行為（または結果）に対する条件関係がないので、中立的行為の場合にのみ仮定的条件を付け加えて、厳格な因果性を要求するのは疑問である。むしろ、実際に提供した道具が犯行に利用された以上、幇助犯にあっても、現に発生した正犯（の事実）に対する因果性を認めなければならない[35]。

3　商取引における中立的幇助

これまでの判例は、日常取引であっても、従犯の成立を肯定してきた。例えば、鶏販売業者が闘鶏賭場に利用するのを知りながら、軍鶏を売り渡したとき、賭博場開帳図利罪の従犯となり（大判昭和7・9・26刑集11

巻 1367 頁)、賭博場開帳のために居宅を提供した場合（大判大正 2・7・9 刑録 19 輯 771 頁）、贈賄者に賄賂となる資金を提供した場合（大判大正 10・5・7 刑録 27 輯 267 頁)、いずれも幇助犯とされた。また、いわゆるマントルないしホテルの経営者から依頼されて、広告代理店経営者が宣伝用のチラシを販売したり、新聞広告に掲載した場合には、売春周旋目的誘引罪の従犯が成立する（売春防止法 6 条 2 項 3 号違反。大阪高判昭和 61・10・21 判タ 630 号 230 頁、広島地判昭和 62・10・9 判タ 660 号 246 頁)。

ピンクチラシ事件　印刷業者の X は、ホテトル経営者から依頼されたピンクチラシの宣伝用小冊子を作成・交付した。X は、すでに警察の担当者から何度も事情聴取を受けており、売春防止法違反の幇助にあたると警告されたほか、正犯者らが幇助を隠ぺいすると約束していた事実などが認められる。裁判所は、「幇助犯としての要件をすべて満たしている以上、印刷が一般的に正当業務行為で」って、かつ、「売春の周旋に関して特別の利益を得ていな」くても、売春防止法 6 条 1 項違反（売春周旋罪）の責任を問いうるとした（東京高判平成 2・12・10 判タ 752 号 246 頁)。

これに対して、従犯の成立を否定した判例もみられる。例えば、正犯者である特別徴収義務者（売り主）から軽油を購入した取引相手（買い主）は、かりに売り主の軽油引取税不納入の意図を推知したとしても、自己の犯罪を実現したとはいえず、共同正犯にあたらないとした（熊本地判平成 6・3・15 判タ 863 号 281 頁)。同判決では、売り主と買い主の行為は「必要的共犯類似の関係に立つ」ところ、現行法には、事情を知る取引相手を処罰する規定がない以上、共同正犯はもちろん、「原則として教唆犯及び幇助犯としても処罰すべきでない」と述べている（傍点は、筆者による)。

4　客観的要素と主観的要素

幇助の因果性は、現に正犯行為を促進したか否かの問題であるため、たとえ正犯者が他のルートで凶器を調達できたとしても、そうした仮定的事情を考慮すべきでない。仮定的条件を付加することは、すでに（単独犯の）因果関係では禁じられていた（本書 161 頁以下参照)。かりに仮定的代替要因をもち出すならば、積極的に犯行に加担した場合にも、共犯の因果性が否定されてしまう。例えば、金物店の前で激しい喧嘩をしている一方が「ぶっ殺してやる」と叫びつつ、店主に庖丁を「売ってくれ」と言った場

合、その応諾と売却が「日常的取引」にあたるとしても、刑法上は到底許容されないであろう。また、当該犯人に幇助の故意さえあれば、正犯者と幇助者が事実認識を共有する必要はないのである（片面的幇助）。

かようにして、因果論的見地からは、**中立的行為の処罰範囲**を明らかにできないため、犯人の主観面から絞り込もうとする見解がある。例えば、犯人に確定的故意がある場合に限るなど、故意の認定を厳格化するものがある[36]。なるほど、後述するウィニー事件では、主観的要素による処罰範囲の限定が問題になった。しかし、当該幇助者には、犯罪に利用される旨の未必的な認識があったにもかかわらず、**価値中立的技術**であることをもって、正犯事実について蓋然性の認識まで要求するべきであろうか。そもそも、内心の事情だけで処罰範囲を左右するのは、主観主義に陥るおそれがある。また、中立的行為についてのみ、現行法の規定を超えた特別な故意を要求するのは疑問である。

ウィニー事件をめぐる判例　甲は、ファイル共有ソフトである「Winny（ウィニー）」の開発者であるが、同ソフトを改良したうえで、自己のウェブサイトにその最新版を公表することで、インターネットを利用する不特定多数人に提供した。正犯者のAとBは、それぞれ別個に同ソフトをダウンロードして、著作権者の許諾がないまま、テレビゲームや映画のコンテンツを不特定多数の利用者に自動公衆送信をしうる状態にしたため、上記著作物に対する公衆送信権侵害により、著作権法違反で有罪判決を受けた（京都地判平成16・11・30判時1879号153頁）。そこで、甲がウィニーを公開・提供して正犯を促進した点で、著作権法違反の幇助にあたるかが争われた。
　最高裁は、原審が、インターネット上で不特定多数人に対して価値中立的ソフトを提供した事実を過大視して、積極的に犯行を勧めるなどの限定を付したのは、「十分な根拠があるとは認め難く、刑法62条の解釈を誤ったもの」とした。その上で、ウィニーというソフトが、適法なファイル交換の用途だけでなく、著作権侵害という違法な用途にも利用できること、その判断は個々の利用者に委ねられていたことから、これを提供した行為が幇助にあたるかどうかは、「一般的可能性を超える具体的な侵害利用状況が必要であり、また、そのことを提供者においても認識、認容していることを要する」とした（最決平成23・12・19刑集65巻9号1380頁）。

なるほど、客観的にみてウィニーの提供が中立的行為でないのであれば、最高裁決定のように、被告人の主観的態度に着目して幇助犯の成否を検討することになる。その際、例外的でない頻度で著作権侵害（正犯）に利用されている状況下では、その事実を知りつつ提供を継続した場合、当

該犯人には従犯が成立するであろう[37]。他方、犯人の主観的認識に依存するのを避けて、幇助行為の客観的危険性で絞り込むとしても、控訴審判決のように、積極的に違法利用を勧めた場合に限定するのは行き過ぎである。そのほか、当該行為が結果惹起の危険を高めたとか、許されない危険の創出にあたるなどの説明は、いずれも結論を言い換えたに等しく、十分に説得力のある根拠ではない[38]。

5　犯罪目的に特化した道具？

もちろん、日常的取引において、自らの行為が正犯を誘発する旨を漠然と予見しただけでは、正犯（行為・結果）に対する促進的作用を認識・認容したとはいえない。他方、上述した「中立的行為」の概念が、共犯の成否を決定する判断基準たりえないとして、客観的にも「価値中立的な客体（道具・技術）」は存在するのであろうか。拳銃や日本刀のように、もっぱら殺傷目的で製造された道具がある一方、常に犯罪者の利用と無縁な事物が存在するわけではない。

これに対して、速度違反自動監視装置の写真撮影を困難にするナンバープレートカバー（ウイザード）を製造・販売した行為は、道交法違反（同法118条1項1号、22条1項）の幇助とされた（大阪地判平成12・6・30高刑集53巻2号103頁）。犯人は、もっぱら道交法の規制を免れる目的でカバーを製造しており、それ以外の用途は考えにくいためである[39]。同様にして、自動車に搭載された盗難防止システム（イモビライザー）を無効化する機器（イモビカッターまたはキーメーカー）も、もっぱら自動車盗に利用される道具といえよう[40]。

かようにして、犯罪目的に特化した物品がある一方、たとえ「性質上の凶器」に分類される場合にも、日本刀や銃火器が常に犯罪に使用されるわけではない。例えば、警察官の犯罪抑止目的や正当防衛の意図で用いる場合には、適法な手段の一部となるのであって、客体の属性だけでは決まらないのである。換言すれば、その道具・技術が価値中立的なものであったとしても、これを提供ないし利用する意図や状況に応じて、共犯の成否が決定されるため、文字通りの意味で「価値中立的」なものは存在しないことになる。刑法上、もっぱら犯罪目的で使用される道具とそうでない道具

を、一義的に区別することはできないであろう[41]。

1) 大塚仁・刑法概説総論（第四版・平20）315頁、大谷實・刑法講義総論（新版第4版・平24）438頁、川端博・刑法総論講義（第3版・平25）592頁、前田雅英・刑法総論講義（第5版・平23）508頁、山口厚・刑法総論（第2版・平19）347頁など。かりに相互的な教唆の認識が必要とすれば、その多くが意思連絡（共謀）になってしまう。また、これに反対する見解は、広く片面的幇助を認める態度と符合しない。これに対して、斎藤信治・刑法総論（第6版・平20）268頁は、片面的教唆ではなく、従犯として処理する。
2) すでに第14講で述べたとおりである。大塚・前掲書292～293頁、福田平・全訂刑法総論（第5版・平23）270頁、大谷・前掲書434頁、佐久間修・刑法総論（平21）374～375頁、大判大正11・2・25刑集1巻79頁など。
3) 例えば、いったん教唆により犯意を生じたものの、その後これを放棄し、数年後になって新たな犯意で犯行に及んだならば、教唆犯は成立しない。
4) 実行認識説である（団藤重光・刑法綱要総論〔第三版四刷・平7〕406頁、前田・前掲書512頁など）。これに対して、因果的共犯論では、正犯の完成（法益侵害）を認識・認容しなければならず（結果認識説）、未遂の教唆は不可罰となる。実際には、おとり捜査やアジャン・プロヴォカトゥール（陥穽教唆）などが考えられる。
5) 通説・判例である。例えば、団藤・前掲書414頁、大塚・前掲書320頁、大谷・前掲書445頁、前田・前掲書514頁、山口・前掲書348頁、大判昭和8・12・9刑集12巻2272頁など。
6) 団藤・前掲書403頁、大塚・前掲書315頁、大谷・前掲書437頁、斎藤・前掲書271頁、東京高判昭和26・11・7判特25号31頁など。
7) 肯定説として、中野次雄・刑法総論概要（第3版・平4）164頁、佐久間・前掲書385頁。なお、植田重正・共犯論上の諸問題（昭60）10頁以下、大越義久・共犯論再考（平元）13頁以下、高橋則夫・共犯体系と共犯理論（昭63）191頁以下など参照。また、共犯独立性説でも、教唆行為自体のもつ可罰性に着目するため、教唆犯を成立させるであろう。
8) 例えば、前田・前掲書514～515頁。
9) 斎藤・前掲書272頁。
10) 同旨、中野・前掲書161～162頁、斎藤・前掲書255頁。
11) 例えば、本田稔「最新判例演習室－刑法」法セ704号（平25）115頁。また、内田浩「刑事裁判例批評（243）」刑事法ジャーナル38号（平25）94頁も、了解・黙認という消極的かつ心理的な働きかけにとどまる点を指摘している。
12) すでに刑法典の旧規定については、「第6講 許された危険と被害者の同意―構成要件該当性と違法性阻却」本書120頁以下でも言及した。
13) 通説である。団藤・前掲書403頁、大塚・前掲書313頁、大谷・前掲書436頁など。
14) こうした問題点を指摘されるのは、内田・前掲刑事法ジャーナル38号97頁である。
15) 従来から通説・判例は、結果的加重犯の共同正犯および教唆・幇助を肯定してきた。なお、結果的加重犯の共犯をめぐっては、香川達夫・結果的加重犯の本質（昭53）129頁以下、丸山雅夫・結果的加重犯論（平2）339頁以下など参照。
16) むしろ、同乗者である犯人らの主観面に着目すれば、共謀共同正犯が成立する余地もあったが、危険運転致死傷罪がドライバーによる人身犯罪であるため、およそ運転しなかった同乗者は、せいぜい従犯にとどまると考えたのであろう。
17) さらに、正犯者の飲酒運転を認識・認容しただけで、当該車両に同乗しなかった場合と対比するならば、あえて危険運転の自動車に同乗した事実も無視できない。かりに自損事故になったとき、同乗者には「危険の引受け」が認められるように、第三者の加害

事例にあっても、積極的に危険運転に関与した事実を考慮するべきであろう。
18) 平野龍一・刑法総論Ⅱ（昭50）396頁、大塚・前掲総論321頁注(8)、川端・前掲書600頁。
19) 詳細については、第14講のⅠの3（本書292頁以下）参照。
20) 例えば、神山敏雄・不作為をめぐる共犯論（平6）181頁以下など。
21) 多数説は、不作為による教唆を否定している。例えば、大塚・前掲書314頁、福田・前掲書285頁注(4)、大谷・前掲書436頁、川端・前掲書591頁など。また、斎藤・前掲書262、264頁は、作為の実行行為に不作為で加担した場合を従犯とされる。これに対して、神山・不作為犯をめぐる共犯論409頁以下は、不作為の教唆も肯定する。
22) 反対、平野・前掲書396頁、大塚・前掲書321頁注(8)。
23) 平野・前掲書396頁、大塚・前掲書315頁、大谷・前掲書437頁など。
24) 例えば、会社の取締役が、社長らから放火の決意を告げられた際、これを聞き流して阻止しなかった場合にも、幇助は成立しない（名古屋高判昭和31・2・10高刑集9巻4号325頁。なお、上告審として、最判昭和35・7・15刑集14巻9号1152頁）。また、パチンコ店の従業員が、同僚から同系列の店舗を襲う計画を打ち明けられた際、当初は犯行を断念するように求めたが、それ以上の措置を取らないで放置した場合にも、他の店舗の売上金を守る義務はなく、同僚に対する犯罪阻止義務もないとされる（東京高判平成11・1・29東高刑時報50巻1〜12号6頁）。さらに、料理店営業許可の名義貸しをした者が、実際の営業に関与することなく、その後に同店が売春の場所になっていることを知った際も、営業許可使用を禁止するなどの措置をとらずに放置しただけでは、売春防止法11条2項違反（業として売春の場所提供罪）に対する不作為の幇助犯にならないとされた（大阪高判平成2・1・23高刑集43巻1号1頁）。
25) なお、児童虐待に伴う不作為の従犯については、拙著・実践講座刑法各論（平19）142頁以下でも、札幌高裁平成12年3月16日判決を紹介していた。
26) 不作為の共同正犯については、すでに「第2講　実行行為の概念（その2）—間接正犯と共同正犯」本書36頁以下でも言及した。また、後述する東京高判平成20・10・6判タ1309号292頁については、同じく本書24頁を参照されたい。
27) なお、不作為の因果関係については、保障者的地位にある者が、被害者の死傷結果を「十中八、九」防ぐことができればよいとされる（最決平成元・12・15刑集43巻13号879頁）。因果関係については、本書158頁以下参照。
28) 例えば、井田良・講義刑法学・総論（平20）493頁は、犯人が保障者地位にあった場合、他人の犯罪実行に対して不作為で加担したならば、原則として正犯になるとされる。
29) そのほかにも、「因果的支配の有無」を判断基準とするものとして、安達光治「不作為による幇助」刑法判例百選Ⅰ（第7版・平26）169頁などがある。
30) 判例にあっても、「幇助行為ありとするには犯罪あることを知りて犯人に犯罪遂行の便宜を与え之を容易ならしめたるのみを以て足り其の遂行に必要不可欠な助力を与えることを必要と」しないのである（大判大正2・7・9刑録19輯771頁、大判大正11・10・6刑集1巻530頁）。
31) そこで、一部の学説は、幇助犯を危険犯と位置づけて、正犯の行為（結果）との因果関係を不要とするが（野村稔・刑法総論〔補正版・平10〕421、424頁、中野次雄・前掲書165頁）、これらは責任共犯論に近づくことになろう。
32) これらの詳細については、曲田統「日常的行為と従犯(2)—主にわが国における議論を素材にして—」新報112巻1＝2号（平17）444頁以下、山中敬一「中立的行為による幇助の可罰性」関法56巻1号（平18）34頁以下、佐久間修「共犯の成立範囲と帰属原理—いわゆる『中立的行為』について」曽根威彦先生＝田口守一先生古稀祝賀論文集［上

巻〕（平 26）875 頁以下など参照。
33) 島田聡一郎「広義の共犯の一般的成立要件――いわゆる『中立的行為による幇助』に関する近時の議論を手がかりとして――」立教 57 号（平 13）86 頁以下、120 頁以下参照。
34) 例えば、後者の厳格な基準をあてはめる場合、工具店でドライバーを調達する事例にあっても、当然に因果性が否定されるわけでない（なお、曲田・前掲新報 112 巻 1＝2 号 453～454 頁参照）。
35) また、A が当該の凶器を販売しなくても、別の業者 B が提供したであろうという説明は、当初から B が違法に振る舞うことを予定しており、そうした理由では、現に正犯の遂行を促進した事実を消去することはできない。
36) 曲田・前掲新報 112 巻 1＝2 号 459、461～462 頁、濱田新「幇助犯の処罰範囲限定理論について――中立的行為事例を素材として――」法学政治学論究 93 号（平 24）242 頁など。
37) むしろ、ウィニーのように、匿名化機能のあるファイル交換ソフトは、違法目的で利用されるのが大半であり、しかも、摘発を免れるために匿名化機能を強化したならば、もはや（価値）中立的でないという指摘がある。また、高橋則夫・刑法総論（第 2 版・平 25）473 頁は、「著作権法違反の正犯行為に適合するように、特別に自己の行為を形成したといえるから、幇助犯の成立を肯定することができ」るとされる。なお、佐久間修「Winny 事件における共犯論と著作権侵害」NBL979 号（平 24）30 頁以下参照。
38) そのほか、「職業規範の保護目的」とか「法的に否認された危険創出」などの指標も、自らが選択した結論を先取りするものにすぎない。また、「日常生活上許容される」という説明は、「何が許されるか」の同義反復に陥っている。むしろ、日常的取引として同種の行為を反復・継続した点に着目するならば、営業犯や常習犯として加重処罰になることも考えられる。結局、中立的行為が「日常的」であることは、「通常の社会生活で許容されること」を意味するにとどまり、それ自体として、何らかの実質的根拠を提供するわけではない。
39) 例えば、山中・前掲関法 56 巻 1 号 62 頁は、「一義的に道交法違反を促進する」として、従犯の成立を肯定される。
40) なお、名古屋地判平成 23・5・13 公刊物未登載（名取俊也「自動車盗難防止システムを解除することができる器具（通称イモビカッター）をインターネットオークションで販売した行為について窃盗幇助罪の成立を認めた事例」研修 758 号〔平 23〕16 頁）など参照。
41) 同旨、名取・前掲研修 758 号 19～21 頁。たとえ殺傷用のライフル銃のような「性質上の凶器」であっても、それ自体が当初から犯罪目的にのみ使用されることが運命づけられるわけではない。同様にして、たとえ筆記用具であっても「用法上の凶器」として用いられるとき、正犯の遂行を促進することがありうる。

第16講

共犯の錯誤と身分犯の意義（その1）
——主観的要件をめぐる諸問題

The feigning Accomplice and Principal and Accessory
in designated Class of Persons (1)

【刑　法】
第38条（故意）　罪を犯す意思がない行為は、罰しない。ただし、法律に特別の規定がある場合は、この限りでない。
　2　重い罪に当たるべき行為をしたのに、行為の時にその重い罪に当たることとなる事実を知らなかった者は、その重い罪によって処断することはできない。……（以下、省略）……
第65条（身分犯の共犯）　犯人の身分によって構成すべき犯罪行為に加功したときは、身分のない者であっても、共犯とする。
　2　身分によって特に刑の軽重があるときは、身分のない者には通常の刑を科する。

【改正刑法草案】
第20条（事実の錯誤）　①罪となるべき事実を知らないで犯した者は、故意にしたものとはいえない。
　②重い罪となるべき事実があるのに、犯すときにその重い事情を知らなかった者は、その重い罪によって処断することはできない。
第31条（共犯と身分）　①身分によって構成する犯罪に加功したときは、身分のない者でも共犯とする。但し、その刑を軽減することができる。
　②身分によって刑に軽重があるときは、身分のない者には通常の刑を科する。

【ドイツ刑法典】
第16条（行為事情に対する錯誤）　①行為遂行時に、法定構成要件に属する事情を認識していなかった者は、故意に行為していない。過失による遂行を理由とする処罰の可能性は別である。
　②行為遂行時に、より軽い法律の構成要件を実現する事情を誤認した者は、より軽い法律によってのみ故意犯を理由として処罰することができる。
第28条（特別な一身的要素）　①正犯の可罰性を根拠づける特別な一身的要素（14条1項）が、共犯（教唆犯または従犯）に欠けている場合、その刑は、第49条第1項に従って減軽される。
　②法律が特別な一身的要素により刑を加重または減軽し、または刑罰を阻却

する旨を定めている場合、当該法律は、その要素が認められる関与者（正犯または共犯）に対してのみ適用される。

第29条（関与者の独立した可罰性） いずれの関与者も、他の者の責任を考慮することなく、その者の責任に応じて処罰される。

I 共謀の射程と共犯の錯誤

1 共犯における事実の錯誤

複数の人間が加担する共犯にあっては、行為者の認識内容と客観的事実がくい違うことが多い。事実の錯誤は、単独犯でも議論されるが（本書136頁以下）、共犯においては、単独犯の場合と比較して、より複雑な様相を呈する。仲間内でも思惑が異なる場合がある一方、**修正された構成要件**の共同性（または従属性）が作用するからである[1]。しかし、最終結果が犯人の予見した内容と一致しないとき、ただちに共犯の錯誤となるわけではない。例えば、共犯者の一部が「暴走」した場合（いわゆる**共犯の過剰**である）、過剰な部分については、他の共犯者の故意が欠けるため、およそ共犯は成立しない。

共犯における錯誤の多様性

```
 共 犯 者                          正 犯 者
共謀（共同意思）の成立→（齟齬）→ 仲間の犯行  →（齟齬）→共謀の内容と異なる
                                                    結果
教唆の故意→教唆行為 →（齟齬）→ 正犯者の実行→（齟齬）→正犯者による結果
幇助の故意→幇助行為 →（齟齬）→ 正犯者の実行→（齟齬）→正犯者による結果
```

なるほど、上述した共犯の過剰も、主観と客観の不一致であるため、広い意味では事実の錯誤に含まれる[2]。しかし、法文上、当該犯人が認識しなかった事情については、そもそも故意犯として処罰できない（38条1項。ドイツ刑法典16条1項）。また、共犯の過剰とは逆に、当初の犯行計画

よりも過小な結果に終わったとき（例えば未遂など）、第 14 講で言及した共犯の未遂であって、**共犯の錯誤**の問題ではない[3]。さらに、共犯の過剰は、共謀（または故意）がどこまで及ぶかという共犯の射程問題と重なる。そもそも、共犯者間の主観的意図がくい違ったならば、共謀が存在しない場合もありうる。

なお、正犯者に対して未遂を教唆したところ、予想外にも既遂に至ったとき（これも広義の共犯の過剰である）、同じく主観と客観の不一致があったといえよう。その際、未遂の教唆を処罰する不法共犯論では、刑法 38 条 2 項（ドイツ刑法典 16 条 2 項）により、（故意）**未遂の教唆**が成立する[4]。すでに教唆の故意があり、正犯者が実行に及んだ以上、その限度では主観と客観のズレはないからである。しかも、教唆者にとって想定外の事実が生じた点で、犯人の認識を超える部分には、故意が認められない。これに対して、共犯独立性説や因果的共犯論では、背後者に既遂（事実）の認識がなかった以上、およそ共犯の故意が否定される[5]。

2　共犯の過剰と結果的加重犯の共犯

共犯の錯誤を論じるにあたって、まず、共謀（または共犯の故意）の限界、すなわち、各人の予見・認識した範囲が明確にされねばならない。いわゆる共犯の過剰では、当初の共犯行為（故意基本犯）から予想外の加重結果が発生したとき、**結果的加重犯の共犯**が問題となる。具体的には、強盗罪の共同正犯において、仲間の暴行から被害者が死傷したならば、共犯者全員が強盗致死傷罪（240 条）に問われる（最判昭和 22・11・5 刑集 1 巻 1 頁、最判昭和 23・4・17 刑集 2 巻 4 号 384 頁、最判昭和 26・3・27 刑集 5 巻 4 号 686 頁）。また、強姦を共謀した者は、実行者による致傷結果も含めて、強姦致傷罪（181 条）の共同正犯となる（大判明治 41・4・14 刑録 14 輯 391 頁、最判昭和 25・6・6 刑集 4 巻 6 号 950 頁）。

しかも、判例上、基本犯と加重結果の条件関係で足りるため、かりに基本犯の共同正犯が成立するならば、実際に生じた死傷結果についても、ほとんど共同正犯となるであろう（前出最判昭和 22・11・5 など）。下記の①〜②は共同正犯、③は教唆犯、④は従犯について、傷害罪（204 条）ないし傷害致死罪（205 条）の共犯を認めたものである。すなわち、共犯者に暴行

の認識さえあれば、いずれの共犯形式にあっても、実際に発生した傷害や傷害致死の罪責を問われるのである（そのほか、最判昭和33・6・17刑集12巻10号2142頁など）。学説の多数も、**結果的加重犯の共犯**を肯定してきた[6]。

傷害致死罪の共同正犯・教唆犯・従犯 ① 暴行について共謀がある以上、その結果たる死傷についても、共謀者全員が共同正犯としての責任を負う（最判昭和23・5・8刑集2巻5号478頁）。
② 暴行・傷害を共謀した共犯者中の一人が殺人罪を犯した場合には、殺意がなかった共謀者にも、殺人罪の共同正犯と傷害致死罪の共同正犯の構成要件が重なり合う限度で、より軽い傷害致死罪の共同正犯が成立する（最決昭和54・4・13刑集33巻3号179頁）。
③ 暴行を教唆した者は、その結果である傷害致死の罪責を免れない（大判大正13・4・29刑集3巻387頁）。
④ 被害者に傷害を加えるかもしれないと認識しつつ、正犯者に短刀を貸与したところ、正犯者が被害者を殺害したならば、幇助者は、傷害致死罪の従犯となる（最判昭和25・10・10刑集4巻10号1965頁）。

しかし、責任主義を徹底する見地から、加重結果について過失を要求するとき（通説）、当該共犯者には一定の注意義務違反がなければならない。その際、過失の共同正犯や過失犯に対する教唆・幇助を認めうるかが争いとなる。後述するように、かつての通説・判例は、**過失の共同正犯**（教唆・幇助）を否定したが（大判明治44・3・16刑録17輯380頁）、現在では、広く過失の共同正犯を肯定している（最判昭和28・1・23刑集7巻1号30頁など）。特に結果的加重犯では、故意基本犯の中に結果惹起の高度な危険が内包されるため、例外的な場合を除き、基本犯の共犯者であれば、**加重結果に対する共同過失**も認められる[7]。すなわち、基本犯の実行に加担した者は、通常、死傷結果の発生も予見しうる以上、格別の結果防止措置を講じなかったとき、全員に過失があったとされるのである[8]。

3 共謀の射程論と共犯の錯誤

近年、共犯の過剰を論じるにあたって、しばしば、「**共謀の射程**」という概念が問題となる[9]。一般に共同正犯では、**共同実行の意思**が必要であり、教唆・幇助であれば、正犯者が**実行に及ぶことの認識・認容**がなければならない。したがって、共謀共同正犯の場合、当初から「共謀の射程」外にあった事実については、およそ共同実行の意思が欠けるため、共同正

犯を否定することになろう。これに対して、犯行途中で仲間が逸脱行動に出たときは、共犯の錯誤が問題となる。その意味で、共犯の錯誤は、共同実行の意思（共謀）または教唆・幇助の故意があったことを前提としつつ、予想外の結果を犯人の故意に帰属できるかどうかの問題である。

共犯の故意（共謀の射程）と共犯の錯誤

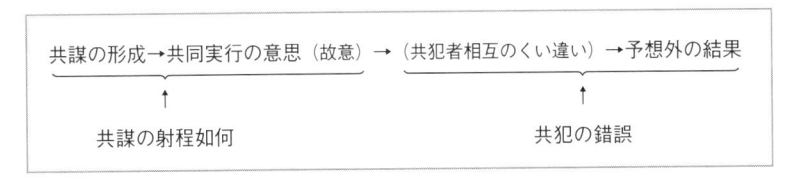

```
共謀の形成→共同実行の意思（故意）→（共犯者相互のくい違い）→予想外の結果
       ↑                            ↑
    共謀の射程如何                   共犯の錯誤
```

　共謀の範囲を超えて、当初の共謀と無関係な結果が生じたならば、そもそも共犯の因果性が欠ける。こうした意味の「共犯の過剰」は、およそ共同実行の意思がないので、共犯の錯誤を論じるまでもない。また、共犯者間で時間的推移に伴い人的関係が変容したならば、**共犯関係からの離脱**や**共犯関係の解消**も考えられるであろう（本書303頁以下参照）。かようにして、①当初から共犯者間の認識にズレがあったとき、共謀の射程が問題になる一方、②共同実行の故意があったにもかかわらず、一部の共犯者が逸脱した結果、他の仲間にとって予想外の事態に至ったならば、共犯の錯誤としての「共犯の過剰」が生じる。

　さて、最初からAが殺人の故意で、Bが傷害の故意で共同実行を約束した場合、共謀は成立したといえるであろうか。なるほど、共謀者が具体的な犯行計画の細部にわたって共通の認識をもつ必要はなく、行為状況に即して各人が任意に行動する場合もありうる[10]。かりにAとBが異なる意思で被害者を攻撃した場合にも、最終的に被害者が死亡したとき、なお共謀の射程内にあるとして、**共犯の因果性**が肯定されることもあろう。これに対して、当初、暴力団組長が被害者の拉致・監禁を指示したものの、その後、実行担当者が新たな犯意を抱いて傷害致死をおこなった場合には、およそ（共謀）共同正犯は成立しない（東京高判昭和60・9・30判タ620号214頁）。

II 法定的符合説からみた共犯の錯誤

1 共犯における錯誤の類型

すでに「第7講 事実の錯誤と主観的帰属」でも、共犯の錯誤に言及したが（本書150～151頁参照）、共犯者間で主観と客観のズレがあった場合にも、原則として単独犯の錯誤理論が妥当する（通説）。すなわち、**法定的符合説**によれば、目的物や時間・場所、さらに犯行の手段・方法も含め、共犯者相互のくい違いが同一構成要件内にとどまるかぎり、他の共犯者も結果全体の罪責を負うことになる（故意既遂罪の成立）。また、共犯の過剰となる場合も含めて、構成要件が同質的で「符合」する部分があるとき、その重なり合いの限度で共同正犯や教唆・幇助が成立する（**部分的犯罪共同説**）。

共犯における事実の錯誤

```
共犯の錯誤 ┌ (a)同一共犯形式内の錯誤（①具体的事実の錯誤＋②抽象的事実の錯誤）
          └ (b)異なる共犯形式間の錯誤（共同正犯と教唆・幇助の間で生じた齟齬）

共犯と間接正犯の間で生じた錯誤（共同正犯と間接正犯の間＋教唆犯と間接正犯の間）
```

（a）同一共犯形式内で生じる事実の錯誤として、①具体的事実の錯誤（**同一構成要件内の錯誤**）と、②抽象的事実の錯誤（異なる構成要件間の錯誤）がある。まず、主観面と客観面の不一致が軽微な差異にとどまるならば、すべての共犯者は当該結果に対する罪責を問われる（通説・判例）。すなわち、上記図の（a）-①では、犯行の日時・場所・方法をめぐって齟齬が生じたとしても、共犯者全員について故意（既遂）罪が成立する。例えば、殺人の共同正犯で、仲間が被害者を見誤って殺したとき（大判昭和6・7・8刑集10巻312頁）、詐欺を共謀した共犯者の一人が、他の共犯者の認識とは異なる欺罔手段を用いたとき（大判昭和12・11・29新聞4213号10頁）、いずれも殺人既遂罪（199条）および詐欺既遂罪（246条）の共同正犯が認め

られた。

　また、強盗の共同正犯にあって、事前の打合せと異なる脅迫方法を選択した場合も（最判昭和24・3・22刑集3巻3号333頁）、強盗既遂罪（236条）の共同正犯であり、教唆犯においては、教唆者が宣誓証人に偽証をそそのかしたが、正犯者の陳述内容が打ち合わせと異なったとき（大判昭和7・2・26刑集11巻126頁）、A方に侵入して現金を窃取するように教唆したにもかかわらず、誤ってB方に侵入して衣類を窃取したとき（大判大正9・3・16刑録26輯185頁）、それぞれ、偽証教唆罪（169、61条）と窃盗教唆罪（235、61条）が成立する。

2　異なる構成要件間の錯誤と「重なり合い」

　他方、(a)－②の**異なる構成要件間の錯誤**では、原則として故意既遂罪の共犯は認められない。異なる犯罪の間で「共同すること」はありえないからである（**犯罪共同説**）。例えば、Xが共犯者Yとともに、窃盗目的でA宅に侵入した後、Yが殺人の意図を生じて家人を皆殺しにしたとき、X・Yの間で窃盗罪と殺人罪の共同正犯は成立しない[11]。また、共犯者Sが正犯者Tに殺人を教唆したところ、Tが現住建造物放火に及んだ場合、Sは、放火罪（108条）の教唆とならず、せいぜい殺人未遂の教唆である[12]。しかし、**行為共同説**によれば、自然的行為を共同にすれば足りるため、およそ異なる性質の構成要件間であっても共犯関係が認められる（いわゆる抽象的符合説になる）。

　ところが、犯罪共同説でも、各構成要件が重なり合う範囲に限定しつつ、故意（既遂罪）の共犯を肯定することがある。例えば、暴行・傷害を共謀した仲間の一人が、途中から殺意を抱いて被害者を殺害したとき（上述した逸脱事例である）、殺人既遂罪と傷害致死罪が重なり合う限度で、軽い方の傷害致死罪の共同正犯が成立する[13]。また、教唆者がA方への侵入窃盗をそそのかしたところ、正犯者がB方に侵入して強盗に及んだとき、窃盗罪と強盗罪が重なり合う限度で（住居侵入）窃盗の教唆犯が成立する[14]。

> **重なり合いの具体例**　①窃盗の意思で見張りをおこなったところ、他の共犯者は当初から強盗の意思を有しており、現に強盗をおこなった場合
> →（いわゆる共犯の過剰として）窃盗既遂の限度でのみ罪責を問われる（最判昭和23・5・1刑集2巻5号435頁）[15]。
> ②恐喝を共謀したところ、一部の共犯者が共謀の範囲を超えて強盗に及んだ場合
> →（38条2項により）両構成要件が重なり合う限度でのみ、恐喝罪の共謀共同正犯となる（最判昭和25・4・11裁判集刑17号87頁）。
> ③甲方に対する住居侵入窃盗を教唆したところ、正犯者が乙方に対して住居侵入強盗をした場合
> →（38条2項により）住居侵入窃盗の限度でのみ、教唆犯が成立する（最判昭和25・7・11刑集4巻7号1261頁）。

①〜③は、客観的にみて強盗の共同正犯または教唆・幇助にあたるが、一部の共犯者は、窃盗の事実を認識したにすぎない。その際、窃盗罪と強盗罪の構成要件は、いずれも他人の財産（権）を侵害する犯罪であり（**保護法益**）、侵害形態も占有者の意思に反して財物を領得する点で（**行為態様**）共通している。したがって、より軽い（暴行・脅迫を手段としない）窃盗の範囲で法定的符合を認めることになる（本書147頁以下参照）。これとは反対に、強盗を教唆したところ、正犯者が窃盗を実行したことで、より軽い窃盗教唆にとどまったならば、窃盗既遂の教唆犯として処罰される。そのほか、傷害を想定して凶器を貸与したところ、正犯者が殺人に及んだとき、軽い傷害致死の限度で従犯になることは、すでに共犯の過剰で説明したとおりである（前出最判昭和25・10・10）。

3　共犯における重なり合いの拡大と縮小

異なる構成要件間の錯誤でも、保護法益や行為態様において重なり合うとき、当該結果に対する故意帰属（法定的符合）が許されるため、その判断基準が問題となる。特に**共犯の錯誤**では、修正された構成要件の特性も踏まえつつ、単独犯とは異なる処理が可能となる。例えば、公文書偽造罪（155条）と虚偽公文書作成罪（156条）は、前者が、無権限者による作成名義の冒用であるのに対して、後者は、作成権限のある公務員が虚偽内容の文書を作成する場合である（**身分犯**）。したがって、理論上は相互排他的な関係となる以上、単独犯にあっては、前者の（有形）偽造をおこなう意思

で、後者の（無形）偽造にあたる事実を実現した場合、およそ両者が重なり合う余地はない。

共犯の錯誤と重なり合い（イメージ図）

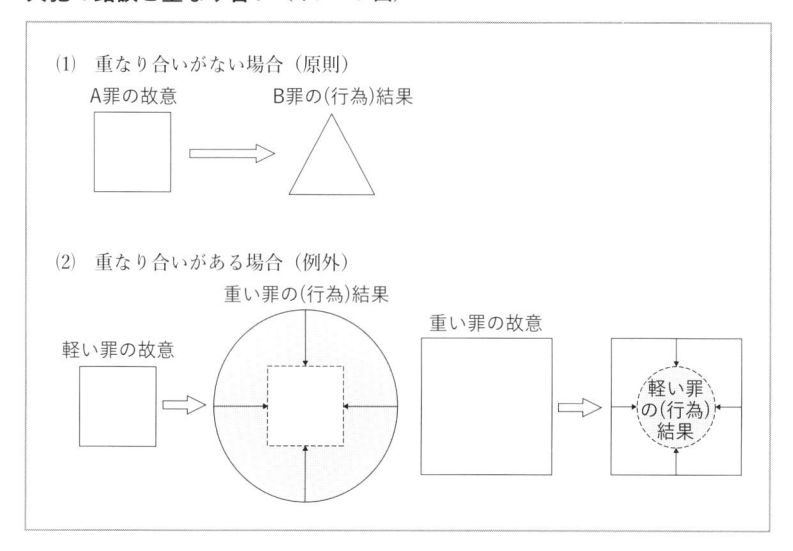

(1) 重なり合いがない場合（原則）

A罪の故意　　　　B罪の(行為)結果

(2) 重なり合いがある場合（例外）

軽い罪の故意　→　重い罪の(行為)結果　　重い罪の故意　→　軽い罪の(行為)結果

無形偽造教唆と有形偽造教唆の重なり合い　　XとYは、Aが収監されたB刑務所の医務課長を買収して、虚偽内容の診断書を作成させたうえ、これを用いてAを保釈させるべく、公文書の**無形偽造**教唆を共謀した。ところが、Yが、医務課長の買収を困難であると考え、Zに依頼して医務課長名義の診断書を偽造することで、**有形偽造**教唆に発展したというものである。裁判所は、「両者は犯罪の構成要件を異にするも、その罪質を同じくするものであり、且法定刑も同じである。而して右両者の動機目的は全く同一である。いづれもAの保釈の為めに必要な虚偽の診断書を取得する為めである」り、本件では、YがXとの「共謀に基づいてたまたまその具体的手段を変更したに過ぎないから、両者の間には相当因果関係があるものと認められる。然らば被告人は事実上本件公文書偽造教唆に直接に関与しなかつたとしてもなお、その結果に対する責任を負わなければならない」として、Xも、公文書**有形偽造**罪の教唆になるとした（最判昭和23・10・23刑集2巻11号1386頁）。

共犯にあっては、正犯者を通じた間接的な法益の侵害・危険が重視されることから（不法共犯論）、主観と客観の重なり合いを広く認める傾向がある。すなわち、上記の教唆犯では、第三者をして公共の信用を害するとい

う「修正された構成要件」の重なり合いが問題となる。すなわち、XとYは、医務課長を買収することで贋（にせ）の公文書を入手しようとして、当初は虚偽公文書作成の教唆を共謀したが、その後に公文書偽造の教唆に発展したため、いずれも他者をして実在しない公文書（診断書）を作出する点で、保釈という犯行目的の達成も含めるならば、**共犯としての重なり合い**があるとされたのである。

　通説である法定的符合説も、こうした判例の結論を是認してきた。しかし、厳格な法定的符合説からは根強い批判がある[16]。そこで、通説は、立法技術上、両構成要件が別個の条文になったにすぎず、実質的には重なり合うものと説明している[17]。だが、虚偽公文書作成罪は、もっぱら作成権者による**真正身分犯**であり、非身分者による公文書偽造罪と重なり合う余地はない。たとえ公共の信用という保護法益は同一であっても、それだけで「符合」は認められず、むしろ、本件では、共犯（教唆犯）における共通性が優先されたのであろう。これに対して、窃盗罪を教唆したところ、正犯者が詐欺罪に及んだ場合、いずれも財産犯ではあるが、相互の重なり合いが否定される。

普通強盗罪と昏酔強盗罪の交錯　甲と乙は、昏酔強盗（239条）を計画して被害者Aに睡眠薬を飲ませたが、一向にAが眠り込まないため、業を煮やした甲がAに暴行を加えて財物を奪取するにあたり、傷害を負わせたものである。裁判所は、乙が甲の暴行を予見しなかった以上、強盗致傷罪の共同正犯は成立しないとした（東京地判平成7・10・9判時1598号155頁）。

　上記の事案では、準強盗にあたる昏酔強盗の意思で加担したにもかかわらず、仲間が暴行を用いて（狭義の）強盗に及んだとき、構成要件間の重なり合いが認められなかった。なるほど、狭義の強盗罪と昏酔強盗罪は、いずれも相手方の反抗を抑圧して財物を奪取する点で共通するため、理論上は、強盗（傷人）罪の共同正犯を認める可能性もあった[18]。しかし、最初の犯行計画から大きく逸脱することで、仲間による新たな犯行が開始された以上、上記の**共謀の射程外**にあるとして、およそ共犯とならないのである。その意味では、むしろ、共謀の射程問題として理解されるべきであった。上述したように、当該事実が共謀の射程内にあるかどうかは、共犯の錯誤に先行する問題だからである[19]。

4　異なる共犯形式間の錯誤

つぎに、①共同正犯の故意で共謀に参加したが、正式な仲間として扱われず、単なる資金提供者で終わったとき（**共同正犯と従犯の間の錯誤**）、②すでに正犯者が犯意を固めていたとは知らず、教唆の意思でそそのかしたところ、犯意を強化したにとどまったとき（**教唆犯と従犯の間の錯誤**）、複数の共犯形式の間でくい違いが生じている。そこでは、各人の主観的認識と客観的事実を踏まえつつ、共同正犯＞教唆犯＞従犯の順序で、より軽い形式の共犯が認められる[20]。上述した設例では、①が物理的幇助としての有形的従犯、②が精神的幇助としての無形的従犯となる。

これとは反対に、③共犯者が正犯者を激励（幇助）するつもりで、それを超えて犯行の決意を惹起した場合には（**従犯と教唆犯の間の錯誤**）、軽い幇助犯しか成立しない。また、④相手方を教唆したところ、被教唆者がさらに別人を教唆したならば、教唆の故意で間接教唆になっており、両者が重なり合う限度で、間接教唆が認められる[21]。いずれも、正犯者（ないし直接実行者）を通じた間接的な犯罪実現であり、共犯形式間で相互に重なり合うからである[22]。

5　広義の共犯と間接正犯にまたがる錯誤

さらに、⑤間接正犯者が道具として利用した少年が、予想外にも自らの積極的意思により当該犯罪を実行したとき、⑥ある患者を殺そうと計画した医師が、毒薬入りの点滴液を看護師に渡したところ、医師の真意を察知したにもかかわらず、当該看護師が、自らの殺意により患者を毒殺した場合はどうであろうか。すでに間接正犯の実行行為があれば、そこから生じた構成要件的結果については、少なくとも条件関係が存在する（**共犯の因果性**）。しかし、被利用者が道具として行動するかどうかは、間接正犯の中核的要素であるため、上述した主観と客観の不一致は、背後者からみて**重大な逸脱**といわざるをえない。

間接正犯と共同正犯の交錯　A子は、生活費欲しさから強盗を計画し、自分の息子（12歳）であるBに対して、犯行方法を教える一方、犯行道具も与えて強盗を指示・命令した。しかし、犯行当時のBには是非弁別の能力があり、

A子の指示・命令もBの意思を抑圧するほどの強いものでなかった。その後、Bは、自らの意思により、臨機応変に対処して強盗を遂行した。裁判所は、A子については、強盗の間接正犯および教唆にあたらないとして、共謀共同正犯の罪責を認めた（最決平成13・10・25刑集55巻6号519頁）。

　上述した最高裁決定は、最終的に（共謀）共同正犯を肯定したが、A子には共同実行の意思が欠けるため、実質的に**片面的共同正犯**を認めたものとみる向きがある。しかし、⑤の間接正犯の意思で共同正犯になった場合、事実の錯誤として処理することは、すでに述べたように、最初からAとBの間で異なる意思に依拠した（片面的）共同正犯を認める趣旨ではない[23]。他方、⑥の事例については、間接正犯が広義の共犯に含まれず、本来であれば、**間接正犯の未遂**となるべきところ[24]、多数説は、いずれも「他人を介して犯罪を実現する」形態であるため、間接正犯の故意と教唆犯の故意には共通の部分があるとして、より軽い殺人既遂の教唆犯を認めている[25]。

　そのほか、⑦薬物中毒者に報酬を約束して殺人の依頼をしたところ、すでに正常な判断力を喪失していた正犯者が、単なる道具として背後者の指示どおりに行動した場合、教唆の故意で間接正犯を実現したことになろう。しかし、背後者には（間接）正犯の意思がない以上、軽い殺人教唆の限度でのみ処罰される[26]。さらに、従犯のつもりで間接正犯に発展したり、間接正犯の意思で従犯にとどまるような場合も考えられる[27]。

間接正犯と教唆犯にまたがる事実の錯誤 —— ⑥の場合　暴力団組長である「甲は、Aに睡眠薬を混入させた飲料を飲ませて眠らせた上、Aを車のトランク内に閉じ込め、ひとけのない山中の採石場で車ごと燃やしてAを殺害すること」を計画したが、「Aを殺害する時間帯の自己のアリバイを作っておくため、Aに睡眠薬を飲ませて車のトランク内に閉じ込め」たうえで、末端組員である乙に対して、「トランク内にAを閉じ込めた状態であることを秘したまま、B車を燃やすように指示した」。
　ところが、乙は、採石場に向かう途中で「トランク内から人の声が聞こえたことから」、手足をロープで縛られたトランク内のAを発見し、「この時点で、甲が自分に事情を告げずにB車を燃やすように仕向けてAを焼き殺すつもりだったのだと気付いた」が、乙は、「Aに恨みを抱いていたことから、Aをトランク内に閉じ込めたままB車を燃やし、Aを焼き殺すことを決意し」、車の「トランクを閉じ、再びB車を運転して本件採石場に向か」い、B車の内部や外側に満遍なくガソリンを撒いて、ライターで火をつけた新聞紙で点火した（平成25年度司法試験・論文式問題・刑事系科目第1問より抜粋した）。

III やわらかい犯罪共同説とやわらかい行為共同説

1 犯罪共同説と罪名の従属性

まず、当初から共犯者間で主観面のズレがあった場合、共謀の射程範囲が問題となる。射程範囲外の事実については、およそ共同実行の意思がないからである。これに対して、当初は共同実行の意思があったものの、犯行途中で一部の共犯者が予想外の結果を惹起したとき、共犯の錯誤または共犯の過剰（狭義）が争点になる。その際、重い罪の故意がある共犯者と軽い罪の故意しかない共犯者は、いかなる罪名で処罰されるであろうか（**罪名の従属性**）。かりに共犯者全員に重い罪の共犯が成立するならば、軽い罪の故意しかない行為者に重い罪責を負わせることになるため、責任主義に反するおそれがある。

まず、共犯従属性説を徹底するならば、共犯者全員が同じ罪名でなければならない[28]。**全部犯罪共同説**では、客観的な発生結果に応じた重い罪の共犯が成立するところ、刑法38条2項の規定により、重い罪を認識しなかった者は、科刑上、軽い罪の限度で処断すると説明される（最判昭和25・7・11刑集4巻7号1261頁参照）。同様にして、共犯の過剰でも、全員に対して重い罪の共犯が成立するであろう（一部実行・全部責任の原則）。その場合には、各人に成立する罪名と科刑が異なるという不都合が生じる。

そこで、現在の通説・判例は、暴行（傷害）を共謀した者の一部が、未必の故意で殺人に及んだとき、「殺人罪の共同正犯と傷害致死罪の共同正犯の構成要件が重なり合う限度で軽い傷害致死罪の共同正犯が成立するもの」と明言するに至った（前出最決昭54・4・13）。また、すでに第1講で紹介した「シャクティパット事件」でも、重い罪（不作為の殺人）の故意がある共犯者には、殺意のない共犯者の犯罪行為と重なり合う限度で、軽い罪（保護責任者遺棄致死）の共同正犯が成立するという**部分的犯罪共同説**が採用されている（最決平成17・7・4刑集59巻6号403頁）。しかし、「重なり合う限度でのみ故意を認める」とは、厳密にはいかなる趣旨であろう

か。

2 部分的犯罪共同説に対する批判

　暴行（傷害）の故意しかない者は、傷害致死罪の共同正犯にとどまるが、殺意のあった者は、仲間の犯行から突出した部分について、**殺人既遂罪の単独犯**になると説明される。一部の下級審判例も、異なった構成要件間の錯誤では、「原則として共同正犯の成立は否定され、ただ例外的にそれが同質で重なり合う構成要件間のものであるときには、その重なり合う限度で故意犯の共同正犯の成立を認めることができ、その過剰部分についてはその認識を有していた者のみの単独の故意犯が成立する」とした（鹿児島地判昭和 52・7・7 刑月 9 巻 7 = 8 号 439 頁）[29]。

　現在、共犯者間の罪名従属性をめぐっては、①共犯者全員に重い罪の共犯が成立したうえで、各人の認識の差異に応じて刑罰だけを軽減する見解（全部犯罪共同説）と、②各人の認識内容に応じて、最初から軽い罪が成立するという見解（部分的犯罪共同説）が対立している。当初、**厳格な犯罪共同説**によれば、①の全部犯罪共同説が一般であったが、近年では、②の部分的犯罪共同説が支配的になっている。しかし、共犯者中の複数人が殺意を生じていたならば、少なくとも、殺意のある共犯者間では重い罪の（故意）共同正犯が成立するため、常に過剰部分が単独犯になるわけではない。

　そもそも、現行刑法典では、包括的な処罰規定が多いこともあり、条文の解釈に委ねられる領域が広いといえよう。そこで、法定構成要件がもつ**犯罪個別化機能**や**故意規制機能**を踏まえつつ[30]、①の全部犯罪共同説は採りえないとしても、「かたい」部分的犯罪共同説が維持されるべきである。同様にして、行為共同説の中でも、構成要件間の重なり合いを重視して「行為共同」を限定する傾向があり、次第に部分的犯罪共同説に近づきつつある（**やわらかい行為共同説**）[31]。もっとも、これらの行為共同説によれば、重い罪の故意をもった共犯者は、重い罪名により共犯者として処罰されるが、共犯者中の一人だけが殺意を有したとき、それ以外の共犯者が傷害致死の共同正犯にとどまる一方、「一人だけの（殺人の）共同正犯」を認めることの意味は不明である。

3 共犯の過剰と共犯の錯誤（再論）

　本来、行為共同説によれば、異なる意思内容であっても「共同（実行）の意思」や「共犯の故意」が存在するため、共犯の錯誤でも無制限に重なり合いを認めることになろう。しかし、共同の意思形成にあたるかどうかは、**因果経過の逸脱**に伴う共犯の錯誤とは異なるため、必ずしも、行為共同説が抽象的符合説と結び付くわけではない。上述したように、単独犯の事実の錯誤と同様、まず共謀（共同実行の意思）があったことを前提として、予想外の侵害結果に対する故意帰属を問うのが、**共犯の錯誤**の問題だからである[32]。これに対して、冒頭で紹介した共同意思が欠ける「**共犯の過剰**」では、最初から軽い罪の限度で犯罪が成立することになる。すなわち、一部の共犯者については、特に構成要件間の重なり合いを論じるまでもなく、自らの故意に見合った犯罪が成立するのである。

　そもそも、犯罪共同説では、共同実行の意思が欠ける場合、全体の故意責任が否定されるのは当然である（38条1項）。過去、傷害致死と殺人既遂の間で共犯の錯誤が問題になった事案では、傷害（致死）の限度で共謀が成立した後、一部の共犯者による想定外の結果について他の共犯者の罪責が争いとなった（前出最決昭和54・4・13）[33]。そこでは、当初の共謀にもとづく心理的因果性を認めたうえで、現に発生した死亡結果を他の共犯者に帰属できるかが論じられた[34]。したがって、超過部分だけが切り離されて、重い罪の単独犯になるわけではない。同様な問題は、当初は窃盗の共謀であったが、犯行途中で一部の者による強盗に転化した場合にも生じるのである。

　なお、犯罪を遂行する過程で新たな共謀があったとき、ただちに共謀の射程外となるわけではない。かりに犯行計画の一部を変更した場合にも、先行した犯罪意思の延長線上に位置するならば、なお共謀の射程内にあるとされる[35]。他方、第14講で紹介した**共犯の離脱事例**では、仲間の犯行に対する**因果性の遮断**が否定され、その後の致傷結果も含めて強盗罪の共同正犯が成立するとされた（最決平成21・6・30刑集63巻5号475頁。本書307頁以下参照）[36]。これに対して、当初の共謀内容とは異なり、実行担当者が新たな犯罪を企図して実行に及んだならば、むしろ、広義における共

犯の過剰や共犯関係の解消を論じるべきである。

4 共犯の因果性と共犯の錯誤

かようにして、共犯者間で何らかの合意が形成された以上、すでに共犯としての共同性（ないし連帯性）が作用するため、一部実行・全部責任の原則（または共犯の従属性）にもとづいて、すべての共犯者は、その後に発生した結果が（客観的に）帰属される（**共犯の因果性**）。しかし、共犯の因果性が認められる場合にも、一部の共犯者が予想外の結果を招来したとき、なお共犯全体として故意責任を問いうるかという（主観的な）帰属の問題が残るのである（**共犯の錯誤**）。ところが、一部の行為共同説は、共犯の過剰（狭義）において、すでに共犯関係が成立したにもかかわらず、軽い罪の故意しかない共犯者が過剰な結果を惹起したとき、重い罪の故意がある者に過剰結果を帰属できず、せいぜい殺人未遂になるという[37]。

私見によれば、すでに共犯関係が存在する以上、なぜ重ねて共犯の因果性を問いうるかが不明である。すなわち、共同実行の意思にもとづく犯行があれば、一部実行・全部責任の原則が働くため、その後に共犯関係が解消されないかぎり、共同者全員が当該結果を負担することになる。すなわち、共謀共同正犯も含めて、たとえ直接に実行を分担しなくても、共犯の因果性が及ぶため、他の共犯者による結果も当然に帰属されるのである[38]。さもなければ、一人の共謀者がすべての実行を分担した場合、少しでも主観と客観の齟齬が発生したとき、再度、共謀者を含む全員について共犯の因果性を検討することになりかねない[39]。

なるほど、当初から共犯者間で意思がくい違うため、共謀の射程範囲が問題となる場合には、一方的な利用意思にとどまるなど、共同実行の意思が欠ける場合も考えられる。そこでは、過剰部分について、故意のある一部の共犯者だけが単独正犯となるにすぎない。そもそも、共犯としての因果性が欠けているからである。だが、いったん共同意思（共犯の故意）が認められた以上、改めて共犯の因果連関を問うことは、すでに認定した共同性および連帯性を無視するものにほかならない。その意味で、共犯関係の有無（共謀の射程など）とその後の逸脱事例（共犯の錯誤）を混同したことが、過剰部分について「たった一人の共同正犯」を唱えることになった

のではなかろうか[40]。

構成要件間の重なり合い
□肯定された事例（通説・判例による）

〈前者が後者を包含する場合〉恐喝と脅迫、強盗と恐喝、（住居侵入）窃盗と（住居侵入）強盗、窃盗と遺失物等横領、尊属殺人と普通殺人、普通殺人と同意殺人、

〈両者が完全に重なる場合〉強盗と準（事後）強盗、公文書有形偽造教唆と同無形偽造教唆、

〈共犯の過剰と結果的加重犯〉暴行・傷害と傷害致死・殺人、強盗と強盗致死、〈共犯形式間の錯誤〉間接正犯と教唆犯

■否定された事例（通説・判例による）

窃盗と事後強盗、強盗と昏酔強盗、強盗と強姦、強盗と強盗殺人（未遂）

1) 大塚仁・刑法概説総論（第四版・平20）337頁、大塚仁ほか編・大コンメンタール刑法(5)（第2版・平11）17頁以下〔大塚〕参照。
2) 共犯の過剰は、従来、共犯の錯誤の一種と解されてきたが、後述する共謀の射程問題や共犯関係の解消にあたる場合も混在している。
3) この場合、共犯者は未遂の限度でのみ罪責を負うことになる。
4) 通説である。大塚・前掲書312、339頁、大谷實・刑法講義総論（新版第4版・平24）435頁、川端博・刑法総論講義（第3版・平25）589頁、佐久間修・刑法総論（平21）383頁など。これに対して、前田雅英・刑法総論講義（第5版・平23）512頁は、既遂犯の教唆とされる。
5) 曽根威彦・刑法総論（第4版・平20）261頁、野村稔・刑法総論（補訂版・平10）414頁、山中敬一・刑法総論（第2版・平20）894頁など。また、福田平・全訂刑法総論（第5版・平23）284頁も、既遂犯の故意を要求される。
6) 例えば、大塚・前掲書299、339頁、大谷・前掲書416～417頁、川端・前掲書565頁、大判大正13・4・29刑集3巻387頁、最判昭和25・10・10刑集4巻10号1965頁など。なお、否定説として、香川達夫・刑法講義総論（第3版・平7）347頁、曽根・前掲書257～258頁がみられる。
7) 学説の中には、結果的加重犯の特殊性を強調しつつ、加重結果に対する過失がある場合にのみ、その共犯を肯定するものがある（大塚・前掲書341頁、大塚ほか編・大コンメンタール(5)（第2版）20頁〔大塚〕、前田・前掲書507頁）。
8) なお、私見によれば、故意基本犯の共同正犯に加えて、過失犯の部分は単独犯となる（佐久間・前掲書397～398頁）。同様にして、教唆者や幇助者も加重結果の発生を予見できた以上、過失による共犯として結果的加重犯の教唆・幇助が成立するのである。
9) 橋爪隆「共謀の射程と共犯の錯誤」法教359号（平22）20頁以下、十河太朗「共謀の射程について」理論刑法学の探究3（平22）73頁以下、同「共同正犯における抽象的事実の錯誤」大谷實先生喜寿記念論文集（平23）319頁以下など参照。
10) その場合には、実際に発生した侵害結果についても、共同実行の意思によるものとされる（鈴木彰雄「共謀共同正犯における『共謀の射程』について」立石二六先生古稀祝賀論文集〔平22〕514頁以下など）。
11) したがって、Xは住居侵入罪（130条）と窃盗罪の牽連犯、Yは住居侵入罪と殺人罪の牽連犯となる。

12) 大塚・前掲書340頁、佐久間・前掲書396頁。
13) 大塚・前掲書338頁、大谷・前掲書462頁、最決昭和54・4・13刑集33巻3号179頁。
14) 大塚・前掲書340頁、大谷・前掲書463頁、最判昭和25・7・11刑集4巻7号1261頁。そのほか、恐喝を共謀したところ、実行者が強盗を行なった場合（最判昭和25・4・11裁判集刑17号87頁）、強盗を共謀したところ、一部の者が強盗強姦に及んだ場合などがみられる（東京高判昭和26・7・17判特21号145頁）。
15) 窃盗の意思で見張りをした者には、窃盗罪の限度でのみ共謀が成立する。すなわち、刑法38条1項により、過剰な部分については、およそ共同正犯が成立しない。その意味で、最高裁が「刑法第38条第2項により窃盗罪として処断したのは正当」としたのは誤りである。
16) 団藤重光・刑法綱要総論（第3版4刷・平7）427頁注（4）、福田・前掲書299頁注（3）など。
17) 平野龍一・刑法総論Ⅰ（昭47）180頁、大塚・前掲書340頁注(21)、大塚仁ほか編・大コンメンタール刑法(5)（第2版）19頁〔大塚〕など。
18) また、乙にとって予想外の普通強盗は故意に帰属できないが、少なくとも昏酔強盗罪の未遂は成立するのではなかろうか。
19) なお、前田・前掲書480〜481頁参照。また、昏酔強盗では、強盗罪にとって重要な要素である暴行・脅迫が欠けるため、重なりあいを否定する見解もみられる（大塚仁ほか・大コンメンタール刑法(12)（第2版・平15）393頁〔米澤慶治＝髙部道彦〕）。これに対して、事後強盗を共謀した共犯者中の一人が通常強盗に及んだ場合（名古屋高判昭和35・10・5高刑集13巻8号601頁）、反対に、通常強盗を共謀した犯人中の一人が事後強盗に及んだ場合（福岡高判昭和36・8・31高刑集14巻5号341頁）、共犯者全員に、それぞれ（通常）強盗罪または事後強盗罪が認められた。
20) 大塚・前掲書342頁、大谷・前掲書465頁、川端・前掲書623頁。
21) 大塚・前掲書341頁、大谷・前掲書465頁、最判昭和28・6・12刑集7巻6号1278頁。
22) ただし、幇助の故意で間接従犯にあたる結果を惹起しても、間接従犯は不可罰であるため、共犯は成立しない（大塚・前掲書342頁注(25)）。
23) 共同意思の存否と当該結果の故意帰属は別の問題だからである。また、犯罪共同説および共同意思主体説によれば、共同正犯における共同実行の意思は、双方向的なものであって、片面的共同正犯は認められない（第14講を参照されたい）。したがって、何らかの相互的な意思連絡が必要となるが、黙示の共謀があるように、特定の犯罪を共同して実現する旨の意思があれば、個別的な犯罪事実について認識の一致が要求されるわけでない。
24) これに対して、有力説は、間接正犯の既遂を認めている（団藤・前掲書429頁、野村・前掲書440頁）。なお、最決平成9・10・30刑集51巻9号816頁参照。
25) 大塚・前掲書343〜344頁、大谷・前掲書466頁、川端・前掲書624〜625頁。
26) 団藤・前掲書429頁、大塚・前掲書343〜344頁、大谷・前掲書466頁。例えば、仙台高判昭和27・2・29判特22号106頁では、背後者が刑事未成年を責任能力者と誤認して、窃盗を教唆して実行させた場合、窃盗という同一構成要件内で間接正犯と教唆犯の錯誤が問題となった。その際、直接実行者である少年は窃盗罪にならないが、背後者を窃盗教唆として処罰することは可能である（制限従属性説）。
27) そのほか、間接正犯者が第三者（道具）を利用しようとした際、被利用者が予想外の結果を惹起する場合も考えられる。道具の犯した「失敗」や「くい違い」は、背後の間接正犯者からみれば因果経過の逸脱にあたるため、具体的符合説では、それが背後者からみて客体の錯誤・方法の錯誤のいずれかによって故意既遂罪の成否が左右される。しか

し、法定的符合説では、同一構成要件内の錯誤にとどまるかぎり、故意既遂罪の成立を妨げない。
28) これに対して、共犯独立性説や行為共同説では、およそ罪名の従属性は問題とならない。また、抽象的符合説にあっても、まったく異質な構成要件間で「故意の符合」を認めるため、罪名の共同性を論じる余地は乏しい。
29) ただし、この事案では、事前に共犯者間の意思連絡でくい違いがあったところ、裁判所は、軽い罪を共謀した後、一部の共犯者が暴走した場合も同様であるとする。
30) 過去、異なる構成要件間の錯誤では、原則として（構成要件的）故意の符合が否定されてきたのである（例えば、鈴木・前掲立石二六先生古稀祝賀論文集523頁）。
31) そもそも、行為共同説によれば、構成要件が重なり合わない場合も含めて、罪名を統一する必要はないし（数人数罪）、異なる犯罪間でも共同正犯が成立する。しかし、構成要件論を基軸とする反対説を批判しながら、自然的行為の共同で足りないとするのは、なぜであろうか。まして、構成要件の重要部分における共通性や、実行行為の共同を要求するならば、もはや「数人数罪」を予定する行為共同説ではないといえよう。
32) かつても、当初から一部の共犯者が過剰結果を意図していたならば、特定の犯罪にかかる意思連絡や分担行為があったのかという疑問が提起されていた（中野次雄「窃盗の意思で強盗の見張をした者の責任」刑事判例評釈集8巻〔昭25〕263頁参照）。
33) 具体的には、暴行または傷害の共謀に加わった一部の者が、現場における被害者の言動に激昂して殺意を抱いて刺殺したという因果関係の逸脱事例であった。そのほか、類似の事案として、和歌山地判昭和34・6・12下刑集16巻1号1415頁参照。
34) 照沼亮介「共同正犯の理論的基礎と成立要件」刑事法・医事法の新たな展開（町野朔先生古稀記念・平26）257頁も、まず共犯関係が認められた後、個別的な責任に応じた処理になるといわれる。
35) その際、法文上の犯罪構成要件を離れて、当該犯人の目的がどのように変化したかを問うのは（例えば、橋爪・前掲法教359号22頁以下など）、あまりに個々人の主観的事情に左右されるのではなかろうか。
36) なお、最判平成6・12・6刑集48巻8号509頁では、急迫不正の侵害が去った後に新たな追撃行為がなされたことから、共謀の有無が争点となった。ただし、この事案では、正当防衛や違法な追撃にかかる意思の合致が問われており、狭義における共謀が構成要件該当性を左右するのに対して、違法評価を含む行為の一体性が問題となっている。
37) すなわち、殺意のない共犯者が死亡結果を惹起したとき、殺意のある共犯者については、結果の部分を切り離して殺人未遂に軽減したうえで、他の仲間と傷害致死の共同正犯になるというのである。例えば、山中敬一「共同正犯論の現在―行為共同説と犯罪共同説―」現代刑事法28号（平13）48頁、亀井源太郎・正犯と共犯を区別するということ（平17）47～48頁、西田典之・刑法総論（第2版・平22）398頁、十河・前掲大谷喜寿293、307～308頁など。
38) 井田良・講義刑法学・総論（平20）466～467頁は、おそらく同様な見地から、殺意のある者には殺人既遂罪が成立し、傷害致死の限度で成立した共同正犯は、そこに吸収されるという。そのほか、佐伯仁志・刑法総論の考え方・楽しみ方（平25）381頁も参照されたい。
39) これに対して、従来の学説では、共謀のみに加担した者であっても、当然に刑法60条が適用されてきた。
40) 例えば、十河・前掲大谷喜寿291、295頁は、各人が殺人の意思と傷害の意思で犯行に及んだ場合も、共同正犯における抽象的事実の錯誤に含めているが、犯罪共同説によれば、そもそも共同実行の意思（ないし共謀）が欠けるため、抽象的事実の錯誤は問題とな

らないのである。そのほか、上述した共謀の射程問題と共犯の錯誤を区別しないまま、部分的犯罪共同を論じるものとして、井田良・刑法総論の理論構造（平17）351〜352頁など。ただし、行為共同説では、こうした場合も含めて、生の自然的行為を共同にする意思で足りるであろう。

第17講

共犯の錯誤と身分犯の意義（その2）
―― 共犯における連帯性と個別性

The feigning Accomplice and Principal and Accessory in designated Class of Persons (2)

Ⅳ 共犯と身分をめぐる諸問題

1 刑法65条の意義

　刑法65条は、「犯人の身分によって構成すべき犯罪行為に加功したときは、身分のない者であっても、共犯とする」が（1項）、「身分によって特に刑の軽重があるときは、身分のない者には通常の刑を科する」と規定した（2項）。同条1項では、例えば、①公務員が非公務員と共謀して賄賂を受け取ったとき（197条以下）、非公務員は収賄罪の共同正犯になるのか（その従犯にすぎないか）、また、同条2項では、②保護責任者が要扶助者を山奥に置き去りにしたとき（218条）、これを手伝った第三者は保護責任者遺棄罪の従犯になるのか（単純遺棄罪の従犯にとどまるか）、さらに、③他人の財物を占有する者が、非占有者や業務上占有者とともに被害物品を横領したとき（252、253条）、単純横領罪と業務上横領罪のいずれの共犯が成立するであろうか。

公務員でない者による収賄罪の共同正犯　文部科学省において各部局等の事務を統括していた幹部職員のAは、教育関連事業を展開するBから、大学生の就職協定や英語教育教材の取扱いに関連して、自宅用のマンションを購入する資金および改装費用として、総額6,000万円を超える現金を受け取った。しかし、汚職が発覚するかもしれないと不安になったため、自分の妻Cに指示して、上記金員の一部を小切手や封筒入り現金に変えてBへ返還させた。

　この設例は、著名な**リクルート（文部省ルート）事件**（最決平成14・10・22刑集56巻8号690頁）と**厚生省・彩福祉グループ贈収賄事件**（東京地判平成

10・6・24 判時1650号38頁=判タ987号125頁）を合体させたものであるが、いずれの事件でも単純収賄罪（A）および贈賄罪（B）が認められた。そこで、かりにAの妻Cが夫と共謀して賄賂を収受したとき、非公務員である妻には、収賄罪の共同正犯が成立するであろうか。それとも、Aは、Cという身分のない道具を利用した間接正犯になるのであろうか[1]。

2 非身分者による共同「実行」

いわゆる身分犯をめぐって、刑法65条1項は、非身分者が身分者の犯行に加担した場合にも、身分犯の共犯になると明言したが（**共犯の連帯性**）、同条2項では、身分者と非身分者を区別しており（**共犯の個別性**）、一見して相反する内容になっている。かりに当該の身分が一身専属的なものであるならば、およそ非身分者は（共同）実行の主体とならず、少なくとも共犯正犯は成立しないはずである[2]。すなわち、身分犯の特性を強調するとき、非身分者は、せいぜい教唆・幇助で処罰されることになる。上述した設例では、公務員のAが非公務員の妻Cとともに賄賂を受け取っても、非公務員による「賄賂の収受」はありえないため、Cは、公務員であるAの従犯にとどまるであろう。

しかし、身分犯であっても、非身分者が、身分者とともに保護法益を侵害しうるならば、非身分者による共同実行が認められる（**不法共犯論**）。共犯でいう「違法の連帯性（共同性・従属性）」は、（共謀）共同正犯による直接的な法益侵害であるか、教唆・幇助による間接的な法益侵害であるかを問わないからである[3]。例えば、賄賂罪の保護法益は、職務の公正さに対する国民の信頼であり、非公務員（妻C）であっても、公務員（夫A）に協力することで当該法益を侵害しうるのである。「**違法は連帯的に、責任は個別的に**」という法諺（ことわざ）も、非身分者が身分者と共同して違法（結果）を惹起するかぎり、共同正犯となりうることを示唆している[4]。

また、ドイツ刑法典29条は、「いずれの関与者も、他の者の責任を考慮することなく、その者の責任に応じて処罰される」と明言した。こうした共犯の**制限的従属性**によれば（下記の図を参照されたい）、違法の連帯性（共同性）と責任の個別性（独立性）は、理論上も両立しうるのである。もっとも、すべての身分犯が法益侵害性（ないし危険）と直結するわけではな

い。いわゆる違法身分に加えて、責任身分が存在する以上、どのような身分であるかに応じて区別しなければならない[5]。また、刑法典中には、多種多様な身分犯が混在しており、どこまで一身専属性を考慮するべきかも問題となる。以下、身分概念を分類・整理したうえで、身分なき共犯の取扱いを論じることにしたい[6]。

狭義の共犯は、どの程度まで正犯に従属（連帯）するのか？

> 最小従属性説――（正犯者に）構成要件該当性があれば、共犯が成立する。
> ○制限従属性説――　　〃　　構成要件該当性＋違法性があれば、共犯が成立する。
> 極端従属性説――　　〃　　構成要件該当性＋違法性＋責任があれば、共犯が成立する。
> 誇張従属性説――（正犯者には）構成要件該当性＋違法性＋責任＋処罰条件が必要である。
> →通説・判例である制限従属性説によれば、構成要件該当性＋違法性のレベルで正犯と共犯が連帯（従属）するため、責任の段階においては、各人ごとに独立して評価できる。

3　真正身分犯と不真正身分犯

　いわゆる身分犯の中でも、①犯人が一定の身分を備えた場合にのみ犯罪となるもの（**真正身分犯**）と、②身分がなくても犯罪となるが、各人の身分に応じて法定刑が加重・減軽されるもの（**不真正身分犯**）がある。一部の学説は、前者を**構成的身分**、後者を**加減的身分**と呼んでいる。前者の類型は、収賄罪（197条以下）や強姦罪（177条）であり、後者の類型として、単純賭博罪（185条）を加重した常習賭博罪（186条1項）、単純遺棄罪（217条）を加重した保護責任者遺棄罪（218条）、さらに業務上堕胎罪（214条前段）や業務上横領罪（253条）などの類型もある。最後の2つの構成要件は、犯人が業務者である点に着目して、同意堕胎罪（213条）や単純横領罪（252条）の法定刑を加重したものである（なお、大判大正9・6・3刑録26輯382頁参照）。

真正身分犯と不真正身分犯の構成要件
①真正身分犯（構成的身分）——秘密漏示罪（134条）、虚偽公文書作成等罪（156条）、虚偽診断書等作成罪（160条）、偽証罪（169条）、虚偽鑑定等罪（171条）、重婚罪（184条）、公務員職権濫用罪（193条）、背任罪（247条）、**単純横領罪（252条）**など。
②不真正身分犯（加減的身分）——看守者等逃走援助罪（101条）、税関職員あへん煙輸入等罪（138条）、常習賭博罪（186条1項）、特別公務員職権濫用罪（194条）、特別公務員暴行陵虐罪（195条）、自己堕胎罪（212条）、業務上堕胎罪（214条前段）、保護責任者遺棄罪（218条）、**業務上横領罪（253条）**など[7]。

上述した犯罪の中で、単純横領罪は真正身分犯であるが、業務上横領罪は不真正身分犯とされる。およそ横領罪の主体は、他人の財物の占有者でなければならず、そうした状態は構成的身分である（大判明治44・3・16刑録17輯405頁、大判大正5・11・10刑録22輯1733頁）。しかし、占有者が業務者である場合、単純横領罪の刑罰が重くなっており、業務上横領罪の構成要件は、横領犯人が業務者であるとき、その法定刑を加重する不真正身分犯である。すなわち、（業務上）他人の財物を占有する状態は、非占有者に対しては構成的身分（真正身分犯）にあたり、単純占有者に対しては、業務者であることが加重的身分（不真正身分犯）となる。その意味で、253条は、**二重の身分犯**とされる[8]。

単純横領罪と業務上横領罪の交錯
A村の村長BとCが助役のCが、収入役のDと共謀したうえ、Dが業務上保管するA村の学校建設資金を横領した。その際、当該金員の占有者でないBとCは、「刑法65条1項により同法253条に該当する業務上横領罪の共同正犯として論ずべき」であるが、「同法253条は横領罪の犯人が業務上物を占有する場合において、とくに重い刑を科することを規定したものであるから、業務上物の占有者たる身分のない被告人両名に対しては同法65条2項により同法252条1項の通常の横領罪の刑を科すべきもの」とした（最判昭和32・11・19刑集11巻12号3073頁）。

すでに同様の事案をめぐって、町村長Eが収入役Fと共謀して、Fが業務上保管する金員を不法に領得したとき、「Eハ占有者タル身分ナシト雖モ前掲犯罪ノ共謀ヲ以テ論スヘキモ（刑法第65条第1項）、本件ハ業務上ノ占有者タル身分ニ依リ特ニ刑ノ加重ヲ来ス場合ナルヲ以テ、其身分ナキ被告ニハ普通ノ横領罪タル刑法第252条ノ刑ヲ科スヘキモノトス（刑法第65条第2項）」とした大審院判例があった（前出大判明治44・3・16。なお、句読点は筆者による）。これらの判例によれば、犯人の身分によって構成され

る犯罪行為に非身分者（非占有者）が加功したとき、**刑法 65 条 1 項により、全体として業務上横領罪が成立する**一方、業務者であることは加重的身分になるため、非業務者である共犯者には、**同 65 条 2 項により、単純横領罪の刑が適用された**のである[9]。

4 横領罪における違法性と責任

上述した横領事件は、いずれも共謀共同正犯の事例であり、教唆犯や従犯について刑法 65 条 1 項を適用したわけでない。しかし、非身分者による教唆・幇助について、同条 1 項を適用した判例もみられる（大判昭和 7・3・10 刑集 11 巻 286 頁、大判昭和 10・10・24 刑集 14 巻 1267 頁）。その際、およそ他人の物を占有しない共犯者が、身分犯である業務上横領罪の違法性を共有（連帯）するであろうか。そもそも、**横領罪の保護法益**は、被害者の所有権と委託信任関係であるため、当該財物を占有しない者については、業務上の身分による加重作用も及ばないとすれば、果たして業務上横領罪の共犯は成立するかという疑問が生じる[10]。

学説の多数は、上述した判例と同様、業務上横領罪が二重の身分犯であることから、非身分者を単純横領罪の限度で処罰しようとする[11]。しかし、単純横領罪が真正身分犯（構成的身分）である点を重視するならば、**非占有者の行為について、単独で単純横領罪が成立することはない**。他人の物の占有者だけが、横領行為の主体とされる以上、非占有者が自ら「占有する他人の物を横領した」とはいえないからである。その意味で、刑法 65 条 2 項における「通常の刑」は存在しない。かりに共犯の連帯性を強調するとしても、業務上占有者と共同した点が重視されるのであって、共犯の不法は、最終的な結果惹起だけでなく、それに至る「横領」行為も考慮しなければならない。

だからこそ、裁判所は、刑法 65 条 1 項により、全体として業務上横領罪を成立させたうえで、非占有者については、同条 2 項により、科刑だけを単純横領罪の限度まで軽減したのであろう（**罪名と科刑の分離**）[12]。第 16 講の「共犯の錯誤」では、罪名と科刑の同一性が議論されたが、共犯と身分では、共犯の錯誤のように、主観と客観の間で齟齬が生じているわけでない[13]。むしろ、客観的な構成要件該当性が問題となる以上、その身分が

法益侵害性を左右するかぎり、たとえ非身分者であっても、客観的に招来した事実に見合った犯罪が成立するべきである。かようにして、共犯全員について業務上横領罪が成立することになる[14]。

V 刑法上の身分とは何か

1 身分概念の定義

わが国の刑法典には、何が身分であるかを定めた条文がない。しかし、過去の判例によれば、刑法65条の身分とは、「男女ノ性、内外国人ノ別、親族ノ関係、公務員タルノ資格ノ如キ関係ノミニ限ラス、汎ク一定ノ犯罪行為ニ関スル犯人ノ人的関係タル特殊ノ地位又ハ状態ヲ指称スル」とされる（前出大判明治44・3・16）。そのため、「刑法第252条及第253条ニ於テハ、横領罪ノ目的物ニ対スル犯人ノ関係カ占有又ハ業務上ノ占有ナル特殊ノ状態ニ在ルコト、即チ犯人カ物ノ占有者又ハ業務上ノ占有者タル特殊ノ地位ニ在ルコトカ、各犯罪ノ条件ヲ成スモノニシテ、刑法第65条ニ所謂身分ニ該ル」ことになる（句読点は筆者による）。下記の最高裁判例も、これと同様の見解を採用している。

単純横領罪の身分犯性　巡査である被告人は、質屋兼古物商から、同僚が発見した事件の揉み消しを頼まれ、その費用として預かった金員を、自己の知人とともに飲食代金等に費消した。最高裁は、「刑法65条にいわゆる身分は、男女の性別、内外国人の別、親族の関係、公務員たるの資格のような関係のみに限らず、総て一定の犯罪行為に関する犯人の人的関係である特殊の地位又は状態を指称するものであって、刑法252条においては、横領罪の目的物に対する犯人の関係が占有という特殊の状態にあること、即ち犯人が物の占有者である特殊の地位にあることが犯罪の条件をなすものであって、刑法65条にいわゆる身分に該るものと云わなければならない。（明治44年（れ）第229号、明治44年3月16日大審院第二刑事部判決参照）」とした（最判昭和27・9・19刑集6巻8号1083頁）。

およそ身分を行為者の属性とみるとき、刑法典には多種多様な身分概念が存在する。上記の判例では、横領罪における占有者という地位、すなわち、所有者から委託されて財物を占有している状態が身分とされたが、同事件の弁護人は、およそ身分が「男女ノ別、内外人ノ別、親族関係、囚

徒、公務員タルノ資格等ノ身上関係ヲ総称スルモノ」である以上、「占有ノ如キ身上ノ関係ニアラサル一ツノ事実」は、身分にあたらないと主張した（前出大判明治44・3・16参照）。しかし、上述した定義によれば、前半の例示部分には含まれないが、後半部分の「広く一定の犯罪行為に関する犯人の人的関係たる特殊の地位または状態」にあたるであろう。

2 公務員の地位と男女の性別

冒頭に掲げた収賄罪は、典型的な真正身分犯であり、正犯者には公務員という地位が必要となる。しかし、強姦罪（177条）では、もっぱら女性が被害者となる関係で、男性だけが犯行の主体になると解釈されてきた（最決昭和40・3・30刑集19巻2号125頁）。もっとも、男女の性別は、およそ人間にとって二者択一の概念であり、当該犯人のもつ固有の属性とはいいがたい[15]。他方、親族関係や公務員などの資格においても、自らの判断で変更できる場合があり、かりに身分が一身専属的要素であると仮定しても、その中には、**強い身分**と**弱い身分**が存在するといえよう。

強姦罪の身分犯性　X女は、夫の愛人であるA女に嫉妬して、X女の眼前で他の男性に強姦させようと考えた。そこで、Y男およびZ男と共謀したうえ、X女が犯行現場でA女を押し倒すなどして、Y男とZ男の実行行為に協力した。その際、（男性という）身分のない（女性による）共同正犯の成否が争われたが、かりに強姦罪が、男性を身分とする真正身分犯であるならば、非身分者であるX女が犯行に加担しても、姦淫自体の共同実行が認められず、強姦罪の共同正犯は否定される[16]。しかし、最高裁は、刑法65条1項を適用することで、身分者（男性）と共謀した非身分者（女性）も、強姦罪の共同正犯になるとした（前出最決昭和40・3・30）。

近年、性犯罪をめぐる法改正論議において、強姦罪の中に「女性の姦淫」だけでなく、男性に対する性的侵襲を含める見解もみられる[17]。また、男女の性別は、事実上の自然的・生理的事実にすぎないため、上述した身分の定義（例示部分）に疑問を提起する論者も少なくない[18]。かりに男女の性別や年齢が**擬似的身分**にとどまるならば、後半部分の「特殊な地位又は状態」が身分概念の中核にならざるをえない。その意味で、公務員の地位や親族関係は、**本来的な身分**（狭義の身分）といえるであろうが[19]、最高裁は、（旧）麻薬取締法64条2項の「営利の目的」も加重的身分に包

含したため（下記の判例を参照されたい）、身分概念をめぐる議論は、さらに混迷の度を深めることになった。

> **営利目的による法定刑の加重**　韓国船の船員であるAとBは、法定の除外事由がないにもかかわらず、共謀のうえで、営利目的により麻薬を密輸入した。その際、A自身には営利目的がなかったところ、営利目的のあるBらとともに当該犯行に及んだので、どのように取り扱うべきかが争点になった。最高裁によれば、（旧）麻薬取締法64条は、「犯人が営利の目的をもっていたか否かという犯人の特殊な状態の差異によって、各犯人に科すべき刑に軽重の区別をしているものであって、刑法65条2項にいう『身分ニ因リ特ニ刑ノ軽重アルトキ』に当る」以上、「営利の目的をもつ者ともたない者とが、共同して麻薬取締法12条1項の規定に違反して麻薬を輸入した場合には、刑法65条2項により、営利の目的をもつ者に対しては麻薬取締法64条2項の刑を、営利の目的をもたない者に対しては同条1項の刑を科すべき」ことになる（最判昭和42・3・7刑集21巻2号417頁）。

最高裁は、営利目的のある者（身分者）とそれがない者（非身分者）が共同して麻薬を密輸入した場合、非身分者については、軽い（旧）麻薬取締法64条1項の刑が科せられるとした。なるほど、原審判決は、共犯者のBが営利目的で麻薬を輸入することを知りつつ、Aが協力・加担している以上、Aにも営利目的輸入罪の成立を認めたが、最高裁は、A自身に営利目的がない以上、Aにも同法64条2項の罪を認めて加重刑を適用した原審および第一審判決は、（旧）麻薬取締法64条と刑法65条第2項の解釈適用を誤った違法があるとしたのである[20]。

3　目的犯と身分犯

多数説は、営利目的のような、犯人の一時的な心理状態を刑法65条の「身分」に含めるべきでないと批判する[21]。およそ身分には**継続性が必要**であって、単なる主観的意図や目的を「身分」概念に取り込むならば、各種偽造罪（148条以下）でいう「行使の目的」はもちろん、故意や過失までもが身分となりかねないからである[22]。実際、大審院の時代には、営利目的等拐取罪（225条）について、同条の「営利」目的は、刑法上の身分でないと明言した判例もあった（大判大正14・1・28刑集4巻14頁）[23]。

しかし、犯人の一時的な心理状態であっても、上述した身分の定義によれば、「犯人の人的関係である特殊の地位又は状態」にあたる。また、犯

行時に当該の属性があればよいという意味では、必ずしも継続性が必須条件とならない。すでに横領罪における一時的な占有が（構成的）身分とされたように、今日では、学説においても、身分の継続性を不要とする見解が少なくない[24]。特に（後述する）共犯の法益侵害性を重視して違法身分と責任身分に区別する見解では、この種の心理状態も当然に身分概念に含められる[25]。

　他方、**身分概念の一身専属性**を強調するとき、客観的要素と主観的要素のいずれかを問わず、それが非身分者とは共有できないことが前提となる[26]。なるほど、そうした特徴は、ただちに共犯者ごとの個別的処理に直結しないため、共犯の連帯性と個別性を考えるうえでは、もっぱら**行為者関係的要素**であって、個人的責任を左右しうるかが重要である（いわゆる責任身分である）。したがって、刑法65条2項の加減的身分であっても、もっぱら行為の違法性を根拠づける場合には（**行為関係的要素**）、むしろ、同条1項が適用される結果として、他の共犯者と連帯（従属）することになる[27]。

4　常習性という加重的身分

　犯人の常習性や累犯性は、上述した責任身分であろうか。常習犯は、同種の違法行為を反復累行する場合を類型化した点で、**行為の属性**ともいえるが、当該犯人の習癖の一種とみるならば、**行為者の属性**といえなくもない[28]。かりに行為者関係的要素とみて、常習犯における共犯の連帯性を否定するとき、正犯者たる賭博常習者に非常習者が加担した場合、常習賭博罪が加重的身分犯である以上、非常習者（非身分者）には、正犯者と異なる罰条（単純賭博罪）が適用されることになろう（共同正犯）。しかし、共犯の従属（共同）性を重視するならば、常習賭博罪を実現したという**不法事実**を無視することはできない。そこで、非常習者が常習者を教唆・幇助したときは、常習賭博罪の教唆・幇助となる[29]。

　これに対して、その一身専属的性格から、常習性を**責任身分**とみなすならば、非常習者には、およそ常習賭博罪が成立しないとされる。実際の判例でも、常習賭博罪が刑の軽重を異にしたにすぎず、刑法65条1項は適用されない以上、非常習者が賭博常習者を幇助した場合にも、常習賭博罪

は成立しないとされた（大判大正2・3・18刑録19輯353頁）。また、一部の学説は、「責任の強弱が身分という形で類型化・構成要件化されている場合」、刑法65条2項により共犯者の不法従属性が緩和されるという[30]。しかし、常習性が行為者の属性にとどまらず、行為の属性として違法類型でもある場合、当然に従属性を緩和できるかは疑問である。むしろ、常習性を**違法身分**とみるならば、非常習者であっても、常習賭博罪の教唆・幇助が成立するのである。

> **常習賭博罪の共犯**　　上記の設例とは反対に、賭博常習者であるXが、非常習者のYに犯行場所を提供して、Yの（単純）賭博を幇助した事例がみられる。大審院によれば、「刑法第186条第1項は、同法第185条通常賭博罪の加重規定にして、其加重は賭博を反覆する習癖を有する者に限り、其共同実行正犯たる他人に影響を及ぼさざる点より観察して、之を犯人の一身に属する特殊状態に因るものと認むべく、従て犯人の身分に因る加重なりと解すべき」である。また、「身分に因る加重減軽に関する同法第65条第2項の規定は、止だ実行正犯のみならず教唆者及び従犯に其適用あ」るため、「其実行正犯たると教唆犯若くは従犯たるとの別なく、汎く是等の賭博行為に付き之を為すを常習とする者が其実行正犯」である以上、教唆・幇助についても、「反覆して賭博を為す習癖が発現するに至りたる場合は、皆同法186条第1項の適用を免かれ」ないとした（大連判大正3・5・18刑録20輯932頁。なお、句読点は筆者による）[31]。

刑法65条2項は、不真正身分犯において非身分者の教唆・幇助があった場合、身分なき者には通常の刑を科するという。しかし、これとは反対に、常習者（身分者）が非常習者（非身分者）の賭博行為に加担したときは、もっぱら解釈により決するほかはない。その際、かりに常習性が責任身分であるならば、常習者が非常習者を教唆・幇助した以上、同条2項を適用して、常習者（身分者）の責任に応じた科刑が考えられる[32]。しかし、正犯が単純賭博罪であるにもかかわらず、従属的共犯を常習賭博罪の教唆・幇助とする場合には、**正犯のない共犯**を認めることになる。したがって、不法共犯論と連結した犯罪共同説にあっては、正犯者が基本犯（単純賭博罪）にとどまる以上、たとえ共犯が常習者であっても、従属的共犯の罪名は単純賭博罪（の教唆・幇助）とするべきである[33]。そもそも、常習賭博罪は、賭博それ自体の常習性に配慮したものであって、実行行為でない賭博教唆・幇助の常習性とは同一視できないのである[34]。

5　違法身分と責任身分

　現在、共犯における身分概念が拡張された結果、真正身分犯および不真正身分犯という形式的な概念区分が機能しなくなった。すなわち、身分犯の領域が狭かった時代には、旧来の分類方法で不都合が生じたとき（例えば、強姦罪など）、身分性の強弱に応じて対処できたが、近年では、むしろ、実質的見地から共犯と身分の問題を解決しようとする見解が台頭した。そこでは、刑法65条1項・2項を「**違法の連帯性と責任の個別性**」に対応させることで、同条1項は違法身分の連帯性を、同条2項は責任身分の個別性をあらわすと主張するのである[35]。

　しかし、わが国では、ドイツ刑法典29条のように、「違法の連帯性と責任の個別性」を明文化した規定はない。また、すべての身分をいずれか一方に截然と区分できるかは疑問である[36]。かりにすべての構成的身分が違法身分にあたるとして[37]、「法益の侵害（および危険）が違法性の実質だとすると、一定の身分の者についてだけ犯罪が成立するのは、その身分を持った者でなければ、**事実上**、その法益を侵害することができない」ことになる[38]。それにもかかわらず、刑法65条1項は、**法律上**、犯人の「結果惹起に対する事実的寄与に応じて」、非身分者にも共同正犯の成立を認めたものと説明するのである[39]。

6　義務としての身分犯

　いわゆる因果的共犯論においては、非身分者が何らかの意味で結果惹起に寄与すればよい。しかし、およそ身分を法益の侵害性（または危険）で説明するのは難しいため、収賄罪のような構成的身分では、公務員の忠実義務にもとづく**義務違反的要素**に着目する見解がある[40]。かりに公務員の地位に伴う特別な義務違反が身分犯の中核であるならば、そうした身分のない者を身分者から切り離して取り扱うのは当然であろう。もっとも、いわゆる違法身分の中で義務違反的要素を強調するのは、違法の本質論で義務違反説を斥けた法益侵害説からは考えにくいのではなかろうか。むしろ、義務違反的要素は、もっぱら責任の属性として考慮されるからである[41]。

他方、ドイツの学説では、身分犯に代えて**義務犯の概念**を提唱するものがある。すなわち、一定の身分に伴う法的義務を類型化したものが身分犯であって、特定の主体に関係づけられた特別の義務違反が身分犯の本質とみるのである[42]。こうした見解は、ドイツ刑法典28条2項が、「特別な一身的要素」により「刑を加重または減軽」する場合に加えて、「刑罰を阻却する」場合を列挙したことと無縁ではない。しかし、義務違反性を強調するならば、およそ非身分者は、いかなる関与形式であっても犯行主体となりえないはずである[43]。そこで、一部の学説は、構成的身分犯における共犯の処罰根拠を「身分者に身分犯を犯させたこと」に求めようとする[44]。ところが、身分者の義務違反を誘発・促進した事実、すなわち、正犯者を「犯罪へ引き入れたこと」を処罰根拠とするのは、過去の**責任共犯論**を想起させるのである。

Ⅵ 犯罪論の基礎と応用
―― 違法の連帯性と責任の個別性

1 刑法65条をめぐる解釈問題

冒頭で述べたように、刑法65条1項は、非身分者にも共犯の**連帯的作用**を認める一方、同条2項が、各人の身分に応じた科刑の**個別的作用**を明記している。かつては、前者が（古典学派のいう）**共犯従属性**を、後者が（近代学派のいう）**共犯独立性**を象徴したとする向きもあったが、現在の通説は、65条1項が、真正身分犯および不真正身分犯において、身分のない共犯が成立する連帯的作用（の原則）を示したのに対し、同条2項が、もっぱら不真正身分犯の科刑について、例外的処理（個別的作用）を定めたものと捉えている[45]。

通説・判例による 65 条の適用範囲

	身分犯の種類	共犯の形式
65 条 1 項（犯罪の成否）	真正身分犯＋不真正身分犯	共同正犯＋教唆・幇助
〃　2 項（科刑の処理）	不真正身分犯のみ	共同正犯＋教唆・幇助

　こうした理解は、法律の文言に忠実な解釈であり、同条 1 項が 2 項よりも前置された点とも符合する。そもそも、同条 1 項は、身分者と非身分者の（共同の）不法惹起を想定するとともに[46]、同条 2 項で「通常の刑を科する」としたのは、もっぱら科刑上の規定とみられるのである。その際、反対説からは、なぜ同条 2 項で異なる取扱いをするのか、すなわち、共犯者間で個別的な処理になる理由が明らかでないとされる[47]。また、犯罪の成否（1 項）と科刑（2 項）を分離した点も批判されてきた[48]。

　しかし、共犯者間で各人の責任量に応じた科刑が必要となる場合、むしろ、犯罪の成否と科刑が異なってくるのは当然である[49]。なるほど、共犯の錯誤では、共犯者相互の**罪名従属性**が問題になったが、そこでは、一部の共犯者に故意が欠けるため、責任主義からして客観的事実に見合った犯罪の成立は認められない。それにもかかわらず、**部分的犯罪共同説**によれば、完全な罪名の一致は要求されなかった。他方、共犯と身分では、客観的な地位の相違にとどまるうえ、上述した制限従属性説も、正犯者の構成要件該当性と違法性を前提条件としたにすぎず、第 1 項で犯罪の成否が決まった後も、第 2 項で各人の責任に応じて科刑することを排除していないからである。

2　刑法 65 条にいう「共犯」とは何か

　つぎに、法文でいう「共犯」の意義をめぐって、刑法 65 条 1 項は、もっぱら共同正犯を予定したものとみる判例があった（大判明治 44・10・9 刑録 17 輯 1652 頁）。共犯の従属性からして、教唆・幇助であれば、非身分者にも共犯が成立するのは当然だからである。しかし、文言上は、法文の「共犯」中から教唆・幇助を排除する理由がないとして、現在の通説は、共同正犯と教唆・幇助に関する規定とみている（大判昭和 9・11・20 刑集 13

巻1514頁)[50]。また、同条1項には、真正身分犯と不真正身分犯が含まれるため、不真正身分犯であれば、当然に非身分者による共同実行も認められる。したがって、非身分者による構成的身分犯を否定する見解であっても、ここでいう「共犯」の中には、共同正犯・教唆犯・従犯のすべてが含まれることになる[51]。

偽証罪の身分のない共犯　刑法65条1項の適用を共同正犯だけに限定した旧判例（前出大判明治44・10・9）は、共犯者が法廷での宣誓証人に対して偽証を教唆した事案であった。大審院によれば、「刑法第65条は共同正犯に関する例外規定にして、之を教唆に適用す可きものにあらざることは、同条文に『犯罪行為に加功したるとき』とあるに因て明瞭なるのみならず、犯人の身分に依り構成すべき犯罪は、其身分を有せざる者に於て之を実行するも、犯罪の構成要件を欠如するを以て、右例外規定の存するにあらざるよりは之を処罰する能わざるも、教唆は正犯に従属し常に正犯と運命を共にすべきものなれば、犯人の特別身分を有すると否とに拘わらず、正犯にして其身分を有する以上は、常に正犯に準じて処罰すべきものなるを以て、特に例外規定を設くるの要なし」としたのである（句読点は筆者による）。

ここでは、いわゆる**自手犯**に分類される偽証罪の規定が問題となった。こうした一身専属性の強い身分犯では、身分のない共同正犯をめぐる刑法65条1項の意義が強調されるが、その後の判例は、同条1項を**注意規定**と捉えることで、共同正犯のみならず、教唆・幇助も含めてきた。例えば、業務上横領罪の共犯をめぐって、「犯人の身分に因りて構成する犯罪に付き身分なき者が加担するに於ては、共犯を以て論ずべきことは、刑法第65条第1項の規定する所にして、加担行為の種類に従い或は実行正犯たるべく或は教唆若くは従犯たるべし」とした（大判大正4・3・2刑録21輯194頁）。その後、上述した偽証罪や収賄罪のような強い身分犯でも、同様な態度が示されている（前出大判昭和9・11・20。また、大判大正3・6・24刑録20輯1329頁など参照）。

3　共犯の従属性と個別性の原則

現在の多数説は、刑法65条1項と同条2項が、それぞれ**違法身分の連帯性**と**責任身分の個別性**を定めたものとする。しかも、共犯者間の連帯は、構成要件該当性と違法性のレベルにとどまるため（制限従属性説）、各人の責任を個別的に評価するとき、むしろ、同条2項が**原則的規定**になる

という指摘もみられる。およそ身分が一身専属的なものであれば、常に各人の属性に応じた取扱いが求められるからである。しかし、同条1項の構成的身分（真正身分犯）の中にも、犯人の個人責任に関わるものがあり、同条2項の加減的身分（不真正身分犯）の中にも、当該行為の違法性に関わるものがある以上、実質的な違法身分と責任身分で区別することで、同条1項の連帯性と同条2項の個別性を説明しようとする見解が、現在の多数説となったのである[52]。

多数説による65条の適用範囲

```
                   身分犯の種類           共犯の形式
65条1項（違法の連帯性）― 違法身分（真正＋不真正）  共同正犯＋教唆・幇助
  〃 2項（責任の個別性）― 責任身分（真正＋不真正）  共同正犯＋教唆・幇助
```

しかし、違法身分であっても、非身分者の場合、当該行為の違法性が異なるため、刑法65条2項の趣旨を尊重しつつ、非身分者に対して酌量減軽を認めるものがある[53]。また、大多数の身分が違法性と責任の両面を有する以上、同条1項の連帯性は、もっぱら違法性を左右する場合に限られる。そこで、かりに常習性を構成的違法身分と解して、その連帯的作用を認める一方（常習賭博罪が成立する）、加減的責任身分として、その個別的作用も認めるならば（非身分者には単純賭博罪で科刑する）、結局は、構成的身分と加減的身分の分類が併用されることになる[54]。そこで、多数説の主張を徹底するべく、違法身分をすべて構成的身分とみる見解が登場したわけである[55]。

これに対して、通説である不法共犯論からは、身分のない共同正犯の連帯性（または従属性）が重視されるため、むしろ、刑法65条1項が**原則的規定**となるのであり、同条2項は**例外的規定**にすぎない。また、すべての身分犯が「義務犯」として「責任の個別性」に直結するわけでなく、少なくとも違法身分については、非身分者も含めて「違法の連帯的作用」が働くことになる。しかも、狭義の身分犯が行為者関係的要素から構成されており、強い一身専属性がある場合には、非身分者の共同「実行」を否定し

た有力説もみられる以上、同条1項が非身分者にも真正身分犯の共同正犯を認めた点で、これを明文化した意義は否定できないであろう。

4 違法の連帯性と責任の個別性

もっぱら「違法の連帯性と責任の個別性」で解決しようとすれば、すべての身分がいずれかに分別されることを説明しなければならない。さもなければ、たとえ形式的区分を排して実質的区分を唱えるとしても、結局のところ、論者が予定した連帯的作用と個別的作用を言い換えているにすぎない。そもそも、常に「違法身分が連帯する」ことさえ、必ずしも自明の事柄ではない。そこで、共犯の連帯性を説明するべく、特別な義務違反に着目する**義務犯説**が登場したともいえよう。しかし、この見解によれば、非身分者はおよそ（狭義の）共犯にもならないという問題が生じたのである[56]。

かようにして、上述した「違法の連帯性と責任の個別性」というテーゼ自体が再考されねばならない。例えば、違法身分を構成する要素の中にも、個別的な処理を必要とする場合があり、責任身分を構成する要素であっても、連帯的作用を有する場合も考えられるのである。その意味では、連帯的身分と個別的身分、さらにその中間にある身分に区分することも可能である。また、通説が採用する**制限従属性説**も、正犯者が何らかの構成要件該当不法を惹起すれば足りるという趣旨であれば、共犯者各人の違法性は、必ずしも正犯者の違法性と完全に合致する必要はない[57]。

例えば、共犯者の正当防衛・過剰防衛において、仲間の一部に防衛意思がなかったとき、**違法の相対性**を認める見解によれば、共犯者間の完全な違法従属性は否定される。また、義務違反的要素であっても、ただちに共犯者の個別的評価にいたるわけでない。したがって、法益侵害性を左右する身分であっても、当然には連帯しないとすれば、どの程度まで違法身分が共犯者間で連帯するかも再検討が必要となるであろう。しかも、違法性の本質を法益侵害・危険に求める見解においては、本来、義務違反的要素にもとづく違法身分は考えられないのである。

5 横領罪・賭博罪・遺棄罪における共犯と身分

以上、私見によれば、義務上占有者の横領行為に単純占有者と非占有者

が加担した場合にも、全体として業務上横領罪の共同正犯が成立したうえで、単純占有者と非占有者には、単純横領罪の刑が科せられる。横領罪の保護法益からすれば、他人の財物を占有するという地位が違法身分に含まれるのは明らかであって、原則的規定である刑法65条1項を適用した後、例外的規定である同条2項によって刑が軽減されることになる。

また、賭博の常習性をめぐって、それが違法身分であれば、常習者の賭博行為を非常習者が教唆・幇助した場合、常習賭博罪の教唆・幇助となる一方、非常習者の賭博行為を常習者が教唆・幇助した場合、単純賭博罪の教唆・幇助となる。これに対して、常習者を責任身分とみるならば、各人の属性に応じた科刑がなされることになる[58]。しかし、かりに責任身分とみる場合にも、不法共犯論を前提とするかぎり、自らが惹起した以上の共犯（の成立）を認めることはできない。すなわち、従属的共犯では、直接正犯者の実現した犯罪結果に拘束されることになる。

さらに、保護責任者である母親が、それ以外の第三者に依頼して、自分の子供を危険な場所に遺棄（移置）させたとき、それが共同正犯となる場合には、第三者は単純遺棄、母親は保護責任者遺棄罪が成立する。しかし、従属的共犯の場合には、正犯者が単純遺棄罪にとどまる以上、これを教唆・幇助した身分者も、単純遺棄罪の従属的共犯となる[59]。こうした見解に対しては、例えば自己堕胎罪のように、妊婦という減軽的身分を備えた者が非身分者に堕胎を教唆した場合、連帯的作用によって重く処罰されるという指摘がある。しかし、「妊娠中の女子」という身分は、もっぱら責任減少に着目した減軽規定であるため、各人の責任に応じた個別的作用が働くと考えられる。

1) Ｃが道具と認定された場合には、収賄罪の従犯にとどまるか、事情を知らない道具として不可罰となる。
2) 例えば、団藤重光・刑法綱要総論（第三版四刷・平7）420頁、福田平・全訂刑法総論（第5版・平23）266、293〜294頁、大塚仁・刑法概説総論（第四版・平成20）162、332〜333頁、香川達夫・身分概念と身分犯（平成26）61頁は、真正身分犯について、刑法65条が非身分者の実行行為まで認めたわけではないとされる。
3) 従来から、非公務員による収賄罪の共同正犯（大判大正3・6・24刑録20輯1329頁）、非公務員による虚偽公文書作成罪の共同正犯（大判明治44・4・17刑録17輯605頁）、事務処理者でない者の背任罪の共同正犯（大判昭和4・4・30刑集8巻207頁）、宣誓証人以外の者による偽証罪の共同正犯（大判昭和9・11・20刑集13巻1514頁）が認められてきた。通説

も同様である。例えば、藤木英雄・刑法講義総論（昭50）303〜304頁、大谷實・刑法講義総論（新版第4版・平24）453頁、川端博・刑法総論講義（第3版・平25）610頁、前田雅英・刑法総論講義（第5版・平23）528〜529頁、山口厚・刑法総論（第2版・平19）332頁など。

4) もっとも、当該公務員と一定の利害関係がある者に限定するとき（例えば、犯人の家族など）、それ自体が一種の身分にあたるといえなくもない。
5) なお、身分のような犯人の客観的属性が責任要素になることは、理論上も何ら矛盾しない。例えば、適法行為の期待可能性は、従来から客観的責任要素とされてきた。
6) 香川・前掲書9頁以下は、身分概念それ自体と身分犯の構成要件を区別しておられる。すなわち、一定の状態を示す身分が特別な構成要件に取り込まれたとき、単なる事実上の状態を超えて、一定の法的地位になるという。
7) なお、自己堕胎罪（212条）は、「妊娠中の女子」による堕胎の場合に限って、基本類型である同意堕胎罪（213条）の刑を軽減したものといえよう。
8) 団藤重光・刑法綱要各論（第三版・平2）643頁。
9) また、東京高判昭和51・9・7東高刑時報27巻9号115頁は、同様な見地から、「原判決が被告人の原判示行為につき刑法60条、253条を適用しただけで同法65条1、2項、252条1項を適用しなかったのは法令の解釈・適用を誤ったもの」とした。なお、共犯と身分に関する判例については、大塚仁ほか編・大コンメンタール刑法（5）（第2版・平11）616頁以下〔川端博〕参照。
10) 他方、学説の中には、後述する罪名と科刑の一致という見地から、非占有者には、単純横領罪の成立を認めるものがある。大谷・前掲書457頁、川端・前掲書615〜616頁など。
11) 団藤・前掲総論423頁、同・前掲各論643頁注（52）、大塚・前掲書336頁など。
12) そのほか、大判明治44・8・25刑録17輯1510頁、大判昭和15・3・1刑集19巻63頁など参照。
13) もっとも、共犯者が正犯の身分を正しく認識しなかったとき、これを事実の錯誤として処理すべきかどうかは別問題である。
14) 同旨、植松正・刑法概論I総論（再訂版・昭49）385、387頁、大塚・前掲書336頁、佐久間修・刑法総論（平21）418頁など。すなわち、全員に業務上横領罪の共同正犯を成立させたうえで、非占有者には単純横領罪の刑を科することになる。ただし、単純占有者の横領行為に非占有者が加担した場合には、単純横領罪の共同正犯として処罰される。また、単純占有者と業務上占有者の共同正犯に非占有者が加担した場合にも、単純占有者と非占有者の間で252条の罪が成立するならば、やはり罪名と科刑の「分離」は生じない。
15) なお、強姦罪を擬似身分犯とみる見解では、刑法65条1項を適用することなく、直接に177条を適用して女性の共同正犯を認めようとする（松宮孝明・刑法総論講義〔第4版・平21〕306頁）。
16) 例えば、団藤重光編・注釈刑法（2）のII（昭和44）731頁〔大塚仁〕。また、注（2）で述べた有力説は、非身分者による真正身分犯の共同「実行」を否定してきた。
17) なお、佐久間修・刑法各論（第2版・平24）119頁、大阪弁護士会人権擁護委員会編・性暴力と刑事司法（平26）159頁以下〔斉藤豊治〕、269頁〔雪田樹里・斉藤豊治〕など参照。
18) 例えば、団藤・前掲総論422頁注（6）、福田・前掲書295頁注（6）、大塚・前掲書333頁、香川・前掲書13頁以下、山中敬一・刑法総論（第2版・平20）944頁、高橋則夫・刑法総論（第2版・平25）477頁など。

19) そのほか、重婚罪でいう配偶者のある者、堕胎罪でいう妊娠中の女子も、後半部分の定義規定には該当するであろう。なお、旧尊属殺人罪（旧200条）をめぐって、直系卑属Xと第三者Yが共同して尊属を殺害した場合、Yについては、「刑法第65条第2項に拠り、同第199条同第200条等を適用」すべきだとした判例がある（大判大正7・7・2新聞1460号23頁）。これに対して、親族相盗例における親族関係は、一般に処罰阻却事由とされるため、犯罪の成否を左右する身分にはあたらない。
20) なお、上述した判例では、自己を利する目的だけでなく、他者を利する目的も含まれるかという問題がある。いわゆる二項犯罪がそうであるように、自己の利得に限定されないとすれば、刑法65条を適用するまでもなく、他者を利する目的があったとして、Aにも加重処罰を認める余地があったとおもう。
21) 例えば、大塚・前掲書329頁注（2）、福田・前掲書292頁注（1）、川端・前掲書609頁、前田・前掲書523頁、高橋・前掲書480頁は、目的のような一時的・心理的な犯罪要素は、行為者の地位または状態を意味する身分とは性格を異にするとされる。これに対して、目的も身分に含める見解として、団藤・前掲総論419頁注（2）、平野龍一・刑法総論II〔昭50〕372頁、大谷・前掲書450〜451頁、西田典之・刑法総論〔第2版・平22〕409頁、山口・前掲書330頁などがある。
22) 学説の中には、広く意思や動機などの主観的要素を「身分」とみる見解さえある。例えば、団藤・前掲総論419頁注（2）、西田・前掲書409頁。
23) なお、一部の学説は、成人を拐取した場合、営利目的が構成的身分となるところ、未成年者拐取罪では加重身分になるとして、本文中の判例を批判しているが（西田典之・共犯理論の展開〔平22〕348頁注（17））、そもそも、未成年者拐取罪が基本類型といえるかは疑問であり、一種の減軽類型とみる見解もある。
24) 例えば、団藤・前掲総論419頁注（2）、平野・前掲書372頁、香川・前掲書88〜89頁。ただし、こうした営利目的が当然に一時的なものとはいえず、むしろ継続的な状態とみる向きもある（香川・前掲書110頁以下）。
25) 平野・前掲書372頁、西田・前掲総論408〜409頁、西田典之・共犯と身分〔新版・平15〕169〜170頁。なお、ドイツの通説・判例も、かつては継続性を要求したが、1968年の法改正により「一身的事情」を追加したことで「継続性」要件が放棄されたという（西田・共犯理論の展開348頁注（18）など参照）。
26) 広辞苑（第2版補訂版・昭51）2130頁によれば、身分とは、「身の分類、その人の属する一定の社会的地位、分際」となっており、また、広辞林（第5版・昭56）1887頁でも、「社会的地位、分際」となっている。
27) 本文中に述べた強い身分と弱い身分の違いは、純然たる行為者属性とそれ以外のものに区分することができよう。ドイツにあっても、行為者関係的要素と行為関係的要素に分ける見解があり、いわゆる自主犯（後述）は、一身専属性の強い身分犯に分類される。
28) ただし、学説上は、常習性が行為者属性または行為属性のいずれであるかをめぐって、諸見解が対立する。その詳細については、佐久間修「集積犯について」川端博先生古稀記念論文集上巻（平26）859頁以下参照。なお、特別法上の常習犯規定として、常習窃盗・強盗罪（盗犯等防止法2条〜4条）、常習暴行・傷害・脅迫・器物損壊罪（暴行行為等処罰法1条の3）などがみられる。
29) 例えば、大塚・前掲書334頁、佐久間・前掲総論418頁。これに対して、後述する大連判大正3・5・18刑録20輯932頁は、「賭博行為ヲ為スニ因リ反覆シテ賭博ヲ為ス習癖カ発現スルニ至リタル場合ハ皆同法第186条第1項ノ適用ヲ免カレサルモノ」として、常習者Aと非常習者Bの賭博行為を幇助した共犯者Cが賭博常習者であった場合、「第65条第2項ノ趣旨ニ依リ……第186条第1項ヲ適用シタル上一般従犯ニ関スル減軽ヲ為

スヘキモノ」とした。
30) 西田・共犯理論の展開344頁。これらの反対説が、通説・判例のいう真正身分犯・不真正身分犯の区別を形式的思考と批判したにもかかわらず、この場面で突如（構成要件という）類型性をもちだすのは不可解である。
31) 同旨、大判大正7・6・17刑録24輯844頁、大判大正12・2・22刑集2巻107頁など。なお、単純賭博罪の従犯にとどめた判例もあるところ（大判大正3・3・10刑録20輯266頁）、本文中の大連判大正3・5・18の事案は、注29）で述べたように、賭博実行者の中に常習者が混じっており、これらの判例が当然に矛盾するとはいいがたい。
32) 実際、各関与者の地位に応じた罪名と科刑を認めたものとして、大判大正9・6・3刑録26輯382頁（同意堕胎罪の教唆犯）、東京地判昭和60・3・19判時1172号155頁（事後強盗罪の共同正犯）がある。通説も、常習賭博罪の従犯を認めている。例えば、藤木・前掲書306頁、大谷・前掲書458頁、川端・前掲書616頁、曽根威彦・刑法総論（第4版・平20）270頁、前田・前掲書530頁など。
33) 大塚・前掲書335頁、佐久間・前掲総論419頁、井田良・講義刑法学・総論（平20）516～517頁。なお、一部の学説は、その「従属性が緩和される」として、正犯者に重い罪の構成要件該当性がないにもかかわらず、共犯者に重い罪の教唆・幇助を認めようとするが（西田・共犯と身分207頁、同・共犯理論の展開344頁）、なぜ緩和されるかの理由が不明である（同旨、山口・前掲書335頁）。
34) 団藤・前掲総論423～424頁注(12)、福田・前掲書296頁、大塚・前掲書335頁。
35) 平野・前掲書366頁以下、西田・前掲総論402頁、同・共犯と身分171頁以下、山口・前掲書327頁以下。ただし、同条1項・2項を、ともに違法身分に関する規定とみる見解もある（後述参照）。
36) 同旨、大塚・前掲書330頁、大谷・前掲書453頁、川端・前掲書613頁、前田雅英「共犯と身分（上）」法セ416号（平元）80～81頁など。違法身分と責任身分が混合した類型もあり、むしろ、構成的身分と加減的身分で刑法65条1項・2項の適用を決める方が安定的であるという意見もある（松宮・前掲書302頁）。
37) 例えば、山口・前掲書327頁、「違法身分はすべて構成的身分である」とされる。
38) 平野・前掲書368頁。
39) 例えば、西田・共犯と身分190頁など。これに対して、松宮・前掲書302頁は、法益侵害説の見地から違法身分の範囲を拡張するとき、刑法65条1項を適用することで、非身分者が共犯として不当に重く処罰されるという。
40) 例えば、平野・前掲書368頁。
41) もっとも、一部の反対説は、一身専属的な違法身分を認めることで、刑法65条2項の個別的処理を説明しようとする（平野・前掲書366頁）。
42) その詳細については、大越義久「身分犯について」平野龍一先生古稀祝賀論文集上巻（平2）392頁以下を参照されたい。わが国でも、こうした義務犯の考え方に賛同するのは、香川・前掲書29頁以下、川端・前掲書609頁、松宮・前掲書305～306頁などである。
43) 西田・共犯理論の展開338頁。これとは反対に、所定の身分者が犯行に加担したとき、常に義務犯の正犯になるという見解も予想される。そのほか、義務犯説に対する批判として、大越・前掲書405頁以下参照。
44) 例えば、松宮・前掲書306～307頁。
45) 通説・判例である。団藤・前掲総論418頁、福田・前掲書292～293頁、大塚・前掲書331頁、佐久間・前掲総論414頁、大判大正2・3・18刑録19輯353頁など。なお、同条1項を真正身分犯に関する規定、同条2項を不真正身分犯に関する規定とみる見解も

少なくない（大谷・前掲書453～454頁、川端・前掲書612～613頁、前田・前掲書525頁、最判昭和31・5・24刑集10巻5号734頁）。しかし、犯行主体の社会的地位が構成要件要素となる点では、不真正身分犯も「犯人の身分によって構成される犯罪行為」にほかならない。

46) 伊東研祐・刑法講義総論（平22）366頁。これによって共犯の成否が決定されることになる。

47) 例えば、山口・前掲書326～327頁。ただし、山口教授は、業務上横領罪の例を援用されるが、横領罪の委託信任関係をどのように位置づけるかの違いもあり、ただちに通説に対する批判になりえないとおもう。

48) 大谷・前掲書458頁、川端・前掲書613頁は、身分に応じた犯罪の成立を要求する。

49) また、大塚・前掲書331頁注(5)は、65条1項で共犯の成立を認め、同条2項で各人の責任に応じた科刑を論じても、反対説のいう「分離」にはあたらないとされる。

50) 例えば、植松・前掲書387頁、藤木・前掲書303頁、大谷・前掲書455～456頁、川端・前掲書610頁、前田・前掲書528頁、高橋・前掲書480～481頁、井田・前掲書514～515頁、大判大正3・5・18刑録20輯932頁、大判大正4・3・2刑録21輯194頁。

51) 例えば、団藤・前掲総論419～420頁、福田・前掲293～294頁、大塚・前掲書332～333頁など。

52) 平野・前掲書357、366頁、西田・前掲総論402頁、同・共犯と身分171頁以下、山口・前掲書327頁以下など。前出大判明治44・10・9も、刑法65条1項を例外的な規定と位置づけていた。

53) 佐伯千仭・刑法講義総論（四訂版・昭56）365～366頁、同「共犯と身分（二・完）――其の問題史的概観――」法学論叢33巻3号（昭10）435、449頁以下参照。

54) この点に着目して、西田・共犯理論の展開332頁は、佐伯博士による「身分犯の体系化」も、その意味を失ったと批判される。

55) 山口・前掲書327、328頁。なお、責任身分はすべて加減的身分であり、かりに構成的責任身分がありうるとしても、非身分者は刑法65条2項を準用することで不可罰になるとされる。しかし、証拠隠滅罪における本犯者は、その責任減少・消滅に着目した構成的責任身分を有するため、本犯者自身に共同正犯は成立しないが、教唆・幇助においては、なお期待可能性を肯定しつつ共犯が成立するのである（通説・判例）。

56) 西田・共犯理論の展開338頁。

57) また、中山研一ほか・レヴィジオン刑法1 共犯論（平9）120頁以下〔松宮孝明〕は、処罰根拠論における不法惹起と共犯の違法従属性に関する議論は、異なる次元の問題とされる。

58) その際、常習者であることから刑法65条2項を適用して重く処罰するとき、事実上、常習者でないという消極的身分を認めることになると指摘される（団藤・前掲総論424頁注(13)）。もっとも、消極的身分が認められた例として、大判大正3・9・21刑録20輯1719頁などがある。

59) 大塚・前掲書334～335頁、佐久間・前掲総論419頁。これに対して、違法身分・責任身分で区別する多数説では、保護責任者という地位が責任身分に分類されるとき、正犯である第三者は単純遺棄罪にとどまるが、保護責任者である母親には、保護責任者遺棄罪の共犯が成立することになる（常習賭博罪について同旨、大谷・前掲書458頁、川端・前掲書616頁、曽根・前掲書270頁、前田・前掲書530頁）。また、直系卑属Xと第三者Yが共同して尊属を殺害した場合、卑属でないYについては、「刑法第65条第2項に拠り、同第199条同第200条等を適用」すべきだとされた（大判大正7・7・2新聞1460号23頁）。

あとがき

　平成 16 (1999) 年に開設された法科大学院は、わずか数年で綻びが目立ち始め、すでに 74 校中 29 校が撤退を表明しました（平成 27 年 6 月現在）。最近では、さらに強制退場の仕組みが導入されるなど、重大な岐路を迎えています。私は、平成 16 年の設立時に法科大学院に異動した後、平成 24 (2012) 年まで刑事法に関連する科目を担当し、現在では、法学部・法学研究科に所属しています。その間、法学教育の現場では、大きな変化があったようです。具体的には、全体として司法試験の合格に向けた勉強が中心となり、大学・法学部でも判例中心の授業が多くなった結果、学説の地位は相対的に低下しました。また、一部の法科大学院では、重要判例の解説集が「（受験のための）基本書」とされ、それ以外の文献を読もうとしない学生も増えています。

　しかし、個々の判例は、具体的事件を処理するものであって、その事実関係から切り離して論じることはできません。もちろん、適法な上告理由がないとき、最高裁が上告を棄却するにあたり、職権で法律判断を示す場合もあります。その意味では、「傍論」であっても、類似の事件に対する先例拘束性が認められてきました。とはいえ、歴史的には全く同一の事象は存在しない以上、過去の判例を記憶するだけの勉強方法では、新たな法律問題に対処できません。過去の判例を学ぶとしても、その背景にある法理論や刑法学説を理解することで、現場で必要となる応用力を培って欲しいと思います。

　近年、大学生が本を読まないことが話題になりましたが、法学部の授業に『小六法』さえ持参せず、ケータイやスマホで条文を検索する学生もいます。これらのアイテムは、優れた検索機能があるものの、条文の位置関係が十分に表示されず、単に画像データとして認識されるせいか、前後の文脈や行間を探るという姿勢が身に付かないようです。フェイスブックや LINE で短い文章を綴っても、法律家が熟考を重ねて文章を練り上げる作業とは別次元の代物でしょう。このような時代にあって、本書が受け入れられるかどうかは分かりませんが、法曹にとって文書の作成が本務である

以上、法律関係の書籍が消えることはないと思います。

　平成6 (1994) 年に大阪大学に着任してから、早くも20年以上が経過しました。その間、研究・教育以外の雑務を避けて、なるべく自分の研究時間を捻出してきましたが、そうしたわがままを許して下さった大阪大学法学部・法学研究科の先輩や同僚諸氏に心より感謝いたします。また、本書の出版に際しては、大阪大学法学部50周年記念事業基金より助成金を頂きました。併せて謝意を表する次第です。

　2015年6月

佐久間　修

事項索引

あ

新しい客観説……………37
あてはめの錯誤………97
暴れ馬事件……………228
安全配慮義務…………82
安楽死………131, 132, 181, 193–195

い

意思傾向説……………128
意思支配性……………26
意思主義……100, 102, 103
意思責任…………230, 231
意思(意識)の同一性…248
意思の連続性……247, 249, 253
意思表明説……………128
一故意犯説……………143
一部肯定説……………301
一部実行・全部責任の原則
 ……………34, 345, 348
一般的正当化事由……181
一般予防主義…………270
一般予防的機能………270
一般累犯……274, 276, 277
違法過失…………………75
違法故意………………256
違法性阻却事由説……207
違法性阻却事由の錯誤
 …………………137, 255
違法性の意識…94, 96, 99, 138, 256–260, 262, 277, 279, 280
──可能性(説)…256, 259, 260
──必要説…257, 259
──不要説…257, 259, 260

違法性の錯誤……137, 262
違法性のない道具……26
違法性の認識可能性…279
違法・責任減少説
 …………………213, 305
違法の相対性……181, 191, 368
違法の連帯性……354, 368
──と責任の個別性
 ……………………364
違法身分……355, 361–363, 367–369
意味の認識…99, 100, 137, 138, 152, 216
因果関係…11, 12, 63, 93, 140, 158, 160, 162, 166, 171–173, 247, 300, 302, 303, 325, 327
──の錯誤…46, 56, 140, 142, 143, 150
──の断絶……161, 170, 171
──の中断………166
──の認識……105, 247
──の予見可能性…77
因果関係遮断説………308
因果関係論…………7, 14, 157–160, 162, 167, 168, 170, 173
因果経過の逸脱………347
因果経過の断絶………169
因果性の遮断……308, 347
因果的共犯論……34, 295, 299, 300, 303, 309, 325, 335, 363
インフォームド・コンセント……………191, 193

う

ウィニー事件…………328
ヴェーバーの概括的故意
 ……………………46, 140
ヴェルサリ原則………93

え

営業犯………279, 281, 284
営利目的………………360
疫学的因果関係…164, 165
液晶テレビ事件……52–54
駅ホーム転落死事件…120
「エンコ詰め」事件…130
縁座制…………………229

お

応報刑の思想…………234
オウム真理教事件……212
大阪南港事件……161, 171, 172
遅すぎた結果発生…43, 44, 46, 56

か

概括的故意…89, 105, 106, 142–144, 146
会合犯…………………291
改善刑主義………271, 284
蓋然性…………………104
──説………103, 141
海中突落し事件………102
確信犯………258, 279, 280
──人………………231
覚せい剤少女事件……13
覚せい剤・麻薬の取違え事件……………………95
確定的故意………101, 328
加減的身分…355, 361, 367

過失
　──擬制説……………229
　──推定説……………229
　──による教唆・幇助
　　　………………………320
　──の競合（論）……67,
　　80, 84, 85
　──の共同正犯……293,
　　294, 318, 336
　──の共犯………317, 318
　──併存説……………78
過失犯…63, 64, 66, 68, 70,
　74, 75, 113, 115, 159,
　317, 320
　──に対する教唆・幇助
　　　………………317, 336
　──の因果関係…70, 76,
　159
　──の構造……………74
　──の実行行為…69, 71
カジノ（ギャンブル）特区
　　　……………………185
加重結果に対する共同
　　過失………………336
加重単一刑主義………282
加重の身分…356, 357, 361
過剰避難…………212, 213
過剰防衛……202, 203, 213
ガソリン引火事件………45
肩叩き棒事件…………247
仮定的因果経過…161, 162,
　171
仮定的代替要因………326
可罰的違法性…………270
　──の欠如……………181
可罰的責任論…227, 232,
　233, 235, 239
カルネアデスの板……206
川治プリンスホテル火災
　　事件…………………82
患者取違え事件……80, 81
患者（被害者）の自己決定
　　権………………191, 192
関税法違反事件………261
間接教唆………………343

間接正犯……21, 22, 25-29,
　35, 37, 251, 317, 343,
　344, 354
　──類似説…32, 33, 251,
　252, 254
間接的安楽死…………194
管理・監督過失…67, 81, 82,
　85

き

機関車衝突事件…………69
危惧感説…………………75
危険社会……………75, 84
危険性説…………36, 293
危険の引受け……113, 115,
　124-127, 181
危険分配の法理……79, 115
擬似的身分……………359
記述されない構成要件
　　要素…………………151
偽装心中事件……………27
期待可能性…227, 229, 230,
　231
　──の理論………228, 270
規範的構成要件要素……6,
　137, 138, 152
　──の錯誤………137, 138
規範的事実の認識…98, 99
規範的障害説……………29
規範的責任論…229-234,
　236-238, 258, 277
基本的構成要件………293
義務違反説……………363
義務づけられた危険…117
義務の衝突………181, 182
義務犯……………364, 367
　──説…………………368
客体の錯誤………137, 140,
　142-144
客体の不能………………57
客観的危険説……47, 48, 57,
　304
客観的帰属…12, 160, 173
　──論………13, 14, 174
客観的責任要素………227

客観的責任論…………226
客観的相当因果関係説
　　……………………167
客観的連続性…………254
ギャンブル特区………184
旧過失論……………68, 75
狭義の共犯……22, 37, 302,
　320
狭義の正犯………………23
狭義の相当性…………166
教唆の因果性…………316
教唆の中止未遂………310
教唆犯………22, 25, 291,
　294-296, 315-317, 325,
　327, 335, 339, 340, 343,
　344, 357, 366
　──と従犯の間の錯誤
　　　………………………343
共同意思主体説…………32
共同実行の意思………296
共同正犯……21-23, 25, 30,
　31, 33-35, 37, 290-298,
　300, 302, 305-309, 315,
　324, 327, 335, 337-340,
　342-346, 353, 354, 361,
　363, 365, 366, 369
　──と従犯の間の錯誤
　　　………………………343
　──の共犯性…………22
共犯
　──と身分……353, 363,
　365
　──の因果関係……300
　──の因果性………309,
　325-327, 337, 343, 348
　──の過剰…………296,
　334-338, 340, 345, 347
　──の個別性………354
　──の錯誤…………296,
　333-338, 340, 342, 345,
　347, 348, 353, 357, 365
　──の従属性…317, 348,
　361, 365, 366
　──の処罰根拠……294,
　364

事項索引　379

――の中止…… 290, 306
――の離脱………… 347
――の連帯性… 354, 361, 368
共犯関係からの離脱… 303, 306, 309, 337
共犯関係の解消……… 289, 306-310, 325, 337, 348
共犯者の正当防衛・過剰防衛…………… 368
共犯従属性…………… 364
共犯従属性説…… 294, 302, 345
共犯独立性…………… 364
――説…………… 335
京踏切事件………… 163
共謀関係からの離脱… 307
共謀関係の解消……… 308
共謀共同正犯… 22-25, 31, 34-37, 290, 292, 295, 296, 307, 315, 336, 348, 357
共謀存否型…………… 33
共謀の射程… 296, 334, 337, 342, 345
――論………… 348, 336
挙証責任の例外……… 300
挙動犯……………… 159
緊急救助…………… 219
緊急行為…… 182, 202, 205, 210
緊急避難…… 26, 118, 181, 182, 189, 191, 201, 203-207, 209, 210, 212-214, 216-219
禁止の錯誤… 137, 259, 262
近代学派…… 48, 230, 232, 271, 294, 364

く

偶然防衛…………… 214
具体的危険説…… 47-49, 57, 304
具体的事実の錯誤…… 147, 148, 338

具体的認識説………… 75
具体的符合説…… 141-143, 148, 149, 152
熊撃ち事件… 160, 161, 171
熊本水俣病事件……… 165
クロロホルム殺人事件
　　　… 44, 45, 47, 50, 91

け

傾向犯……………… 215
警告理論…………… 277
警察(行政)公共の原則
　　　……………… 196
「警察権の限界」論 … 195, 196
形式的違法性………… 180
形式的客観説…36, 48, 293, 303
形式的犯罪論………… 16
刑事責任年齢………… 240
刑事責任能力………… 239
刑事未成年… 234, 235, 239
――制度………… 239
継続犯…………… 248, 298
刑の量定基準…… 266, 267
刑罰拡張事由…… 290, 291, 294, 320, 323
刑罰規制機能………… 266
刑罰制限事由………… 290
刑罰創設機能………… 266
刑罰適応性… 229, 239, 240
刑罰法規の明確性…… 3, 16
刑罰量定機能………… 266
刑法学派の対立……… 230
激情犯………… 258, 279, 280
結果回避義務… 67, 68, 70, 71, 75, 78, 83, 85
結果責任…………… 93
――主義………… 226
結果的加重犯…… 92, 121, 145, 159, 298-300, 318-320, 336
　　――に対する教唆・幇助
　　　……………… 320
　　――の共犯…… 320, 335,

336
結果の引受け………… 125
結果犯…… 44, 69, 158, 159
結果無価値…… 115, 116
――論………… 116, 215
結果予見義務… 67, 70, 75
結合犯………… 29, 49, 298
原因において自由な行為
　　………… 37, 49, 245, 254
――の理論………… 246, 248-251, 254
厳格故意説… 257-259, 279
厳格な意思主義……… 101
厳格な犯罪共同説…… 346
幻覚犯……………… 91
喧嘩闘争…………… 210
減軽的身分………… 369
現実の危険説………… 304
限定主観説…… 304, 305
限定責任能力……… 235, 249-251, 254, 255
権利行為………… 182, 187
権利の濫用………… 188

こ

故意
――規制機能……… 346
――責任………… 94, 95, 255-258
――と実行の同時存在原則………… 56, 58, 59
――のある道具…… 26, 27
――のある幇助的道具
　　……………… 28, 35, 255
――の個数………… 143
――の体系的地位… 92, 94, 256
――のない道具…… 26, 317
行為関係的要素……… 361
行為共同説… 294, 296, 317, 339, 346-348
行為支配説…… 33, 34, 36, 293
行為者関係的要素…… 361,

事項索引

367
行為者主義………………… 284
行為者標準説…… 76, 228
行為主義………… 159, 283
行為制御能力…235, 237, 239, 248, 250, 252
行為責任（意思責任）…238, 249
　　　――・危険遡及説… 252
　　　――主義… 226, 227, 303
行為＝責任同時存在（の）原則… 238, 239, 248-252
行為無価値…………… 115
行為優越性…………… 25
合義務的な択一的挙動
　………………… 161, 162
広義の共犯…………… 22
広義の正犯………… 22, 37
広義の相当性………… 166
口実防衛……………… 214
厚生省・彩福祉グループ
　贈収賄事件………… 353
構成的身分…355-357, 363, 367
　　　――犯………… 364, 366
構成要件的過失…… 70, 74, 75, 118
構成要件的故意…… 54, 55, 91, 92, 94, 100, 137, 138, 141, 143, 145, 255, 256
構成要件的錯誤… 137, 141, 151
構成要件的符合……… 146
構成要件の違法推定機能
　………………… 180, 190
構成要件の故意規制機能
　……………………… 105
高速道路進入事件…… 170
高速道路追突死事件… 173
個人責任の原則……… 32
個人的責任……… 226, 229
個人の自己決定権… 126, 127
誤想防衛…… 94, 95, 98, 255
国家緊急救助………… 209

「ゴットン師」事件 … 151
古典学派………48, 94, 230, 232, 271, 290, 303, 364
異なる共犯形式間の錯誤
　…………………… 343
異なる構成要件間の錯誤
　…147, 148, 338-340, 346
個別化説……………… 29
個別的行為責任……… 230
個別的正当化事由…… 181
混合惹起説…………… 295
混合的方法……… 236, 249
コントロールド・デリバリー……………… 28

さ

罪刑均衡の原理… 270, 272
罪刑の均衡…………… 266
罪刑の不均衡………… 254
罪刑法定主義…… 3, 16, 94
財産犯………………… 51
再社会化の利益……… 271
再入者率……………… 274
罪名従属性…… 345, 346, 365
罪名と科刑の分離…… 357
作為義務………… 4-7, 9, 13, 15-17, 321-324
　　　――の発生根拠…4, 5, 9, 16
作為との等価値性… 8-11, 324
作為犯…… 2, 3, 10, 13, 16, 25
　　　――との等置原則… 16
酒酔い運転事件… 250, 251
殺人罪の不能犯……… 56
三振アウト法………… 278

し

時間的過剰…………… 203
自救行為…… 181, 182, 209
自己危殆化…………… 126
事後の共犯……… 297, 301
事実上の引受け……… 8
　　　――説………… 7

事実的故意…………… 256
事実の欠缺…………… 304
事実の錯誤…… 55, 91, 95, 96, 100, 135-137, 140, 141, 143, 147, 150-152, 256, 334, 338, 344
　　　――論…… 77, 139, 140, 144, 145, 147
自招侵害……………… 207
自然的行為論………… 14
自然犯・法定犯区別説
　………………… 258, 259
失業保険料不納付事件
　……………………… 228
実行共同正犯…… 23-25, 30, 34-36, 296
実行故意……54, 55, 139, 141, 147
実行行為…… 1, 12, 21, 22, 43, 44, 50, 51, 54-56, 63, 69, 139, 140, 169, 247, 249, 291, 292, 297, 301, 303, 309, 318, 325, 343, 362
　　　――性…………… 26
　　　――の多様性…… 29
実行者従属性………… 296
実行従属性……… 316, 325
実行中止……………… 305
実行と故意の同時存在
　……………………… 55
実行の終了時期……… 44
実行の着手…49-51, 56, 58, 59, 303, 316
　　　――時期……… 30, 44
実質的違法性…… 180, 183, 188, 189
実質的客観説…37, 48, 293, 303
実質的故意………… 95, 96
　　　――論……… 256, 261
実質的責任…………… 227
実質的犯罪論………… 16
実質的符合…………… 153
質の過剰……………… 203

事項索引　381

自手犯……………… 366
自転車転倒事件……… 120
支配型………… 33, 35
支配領域性……… 8, 10
支配領域説……… 7, 10
社会生活上必要な注意
　……………… 79, 115
社会の期待説………… 7
社会の行為論………… 14
社会の正当化事由… 181
社会の責任論…… 94, 229, 230
社会の相当性…… 127, 132, 191, 205
社会の相当性説……… 216
　――の理論…… 191, 211
シャクティパット事件
　……………… 24, 345
集合犯……………… 281
修正された客観的危険説
　………………… 304
修正された行為者標準説
　………………… 229
修正された構成要件… 293, 334, 342
修正された動機説…… 104
修正された道義的責任論
　………………… 230
修正された不法共犯論
　………………… 295
修正惹起説………… 295
従属的共犯…291, 292, 309, 315, 316, 320, 323, 325, 369
柔道整復師事件……… 160
従犯…… 22, 25, 151, 291, 294, 295, 302, 315-317, 324, 325, 329, 335, 340, 343, 344, 353, 357, 366
　――と教唆犯の間の
　　錯誤………… 343
終末期医療………… 193
主観的違法(正当化)要素
　…………… 181, 214-215
主観的危険性… 278, 284

主観的危険説………… 47
主観的責任………… 226
　――要素………… 227
　――論…………… 226
主観的相当因果関係説
　………………… 167
主観的連続性……… 254
取得説……………… 51
準共同正犯説…… 34, 35
純粋惹起説………… 295
巡礼父娘事件…… 27, 28
障害未遂……… 304, 305
消極的安楽死……… 194
消極的責任主義… 226, 266
消極的な故意論… 136, 142
承継的共同正犯… 297-302, 306, 325
承継的共犯…… 289, 290, 301-303
承継的幇助………… 302
条件関係……157, 161-166, 168, 170-172, 335, 343
条件公式…… 13, 162, 164, 325
条件説……………… 166
条件付き故意… 104, 106
常習犯…265, 277-281, 284, 361
常習犯人……… 231, 277
常習累犯…………… 277
状態犯……………… 298
承諾能力…………… 128
情報収集義務………… 67
触法少年…………… 239
触法性精神障害者… 240
職務(職権)行為…… 182
処罰阻却事由説…… 207
素人的な平行的評価… 138
素人領域における平行的
　評価…………… 98
侵害犯………… 69, 158
人格形成責任…… 231, 274, 279, 280
　――論…………… 231
人格的行為論………… 14

人格的責任論… 231, 258
新過失論……… 68, 71, 75
進言義務………… 67, 83
人工砂浜陥没事件… 67, 70, 71, 84, 85
真実性に関する錯誤… 151
真実性の錯誤……… 151
新・新過失論………… 75
心神耗弱… 235-238, 246, 247, 249, 250, 254, 255
心神喪失…236, 238, 239, 246, 249, 250, 254, 255
　――者………… 235
真正不作為犯………… 3
真正身分犯… 342, 355-357, 359, 363, 364, 366, 367
死んだ道具………… 26
信頼の原則…… 79, 80, 115, 117-120, 181
心理的因果性…… 34, 295, 309, 321, 347
心理的責任論…… 230-232
診療所放火事件…… 103

す

垂直型……………… 296
推定的承諾………… 182
随伴的従犯………… 316
水平型……………… 296
数故意犯説……… 143-147
砂末吸引事件………… 46
スワット事件… 32, 33, 35

せ

性格責任…………… 230
制限故意説…… 258-261
制限従属性………… 25
　――説……… 365, 368
制限の従属性……… 354
制限の正犯概念…… 290
正当化緊急避難…… 217
正当化事由の競合…… 219
正当業務行為… 179, 181, 182, 186, 190, 216
正当行為…… 181, 182, 189,

205, 217
正当防衛…… 94, 118, 181, 182, 189, 201-214, 216-220, 255
正犯と共犯の区別…… 322
──基準………… 294
正犯のない共犯… 37, 317, 362
責任過失………… 70, 75
責任共犯論……… 294, 364
責任刑…………… 283, 284
──の否定……… 271
責任刑法………… 270, 271
──の危機…… 232, 233
──の原則……… 271
責任原則緩和説… 251, 252, 255
責任故意… 91, 92, 94, 95, 100, 137, 145, 151, 245, 255, 259
責任主義… 64, 66, 90, 91, 93, 98, 104, 225, 226, 234, 238, 249, 257, 258, 266, 267, 270, 271, 274, 276, 278-280, 283, 320, 336
──の原則…… 146, 226, 257
──の例外………… 251
責任説……… 256, 259, 262
責任阻却事由説……… 207
責任の個別性… 354, 367, 368
責任身分…… 355, 361, 363, 367-369
責任無能力……… 249, 254
──者…………… 280
──制度………… 234
積極的安楽死………… 194
積極的一般予防… 227, 232, 241
──論……………… 231
積極的責任主義… 226, 251, 266
接続犯………………… 281

絶対主義的刑罰観…… 271
絶対的応報刑主義…… 271
接着剤塗布事件…… 52, 53
ゼネスト事件………… 210
是非弁別能力…… 235, 237, 239, 248, 252
狭い意味の共犯……… 291
先行行為説……………… 8
全体的故意…… 92, 95, 96, 256
専断的治療行為… 191, 192
千日デパートビル火災事件……………… 83
選任・監督過失……… 229
全部肯定説…………… 297
全部責任の原則……… 30
全部犯罪共同説… 345, 346
全部否定説……… 298, 300
全部肯定説…………… 301

そ

総合判断説……………… 7
相対的意思自由論… 230, 232
相当因果関係… 58, 69, 76, 93, 140, 157, 165-170, 172
相当因果関係説… 166, 169, 170, 172-174
──の危機………… 172
即成犯………………… 248
粗暴犯…………………… 47
尊厳死…… 132, 181, 193-195

た

ダートトライアル事件
…………………… 126
対向犯………………… 291
第五柏島丸事件……… 228
対等関与型………… 33, 35
ダイバージョン……… 272
対物防衛……………… 209
大麻密輸入事件…… 32-34
大洋デパート火災事件
……………………… 84

択一的競合…………… 161
択一的故意……… 105, 106
打撃の齟齬…………… 142
他行為可能性………… 258
他者危殆化……… 126, 130
多衆犯………………… 291
たぬき・むじな事件 … 138, 139
段階的過失論……… 77, 78

ち

血の酩酊……………… 246
着手後の離脱…… 306, 307
着手中止……………… 305
着手前の離脱…… 307-309
中止未遂…… 304, 306, 309
抽象的事実の錯誤…… 147, 148, 338
抽象的符合説…… 148, 149, 347
中立的行為… 290, 315, 325, 326, 328, 329
──による幇助…… 325
中立的幇助…………… 326
懲戒行為…… 182, 187, 188, 189
重畳的因果関係… 161, 164, 171
挑発防衛………… 207, 214
超法規的違法性阻却事由
………………… 181, 188
超法規的責任阻却事由
……………………… 228
直接正犯……… 22, 23, 25
直近過失説……………… 78
治療行為…… 186, 190, 192, 216
──傷害説………… 191
──非傷害説……… 191

つ

強い身分……………… 359
つり橋爆破事件…… 97, 98

て

定型的故意………………… 95
適法行為の期待可能性
　…215, 227, 228, 232, 234
適法性の錯誤…… 151, 152

と

統一刑主義…………… 283
同一構成要件内の錯誤
　………………… 147, 338
東海大学病院事件…… 194
等価値説……………… 166
動機説………………… 103
道義的責任…………… 234
　──論…… 229, 230, 257
道具…………………… 26
　──理論…… 27, 28, 254
同時傷害の特例……… 300
同時的コントロール… 248, 249
同時犯………………… 300
答責性の概念………… 285
特別義務者………… 216-219
特別累犯…… 274, 276, 277
独立正犯……………… 290
トランクルーム監禁死
　事件………………… 173
トレーラー事例… 162, 163

に

新潟女性監禁致傷事件
　……………… 273, 281, 282
二元説………………… 302
二重処罰の禁止……… 276
二重の因果関係… 161, 164, 170
二重の故意…………… 252
　──理論…… 252, 253
二重の身分犯…… 356, 357
二重評価禁止の原則… 272, 273
荷台同乗者事件……… 77
二分説………………… 207

日本アエロジル塩素ガス
　流出事件………… 81, 82
任意的共犯…… 290, 291, 293
認識主義…… 102, 103, 141, 142
認識のある過失… 101, 102, 104
認容説…………… 103, 104

ね

練馬事件…………… 31, 32

の

脳梅毒事件………… 167, 168
農薬牛乳事件………… 194

は

パターナリズム（国家後
　見主義）………… 131, 132
バックミラー事件…… 163
罰条の不知………… 97, 98
花火大会歩道橋事件… 67, 71, 77, 85
幅の理論……………… 274
早すぎた結果発生… 43-45, 50, 56, 58
早すぎた構成要件実現
　………………… 45, 47
犯罪共同説…293, 296, 315, 317, 320, 339, 345, 347, 362
犯罪個別化機能……… 346
犯罪少年……………… 240
犯罪の共働現象……… 25
反対動機の形成可能性
　………………………… 258

ひ

被害者の承諾…… 128, 130, 131, 150
被害者の同意…… 111, 113, 115, 125, 127, 128, 181, 182, 191-194, 216
被害者のない犯罪…… 185
引受け過失…………… 124

微罪処分……………… 272
必要的共犯……… 290, 291
非難可能性… 94, 180, 215, 226, 227, 229, 230, 235, 249, 255, 273, 274, 277, 284, 285
避難行為の補充性…… 211
避難の意思…………… 214
びょう打ち銃事件…… 144, 145
表象説………………… 141
病的酩酊……………… 250
開かれた構成要件… 66, 68
比例性の原則（罪刑の均
　衡）………………… 270
広い意味の共犯……… 291
広い意味の正犯……… 291
ヒロポン中毒刺殺事件
　………………………… 253
ピンクチラシ事件…… 327

ふ

不確定的故意…… 101, 105
ふぐ肝中毒死事件…… 126
複合行為犯…… 50, 53, 54
複合的過失…………… 84
不作為
　──による教唆…… 322
　──による殺人…… 2
　──による従犯…… 322
　──による幇助…… 322
　──の因果関係…… 325
　──の因果性……… 15
　──の共同正犯… 23-25, 36, 37, 321, 322, 324
　──の共犯…… 321, 322
　──の詐欺………… 6
　──の殺人（罪）… 2, 5, 8, 24
　──の放火………… 4
　──の幇助…… 315, 320, 321, 323
不作為犯…… 2, 3, 7, 8, 10, 14, 15, 17, 49
　──構成…………… 30

事項索引

——に対する教唆… 322
——の因果関係…12, 13, 162, 163
不真正不作為犯…… 1-3, 6-10, 13, 16, 323-325
不真正身分犯…… 355, 356, 362-364, 366, 367
付随事情の正常性…… 228
不能犯………… 56, 57, 304
不能未遂………………… 56
部分的犯罪共同説…… 338, 345, 346, 365
不法共犯論…294, 316, 325, 335, 341, 354, 362, 367, 369
不法・責任符合説 …… 149
古い客観説……… 36, 292
ブルーボーイ事件…… 192
浮浪者暴行事件………… 247

へ

併科主義……………… 282
平均人標準説…… 76, 228
併合刑主義…………… 283
併合罪………………… 282
——加重…265, 281, 283
米兵ひき逃げ事件…… 76, 159, 160
ベランダ転落死事件… 50
ヘルマンの概括的故意 ……………………… 149
片面的教唆…………… 315
片面的共同正犯… 37, 293, 294, 296, 315, 344
片面的共犯…………… 324
片面的共謀…………… 296
片面的幇助…………… 316

ほ

防衛(の)意思………… 216
——必要説………… 214
防衛行為の相当性…… 211
法益関係的錯誤……… 27
法益欠如の原則……… 131
法益権衡の原則…204, 211, 212
法益侵害説…116, 205, 278, 363
法確証の利益…… 204, 206
包括一罪……………… 284
法規範標準説………… 228
忘却犯………………… 231
幇助の因果性…… 316, 325-327
幇助犯………291, 315, 316, 327, 328
——区別型………… 33
包摂の錯誤…………… 97
法秩序の防衛…… 204, 206
法定的(構成要件的)符合 …… 136, 141, 144, 340
——説…… 95, 141, 143, 145, 148, 149, 338, 342
方法の錯誤…… 137, 140, 142-144, 146, 149
方法の不能…………… 57
法律の事実の錯誤…… 137, 138
法律の事実の認識…… 99
法律の錯誤……91, 96, 100, 136-139, 151, 152, 256, 259, 262
法令行為………… 179, 182, 216-219
法令の不知…… 96, 97, 138
他行為可能性…… 228, 230, 231, 277, 285
北大電気メス事件… 74, 80
保護観察制度………… 233
補充性………………… 204
——の原則………… 212
補充を必要とする構成要件 ……………………… 68
保障者…………… 12-14
——説………… 6, 7, 15
——的義務…… 6, 9, 11
——的地位…… 4-6, 9, 11, 16, 24, 36, 323, 324
ホテルニュージャパン火災事件………… 84

本来的一罪(包括一罪) ……………………… 281
本来的な身分………… 359

み

未遂の教唆…………… 335
未遂犯の処罰根拠…… 57
見張り行為…………… 292
未必的故意…… 101, 254
未必の故意… 89, 100-102, 104, 106, 107, 144
身分概念の一身専属性 ……………………… 361
身分のない共同正犯… 366, 367
身分のない共犯… 364, 366
身分のない道具…… 354
身分犯…333, 340, 353-355, 357, 360, 363, 364, 367
民事不介入の原則…… 195

む

無形的従犯……… 309, 343
むささび・もま事件 …138, 139
無謀追越し事件……… 79
無謀オートバイ事件… 76

め

迷信犯………………… 57
メタノール販売事件… 97, 98
免責的緊急避難…216, 217

も

妄想ストーカー事件… 48, 50, 55
目的刑主義…………… 271
目的のない道具……… 26
目的犯…………… 215, 360
もらい子殺し事件…… 2, 4

や

夜間潜水事件………… 160

薬害エイズ厚生省ルート
　事件……………… 85
弥彦神社事件……… 71, 78
破れ窓の理論…… 267, 269
やわらかい行為共同説
　……294, 296, 345, 346
やわらかい犯罪共同説
　………………… 345

ゆ

有形的従犯……… 309, 343
郵便仕分人事件……… 52
許された危険…… 79, 111-113, 115-118, 120-122, 127, 191
──の法理…… 112-117
許された結果………… 114
許されない危険…… 114, 117, 118, 120, 121, 124, 125
緩やかな意思主義…… 101

よ

抑止刑主義…………… 285
横須賀線爆破事件…… 106
予備的従犯…………… 316
弱い身分……………… 359

ら

裸体撮影事件………… 215

り

利益衡量説…………… 216
隔離犯………………… 49
リクルート（文部省ルート）
　事件……………… 353
リスク社会…………… 66
リバタリアニズム（自由主義）………… 132
利用意思必要説……… 10
量刑基準……………… 274
量刑相場……………… 273
量刑における責任主義
　…226, 233, 234, 266, 284
量刑の理論…………… 272
量的過剰……………… 203
両罰規定……………… 229

る

累犯……………… 265, 277
──（再犯）加重…… 274, 276-279

れ

連座制………………… 229
連続型・非連続型…… 252, 253
連続犯………………… 281

ろ

老女ふとん蒸し事件… 167, 168

わ

悪酔い刺殺事件……… 253

判例索引

大判明治 37・12・20 刑録 10 輯 2415 頁
　……………………………………………… 26
大判明治 41・4・14 刑録 14 輯 391 頁
　……………………………………………… 335
大判明治 42・9・20 刑録 15 輯 1139 頁
　……………………………………………… 316
大判明治 42・10・19 刑録 15 輯 1420 頁
　……………………………………………… 185
大判明治 43・2・3 刑録 16 輯 113 頁
　……………………………………………… 297
大判明治 43・4・28 刑録 16 輯 760 頁
　………………………………………… 129, 154
大判明治 44・3・16 刑録 17 輯 380 頁
　………………………………………… 336, 358
大判明治 44・3・16 刑録 17 輯 405 頁
　………………………………………… 356, 359
大判明治 44・4・17 刑録 17 輯 605 頁
　……………………………………………… 369
大判明治 44・8・25 刑録 17 輯 1510 頁
　……………………………………………… 370
大判明治 44・10・9 刑録 17 輯 1652 頁
　……………………………………… 365, 366, 373
大判明治 44・11・20 刑録 17 輯 2014 頁
　……………………………………………… 297
大判明治 44・12・21 刑録 17 輯 2273 頁
　……………………………………………… 292
大判大正元・12・20 刑録 18 輯 1566 頁
　……………………………………………… 128
大判大正 2・3・18 刑録 19 輯 353 頁
　………………………………………… 362, 372
大判大正 2・7・9 刑録 19 輯 771 頁
　…………………………………… 316, 322, 327, 331
大判大正 2・11・5 刑録 19 輯 1121 頁 … 65
大判大正 2・11・18 刑録 19 輯 1212 頁
　………………………………………… 304, 305
大判大正 3・3・10 刑録 20 輯 266 頁 … 372
大判大正 3・3・27 新聞 936 号 27 頁 …… 31
大判大正 3・4・24 刑録 20 輯 619 頁 …… 69

大連判大正 3・5・18 刑録 20 輯 932 頁
　……………………………………… 362, 371, 372
大判大正 3・5・23 刑録 20 輯 1018 頁 … 79
大判大正 3・6・20 刑録 20 輯 1289 頁 … 40
大判大正 3・6・24 刑録 20 輯 1329 頁
　………………………………………… 366, 369
大判大正 3・7・24 刑録 20 輯 1546 頁 … 57
大判大正 3・9・21 刑録 20 輯 1719 頁
　……………………………………………… 373
大判大正 3・9・25 刑録 20 輯 1648 頁
　……………………………………………… 208
大判大正 4・2・10 刑録 21 輯 90 頁 …… 2
大判大正 4・3・2 刑録 21 輯 194 頁 … 366
大判大正 5・6・8 刑録 22 輯 919 頁 … 66
大判大正 5・8・11 刑録 22 輯 1313 頁
　……………………………………………… 144
大判大正 5・8・28 刑録 22 輯 1332 頁 …40
大判大正 5・11・10 刑録 22 輯 1733 頁
　……………………………………………… 356
大判大正 6・5・25 刑録 23 輯 519 頁 … 316
大判大正 6・7・5 刑録 23 輯 787 頁
　………………………………………… 313, 316
大判大正 6・9・10 刑録 23 輯 999 頁
　………………………………………… 56, 304
大判大正 6・11・9 刑録 23 輯 1261 頁
　…………………………………… 106, 141, 144, 146
大判大正 6・11・29 刑録 23 輯 1449 頁 … 6
大判大正 7・4・10 刑録 24 輯 317 頁 … 69
大判大正 7・5・14 刑録 24 輯 605 頁 … 155
大判大正 7・6・17 刑録 24 輯 844 頁 … 372
大判大正 7・7・2 新聞 1460 号 23 頁
　………………………………………… 371, 373
大判大正 7・7・15 刑録 24 輯 975 頁 … 286
大判大正 7・7・17 刑録 24 輯 939 頁 … 18
大判大正 7・11・16 刑録 24 輯 1352 頁
　…………………………………………… 30, 50, 304
大判大正 7・12・18 刑録 24 輯 1558 頁
　…………………………………………… 4, 10
大判大正 8・8・30 刑録 25 輯 963 頁 …… 5

判例索引

大判大正 9・3・16 刑録 26 輯 185 頁 …339
大判大正 9・6・3 刑録 26 輯 382 頁
　………………………………… 355, 372
大判大正 9・6・26 刑録 26 輯 405 頁 …212
大判大正 10・5・7 刑録 27 輯 257 頁
　………………………………… 26, 198
大判大正 10・5・7 刑録 27 輯 267 頁
　………………………………… 316, 327
大判大正 11・2・25 刑集 1 巻 79 頁 … 330
大判大正 11・2・4 刑集 1 巻 32 頁…… 142
大判大正 11・4・18 刑集 1 巻 233 頁 … 31
大判大正 11・5・6 刑集 1 巻 255 頁
　………………………………… 91, 100
大判大正 11・5・9 刑集 1 巻 313 頁 … 142
大判大正 11・6・24 刑集 1 巻 354 頁 … 65
大判大正 11・10・6 刑集 1 巻 530 頁
　………………………………… 322, 331
大判大正 11・10・27 刑集 1 巻 593 頁
　……………………………………… 292
大判大正 12・2・22 刑集 2 巻 107 頁 …372
大判大正 12・3・31 刑集 2 巻 287 頁 … 69
大判大正 12・3・23 刑集 2 巻 254 頁 … 46
大判大正 12・4・30 刑集 2 巻 378 頁
　………………………… 46, 140, 161
大判大正 12・5・26 刑集 2 巻 458 頁 …166
大判大正 12・7・3 刑集 2 巻 624 頁 … 51
大判大正 12・7・14 刑集 2 巻 658 頁
　………………………………… 161, 176
大判大正 13・3・14 刑集 3 巻 285 頁…… 5
大判大正 13・3・18 刑集 3 巻 230 頁 … 18
大判大正 13・4・25 刑集 3 巻 364 頁 …139
大判大正 13・4・29 刑集 3 巻 387 頁
　………………………………… 336, 349
大判大正 13・8・5 刑集 3 巻 611 頁
　………………………………… 97, 257
大判大正 13・12・12 刑集 3 巻 867 頁
　……………………………………… 208
大判大正 14・1・22 刑集 3 巻 921 頁 …316
大判大正 14・1・28 刑集 4 巻 14 頁 … 360
大判大正 14・6・9 刑集 4 巻 378 頁 … 139
大判大正 14・7・3 刑集 4 巻 470 頁
　………………………………… 105, 141
大判大正 14・12・1 刑集 4 巻 688 頁 …104
大決大正 15・2・22 刑集 5 巻 97 頁
　………………………………… 99, 138, 257

大判大正 15・9・28 刑集 5 巻 387 頁…… 4
大判昭和 2・3・28 刑集 6 巻 118 頁 … 316
大判昭和 2・12・8 刑集 6 巻 476 頁 … 292
大判昭和 2・12・20 評論 17 巻刑法 18 頁
　……………………………………… 211
大判昭和 2・12・24 刑集 6 巻 555 頁 …150
大判昭和 3・3・9 刑集 7 巻 172 頁…… 322
大判昭和 3・4・6 刑集 7 巻 291 頁…… 93
大判昭和 4・4・11 新聞 3006 号 15 頁
　……………………………………… 163
大判昭和 4・4・30 刑集 8 巻 207 頁 … 369
大判昭和 4・9・3 大審院裁判例(3)刑 27
　頁……………………………………… 74
大判昭和 4・11・29 刑集 8 巻 575 頁 … 31
大判昭和 5・10・25 刑集 9 巻 761 頁 …171
大判昭和 6・1・19 刑集 10 巻 1 頁…… 257
大判昭和 6・7・8 刑集 10 巻 312 頁
　………………………………… 142, 338
大判昭和 6・10・28 評論 21 巻諸法 69 頁
　……………………………………… 151
大判昭和 6・11・9 刑集 10 巻 568 頁 … 31
大判昭和 6・12・3 刑集 10 巻 682 頁 …236
大判昭和 7・1・25 刑集 11 巻 1 頁…… 210
大判昭和 7・2・26 刑集 11 巻 126 頁 …339
大判昭和 7・3・10 刑集 11 巻 286 頁 …357
大判昭和 7・3・24 刑集 11 巻 296 頁 …151
大判昭和 7・6・14 刑集 11 巻 797 頁 …316
大判昭和 7・8・4 刑集 11 巻 1153 頁 …260
大判昭和 7・9・26 刑集 11 巻 1367 頁
　……………………………………… 326
大判昭和 7・12・12 刑集 11 巻 1881 頁
　………………………………… 50, 304
大判昭和 8・4・15 刑集 12 巻 427 頁 … 31
大判昭和 8・6・8 刑集 12 巻 864 頁…… 30
大判昭和 8・6・29 刑集 12 巻 1001 頁
　……………………………………… 255
大判昭和 8・7・11 刑集 12 巻 1290 頁
　……………………………………… 175
大判昭和 8・8・10 刑集 12 巻 1420 頁
　……………………………………… 316
大判昭和 8・8・30 刑集 12 巻 1445 頁
　……………………………………… 144
大判昭和 8・11・13 刑集 12 巻 1997 頁
　……………………………………… 31

大判昭和 8・11・21 刑集 12 巻 2072 頁
　　…………………………………… 228
大判昭和 9・2・10 刑集 13 巻 127 頁 …309
大判昭和 9・8・27 刑集 13 巻 1086 頁
　　…………………………………… 129
大判昭和 9・9・29 刑集 13 巻 1245 頁
　　…………………………………… 315
大判昭和 9・10・19 刑集 13 巻 1473 頁
　　………………………………… 51, 304
大判昭和 9・11・20 刑集 13 巻 1514 頁
　　……………………………… 365, 366, 369
大判昭和 10・7・10 刑集 14 巻 799 頁… 31
大判昭和 10・10・24 刑集 14 巻 1267 頁
　　…………………………………… 357
大判昭和 11・5・12 刑集 15 巻 617 頁 …69
大連判昭和 11・5・28 刑集 15 巻 715 頁
　　………………………………… 31, 32
大判昭和 11・12・7 刑集 15 巻 1561 頁
　　…………………………………… 214
大判昭和 12・3・6 刑集 16 巻 272 頁 …313
大判昭和 12・11・29 新聞 4213 号 10 頁
　　…………………………………… 338
大判昭和 13・3・11 刑集 17 巻 237 頁
　　…………………………………… 4, 10
大判昭和 13・4・19 刑集 17 巻 336 頁
　　…………………………………… 313
大判昭和 13・11・18 刑集 17 巻 839 頁
　　…………………………………… 302
大判昭和 14・2・28 刑集 18 巻 63 頁 … 97
大判昭和 14・7・14 刑集 18 巻 411 頁
　　…………………………………… 287
大判昭和 14・11・27 刑集 18 巻 544 頁
　　…………………………………… 69
大判昭和 15・1・26 新聞 4531 号 9 頁
　　…………………………………… 264
大判昭和 15・3・1 刑集 19 巻 63 頁 … 370
大判昭和 15・5・9 刑集 19 巻 297 頁 …316
大判昭和 16・11・28 大審院判決全集 9
　　輯 9 号 19 頁 ………………… 176
大判昭和 21・11・27 刑集 25 巻 55 頁
　　……………………………… 57, 313
最判昭和 22・11・5 刑集 1 巻 1 号 …… 335
最判昭和 23・3・16 刑集 2 巻 3 号 220 頁
　　…………………………………… 292

最判昭和 23・3・16 刑集 2 巻 3 号 227 頁
　　…………………………………… 101
最判昭和 23・3・30 刑集 2 巻 3 号 273 頁
　　…………………………………… 176
最判昭和 23・4・17 刑集 2 巻 4 号 384 頁
　　…………………………………… 335
最判昭和 23・5・1 刑集 2 巻 5 号 435 頁
　　………………………………… 150, 340
最判昭和 23・5・8 刑集 2 巻 5 号 478 頁
　　…………………………………… 336
最判昭和 23・6・22 刑集 2 巻 7 号 711
　　頁…………………………………… 23
最判昭和 23・6・26 刑集 2 巻 7 号 748 頁
　　…………………………………… 155
最大判昭和 23・7・7 刑集 2 巻 8 号 793
　　頁…………………………………… 210
最大判昭和 23・7・14 刑集 2 巻 8 号 889
　　頁………………………………… 97, 138
最判昭和 23・7・22 刑集 2 巻 9 号 995
　　頁…………………………………… 40
最判昭和 23・10・12 刑集 2 巻 11 号 1334
　　頁…………………………………… 183
東京高判昭和 23・10・16 高刑集 1 巻追
　　録 18 …………………………… 228
最判昭和 23・10・23 刑集 2 巻 11 号 1386
　　頁……………………………… 155, 341
最判昭和 23・11・30 裁判集刑 5 号 525
　　頁…………………………………… 31
最判昭和 23・12・14 刑集 2 巻 13 号 1751
　　頁………………………………… 30, 296
最判昭和 24・1・20 刑集 3 巻 1 号 47 頁
　　…………………………………… 57
最判昭和 24・3・22 刑集 3 巻 3 号 333 頁
　　…………………………………… 339
最大判昭和 24・5・18 刑集 3 巻 6 号 772
　　頁…………………………………… 213
最判昭和 24・7・12 刑集 3 巻 8 号 1237
　　頁…………………………………… 305
最大判昭和 24・7・22 刑集 3 巻 8 号 1363
　　頁…………………………………… 129
最判昭和 24・8・18 刑集 3 巻 9 号 1465
　　頁……………………………… 207, 210
福岡高判昭和 24・9・17 判特 1 号
　　127 頁 …………………………… 307

最判昭和 24・11・17 刑集 3 巻 11 号 1801 頁 ……………………………… 207
最判昭和 24・11・28 刑集 4 巻 12 号 2463 頁 ……………………………… 257
最判昭和 24・12・17 刑集 3 巻 12 号 2028 頁 ……………………………… 305
最大判昭和 24・12・21 刑集 3 巻 12 号 2062 頁 ……………………… 286
最判昭和 24・12・22 刑集 3 巻 12 号 2070 頁 ………………………………… 51
最判昭和 25・1・24 刑集 4 巻 1 号 54 頁 ………………………………… 286
最判昭和 25・3・31 刑集 4 巻 3 号 469 頁 …………………………… 161, 168
最判昭和 25・4・11 裁判集刑 17 号 87 頁 …………………… 151, 340, 350
東京地判昭和 25・4・14 裁時 58 号 4 頁 ………………………………… 194
東京高判昭和 25・5・1 判特 9 号 3 頁 …………………………………… 183
最判昭和 25・6・6 刑集 4 巻 6 号 950 頁 ……………………… 297, 335
最判昭和 25・7・6 刑集 4 巻 7 号 1178 頁 ……………………………… 28, 263
最判昭和 25・7・11 刑集 4 巻 7 号 1261 頁 …………… 151, 316, 340, 345, 350
最大判昭和 25・7・19 刑集 4 巻 8 業 1463 頁 ……………………………… 316
最判昭和 25・8・31 刑集 4 巻 9 号 1593 頁 ………………………………… 56
東京高判昭和 25・9・14 高刑集 3 巻 3 号 407 頁 ……………………… 307
最判昭和 25・10・10 刑集 4 巻 10 号 1965 頁 ……………… 151, 336, 340, 349
最大判昭和 25・10・11 刑集 4 巻 10 号 2012 頁 …………………… 129
東京高判昭和 25・10・30 判特 14 号 3 頁 ……………………………… 154
最判昭和 25・11・9 刑集 4 巻 11 号 2239 頁 ……………………… 166, 169
名古屋高判昭和 25・11・14 高刑集 3 巻 4 号 748 頁 ………………………… 52
最判昭和 25・11・16 裁判集刑 36 号 45 頁 ……………………………… 130

最大判昭和 25・11・22 刑集 4 巻 11 号 2380 頁 ……………………… 183
最判昭和 25・11・24 刑集 4 巻 11 号 2393 頁 ……………………… 127
最判昭和 25・11・28 刑集 4 巻 12 号 2463 頁 ……………………… 257
最判昭和 26・3・27 刑集 5 巻 4 号 686 頁 ………………………… 335
最判昭和 26・4・10 刑集 5 巻 5 号 825 頁 ………………………… 281
最判昭和 26・8・17 刑集 5 巻 9 号 1789 頁 ……………………… 99, 153
最判昭和 26・9・20 刑集 5 巻 10 号 1937 頁 ………………………………… 93
最大判昭和 26・1・17 刑集 5 巻 1 号 20 頁 ……………………………… 38, 253
名古屋高判昭和 26・1・29 判特 27 号 13 頁 …………………………… 287
最判昭和 26・1・30 刑集 5 巻 2 号 374 頁 ……………………… 97, 257
東京高判昭和 26・7・17 判特 21 号 145 頁 ……………………………… 350
東京高判昭和 26・10・29 判特 25 号 11 頁 ……………………………… 307
福岡高宮崎支判昭和 26・10・31 判特 19 号 164 頁 …………………………… 241
東京高判昭和 26・11・7 判特 25 号 31 頁 ……………………………… 330
最判昭和 26・11・15 刑集 5 巻 12 号 2354 頁 ……………………………… 257
最判昭和 26・12・6 刑集 5 巻 13 号 2485 頁 ……………………………… 315
最判昭和 26・12・7 刑集 5 巻 13 号 2513 頁 ……………………………… 183
最決昭和 27・2・21 刑集 6 巻 2 号 275 頁 ………………………………… 27
仙台高判昭和 27・2・29 判特 22 号 106 頁 ……………………………… 39, 350
最判昭和 27・6・24 裁判集刑 65 号 321 頁 ……………………… 74, 75
最判昭和 27・9・19 刑集 6 巻 8 号 1083 頁 ……………………………… 358
東京高判昭和 27・12・26 高刑集 5 巻 13 号 2645 頁 ……………………… 260

福岡高判昭和28・1・12 高刑集 6 巻 1 号 1 頁 …………………………………… 314
最判昭和28・1・23 刑集 7 巻 1 号 30 頁 ………………………………… 318, 336
最決昭和28・3・5 刑集 7 巻 3 号 506 頁 …………………………………… 66
最判昭和28・3・13 刑集 7 巻 3 号 529 頁 …………………………………… 49
最判昭和28・6・12 刑集 7 巻 6 号 1278 頁 ………………………………… 350
最大判昭和28・6・17 刑集 7 巻 6 号 1289 頁 ……………………………… 189
札幌高判昭和28・6・30 高刑集 6 巻 7 号 859 頁 ……………………… 297, 312
東京高判昭和28・10・29 高刑集 6 巻 11 号 1536 頁 ……………………… 241
最判昭和28・12・25 刑集 7 巻 13 号 2671 頁 ………………………………… 213
最判昭和29・3・2 裁判集刑 93 号 59 頁 …………………………………… 322
最決昭和29・5・6 刑集 8 巻 5 号 634 頁 …………………………………… 52
最決昭和29・7・15 刑集 8 巻 7 号 1137 頁 ………………………………… 221
名古屋高判昭和29・7・29 高刑特 1 巻 2 号 93 頁 ………………………… 260
高松高判昭和29・8・31 高刑特 1 巻 5 号 182 頁 ………………………… 260
東京高判昭和30・4・18 高刑集 8 巻 3 号 325 頁 ………………………… 138
東京高判昭和30・4・19 高刑集 8 巻 4 号 505 頁 ………………………… 142
昭和30・5・16 高刑集 8 巻 4 号 545 頁 …………………………………… 189
最判昭和30・10・25 刑集 9 巻 11 号 2295 頁 ……………………………… 208
東京高判昭和30・11・9 高刑特 2 巻 22 号 1160 頁 ……………………… 251
名古屋高判昭和31・2・10 高刑集 9 巻 4 号 325 頁 ……………………… 331
名古屋高判昭和31・4・19 高刑集 9 巻 5 号 411 頁 …………………… 253, 254
最判昭和31・5・24 刑集 10 巻 5 号 734 頁 ………………………………… 373

最決昭和31・6・19 裁判集刑 113 号 779 頁 ………………………………… 51
最決昭和31・7・3 刑集 10 巻 7 号 955 頁 …………………………………… 26
最判昭和31・12・11 刑集 10 巻 12 号 1605 頁 …………………………… 228
最大判昭和31・12・26 刑集 10 巻 12 号 1769 頁 ………………………… 228
最判昭和32・1・22 刑集 11 巻 1 号 31 頁 ………………………………… 211
最判昭和32・2・26 刑集 11 巻 2 号 906 頁 ………………………………… 93
高松高判昭和32・3・11 高刑特 4 巻 5 号 99 頁 …………………………… 102
最大判昭和32・3・13 刑集 11 巻 3 号 997 頁 …………………………… 99, 153
広島高判昭和32・7・20 高刑特 4 巻追録 696 頁 …………………………… 86
最決昭和32・9・10 刑集 11 巻 9 号 2202 頁 ……………………………… 304
最判昭和32・10・3 刑集 11 巻 10 号 2413 頁 …………………………… 153
最判昭和32・10・18 刑集 11 巻 10 号 2663 頁 …………………………… 97
最判昭和32・11・19 刑集 11 巻 12 号 3073 頁 …………………………… 356
最判昭和33・4・3 裁判集刑 124 号 31 頁 ………………………………… 189
最判昭和33・4・18 刑集 12 巻 6 号 1090 頁 ……………………………… 116
最大判昭和33・5・28 刑集 12 巻 8 号 1718 頁 ………………………… 23, 31, 32
最判昭和33・6・17 刑集 12 巻 10 号 2142 頁 …………………………… 336
最判昭和33・7・10 刑集 12 巻 11 号 2471 頁 …………………………… 228
最判昭和33・9・9 刑集 12 巻 13 号 2882 頁 …………………………… 4, 10
最判昭和33・11・21 刑集 12 巻 15 号 3519 頁 ………………………… 27, 129
最判昭和34・2・27 刑集 13 巻 2 号 250 頁 ………………………………… 98
広島高判昭和34・2・27 高刑集 12 巻 1 号 36 頁 ……………………… 297, 300

和歌山地判昭和34・6・12下刑集16巻
　1号1415頁 ……………………… 351
東京高判昭和34・6・16高刑集12巻6
　号635頁………………………… 65, 66
東京高判昭和34・12・2東高刑時報10
　巻12号435頁 …………………… 297
東京高判昭和34・12・7高刑集12巻10
　号980頁………………………… 298
東京高判昭和35・2・1東高刑時報11巻
　2号9頁 ………………………… 187
大阪地判昭和35・5・17判時229号27
　頁 ………………………………… 220
最判昭和35・7・15刑集14巻9号1152
　頁 ………………………………… 331
東京高判昭和35・7・15下刑集2巻7=
　8号989頁 ……………………… 149
名古屋高判昭和35・10・5高刑集13巻
　8号601頁 ……………………… 350
最決昭和35・10・18刑集14巻12号
　1559頁 ………………………… 313
大阪地判昭和35・11・28下刑集2巻11
　=12号1457頁 …………………… 270
東京高判昭和35・12・24下刑集2巻11
　=12号1365頁 …………………… 106
札幌高判昭和36・2・9下刑集3巻1=2
　号34頁 ………………………… 313
名古屋高金沢支判昭和36・5・2下刑集
　3巻5=6号399頁 ……………… 215
神戸地判昭和36・6・21下刑集3巻5=
　6号569頁 ……………………… 155
広島高判昭和36・7・10高刑集14巻5
　号310頁 ………………………… 57, 304
広島高判昭和36・8・25高刑集14巻5
　号333頁 ………………………… 107
福岡高判昭和36・8・31高刑集14巻5
　号341頁 ………………………… 350
最判昭和37・3・23刑集16巻3号305
　頁 ………………………………… 57, 304
最判昭和37・5・4刑集16巻5号510頁
　……………………………………… 65
横浜地判昭和37・5・7下刑集4巻5=6
　号407頁 ………………………… 188
名古屋高判昭和37・12・22高刑集15巻
　9号674頁 ……………………… 131, 193

東京高判昭和38・3・19下刑集5巻3=
　4号166頁 ……………………… 188
静岡地判昭和39・9・1下刑集6巻9=
　10号1005頁 …………………… 59
大判昭和4・3・7刑集8巻107頁……… 6
最決昭和40・3・9刑集19巻2号69頁
　……………………………………… 51, 304
札幌高判昭和40・3・20高刑集18巻2
　号117頁 ………………………… 78, 113
最決昭和40・3・30刑集19巻2号125
　頁 ………………………………… 359
東京地判昭和40・4・10判時411号35
　頁 ………………………………… 132
東京高判昭和40・5・27下刑集7巻5号
　978頁 …………………………… 132
秋田地判昭和40・7・15下刑集7巻7号
　1450頁 ………………………… 251
東京高判昭和40・9・30下刑集7巻9号
　1828頁 ………………………… 8
宇都宮地判昭和40・12・9下刑集7巻
　12号2189頁 …………………… 304
名古屋高金沢支判昭和41・1・25下刑集
　8巻1号2頁 …………………… 163
東京高判昭和41・4・18判タ193号181
　頁 ………………………………… 108
最判昭和41・6・14刑集20巻5号449
　頁 ………………………………… 120
大阪高判昭和41・6・24高刑集19巻4
　号375頁 ………………………… 307
最判昭和41・12・20刑集20巻10号
　1212頁 ………………………… 79, 118
最判昭和42・3・7刑集21巻2号417頁
　……………………………………… 360
東京高判昭和42・3・24高刑集20巻3
　号229頁 ………………………… 52
最決昭和42・5・25刑集21巻4号584
　頁 ………………………………… 69, 71
東京高判昭和42・9・21高刑集20巻4
　号553頁 ………………………… 80, 119
最判昭和42・10・13刑集21巻8号1097
　頁 ………………………………… 79, 80, 118
最決昭和42・10・24刑集21巻8号
　1116頁 ………………………… 76, 159, 161
最決昭和43・2・27刑集22巻2号67頁
　………………………………… 248, 250, 263

名古屋地岡崎支判昭和 43・5・30 下刑集 10 巻 5 号 580 頁 ………………… 17
最判昭和 43・6・13 裁判集刑 167 号 601 頁 ……………………………… 118
横浜地判昭和 44・3・20 高刑集 23 巻 3 号 531 頁 ………………… 106
盛岡地判昭和 44・4・16 判時 582 号 110 頁 …………………………… 8
広島高判昭和 44・5・9 判時 582 号 104 頁 …………………………… 260
最決昭和 44・6・5 刑集 23 巻 7 号 935 頁 ………………………………… 287
東京高判昭和 44・8・4 東高刑時報 20 巻 8 号 145 頁 ……………… 78
東京高判昭和 44・9・17 高刑集 22 巻 4 号 595 頁 ………………… 260
最判昭和 44・9・26 刑集 23 巻 9 号 1154 頁 ………………………… 287
熊本地判昭和 44・10・28 刑月 1 巻 10 号 1031 頁 ………………… 109
最決昭和 44・11・11 刑集 23 巻 11 号 1471 頁 ……………………… 40
高松高判昭和 44・11・27 高刑集 22 巻 6 号 901 頁 ………………… 251
最判昭和 44・12・4 刑集 23 巻 12 号 1573 頁 ………………………… 211
東京地判昭和 45・1・28 判時 582 号 24 頁 …………………………… 220
最判昭和 45・1・29 刑集 24 巻 1 号 1 頁 ……………………………… 215
東京高判昭和 45・4・16 高刑集 23 巻 1 号 239 頁 ………………… 174
福岡高判昭和 45・5・16 判時 621 号 106 頁 ………………………… 102
最決昭和 45・7・28 刑集 24 巻 7 号 585 頁 ……………………………… 49
東京高判昭和 45・8・11 高刑集 23 巻 3 号 524 頁 ………………… 109
大阪高判昭和 45・10・27 刑月 2 巻 10 号 1025 頁 ………………… 298
東京高判昭和 45・11・11 高刑集 23 巻 4 号 759 頁 ………………… 192
最判昭和 45・11・17 刑集 24 巻 12 号 1622 頁 …………………… 79, 118

広島地決昭和 46・2・26 刑月 3 巻 2 号 310 頁 ……………………… 220
東京高判昭和 46・3・4 高刑集 24 巻 1 号 168 頁 …………………… 8
東京高判昭和 46・4・6 東高刑時報 22 巻 4 号 156 頁 ……………… 307
最判昭和 46・4・22 刑集 25 巻 3 号 530 頁 …………………………… 109
最判昭和 46・6・17 刑集 25 巻 4 号 567 頁 …………………………… 168
最判昭和 46・6・25 刑集 25 巻 4 号 655 頁 ……………………… 79, 118
前橋地高崎支判昭和 46・9・17 判時 646 号 105 頁 ………………… 17
東京高判昭和 46・10・25 東高刑時報 22 巻 10 号 277 頁 …………… 78
最判昭和 46・11・16 刑集 25 巻 8 号 996 頁 ……………………… 207, 214
東京地判昭和 47・7・18 判タ 282 号 317 頁 ………………………… 113
東京高判昭和 47・7・25 東高刑時報 23 巻 7 号 148 頁 ……………… 78
大阪地判昭和 47・9・6 判タ 306 号 298 頁 ………………………… 155
名古屋高金沢支判昭和 48・6・7 刑月 5 巻 6 号 1009 頁 …………… 109
広島地判昭和 49・4・3 判タ 316 号 289 頁 …………………………… 59
最決昭和 49・7・5 刑集 28 巻 5 号 194 頁 ……………………………… 176
名古屋高判昭和 49・11・20 刑月 6 巻 11 号 1125 頁 ………………… 40
最判昭和 50・4・3 刑集 29 巻 4 号 132 頁 ……………………………… 182
東京高判昭和 50・4・15 刑月 7 巻 4 号 480 頁 ……………………… 122
名古屋高判昭和 50・7・1 判時 806 号 108 頁 ………………………… 312
最大判昭和 50・9・10 刑集 29 巻 8 号 489 頁 ………………………… 197
鹿児島地判昭和 50・10・1 判時 808 号 112 頁 ……………………… 198
最判昭和 50・11・28 刑集 29 巻 10 号 983 頁 ………………………… 215

大阪地判昭和 51・3・4 判時 822 号 109 頁……………………………………… 263
札幌高判昭和 51・3・18 高刑集 29 巻 1 号 78 頁 …………69, 70, 74, 80, 119
東京高判昭和 51・4・30 判時 851 号 21 頁 …………………………………… 175
東京高判昭和 51・6・1 高刑集 29 巻 2 号 301 頁 …………………………… 260
東京高判昭和 51・9・7 東高刑時報 27 巻 9 号 115 頁 ……………………… 370
松江地判昭和 51・11・2 刑月 8 巻 11＝12 号 495 頁 ……………… 308, 314
東京高判昭和 52・6・30 判時 886 号 104 頁 ………………………………… 32
鹿児島地判昭和 52・7・7 刑月 9 巻 7＝8 号 439 頁 ………………………… 346
最決昭和 52・7・21 刑集 31 巻 4 号 747 頁 ………………………………… 208
大阪地判昭和 52・11・30 判時 879 号 158 頁 ……………………………… 198
最決昭和 53・3・22 刑集 32 巻 2 号 381 頁 ………………………… 160-162
最判昭和 53・6・29 刑集 32 巻 4 号 967 頁 ………………………………… 260
最判昭和 53・7・28 刑集 32 巻 5 号 1068 頁 ………………………………… 145
東京高判昭和 53・11・15 東高刑時報 29 巻 11 号 188 頁 ………………… 150
京都地舞鶴支判昭和 54・1・24 判時 958 号 135 頁 ………………………… 38
最決昭和 54・3・27 刑集 33 巻 2 号 140 頁 ………… 96, 139, 154, 155, 256
最決昭和 54・4・13 刑集 33 巻 3 号 179 頁 ………… 151, 154, 336, 345, 347, 350
東京高判昭和 54・5・15 判時 937 号 123 頁 ………………………………… 248
最決昭和 54・10・26 刑集 33 巻 6 号 665 頁 ………………………………… 281
最判昭和 54・11・1 裁判集刑 216 号 243 頁 ………………………………… 319
最決昭和 55・4・18 刑集 34 巻 3 号 149 頁 ………………………………… 126
名古屋地判昭和 55・7・28 刑月 12 巻 7 号 709 頁 ………………………… 222

東京高判昭和 55・9・26 高刑集 33 巻 5 号 359 頁 …………………………… 260
最決昭和 55・11・13 刑集 34 巻 6 号 396 頁 ………………… 127, 130, 134, 198
大阪高判昭和 56・1・30 判時 1009 号 134 頁 ……………………………… 262
大阪高判昭和 56・4・1 刑月 13 巻 4＝5 号 341 頁 ………………………… 189
最決昭和 56・4・8 刑集 35 巻 3 号 57 頁 …………………………………… 128
横浜地川崎支判昭和 56・5・19 判時 1010 号 142 頁 ……………………… 109
福岡高判昭和 56・7・13 判時 1035 号 152 頁 ……………………………… 109
横浜地判昭和 56・7・17 判時 1011 号 142 頁 ……………………………… 313
大阪高判昭和 56・9・30 高刑集 34 巻 3 号 385 頁 ………………………… 248
最決昭和 56・12・21 刑集 35 巻 9 号 911 頁 ………………………………… 104
最決昭和 57・4・2 刑集 36 巻 4 号 503 頁 …………………………………… 65
最決昭和 57・5・25 判時 1046 号 15 頁 ……………………………………… 175
最決昭和 57・5・26 刑集 36 巻 5 号 609 頁 ………………………………… 221
東京高判昭和 57・7・13 判時 1082 号 141 頁 ……………………………… 301
最決昭和 57・7・16 刑集 36 巻 6 号 695 頁 ……………………………… 23, 32
福岡高判昭和 57・9・6 高刑集 35 巻 2 号 85 頁 …………………………… 165
東京地八王子支判昭和 57・12・22 判タ 494 号 142 頁 ……………………… 5
名古屋高判昭和 58・1・13 判時 1084 号 144 頁 …………………………… 298
大阪地判昭和 58・3・18 判時 1086 号 158 頁 ……………………………… 247
横浜地判昭和 58・7・20 判時 1108 号 138 頁 ………………………………… 45
最決昭和 58・9・21 刑集 37 巻 7 号 1070 頁 ………………………… 27, 313
大阪地判昭和 58・11・30 判時 1123 号 141 頁 ……………………………… 23

最判昭和 59・3・6 刑集 38 巻 5 号 1961 頁 …………………………………… 104
最決昭和 59・3・27 刑集 38 巻 5 号 2064 頁 …………………………………… 28
最決昭和 59・7・3 刑集 38 巻 8 号 2783 頁 …………………………………… 236
最決昭和 59・7・6 刑集 38 巻 8 号 2793 頁 …………………………………… 169
東京高判昭和 59・11・22 高刑集 37 巻 3 号 414 頁 ………………………… 255
東京地判昭和 60・3・19 判時 1172 号 155 頁 ………………………………… 372
最決昭和 60・4・30 刑集 39 巻 3 号 186 頁 …………………………………… 120
東京高判昭和 60・5・28 東高刑時報 36 巻 4＝5 号 30 頁 …………………… 140
東京高判昭和 60・5・28 判時 1174 号 160 頁 ………………………………… 60
福岡高判昭和 60・7・8 刑月 17 巻 7＝8 号 635 頁 …………………………… 209
最判昭和 60・9・12 刑集 39 巻 6 号 275 頁 …………………………………… 214
東京高判昭和 60・9・30 判タ 620 号 214 頁 ………………………………… 337
長崎地佐世保支判昭和 60・11・6 判タ 623 号 212 頁 ……………………… 23
福岡高那覇支判昭和 61・2・6 判時 1184 号 158 頁 ………………… 77, 163
福岡高判昭和 61・3・6 高刑集 39 巻 1 号 12 頁 ……………………………… 313
最決昭和 61・6・9 刑集 40 巻 4 号 269 頁 ……………………… 96, 139, 155, 256
大阪高判昭和 61・10・21 判タ 630 号 230 頁 ………………………………… 327
仙台地石巻支判昭和 62・2・18 判時 1249 号 145 頁＝判タ 632 号 254 頁 …………………………………… 130
広島地判昭和 62・6・12 判タ 655 号 252 頁 ………………………………… 220
大阪高判昭和 62・7・10 高刑集 40 巻 3 号 720 頁 ……………… 297, 301, 312
最決昭和 62・7・16 刑集 41 巻 5 号 237 頁 …………………………………… 260
東京地判昭和 62・9・16 判タ 670 号 254 頁 ………………………………… 216

千葉地判昭和 62・9・17 判時 1256 号 3 頁 …………………………………… 221
広島地判昭和 62・10・9 判タ 660 号 246 頁 ………………………………… 327
最決昭和 63・2・29 刑集 42 巻 2 号 314 頁 …………………………………… 175
最決昭和 63・5・11 刑集 42 巻 5 号 807 頁 ……………………………… 160, 161
東京高判昭和 63・5・31 判時 1277 号 166 頁 ………………………………… 174
東京高判昭和 63・7・13 高刑集 41 巻 2 号 259 頁 …………………………… 307
大阪地判昭和 63・7・28 判タ 702 号 269 頁 ………………………………… 312
最判昭和 63・10・27 刑集 42 巻 8 号 1109 頁 ……………………………… 81, 82
福岡地宮崎支判平成元・3・24 高刑集 42 巻 2 号 103 頁 …………………… 28
最決平成元・6・26 刑集 43 巻 6 号 567 頁 …………………………………… 306
最判平成元・11・13 刑集 43 巻 10 号 823 頁 ………………………………… 212
最決平成元・12・15 刑集 43 巻 13 号 879 頁 …………………………… 13, 163, 331
最判平成元・3・14 刑集 43 巻 3 号 262 頁 …………………………………… 77
最判平成元・7・18 刑集 43 巻 7 号 752 頁 …………………………………… 98
大阪高判平成 2・1・23 高刑集 43 巻 1 号 1 頁 ……………………………… 331
最決平成 2・2・9 判時 1341 号 157 頁 ………………………………………… 95
最決平成 2・2・9 判タ 722 号 234 頁 ……………………………………… 256
最決平成 2・11・16 刑集 44 巻 8 号 744 頁 ……………………………… 82, 83
最決平成 2・11・20 刑集 44 巻 8 号 837 頁 ……………………………… 161, 171
最決平成 2・11・29 刑集 44 巻 8 号 871 頁 …………………………………… 83
東京高判平成 2・12・10 判タ 752 号 246 頁 ………………………………… 327
最判平成 3・11・14 刑集 45 巻 8 号 221 頁 …………………………………… 84
長崎地判平成 4・1・14 判時 1415 号 142 頁 ………………………………… 247

東京地八王子支決平成4・4・30判タ
809号226頁……………………………… 220
広島高判平成4・5・12高等裁判所刑事
裁判速報集（平4）3号73頁……… 176
東京高判平成4・10・28判タ823号252
頁……………………………………… 52
最決平成4・12・17刑集46巻9号683
頁……………………………………… 160
東京高判平成5・2・25判タ823号254
頁……………………………………… 52
大阪地判平成5・7・9判時1473号156
頁……………………………………… 176
最決平成5・11・25刑集47巻9号242
頁……………………………………… 84
熊本地判平成6・3・15判タ863号281
頁……………………………………… 327
東京高判平成6・6・6高刑集47巻2号
252頁…………………………… 145, 146
広島高判平成6・10・31判時1545号
116頁………………………………… 223
最判平成6・12・6刑集48巻8号509頁
……………………………………… 351
横浜地判平成7・3・28判時1530号28
頁…………………………………131, 194
名古屋地判平成7・6・6判時1541号
144頁………………………………… 150
東京地判平成7・10・9判時1598号155
頁……………………………………… 342
大阪高判平成7・11・9高刑集48巻3号
177頁………………………………… 40
千葉地判平成7・12・13判時1565号
144頁………………………………… 126
東京地判平成8・6・26判時1578号39
頁……………………………………… 212
東京高判平成8・8・7東高刑時報47巻
1～12号103頁……………………… 312
最判平成8・11・18刑集50巻10号745
頁……………………………………… 261
最判平成9・6・16刑集51巻5号435頁
……………………………………… 213
東京高判平成9・8・4高刑集50巻2号
130頁………………………………… 192
大阪地判平成9・8・20判タ995号286
頁……………………………………… 312

判例索引　395

最決平成9・10・30刑集51巻9号816
頁………………………………… 28, 350
東京高判平成10・4・28判時1647号53
頁＝判タ982号84頁 ……………… 40
大阪高判平成10・6・24高刑集51巻2
号116頁………………………… 212, 221
東京地判平成10・6・24判時1650号38
頁＝判タ987号125頁 …………… 353
大阪地判平成10・10・27判時1686号
79頁 …………………………… 220, 223
東京高判平成11・1・29東高刑時報50
巻1～12号6頁……………………… 331
釧路地判平成11・2・12判時1675号
148頁………………………………… 323
最決平成11・2・17刑集53巻2号64
頁……………………………………… 223
札幌高判平成12・3・16判時1711号
170頁＝判タ1044号263頁
…………………………… 321, 323, 331
大阪地判平成12・6・30高刑集53巻2
号103頁……………………………… 329
東京地判平成12・7・4判時1769号158
頁……………………………………… 308
最決平成12・12・20刑集54巻9号
1095頁 ……………………………… 70
東京高判平成13・2・20東高刑時報52
巻1～12号7頁＝判時1756号162頁
……………………………………… 50
最決平成13・10・25刑集55巻6号519
頁………………………………… 29, 344
新潟地判平成14・1・22判時1780号
150頁………………………………… 282
東京高判平成14・3・13東高刑時報53
巻1＝12号31頁……………………… 298
東京高判平成14・6・4東高刑時報53
巻1～12号66頁…………………… 214
大阪高判平成14・7・9判時1797号159
頁……………………………………… 208
名古屋高判平成14・8・29判時1831号
158頁………………………………… 309
大阪高判平成14・9・4判タ1114号293
頁……………………………………… 95
最決平成14・10・22刑集56巻8号690
頁……………………………………… 353

東京高判平成 14・12・10 判時 1812 号
　152 頁 ··· 283
東京高判平成 14・12・25 判タ 1168 号
　306 頁 ··· 146
最判平成 15・1・24 判時 1806 号 157 頁
　·· 175
最決平成 15・3・18 刑集 57 巻 3 号 371
　頁 ·· 189
最決平成 15・5・1 刑集 57 巻 5 号 507 頁
　·· 33
最判平成 15・7・10 刑集 57 巻 7 号 903
　頁 ·· 282
最決平成 15・7・16 刑集 57 巻 7 号 950
　頁 ·· 170
最決平成 16・1・20 刑集 58 巻 1 号 1 頁
　·· 28
最決平成 16・2・17 刑集 58 巻 2 号 169
　頁 ·· 170
最決平成 16・3・22 刑集 58 巻 3 号 187
　頁 ·· 45, 315
最決平成 16・7・13 刑集 58 巻 5 号 360
　頁 ·· 80
最決平成 16・10・19 刑集 58 巻 7 号 645
　頁 ·· 173
京都地判平成 16・11・30 判時 1879 号
　153 頁 ··· 328
最決平成 17・7・4 刑集 59 巻 6 号 403 頁
　·································rum······· 10, 345
札幌高判平成 17・8・18 高刑集 58 巻 3
　号 40 頁 ·· 319
東京高判平成 17・11・1 東高刑時報 56
　巻 1=12 号 75 頁 ····························· 300
最決平成 17・11・29 裁判集刑 288 号
　543 頁 ··· 40
最決平成 17・12・6 刑集 59 巻 10 号
　1901 頁 ·· 189
大阪高判平成 18・1・12 判時 1959 号 42
　頁 ·· 196
最決平成 18・3・14 刑集 60 巻 3 号 363
　頁 ·· 123
最決平成 18・3・27 刑集 60 巻 3 号 382
　頁 ·· 173
最決平成 18・11・21 刑集 60 巻 9 号 770
　頁 ·· 315

名古屋高判平成 19・2・16 判タ 1247 号
　342 頁 ·· 48, 50
最決平成 19・3・26 刑集 61 巻 2 号 131
　頁 ·· 81
最決平成 19・11・14 刑集 61 巻 8 号 757
　頁 ·· 41
福岡地判平成 20・1・8 判タ 1268 号 330
　頁 ·· 123
千葉地判平成 20・3・31 判タ 1309 号
　292 頁 ··· 24
最決平成 20・3・3 刑集 62 巻 4 号 567 頁
　·· 85
最判平成 20・4・25 刑集 62 巻 5 号 1559
　頁 ·· 236-238
最決平成 20・5・20 刑集 62 巻 6 号 1786
　頁 ·· 208
最決平成 20・6・25 刑集 62 巻 6 号 1859
　頁 ·· 213
東京高判平成 20・10・6 判タ 1309 号
　292 頁 ··············· 23, 24, 36, 324, 331
最決平成 20・10・16 刑集 62 巻 9 号
　2797 頁 ·· 123
大阪高判平 21・1・20 判タ 1300 号 302
　頁 ·· 261
最決平成 21・2・24 刑集 63 巻 2 号 1 頁
　·· 213
福岡高判平成 21・5・15 判タ 1323 号 65
　頁 ·· 123
最決平成 21・6・30 刑集 63 巻 5 号 475
　頁 ······························· 307, 308, 347
最判平成 21・7・16 刑集 63 巻 6 号 711
　頁 ·· 209, 212
最判平成 21・10・19 裁判集刑 297 号
　489 頁 ··· 40
最決平成 21・12・7 刑集 63 巻 11 号
　1899 頁 ·································· 67, 198
最決平成 21・12・7 刑集 63 巻 11 号
　2641 頁 ··· 67
最決平成 21・12・8 刑集 63 巻 11 号
　2829 頁 ···································· 236-238
東京高判平成 21・12・22 東高刑時報 60
　巻 1〜12 号 247 頁 ··························· 54
東京高判平成 22・4・20 東高刑時報 61
　巻 1〜12 号 70 頁 ····························· 53

最決平成 22・5・31 刑集 64 巻 4 号 447
　頁………………………… 67, 68, 71
最決平成 22・10・26 刑集 64 巻 7 号
　1019 頁 ………………………… 72
名古屋地判平成 23・5・13 公刊物未登載
　………………………………… 332
最決平成 23・10・31 刑集 65 巻 7 号
　1138 頁 ………………………… 124
最決平成 23・12・19 刑集 65 巻 9 号
　1380 頁 ………………………… 328
最決平成 24・11・6 刑集 66 巻 11 号
　1281 頁 ………………………… 299
最決平成 25・4・15 刑集 67 巻 4 号 437
　頁……………………………… 318, 319

著者紹介

佐久間　修（さくま　おさむ）
昭和29年　名古屋市で出生
昭和52年　名古屋大学法学部卒業
昭和54年　名古屋大学大学院法学研究科博士課程（前期）修了
昭和54年　同大学助手
昭和60年　京都産業大学法学部講師
昭和62年　同大学法学部助教授
平成6年　大阪大学法学部助教授
平成11年　大阪大学大学院法学研究科教授
平成12年　司法試験考査委員（〜平成27年）
平成16年　大阪大学大学院高等司法研究科教授
平成24年　大阪大学大学院法学研究科教授
　　　　　現在に至る。

主要著書

刑法における事実の錯誤（昭和62年　成文堂）
刑法における無形的財産の保護（平成3年　成文堂）
事例解説・現代社会と刑法（平成12年　啓正社）
最先端法領域の刑事規制（平成15年　現代法律出版・立花書房）
実践講座・刑法各論（平成19年　立花書房）
刑法総論（平成21年　成文堂）
新演習講義刑法（平成21年　法学書院）
刑法各論（第2版・平成24年　成文堂）

刑法総論の基礎と応用
──条文・学説・判例をつなぐ

2015年10月20日　初版第1刷発行

著　者　佐久間　修

発行者　阿部成一

〒162-0041　東京都新宿区早稲田鶴巻町514

発行所　株式会社　成文堂

電話 03(3203)9201(代)　FAX 03(3203)9206
http://www.seibundoh.co.jp

製版・印刷　藤原印刷　　　　製本　弘伸製本
ⓒ 2015 O. Sakuma　　　　Printed in Japan
☆落丁・乱丁本はおとりかえいたします☆　検印省略
ISBN 978-4-7923-5160-1　C3032
定価（本体 3500 円 + 税）